"十三五"普通高等

国际贸易理论、政策与实务

INTERNATIONAL TRADE
THEORY, POLICY AND PRACTICE

王 菲 李庆利◎主编 魏培梅 程凌燕◎副主编

经济管理出版社
ECONOMY & MANAGEMENT PUBLISHING HOUSE

图书在版编目（CIP）数据

国际贸易理论、政策与实务/王菲，李庆利主编. —北京：经济管理出版社，2019.11
ISBN 978-7-5096-4749-3

Ⅰ.①国… Ⅱ.①王… ②李… Ⅲ.①国际贸易—高等学校—教材 Ⅳ.①F74

中国版本图书馆 CIP 数据核字（2016）第 280141 号

组稿编辑：申桂萍
责任编辑：梁植睿
责任印制：黄章平
责任校对：雨　千

出版发行：经济管理出版社
　　　　　（北京市海淀区北蜂窝 8 号中雅大厦 A 座 11 层　100038）
网　　址：www. E-mp. com. cn
电　　话：（010）51915602
印　　刷：三河市延风印装有限公司
经　　销：新华书店
开　　本：787mm×1092mm/16
印　　张：21.25
字　　数：453 千字
版　　次：2019 年 11 月第 1 版　2019 年 11 月第 1 次印刷
书　　号：ISBN 978-7-5096-4749-3
定　　价：69.00 元

前　言

自 2001 年中国加入世界贸易组织以来，经过近二十年的发展，中国在对外贸易领域取得了举世瞩目的成就。截至 2018 年，货物贸易进出口总额稳居世界第一位，服务贸易进出口总额位居世界第二，中国成为全球仅次于美国的第二大经济体。2007 年的美国次贷危机，对全球贸易和金融影响较为深远，至今世界各国经济仍然无法摆脱金融危机带来的消极影响，世界绝大多数国家贸易呈现负增长，中国经济由高速增长进入新常态阶段。

进入"十三五"时期以来，中国经济的发展使中国在世界上的地位日益凸显，逐渐成为全球经济治理和区域经济合作的重要力量，在这个新的历史起点，《对外贸易发展"十三五"规划》指明："大力实施优进优出战略……推动外贸向优质优价、优进优出转变，推进贸易强国进程。"还指出，促进货物贸易和服务贸易融合发展，大力发展生产性服务贸易，服务贸易占对外贸易比重达到 16% 以上。巩固提升传统出口优势，促进加工贸易创新发展。优化对外贸易布局，推动出口市场多元化，提高新兴市场比重，巩固传统市场份额。鼓励发展新型贸易方式。发展出口信用保险。积极扩大进口，优化进口结构，进口更多先进技术装备和优质消费品。积极应对国外技术性贸易措施，强化贸易摩擦预警，化解贸易摩擦和争端。2018 年 3 月 5 日，在第十三届全国人民代表大会第一次会议上，李克强总理的政府工作报告建议，在 2018 年要推动形成全面开放新格局。进一步拓展开放范围和层次，完善开放结构布局和体制机制，以高水平开放推动高质量发展。

本书正是在此背景下组织国际贸易专业一线教师编写完成的。本书从知识结构上主要分为三部分，分别是国际贸易理论篇、国际贸易政策篇和国际贸易实务篇。国际贸易理论篇包括贸易保护理论和贸易自由理论，并重点介绍了贸易自由化给各国带来的贸易利益；国际贸易政策篇主要介绍了进口保护中的关税和非关税政策、出口促进政策、国际贸易救济和区域经济政策以及国际投资和跨国公司政策，并简要介绍了国际技术及服务贸易、国际贸易条约和世界贸易组织；国际贸易实务篇主要对贸易术语与贸易惯例、商品内容、货物运输、运输保险、货款收付、货物检验及争议处理、贸易合同以及交易方式进行了详细探讨。本书总体体系合理、脉络清晰、内容翔实，既可作为高等院校经济管理类专业基础教材，亦可作为社会人员从事理论和实践的参考书。

参加本书编写的人员均为国际经济与贸易专业一线教师，具体人员及分工如下：郑州工程技术学院王菲教授（第二章、第三章、第四章、第五章、第十五章），中共厦门市委党校（厦门市行政学院）李庆利副教授（第一章、第十六章、第十七章），郑州西亚斯学院魏培梅副教授（第七章、第八章、第九章、第十章、第十四章），郑州西亚斯学院程凌燕副教授（第十九章、第二十章、第二十一章），郑州西亚斯学院胡炜副教授（第六章、第十八章），郑州西亚斯学院杨艳琴老师（第十一章、第十二章、第十三章）。同时，本书也受到了诸多建设点项目的资助与支持，包括：河南省民办高等学校国际经济与贸易品牌专业建设点项目、河南省一流本科专业国际经济与贸易建设点、河南省在线开放课程《国际贸易理论与实务》建设项目、河南省高等学校优秀基层教学组织国际经济与贸易教研室、河南省省级重点培育学科（国际贸易学）建设项目。在此，一并致谢。

由于编者水平有限，加上时间仓促，书中难免有疏漏和不足，敬请读者指正。

编　者

目　录

中篇　国际贸易政策篇

下篇　国际贸易实务篇

第一章 导 论

[学习目的]

通过导论部分的学习，了解国际贸易的产生和发展历程，掌握国际贸易的基本概念、基本分类和有关统计指标，为学习国际贸易理论、政策和操作部分作铺垫。

[重点难点]

◆ 掌握和区分国际贸易的基本概念和特点
◆ 了解国际贸易的研究任务和研究对象
◆ 掌握国际贸易的相关统计指标

[引导案例]

2011 年我国外贸进出口情况

据海关统计，2011 年，我国外贸进出口总值为 36420.6 亿美元，比 2010 年同期（下同）增长 22.5%，外贸进出口总值刷新年度历史纪录。其中，出口 18986 亿美元，增长 20.3%；进口 17434.6 亿美元，增长 24.9%。贸易顺差 1551.4 亿美元，比上年净减少 263.7 亿美元，收窄 14.5%。

海关统计显示，2011 年 12 月，我国进出口总值为 3329.2 亿美元，增长 12.6%。其中出口 1747.2 亿美元，增长 13.4%；进口 1582 亿美元，增长 11.8%。

虽然自 2011 年下半年以来我国外贸进出口增速持续走低，但是贸易发展更趋平衡：进口、出口协调发展，外贸顺差逐年收窄。2011 年，在"扩大进口"的政策引导下，我国进口增速高出同期出口增速 4.6 个百分点，外贸顺差在 2010 年同比收窄 7.2% 的基础上继续收窄 14.5%，减少 263.7 亿美元，当年贸易顺差与外贸总值的比值为 4.3%，比上年降低 1.8 个百分点。

另外，贸易伙伴多元化成效显著，对欧美日传统市场增长平稳，对新兴市场国家贸易增长强劲。贸易主体结构也呈现出积极的变化，外商投资企业继续占据主导地位，民营企业所占比重提升较快。

资料来源：摘自网络金融界财经频道，网址：http://finance.jrj.com.cn/2012/01/11104312025616.shtml。

当今世界，国际贸易成为推动世界各国经济发展的重要领域。那么，什么是国际贸易？国际贸易是怎么产生的，又是如何发展的？国际贸易是不是从来就有的，又会不会永远地存在下去？国际贸易主要研究什么问题，又是如何分类的？本章将逐一就上述问题进行阐释。

第一节　国际贸易的产生与发展

一、国际贸易的产生

国际贸易不是从来就有的，它是随着生产力的发展和社会分工的扩大而产生的，因此是一个历史范畴。国际贸易的产生需要两个必备条件：第一，剩余产品的出现；第二，国家的出现。剩余产品的出现为贸易提供了可能性，而国家的出现为国家与国家之间的贸易提供了必要性。

二、国际贸易的发展

15 世纪前，整个国际贸易是建立在自然经济的基础上，按自愿交换的原则进行。贸易在自然经济中的地位并不重要，只是人们经济生活中的一个补充。因此，当时各国之间、各洲之间的贸易还处于不连续不稳定的状态。

15 世纪末 16 世纪初，随着资本主义生产关系的发展和"地理大发现"，原本各自发展的各国联系起来了，欧洲贸易中心由地中海区域扩展到大西洋沿岸，逐渐形成区域性的国际商品市场，真正意义上的世界贸易或全球贸易也由此发展起来。

地理大发现以后，世界贸易从单纯的互通有无变成了以谋利为主的商业行为，但决定贸易流向的仍然是各国的自然资源和生产技术的差异。各国主要出口本国特有的产品，进口本国不生产的东西。这段时间国际贸易的主要方式是暴力控制下的殖民贸易。

17 世纪中叶的工业革命彻底改变了各国和世界的自然经济结构，使国际分工和国际贸易成为人类经济活动中的必要组成部分。工业革命对世界贸易的影响主要表现在：第一，工业革命大大提高了劳动生产力，促进了生产；第二，工业革命大大促进了交通的发展，国际贸易变得更加迅速方便；第三，工业革命使世界从单一的农业社会转向以工业生产为主的现代经济社会。

第二次世界大战后，世界贸易得以迅速发展，其原因主要表现在：第一，战后较长的和平时期；第二，战后出现的第三次科技革命和 20 世纪 90 年代信息产业革命；第三，经济发展带来的收入增长促进了消费结构的变化；第四，战后国际经济秩序的改善。1950~2000 年，全世界的商品出口总值约从 610 亿美元增加到 61328 亿美元，增长超过 100 倍！2008 年世界贸易总额为 15.775 万亿美元。2013 年，世界货物贸易总额约为 34.667 万亿美元，世界服务贸易总额约为 8.993 万亿美元。

从"二战"结束至今，世界经济发生了翻天覆地的变化。科技革命、制度变迁和经济发展使得世界各国的经济日益融为一体，经济全球化已成为 20 世纪以来的主要趋势。作为经济全球化的基础，国际贸易与投资的自由化在 20 世纪末得到了很大的发展，并将继续成为 21 世纪世界经济发展的主要方向。

当前国际贸易发展的特点与走势：第一，国际经贸关系的内涵在拓展；第二，新的国际贸易方式——电子商务蓬勃发展；第三，国际经贸关系的超国家协调日益凸显；第四，跨国公司成为推动国际贸易发展的主要动力；第五，贸易保护主义形式更加隐蔽。

第二节 国际贸易的研究对象与研究任务

一、国际贸易的研究对象

国际贸易作为一门科学有其独立的研究对象。从广义角度而言，它不仅以有形商品贸易作为研究对象，还涉及要素流动以及无形商品贸易等问题。

国际贸易作为经济学的一个分支以及整个国民经济的"三驾马车"之一，有宏观和微观两个层次。就国际贸易理论而言，国际贸易是从宏观视角出发，重点研究对外贸易与经济发展的关系，从整体上考察国际分工和世界市场，以及政府有关贸易的政策措施等。国际贸易主要包括国际贸易纯理论和国际贸易政策理论两个部分，前者主要说明国际贸易产生的原因和贸易利益及其分配问题，具体内容涉及贸易动机、贸易方向、贸易结构、国际市场均衡、贸易的福利分析等，后者重点涉及关税、非关税、反倾销与反补贴、区域经济一体化、世界贸易组织概况等。就国际贸易实务而言，是从微观角度出发，以单个经营对外贸易的企业为对象，主要研究有关商品交易手续、价格、行情分析、销售战略等。下面我们将分别就国际贸易纯理论、国际贸易政策理论和国际贸易实务三大研究对象予以介绍。

(一)国际贸易纯理论研究

该研究旨在解决国际贸易的三大问题，即国际贸易产生的动因（贸易基础）、国际贸易的商品结构（贸易模式）、国际贸易的利益分配（贸易结果）。其理论发展轨迹则主要经历了四个阶段：

第一阶段为重商主义，它流行于 14~16 世纪。其理论就财富的具体形态、来源渠道、获取途径、政策措施等方面问题进行了详细论述，其观点本质上是符合商人阶层的立场和根本利益的，因为这一时期正是欧洲商业资本和商业资产阶级登上历史舞台的重要时期，但商人阶层狭隘的财富观使得国家有关贸易的政策措施带有强烈的贸易保护主义倾向。

第二阶段为古典国际贸易理论，它流行于 18 世纪末到 20 世纪初。其代表性理论分别为由亚当·斯密所创立的绝对优势理论和由大卫·李嘉图所创立的比较优势理论。这两个理论是在商业资产阶级逐渐没落而产业资产阶级逐渐发展的背景下出现的，故其理论观点和政策主张主要反映了产业资本对抗商业资本而迫切要求自由发展的立场，在充分论证国际分工和贸易利益的基础上极力倡导实施自由贸易。

第三阶段为新古典国际贸易理论，它流行于 20 世纪初到 20 世纪 60 年代。与古典贸易理论在解释贸易基础方面不足相比，新古典贸易理论则从要素供给面深入剖析了导致同一商品在不同国家生产成本差异的原因。这一时期的代表性人物和理论是由瑞典经济学家赫克歇尔（Eli Heckscher）和其学生俄林（Bertil Ohlin）所提出的要素禀赋理论，亦称 H-O 理论。在政策主张方面，该理论同古典贸易理论一样认为自由贸易有益于经济的发展。

第四阶段为新国际贸易理论，它始于 20 世纪 60 年代，直至今天。该理论为传统贸易理论带来了最为明显的冲击，它拓宽了人们认识贸易现象的视野，丰富了贸易理论的体系框架，强化了贸易理论的解释力度。其代表性理论包括波斯纳（Posner）的技术差距论、弗农（Vernon）的产品生命周期论、林德（Linder）的需求偏好相似论、克鲁格曼（Krugman）的市场结构论、波特（Porter）的竞争优势论等。

（二）国际贸易政策理论研究

从贸易政策的发展历史来看，经济学家及各国政府争论的焦点始终在于到底是实行自由贸易还是保护贸易。在重商主义时期，保护贸易成为了时代特征；在资本主义自由竞争时期，由于英法两国较早地完成了工业革命，其产业竞争力较强，故极力推行自由贸易政策，而美德两国工业革命起步较晚，产业竞争力较弱，故主张实行保护贸易政策；在资本主义垄断时期，保护贸易主义较为强势；"二战"后至 20 世纪 70 年代，经济发展的需要使得各国开始推崇自由贸易政策；从 20 世纪 70 年代起，受经济滞胀现象困扰，各国又逐渐转向了贸易保护主义；在 1995 年世界贸易组织成立后至今，自由贸易的发展表现出强劲趋势。总之，贸易政策研究就是对经济开放或封闭问题的探究，其具体内容又涉及关税和非关税壁垒、区域经济一体化、国际服务与技术贸易、关税及贸易总协定与世界贸易组织等。

（三）国际贸易实务研究

该研究属于国际贸易的微观实务性和应用性环节研究，其具体内容涉及国际贸易术语、商品的价格、商品的品质、商品的数量及包装、商品的运输及保险、支付工具与支付方式、商品的检验检疫、索赔、不可抗力及仲裁、合同的商订与履行、国际贸易方式等。

二、国际贸易的研究任务

国际贸易学科是一门研究国际贸易产生、发展和贸易利益形成、特点与条件并揭示其运动规律的科学，其研究任务为：

(一) 阐明国际贸易的原因与归宿

国际贸易作为各国间相互关系的基础与核心，有其发生、发展的内在动因与客观趋势。本学科通过对国际贸易利益、国际贸易基础、国际贸易条件、国际贸易环境、国际贸易政策、国际贸易趋势等基本方面及其影响因素的研究，从理论的高度阐明国际贸易为什么能够发展成为世界性的经济行为与关系，并将整个世界连成一个整体，为全世界经济一体化创造条件并铺平道路。

(二) 考察国际贸易的条件与格局

国际贸易的发展与变化有自己的特点、条件、载体、环境等各方面的因素，国际贸易研究要分析并说明国际价值的形成和贸易条件的决定因素，考察并阐释影响国际市场价格及国际贸易条件的主要因素，给出国际贸易正常进行所必备的一般条件与环境，概括国际贸易发展与不同类型国家经济增长的相互关系，把握国际贸易发展过程的特点，特别是当代国际贸易发展的主要特点与基本格局。

(三) 研究国际贸易的理论与政策

国际贸易的发生、发展与演变有其自身的过程与轨迹，有内在的、本质的、客观的规律性。从资产阶级古典经济学开始，经济学家就力图揭示并说明这种规律性，从而形成一些具有代表性的国际贸易理论与政策。不同的国际贸易理论与政策对于不同的国家或在不同的时期具有不同的意义与作用。因而考察并总结国际贸易理论的基本形式及其理论沿革，了解与研究各国对外贸易政策的客观依据与理论基础，分析并揭示不同国际贸易理论与政策（措施）的适用范围与效应，应当也是国际贸易学的重要任务。当然，以资本主义生产方式下的国际贸易为起点，着重考察国际贸易发生、发展与演变的一般规律性，并从理论上说明与概括这种规律性，是国际贸易学基本的和主要的任务。从历史上看，资本主义生产方式的发展使得对外贸易成为一种世界性的经济联系，成为各国经济运行不可或缺的重要条件。从理论上看，今天已经没有一个国家可以孤立于世界经济联系之外而独立发展，整个国际贸易的发展也不可能将某一个国家排斥在世界性的经济交往之外。因此，国际贸易学的研究，一方面离不开特定的生产关系的形式，应该努力揭示不同社会制度下带有共性的东西；另一方面又要着力探求那些适应生产国际化发展的各国贸易活动的一般规律及其实现形式。

(四) 指导国际贸易的经营与发展

针对国际贸易的特点和要求，从实践和法律的角度，分析研究国际贸易适用的有关法律与惯例和国际商品交换过程的各种实际运作，总结国内外实践经验和吸收国际上一些行之有效的贸易习惯做法，以便掌握从事国际贸易的"生意经"，学会在进出口业务中，既能正确贯彻我国对外贸易的方针政策和经营意图，确保最佳经济效益，又能按国际规范办事，使我们的贸易法能为国际社会普遍接受，做到同国际接轨，从而为在平等互利、公平合理的基础上达成交易、完成约定的进出口任务提供指导。

第三节 国际贸易的基本分类与相关统计指标

一、国际贸易的基本分类

(一) 国际贸易与对外贸易

按从事贸易的角度不同进行分类,可分为国际贸易(又称为世界贸易)和对外贸易(又称为海外贸易)。国际贸易(International Trade):在生产力发展和国际分工的基础上,国与国(或地区)之间商品和劳务的交换活动,是世界各国之间国际分工的表现形式,它反映了世界各国在经济上的相互联系。从全球范围的角度来看,人们往往把各国对外贸易的总和称为世界贸易。对外贸易(Foreign Trade):从一个国家或地区的角度来看该国或该地区与其他国家或地区的商品与服务的交换活动。有些海岛国家或地区的对外贸易常常被称为海外贸易。

(二) 有形 (货物) 贸易与无形 (服务) 贸易

按照商品形态不同进行分类,可分为有形贸易(Visible Trade)和无形贸易(Invisible Trade)。前者也称货物贸易(Commodity Trade),主要指物质商品的进出口,而后者也称服务贸易(Service Trade),主要指不具备物质自然属性的服务的国际交换活动。

由于国际货物贸易所涉及的商品种类繁多,为便于统计和分析,必须对其进行适当的分类。在当前主要的分类标准中,《国际贸易标准分类》(Standard International Trade Classification, SITC)是由联合国统计局制定、联合国统计委员会审议通过、联合国秘书处颁布出版的,其最初版本于 1950 年出版。SITC 第三次修订的原则是:同"HS"(全称是 The Harmonized Commodity Description and Coding System)的子目协调对应,并尽可能保持与 SITC 先前版本的连续性。此外还考虑了商品及其生产所用材料的性质、营销惯例及产品的用途、加工阶段、技术变化、商品在世界贸易中的重要性等因素。同时,第三次修订本也采用了经济分类标准,按照原料、半制成品、制成品次序分类,并反映出商品的产业来源部门和加工阶段,采用了五位数编码结构,把全部贸易商品划分为十大类,即食品和活动物(0),饮料和烟草(1),燃料以外的非食用原料(2),矿物燃料、润滑油和相关原料(3),动植物油、脂及腊(4),化学和相关产品(5),按原料分类的制成品(6),机械和运输设备(7),杂项制成品(8)及未分类商品(9)。在这一分类中,通常将 SITC0~SITC4 类定义为初级产品(Primary Product),即未经加工或因销售习惯而略作加工的产品,如天然橡胶、原油、铁矿石等农、林、牧、渔、矿业产品;通常将 SITC5~SITC9 定义为工业制成品(Manufactured Product),即经过复杂加工的工业产品和商品。实践中,海关合作理事会于 1983 年编制的《协调制度》应用最为广泛,我国也采用了这一分类标准。

对于国际间无形贸易的主要方式，根据世界贸易组织的解释，其主要有四种方式：①过境交付，即服务的提供者和消费者都不跨越国境，如国际电子商务、国际远程教育等；②境外消费，即服务的消费者到服务的提供者国内接受服务，如出国旅游和出国留学等；③商业存在，即具备法人资格的服务企业到国外建立服务场所，提供服务，如银行等金融机构在海外建立的分支机构；④自然人流动，即一国的自然人到他国所从事的服务机构举办活动，如出国讲学等。在实际生活中，根据世界贸易组织的分类，国际服务贸易主要涉及商业、通信、建筑及工程、销售、教育、环境、金融、健康与社会、旅游、文化与体育、运输业及其他12大类155个项目。

货物贸易与服务贸易密不可分，货物贸易是服务贸易的前提和基础，服务贸易则是货物贸易的支撑与保障。然而，与货物贸易反映在海关的贸易统计中不同，服务贸易并不经过海关手续，因而不会反映在海关的贸易统计之中，但是，它们都是国际收支平衡表的重要部分。

(三) 总贸易与专门贸易

按照统计标准不同进行分类，可分为总贸易和专门贸易。对于进口和出口的统计标准问题，各国有所差异。目前，世界上主要通行的是总贸易和专门贸易两种。总贸易是指以国境为标准划分的进出口贸易。凡进入国境的商品一律列为总进口；凡离开国境的商品一律列为总出口。在总出口中又包括本国产品的出口和未经加工的进口商品的出口。总进口额加总出口额就是一国的总贸易额。美国、日本、英国、加拿大、澳大利亚、中国、俄罗斯、东欧等国和地区采用这种划分标准。专门贸易是指以关境为标准划分的进出口贸易。只有从外国进入关境的商品以及从保税仓库提出进入关境的商品才列为专门进口。当外国商品进入国境后，暂时存放在保税仓库，未进入关境，不列为专门进口。从国内运出关境的本国产品以及进口后经过加工又运出关境的商品，则列为专门出口。专门进口额加专门出口额称为专门贸易额。德国、意大利等国采用这种划分标准。

那么，国境和关境孰大孰小呢？其答案是均有可能。对于完全的内陆且未参加任何区域性自由贸易组织和未设立任何保税区的国家或地区，其国境和关境可能一致。对于存在保税区和自由贸易区的国家或地区，国境则会大于关境。对于关税同盟内部的国家或地区，由于其关税是区域统一征收的，因而关境大于国境。

总贸易和专门贸易对问题反映的侧重点不同，前者包括所有进出口该国或该地区的商品，反映该国或该地区在国际商品流通中所处的地位，而后者只包括那些进口是用于生产和消费的商品，出口是由本国或地区生产和制造的商品，反映其作为生产者和消费者在国际贸易中所起的作用。

(四) 进口贸易、出口贸易与过境贸易

按照商品流向不同进行划分，可分为进口贸易、出口贸易和过境贸易。进口贸易 (Import Trade) 是指把国外生产或加工的产品输入本国国内市场销售。出口贸易 (Export Trade) 是指把本国生产或加工的产品运往国外市场销售。过境贸易 (Transit

Trade）是指甲国向乙国运送商品，由于地理位置的原因，必须通过第三国，对第三国来说，虽然没有直接参与此项交易，但商品要进出该国的国境或关境，并要经过海关统计，从而构成了该国进出口贸易的一部分。第三国在过境贸易中并无任何商品交易行为，同时商品也不经过任何加工和改变。过境贸易可分为直接和间接两种：直接过境贸易是外国商品纯系转运性质经过本国，并不存放在本国海关仓库，在海关监督下，从一个港口通过国内航线装运到另一个港口再输出国外，或在同一港口内从这艘船装到另一艘船，或在同一车站从这列火车转装到另一列火车后离开国境；间接过境贸易是外国商品运到国境后，先存放在海关保税仓库，未经加工改制，又从海关保税仓库提出，再运出国境。

（五）直接贸易、间接贸易与转口贸易

按照贸易关系来划分，可分为直接贸易、间接贸易和转口贸易。直接贸易（Direct Trade）是指商品生产国将商品直接出口到消费国，消费国直接进口生产国的商品时两国之间发生的贸易，即由进出口两国直接完成的贸易。对生产国而言，称为直接出口，对消费国而言，称为直接进口。

间接贸易（Indirect Trade）是指商品生产国与商品消费国通过第三国进行商品买卖的行为，其中：生产国是间接出口；消费国是间接进口。

转口贸易（Entrepot Trade）又称中转贸易（Intermediary Trade）或再输出贸易（Re-Export Trade），是指国际贸易中进出口商品的买卖，不是在生产国与消费国之间直接进行，而是通过第三国转手进行的贸易。这种贸易对中转国来说就是转口贸易。交易的商品可以由出口国运往第三国，在第三国不经过加工（改换包装、分类、挑选、整理等不作为加工论）再销往消费国，即间接转口贸易；也可以不通过第三国而直接由生产国运往消费国，但生产国与消费国之间并不发生交易关系，而是由中转国分别同生产国和消费国发生交易，即直接转口贸易。转口贸易有商品集散地、仓库、堆栈之意，它属于再出口贸易和过境贸易中间接过境的一部分。

转口贸易的发生，主要是有些国家（或地区）由于地理的、历史的、政治的或经济的因素，其所处的位置适合作为货物的销售中心。这些国家（或地区）输入大量货物，除了部分供本国或本地区消费外，又再出口到邻近国家和地区。如新加坡、中国香港、英国伦敦、荷兰鹿特丹等，都是国际著名的中转地，拥有数量很大的转口贸易。其通过转口贸易除了可以得到可观的转口利润和仓储、运输、装卸、税收等收入外，同时也推动了当地金融、交通、电信等行业的发展。因此，转口贸易产生的条件可以概括为：一是自然条件，即中转国的港口必须是深水港、吞吐能力强、地理位置优越，处于各国之间的交通要冲或国际主航线上；二是人为条件，要求中转国对中转地采取特殊的关税优惠政策和贸易政策，如自由港、自由贸易区等，使中转费用不致过高。同时，要求该地的基础设施、交通、金融和信息等服务系统发达且完备，以利于转口贸易的进行。

与过境贸易相比，转口贸易的重要特征在于商品的所有权在转口贸易中先从生产

国出口者那里转移到第三国（或地区）商人手中，再转到最终消费该商品的进口国商人手中。在过境贸易中，商品所有权无须向第三国商人转移。

（六）自由结汇贸易与易货贸易

按照清偿工具分类，可分为自由结汇贸易和易货贸易。自由结汇贸易（Cash Liquidation Trade）又称现汇结算贸易（Cash Settlement Trade），是用国际货币进行商品或劳务价款结算的一种贸易方式。买卖双方按国际市场价格水平议价，按国际贸易惯例议定具体交易条件，并在交货完毕以后，买方按双方商定的国际货币付款。通常，作为结算的货币必须是能够在国际金融市场上自由兑换的国际货币，如美元、英镑、日元和欧元等。实践中，现汇结算贸易一般不用现金支付，而是使用有证支付与无证支付两种方式。有证支付是指卖方在货物发运以前要以收到对方通过银行开出的符合合同规定要求的信用证或保函为前提，银行起中介保证作用。无证支付是指无须金融机构从中作保，完全凭交易双方的信用，价款结算虽然也通过银行，但银行只是受委托，代表有关交易方面办理货款支付。不论是有证支付还是无证支付，在办理货款结算时，都必须凭规定的装运单证。在支付时间上可以有预付、即付和延付之别。

易货贸易（Barter Trade）是指在换货的基础上，把等值的出口货物和进口货物直接结合起来的贸易方式。传统的易货贸易，一般是买卖双方各以等值的货物进行交换，不涉及货币的支付，也没有第三方介入，易货双方签订一份包括相互交换抵偿货物的合同，对有关事项加以确定。在国际贸易中，使用较多的是通过对开信用证的方式进行易货，即由交易双方先订易货合同，规定各自的出口商品均按约定价格以信用证方式付款。易货贸易在实际做法上比较灵活，例如：在交货时间上，可以进口与出口同时成交，也可以有先有后；在支付方式上，可用现汇支付，也可以通过账户记账，从账户上相互冲抵；在成交对象上，进口对象可以是一个人，而出口对象则是由进口人指定的另一个人等。

易货在国际贸易实践中主要表现为直接易货和综合易货两种形式。直接易货又称为一般易货，该形式往往要求进口和出口同时成交，一笔交易一般只签订一个包括双方交付相互抵偿货物的合同，而且不涉及第三方，它是最普遍也是目前应用最广泛的易货形式。对于需要通过运输运送货物的交易方来说，由于这种易货形式一般要求进出口同时进行，实践中存在困难。因此，就产生了一些变通的做法，最常见的即为通过对开信用证的方式进行易货贸易。在采用对开信用证进行易货时，交易双方先签订换货合同，双方商定彼此承诺在一定时间购买对方一定数量的货物，各自出口的商品按约定的货币计价，总金额一致或基本一致，货款通过开立对开信用证的方式进行结算，即双方都以对方为受益人，开立金额相等或基本相等的信用证。由于交货时间的差异，双方开立信用证的时间也就有先有后，先进口开证的一方为了使对方也履行开证义务，一般都在信用证内规定该证以对方按规定开出信用证为生效条件；或规定该证的金额只能用来作为对方开立回头证之用，以此控制对方。综合易货多用于两国之间根据记账或支付（清算）协定而进行的交易，它由两国政府根据签订的支付协定，在双方银行互设账户，双方政府各自提出在一定时期（通常为一年）提供给对方的商品种类、进出口金额基本相等，经双方协商同意后签订易货协定书，然后根据协定书的有关规定，由各自的对外贸易专业公司签订具体的进出口合同，分别交货，在商品出口后，由双方银行凭装运单证进行结汇并在对方国家在本行开立的账户进行记账，然后由银行按约定的期限结算。需要注意的是，一定时期终了时，双方账户如果出现余额，只要不超过约定的幅度，即通常所说的"摆动额"，原则上顺差方不得要求对方用本方外汇支付，而只能以货物冲抵，即通过调整交货速度，或由逆差方增交货物予以平衡。

（七）水平贸易、垂直贸易与混合贸易

按照贸易双方的经济水平差异性可将贸易划分为水平贸易（Horizontal Trade）、垂直贸易（Vertical Trade）和混合贸易（Mixed Trade）三种类型。水平贸易是指经济发展水平比较接近的国家之间开展的贸易活动，如发达国家之间展开的贸易活动或者发展中国家之间展开的贸易活动；垂直贸易是指经济发展水平不同国家之间开展的贸易活动，如发达国家与发展中国家之间进行的贸易大多属于这种类型；混合贸易则是水平贸易与垂直贸易的结合形态，从一个国家来看，它在国际分工体系中既参与水平贸易的分工，也参与垂直贸易的分工。当前，一般认为发达国家多属于此种类型，它们用工业制成品交换发展中国家的原料、资源和初级产品，同时又彼此进行产业内贸易分工生产。故其外贸区域结构覆盖范围较广，既有发达国家，也有发展中国家，但发达国家所占比重相对较高。发展中国家之间互补性的水平贸易还不够发达，基本上都是参加垂直贸易，故其外贸区域结构较单一，发达国家占主体地位。

（八）初级产品贸易与工业制成品贸易

按照贸易产品类型分类，可分为初级产品贸易和工业制成品贸易。初级产品贸易（Primary Commodity Trade）是指以初级产品为贸易对象的国际交换活动。所谓初级产品，又称原始产品，指未经加工或因销售习惯而略作加工的产品，人们通过劳动直接从自然界获得的、尚待进一步加工或已经简单加工的产品。初级产品主要是农、林、牧、渔、矿业产品，如矿石、精矿、籽棉、皮棉等。按照联合国《国际贸易标准》分类，初级产品分为食品、饮料、农矿原料、动植物油脂和燃料五大类。初级产品是发展中国家的主要出口商品。

工业制成品贸易（Manufactured Product Trade）是指以工业制成品为贸易对象的国际交换活动。所谓工业制成品是指经过复杂加工的工业产品和商品。在SITC分类法中，该类包括了SITC的后五大分类，依次为化学和相关产品、按原料分类的制成品、机械和运输设备、杂项制成品、未分类商品。一般而言，工业制成品贸易，特别是技术含量高的工业制成品贸易，在发达国家对发展中国家的出口以及发达国家之间的对外贸易中比重相对较高。

（九）一般贸易与加工贸易

按照贸易方式不同，国际贸易可分为一般贸易和加工贸易。一般贸易（General

Trade）指单边输入关境或单边输出关境的进出口贸易方式，其交易的货物是企业单边售定的正常贸易的进出口货物。在我国，一般贸易是指有进出口经营权的各类公司、企业（包括外商投资企业）单位，进行单边进出口的贸易。一般是经过对外签订合同、协议、函电或当面洽谈而成交。主要包括：按正常方式成交的进出口货物；易货贸易（边境地方易货贸易除外）；从保税仓库提取在我国境内销售的货物；贷款援助的进出口货物；暂时进出口（不再复运进出口）的物品；外商投资企业用国产材料加工成品出口以及进口属于旅游饭店用的食品等货物。

加工贸易（Processing Trade）指一国通过各种不同的方式，进口原料、材料或零件，利用本国的生产能力和技术，加工成成品后再出口，从而获得以外汇形式体现的附加价值。它是以加工为特征的再出口业务，其方式多种多样，主要包括来料加工贸易（Incoming Material Processing Trade）和进料加工贸易（Feeding Processing Trade）。其中，来料加工贸易，又称"两头在外"的加工生产形式，是指进口料件由外商提供，进口时不付汇，按照指定的产品规格标准和质量要求加工生产，制成品由外商销售，经营企业收取加工费的加工贸易，进口原材料的所有权和收益权属于外商；进料加工贸易简称"进料加工"，是指进口料件由经营企业付汇进口，加工后的制成品由经营企业外销出口的加工贸易，其进口和出口都采取买断的形式，进口原材料的所有权和收益权属于经营企业。

二、国际贸易的相关统计指标

（一）对外贸易额与对外贸易量

对外贸易额（Value of Foreign Trade），也称对外贸易值，是指一个国家或地区在一定时期（1 年、1 季或 1 月）内出口额和进口额的总和，是反映一个国家或地区对外贸易规模的重要指标之一。在计算一国的对外贸易额时，一般都采用本国货币或国际上通用的货币。目前，联合国和许多国家编制的对外贸易额是以美元计价的。实践中，国际上通常主要采用 FOB 价（俗称"离岸价"）计算出口贸易额，而采用 CIF 价（俗称"到岸价"）计算进口贸易额。有关这两种贸易术语的计价方式，我们将在本书的实务部分进行详细介绍。

如前所述，对外贸易额是立足于单个国家或地区视角所统计的贸易规模，如果要统计世界上不同国家和地区的外贸总额，即世界贸易额或国际贸易额，那么，是否可以简单地将各国和地区的对外贸易额进行加总呢？答案是否定的。因为从经济体对经济体的关系来看，一国或地区的出口即为贸易对象国或地区的进口，如若加总各经济体的对外贸易额以求世界贸易额则存在重复计算，其并不具备实际经济意义。因此，世界贸易额的计算一般是将不同国家和地区的出口额加总求得的。那么，为什么不是加总进口额呢？原因在于 CIF 价与 FOB 价相比，还包括了与对外贸易有关的运保费，而这些费用尽管是国际贸易的必要支出，但并不能准确反映国际贸易交换内容的真实情况。

对外贸易量（Quantum of Foreign Trade）是指以不变价格计算的对外贸易额。它是反映真实对外贸易规模的重要指标。现实中，由于国际市场上的物价经常发生变动，用价格表示的国际贸易额并不能真实地反映该国外贸的实际规模。如果用贸易量，即用进出口商品的数量、重量等来表示，则可以避免这种缺陷。就某一种商品来说，用计量单位表示十分容易，但就一个国家的全部进出口商品来说，就无法直接用计量单位表示，因商品不同，量纲也不尽相同，故不能直接加总。为剔除物价因素影响，只能选定某一时点的不变价格为标准，通过固定该基期而计算的价格指数去除报告期的对外贸易额，从而得到平减后的不受物价波动影响的实际对外贸易额，这便是对外贸易量。于是，存在以下三种贸易量的计算公式：

出口贸易量＝出口贸易额/出口价格指数

进口贸易量＝进口贸易额/进口价格指数

对外贸易量＝对外贸易额/进出口价格指数

例如：以 2004 年为基期，某国该年的进出口价格指数均定为 100；2005 年该国进口贸易额为 1170 亿美元，出口贸易额为 1200 亿美元；2005 年该国出口产品价格平均下跌 5%，出口价格指数为 95；2005 年该国进口产品价格平均上涨 3%，进口价格指数为 103。

那么，该国 2005 年的进口贸易量和出口贸易量可计算为：

进口贸易量＝1170÷（103÷100）＝1135.92（亿美元）

出口贸易量＝1200÷（95÷100）＝1263.16（亿美元）

可见，该国 2005 年的进口贸易额虽然达到 1170 亿美元，但剔除价格变动因素后的实际进口贸易量只有 1135.92 亿美元；该国 2005 年的出口贸易额虽然只有 1200 亿美元，但剔除价格变动因素后的实际出口贸易量却高达 1263.16 亿美元。

（二）对外贸易差额、对外贸易依存度与对外贸易条件

对外贸易差额（Balance of Foreign Trade）是指一个国家或地区在一定时期内（如 1 月、1 季、1 年等）的出口总额与进口总额之间的差额，它用以表明一国或地区的对外贸易收支状况，是影响一国国际收支差额的重要因素之一。当出口总额大于进口总额时，称为贸易顺差（Favorable Balance of Trade），或贸易盈余（Trade Surplus），或出超。当出口总额小于进口总额时，称为贸易逆差（Unfavorable Balance of Trade），或贸易赤字（Trade Deficit），或入超。当出口总额等于进口总额时，称为贸易平衡。需要说明的是，在 GDP 核算当中，作为净出口的对外贸易是指货物贸易与服务贸易的净出口。

对外贸易差额是衡量一国或地区对外贸易状况的重要指标，一般而言，贸易顺差说明一国或地区在对外贸易经营中处于有利地位，贸易逆差则说明一国或地区在对外贸易经营中处于不利境地。然而，持久的贸易顺差并不一定是件好事，从原则上讲，它对一国的对外贸易和国民经济发展的影响都是不利的。从各国经济发展追求的宏观目标来看，主要是经济增长、充分就业、物价稳定和国际收支平衡。对外贸易作为国际收支的重要构成部分，其长久性顺差失衡一方面意味着他国较多地利用了本国资源生产和消费商品，另一方面也会因外汇占款增加导致本国货币面临巨大升值压力，进而抑制本国出口扩张。此外，长期的贸易失衡还会引起频繁的贸易摩擦，特别是在实体经济遭受冲击的背景之下，如我国在次贷危机期间所受到的来自发达国家的反补贴调查、反倾销调查及特保措施。

对外贸易依存度（Ratio of Dependence on Foreign Trade）又称为对外贸易系数，是指一国的进出口总额占该国国内生产总值的比重，其中，进口总额占 GDP 的比重称为进口依存度，出口总额占 GDP 的比重称为出口依存度。对外贸易依存度反映了一国对国际市场的依赖程度，是衡量一国对外开放程度的重要指标。一般来说，对外贸易依存度越高，表明该国经济发展对外贸的依赖程度越大，同时也表明对外贸易在该国国民经济中的地位越重要。伴随经济的全球化，对外贸易在各国经济中的比重都在增加。据世界贸易组织和国际货币基金组织的数据测算，1960 年全球外贸依存度为 25.4%，1970 年为 27.9%，1990 年升至 38.7%，2000 年升至 41.7%，2003 年已接近 45%。中国作为转型中的发展中大国，对外贸易依存度也逐年提高。据计算，1978~2009 年，中国外贸依存度从 9.7%增长为 45%，提高了 35.3 个百分点。虽然期间外贸依存度时有波动，且 1993 年以前波动幅度较小，而之后波动幅度较大，特别是 1997 年东南亚金融危机前后以及 2007~2009 年次贷危机期间出现了大幅度下降，但是，从长期发展趋势看，中国的外贸依存度总体呈现上升态势。具体来看，1978~2009 年，中国出口依存度处于 4%~36%，而进口依存度处于 4%~30%，但与外贸依存度趋势一致，它们也分别表现出长期增长态势。

对外贸易条件（Terms of Trade，TOT）是用来衡量在一定时期内一个国家或地区出口相对于进口的盈利能力和贸易利益的指标，反映该国或地区的对外贸易状况，一般以对外贸易条件指数表示，在双边贸易中尤其重要。常用的对外贸易条件有四种不同的形式：

（1）净贸易条件（Net Barter Terms of Trade，NBTT），也称价格贸易条件或纯商品贸易条件，是指一国在一定时期内的出口价格指数与进口价格指数之比，计算公式为：

净贸易条件指数＝出口价格指数/进口价格指数×100

（2）收入贸易条件（Income Terms of Trade，ITT）是将净贸易条件指数乘以出口贸易量指数所得到的指数，计算公式为：

收入贸易条件指数＝（出口价格指数/进口价格指数）×出口数量指数

（3）单因素贸易条件（Single Factorial Terms of Trade，SFTT）是指在净贸易条件的基础上，考虑出口商品劳动生产率的变化对该国贸易利益的影响，其计算公式为：

单因素贸易条件指数＝（出口价格指数/进口价格指数）×出口商品劳动生产率指数

（4）双因素贸易条件（Double Factorial Terms of Trade，DFTT）是指在净贸易条件的基础上，同时考虑出口商品劳动生产率的变化和进口商品劳动生产率的变化对该国贸易利益的影响，其计算公式为：

单因素贸易条件指数＝（出口价格指数/进口价格指数）×（出口商品劳动生产率指数/进口商品劳动生产率指数）×100

当上述四类贸易条件指数大于 100 时，表明报告期贸易条件相对于基期有所改善；当贸易条件指数小于 100 时，表明报告期贸易条件相对于基期有所恶化；当贸易条件指数等于 100 时，表明报告期贸易条件相对于基期没有变化。

例如：令 2000 年为某国基期，该年其进出口价格指数和贸易条件指数均假定为 100；至 2009 年，该国出口价格指数下降 10%，进口价格指数上升 20%，出口数量指数则为 150。

那么，该国 2009 年的净贸易条件指数和收入贸易条件指数可计算为：

净贸易条件指数 $= 90 \div 120 \times 100 = 75$

收入贸易条件指数 $= 90 \div 120 \times 150 = 112.5$

计算结果表明：该国 2009 年的净贸易条件相对于基期 2000 年有所恶化，但由于出口数量增幅较大，其 2009 年的收入贸易条件却相对于基期 2000 年有所改善。

特别需要注意的是，净贸易条件的恶化并不必然伴随贸易利益的损失。这是因为，净贸易条件仅反映了进出口价格变动所引起的贸易条件变动情况，它并不反映劳动生产率的变动对贸易条件的影响情况。事实上，出口商品所密集使用的要素供给量的增加与出口商品劳动生产率的提高同样都会通过降低出口商品价格而造成净贸易条件的恶化，但它却并不一定会导致单因素贸易条件和双因素贸易条件的恶化。因此，单因素贸易条件和双因素贸易条件才是真正与贸易利益密切相关的两类指数。

（三）贸易商品结构与贸易地理方向

贸易商品结构（Composition of Trade）包括对外贸易商品结构（Composition of Foreign Trade）和国际贸易商品结构（Composition of International Trade）。

对外贸易商品结构是指一定时期内各类商品或某种商品在一个国家或地区对外贸易中所占的比重或地位，它包括货物贸易商品结构和服务贸易商品结构。对外贸易商品结构可以用于反映一个国家或地区的资源比较优势、经济发展水平、产业结构状况、国际分工地位等，因而它成为考察国别或地区对外贸易发展水平的重要内容。

国际贸易商品结构是指一定时期内各大类商品或某种商品在整个国际贸易中的构成，即各大类商品或某种商品贸易额与整个世界出口贸易额相比，用比重表示。

贸易地理方向（Direction of Trade）包括对外贸易地理方向（Direction of Foreign Trade）和国际贸易地理方向（Direction of International Trade）。

对外贸易地理方向也被称为对外贸易国别（地区）构成或对外贸易地区分布等，是从一国对外贸易角度而言的对外贸易额的地区分布和国别分布状况，在一定时期内一个国家或地区出口商品的去向和进口商品的来源或者说是一国或地区对外贸易中各国或各地区所占的地位，反映了一国或地区与他国或地区之间的经济贸易关联程度。通常用他国或地区对本国或地区的进出口额占本国或地区进出口总额的比重来表示。

国际贸易地理方向也被称为国际贸易地区分布（International Trade by Regions），它是反映国际贸易地区分布和商品流向的指标，指各个国家（地区）在国际贸易中所处的地位，通常以它们的出口额（进口额）占世界出口额（进口额）的比重来表示。

本章小结

　　国际贸易具有狭义和广义之分。狭义的国际贸易是指有形的商品（或货物）的跨国流动。广义的国际贸易是指在狭义的国际贸易基础上又增加了无形的劳务（服务）的跨国流动。

　　国际贸易与国内贸易的共同性表现在：第一，在社会生产中的地位相同；第二，有共同的商品运动方式；第三，基本职能相同，且都受商品经济规律的影响和制约。国际贸易与国内贸易的差异性表现在：第一，国际贸易是一项具有涉外性质的商务活动。第二，国际贸易属跨国交易，情况错综复杂。第三，国际贸易受国际局势变化的影响，具有不稳定性。第四，国际贸易面临的风险远比国内贸易大。第五，国际贸易线长面广，中间环节多。第六，国际市场商战不止，竞争异常激烈。

　　国际贸易学科是一门研究国际贸易产生、发展和贸易利益形成、特点与条件并揭示其运动规律的科学，其研究任务为：阐明国际贸易的原因与归宿；考察国际贸易的条件与格局；研究国际贸易的理论与政策；指导国际贸易的经营与发展。国际贸易作为一门科学有其独立的研究对象。从广义角度而言，它不仅以有形商品贸易作为研究对象，还涉及要素流动以及无形商品贸易等问题。从具体研究内容来看，主要包括国际贸易纯理论、国际贸易政策理论和国际贸易实务操作三大部分。

复习思考题

【核心概念】
1. 国际贸易与对外贸易
2. 专门贸易与总贸易
3. 直接贸易、间接贸易与转口贸易
4. 水平贸易与垂直贸易
5. 对外贸易额与对外贸易量
6. 对外贸易差额
7. 对外贸易依存度
8. 对外贸易条件
9. 贸易商品结构与贸易地理方向

【问答题】
1. 国际贸易与国内贸易的联系和区别是什么？
2. 国际贸易的研究对象是什么？
3. 对外贸易条件恶化必然会引致贸易利益损失吗？

【计算题】

1. 假定 C 国 2012 年全年进出口总额为 38667.6 亿美元，贸易顺差为 2311 亿美元，外汇储备为 3.31 万亿美元。当年 C 国国内生产总值为 83559.5 亿美元，试计算 2012 年 C 国的对外贸易依存度。

2. 某国以 2000 年为基期，贸易条件指数为 100，到 2012 年，出口商品平均价格下降了 20%，进口商品平均价格上升了 10%，出口数量指数为 110，请问该国贸易条件是改善了还是恶化了？

PART ONE 上篇

国际贸易理论篇

第二章 贸易保护主义理论

[学习目的]

通过本章学习，使学生对于贸易保护思想、贸易保护主义的发展有较为深刻的理解和认知。

[重点难点]

◆ 掌握重商主义的主要观点
◆ 掌握幼稚产业保护论
◆ 掌握凯恩斯贸易乘数论
◆ 了解战略性贸易论和新贸易保护主义

[引导案例]

金融危机下的贸易保护主义

习近平同志在博鳌亚洲论坛 2010 年年会开幕大会上发表的主旨演讲中，明确提出要坚持和扩大市场开放，坚决反对和抵制各种形式的保护主义，维护公正、自由、开放的全球贸易和投资体系。

在此次博鳌亚洲论坛年会上，防止贸易保护主义威胁全球经济复苏成为与会嘉宾的广泛共识。

受全球金融危机影响，2009 年全球经济出现第二次世界大战以来的首次负增长。但世界经济复苏的步伐远超预期，世界主要经济体从经济持续下降的低谷中逐步走出。

令人忧虑的是，随着危机缓解和世界经济复苏，国际社会在危机之初所展现的协作精神有所动摇，一些与全球化背道而驰的观点和做法日益凸显。

世界贸易组织统计显示，2009 年全球发起的反倾销调查预计达 230~250 起，同比增长 11%~20%；发起反补贴调查 41 起，同比增长高达 193%。

中国成为贸易保护主义的最大受害国。英国经济政策研究中心下设的全球贸易预警处发布的数据显示，自 2008 年 11 月 20 国集团峰会召开至 2010 年 1 月，共有 61 个贸易伙伴对中国实施 160 项贸易保护主义措施，另有 111 项贸易保护措施正计划或准备对中国实施，三项指标均居世界首位。

与逐渐抬头的贸易保护主义形成鲜明对比的是，中国在金融危机期间，加大了对外采购规模，多次组织大型采购团赴欧洲、美国等地，以实际行动向世界展示中国主张贸易自由的决心。

前事不忘，后事之师。20 世纪 30 年代的经济危机中，美欧之间的关税战曾使全球贸易规模在 1929~1934 年萎缩约 66%。目前逐渐抬头的贸易保护主义措施只会破坏开放的全球市场，其带来的示范效应将损害还很脆弱的全球经济复苏势头。有识之士认为，如果大搞贸易保护主义，有可能导致世界经济面临二次探底的危险。

博鳌亚洲论坛秘书长龙永图表示，在后危机这样一个需要更多团结和合作的时期，贸易保护主义破坏了团结的基础，发出了一个错误的信号。

在经济日益全球化、各经济体相互依存度越来越高的今天，没有哪个国家能脱离全球经济，单靠自身实现经济复苏。

金融危机后的全球经济复苏之路将曲折漫长，各国当务之急是奉行公平、自由、开放的贸易理念，保持世界贸易的便捷和畅通，逐步扩大来之不易的复苏成果。采取短视的贸易保护主义，最后只能是损人不利己。

资料来源：摘自新华网，http://news.xinhuanet.com/politics/2010-04/10/c_1225983.htm。

有关贸易保护主义与贸易自由主义的历史之争由来已久，从总体发展趋势来看，自由贸易似乎略胜一筹。自由贸易作为一种贸易政策选择，在理论上和实践上均已被近乎完美地证明能够给不同国家和地区的人们带来福祉。然而，为何贸易保护主义依旧在当今挥之不去呢？贸易保护主义的历史渊源又何在呢？本章将阐述贸易保护主义的相关理论，并引领我们理解各个国家在不同时期独特贸易政策倾向的真实原因。

第一节　重商主义

在 14 世纪末到 16 世纪末的西欧封建社会晚期，也即"文艺复兴"时期，随着自然经济逐渐瓦解以及资本主义生产关系的萌芽和成长，反映商业资本利益和要求的经济学说和经济政策开始出现，这就是重商主义（Mercantilism）。重商主义的名称最初是由亚当·斯密在 1776 年的《国民财富的性质和原因的研究》一书中提出的，但亚当·斯密在他的著作中抨击了重商主义，并提倡自由贸易和开明的经济政策。

重商主义被认为是最早对国际贸易进行研究的理论，它也是最早对资本主义生产方式进行理论考察的资产阶级经济学说。重商主义产生的历史背景不仅包括社会制度的更迭，还包括地理大发现对商业资本所带来的广阔世界市场刺激。同时，随着国家对商业资本支持政策的实施，从理论上阐述商业资产阶级的经济政策主张就成为了必然要求。与西欧封建社会经院哲学的教义和伦理规范不同，重商主义依据商业资本家的经验去观察和说明社会经济现象，并以商业资本的运动作为考察对象，从流通领域研究了货币—商品—货币的运动（资本产生的过程）规律。

重商主义在西欧各国都起过不同程度的支配作用，尤其是在英国和法国，重商主义更是得到了充分的发展。就重商主义的思想发展历程来看，可以分为早期重商主义和晚期重商主义，但作为统一的经济思想体系，早期阶段和晚期阶段有许多共同之处。

早期重商主义产生于 15 世纪到 16 世纪中叶，其代表人物为英国的约翰·海尔斯和威廉·斯坦福德，以及法国的安徒安·德·孟克列钦等。早期重商主义者认为要积累本国的货币：第一，必须严格禁止金银出口；第二，防止金银外流，在对外贸易中必须严格实行多卖少买甚至只卖不买的原则；第三，为能有效阻止本国金银外流和吸引外国货币入境，应该由国家制定一系列行政措施加以干预。例如，英国曾设立皇家汇兑管理机构，一切汇兑交易都必须经过这个机构，而且各国都用法令规定本国经营出口贸易的商人必须带回一定数量的外国货币，而外国商人出售商品所得的货币必须全部在当地购买商品。总之，他们追求在对外贸易的每一笔交易中都能增加本国的金银。正如马克思所说："竭力把货币从流通中拯救出来，以谋求价值的无休止的增值。"因此，重商主义也被称为重金主义，或称为货币差额论。

晚期重商主义产生于 16 世纪下半期到 18 世纪，其代表人物为英国的托马斯·曼和法国的让·巴蒂斯特·柯尔培尔等。晚期重商主义者认为货币已经不再是单纯的货币，而是增加财富的手段，是资本。基于此种认识，他们主张取消金银出口禁令，因为只要在一定时期内保持总出口量大于总进口量，那么出口的金银将带回几倍甚至几十倍于自身数量的外国金银。他们还主张国家实行保护关税政策，奖出限入，抵制外国商品的竞争，保护和扶植本国工业的发展。因此，马克思有时把晚期重商主义称为重工主义，而晚期重商主义对财富增值的见解又被称为贸易差额论。由于晚期重商主义是在货币的不断运动中来谋求货币的增加，这种观点与商业资本的要求最相适应，所以马克思又称之为真正的重商主义。

总之，无论是早期的重商主义，还是晚期的重商主义，在许多方面都有着共同之处，主要表现在：第一，它们都认为金和银是财富的唯一形态；第二，它们都认为财富产生于流通领域；第三，它们都认为对外贸易是获取财富的唯一途径；第四，它们都主张在对外贸易政策上实施多卖少买甚至是只卖不买，即"奖出限入"。恩格斯曾经对重商主义者给予了形象的比喻——他们"就像守财奴一样，双手抱住他心爱的钱袋，用嫉妒和猜疑的目光打量着自己的邻居"。

尽管重商主义促进了商品货币关系和资本主义工场手工业的发展，为资本主义生产方式的成长与确立创造了必要的条件，而其政策、理论在历史上也曾促进了资本的原始积累，并推动了资本主义产生方式的建立与发展。但它仍然存在着历史局限性：第一，错误地将财富等同于货币并进而等同于金银；第二，错误地认为财富产生于流通领域而不是生产领域；第三，错误地将对外贸易看成是一种"零和游戏"并错误地将贸易顺差作为其唯一政策目标。

第二节　幼稚产业保护论

所谓幼稚产业（Infant Industry）是指某一产业处于发展初期，基础和竞争力薄弱但经过适度保护能够发展成为具有潜在比较优势的新兴产业。幼稚产业保护理论最初由美国独立后的第一任财政部长汉密尔顿在其1791年出版的《制造业的报告》一书中提出，后由德国历史学派先驱李斯特在其1841年出版的《政治经济学的国民体系》一书中加以系统化。李斯特认为生产力是决定一国兴衰存亡的关键，而保护民族工业就是保护本国生产力的发展，所以，国家和政府需要作为民族工业发展强有力的后盾，而不是秉承古典学派的自由放任原则。

在贸易政策方面，李斯特反对自由贸易政策，主张保护关税政策，以谋求建立和发展德国的资本主义工业。在他看来，古典学派是忽视民族经济特点的世界主义，自由贸易对先进国家有利，而保护关税政策则是后进国家的必要手段。

一、幼稚工业保护论的理论基础

李斯特的幼稚工业保护理论建立在三大理论基础上：社会经济发展五个阶段论、生产力理论以及国家干预经济理论。其中生产力理论是核心。建立在这三大理论基础上，他提出了如下基本观点：

（一）提出发展阶段论

李斯特以经济部门作为划分经济发展阶段的基础，认为国家经济发展必须经历原始未开化时期、畜牧时期、农业时期、农工业时期和农工商业时期五个阶段，并基于此认为处于第五阶段的先进国家需要自由贸易，而处于第三阶段的农业阶段又没有值得保护的工业，只有处于第四阶段的国家才有理由值得实行保护主义政策。他指出，对于德、美这样处于农工业阶段的国家如果与处于农工商业阶段的英国进行自由贸易，虽然表面上在短期能够获得贸易利益，但在长期将损害其生产力，制约其创造财富的能力。一个国家追求的是财富的生产力，而非仅仅是财富本身。因此，对处于第四阶段的德国而言，保护关税政策是最优政策选择，这有利于德国加速向第五阶段过渡和同英、法等国争霸。

（二）提倡生产力论

李斯特认为，生产力是创造财富的能力。一个国家的财富和力量来源于本国社会生产力的发展，提高生产力是国家强盛的基础。他说："财富的生产力，比之财富本身不晓得要重要多少倍；它不但可以使原有的和已经增加的财富获得保障，而且可以使已经消失的财富获得补偿。"李斯特正是从保护和发展生产力的角度出发，主张在农工业时期的国家必须采取保护贸易的政策。

李斯特认为，在当时，如果英国的自由贸易学说不加区别地应用于各国，就会使先进的英国商品充斥落后国家，包括李斯特的祖国——德国。从短期来看，落后国家可以买到一些廉价商品，似乎占了便宜；但从长远看，落后国家的工业却因此发展不起来，社会生产力得不到提高，就会长期居于落后地位和从属地位。反之，如果德国采取保护贸易政策，从短期看，某些商品价格，特别是先进的工业品价格是高一些，但是，为了培育自己的民族工业，就应当忍受暂时的牺牲。经过一段时期，民族工业发展起来，原来依靠进口的商品——先进工业品的价格就会降下来。这样，看起来似乎开始时减少一些财富，但却通过保护贸易，发展了自己民族的生产力，即创造财富的能力，这才是真正的财富。李斯特说："保护关税如果会使价值有所牺牲的话，却使生产力有了增长，足以抵偿损失而有余。"

（三）主张国家干预经济

主张国家干预经济，反对古典学派的放任自由原则。李斯特认为，要想发展生产力，必须借助国家力量，而不能听任经济自发地实现其转变和增长。他承认当时英国工商业的发展，但认为英国工商业的发展也是由于当初政府的扶植政策所造成的。德国正处于类似英国发展初期的状况，应实行在国家干预下的保护贸易政策。

二、幼稚工业保护论的主要内容

幼稚工业保护论的主要内容包括：①幼稚工业才需保护；②在被保护的工业得到发展，其产品价格低于进口同类产品并能与外国竞争时，就无须再保护，或者被保护工业在适当时期（如30年）内还不能扶植起来时，也就不需要再保护；③一国工业虽然幼稚，但如果没有强有力的竞争者，也不需要保护；④农业不需要保护；⑤保护期结束后要回报消费者。

三、幼稚工业保护论的主要手段

（1）一般商品禁止进口：征收高关税。
（2）复杂机器鼓励进口：免税或征收轻微进口税。

四、幼稚工业保护论的评价

（1）"保护幼稚工业"理论在德国工业资本主义的发展进程中起过积极的作用，保护关税政策对于当时的德国资产阶级是必要的，它使德国的大工业获得了巨大的发展。

（2）李斯特的保护贸易理论对经济不发达国家有重大参考价值，该理论保护的对象以将来有前途的幼稚工业为限，对国际分工和自由贸易的利益也予以承认，保护贸易为过渡时期，而以自由贸易为最终的目的。

（3）但是，李斯特的整个理论体系是错误的、不科学的，他把生产力理论同古典学派的价值论对立起来，片面强调国家对经济发展的决定作用，其保护幼稚工业理论是以资本市场发育不完全为前提假设。

幼稚产业保护理论具有理论上的合理性。自由贸易的倡导者约翰·穆勒尚且将幼稚产业保护理论作为贸易保护"唯一成立的理由"。幼稚产业保护理论在现实中也有着广泛的影响力，世界贸易组织也以该理论为依据，列有幼稚产业保护条款。该条款允许一国为了建立一个新工业或者为了保护刚刚建立不久、尚不具备竞争力的工业采取进口限制性措施，对于被确认的幼稚产业可以采取提高关税、实行进口许可证、征收临时进口附加税的方法加以保护。但是，幼稚产业保护理论在实践中成效不大。这可能是由于无法准确界定幼稚产业所致。发展中国家都很注重对幼稚产业的保护，但多数都未达到预期效果，反而付出惨痛代价。

第三节 凯恩斯超保护贸易理论

一、超保护贸易理论的兴起

20 世纪 30 年代，垄断削弱了自由竞争；1929~1933 年资本主义世界发生空前严重的经济危机，在大危机后，许多资本主义国家积极干预对外贸易，实行高关税、外汇限制、数量限制、鼓励出口等措施改善国内的经济状况。英国抛弃了自由贸易政策，转而实行超保护贸易政策。超保护贸易理论代表作是凯恩斯的《就业、利息和货币通论》。在经济危机前，凯恩斯是一个自由贸易论者，此后转而推崇重商主义保护贸易政策，形成超保护贸易政策理论。

二、超保护贸易理论的特点

与第一次世界大战前的贸易保护主义相比，超保护贸易主义有以下特点：
（1）保护的对象扩大，包括幼稚工业、高度发达的工业和出现衰落的垄断工业。
（2）保护的目的改变，从培养自由竞争的能力到更看中垄断能力的加强。
（3）保护的战略方式改变，从防御性地限制进口到进攻性地扩张国内外市场。
（4）保护的措施多样化，关税和各种各样的"奖出限入"措施的运用。

三、超保护贸易理论

凯恩斯认为，资本主义的经济危机根源于社会的有效需求不足，而有效需求包括消费需求和投资需求两个方面。对外贸易作为外部消费需求，政府可以利用保护贸易政策增加净出口，提高有效需求，进而有助于克服经济萧条。此外，贸易顺差还可以增加一国的货币供给，导致利率下降和投资增加，使得有效需求随之增加。因此，凯恩斯将对外贸易与有效需求理论结合在一起，从而形成凯恩斯的超保护贸易理论，该理论主张国家积极干预对外贸易，实行"奖出限入"政策和措施，从而达到垄断国内外市场和获取超额利润的目的。

之后，凯恩斯主义的追随者马克卢普和哈德罗等将凯恩斯的乘数理论引入对外贸易，建立对外贸易乘数（Foreign Trade Multiplier）理论。该理论认为：正如投资或消费的增加将会带来产出增加一样，进口的增加将导致产出减少，其减少的规模要成倍于增加的进口；同时，出口的增加将导致产出增加，其增加的规模将成倍于增加的出口。故此，贸易顺差有益而贸易逆差有害，只有顺差才能增加国民收入量和就业量。

只有当贸易为出超或国际收支为顺差时，对外贸易才能增加一国就业，提高国民的收入。此时，国民收入的增加量将是贸易顺差的若干倍。这就是对外贸易乘数理论的含义。

四、超保护贸易理论的评价

凯恩斯主义超保护贸易理论中提出的对外贸易乘数，在一定程度上反映了对外贸易与国民经济发展之间的内在规律性。但凯恩斯主义过分夸大它们的意义，片面强调对外贸易顺差对增加国民收入的作用，可能导致国际上各国过度地强调出口而限制进口，导致关税或其他贸易保护手段的日益盛行，最终不利于国际贸易的发展。

当然，凯恩斯在阐述贸易顺差积极性的同时，也阐述了贸易顺差可能带来的负面影响：一方面，贸易顺差使得对国内产品需求过多，导致物价上升并产生通货膨胀；另一方面，贸易顺差过大导致货币供给过多，进而引起利率下降和资本外流。因此，凯恩斯并非认为贸易顺差越大越好，他只是将贸易顺差作为克服经济萧条的手段。

第四节　战略性贸易政策论

战略性贸易政策理论（Strategic Trade Policy）是指基于或者可以改变不同国家竞争企业之间战略性互动形成的均衡的贸易政策，最早于 20 世纪 80 年代中期提出。自从该理论出现以来，对国际贸易理论体系以及许多国家对外贸易政策的制定都产生了重大影响。尽管对该理论的尖锐批评此起彼伏，同时其基本模型自身也有待进一步完善，但重要的是，其确实动摇了传统国际贸易理论的统治地位，并且在很大范围内，该理论转化为实际的政策建议并得到了有效实施。

与传统贸易理论相比，战略性贸易政策理论具有以下特点：

（1）战略性贸易政策理论的出发点是增进本国福利，在这一点上与主张自由贸易的传统国际贸易理论并无差异，两者的区别在于最终得出的政策建议。

（2）战略性贸易政策理论只针对寡头垄断、不完全竞争和存在规模经济的产业结构，而这些产业往往是具有超额垄断租金并对本国国民经济有技术外溢效应的高端产业。

（3）建立在不完全竞争和规模经济基础上的国际分工体系是动态的、随机的，在这种分工体系中，政府的政策制定、企业的策略选择都是相互依赖、互为影响的，这留给政府充分的空间去运用产业政策形成对本方有利的均衡格局。

（4）一国兴衰的根本在于国际竞争力的大小，在于国家的竞争优势，具有比较优势并不意味着具有竞争优势。

（5）重视发挥政府的作用，通过政府的战略性贸易政策来创造出新的比较优势。

战略性贸易理论向传统的自由贸易理论发出挑战，在其看来，积极的贸易政策比自由贸易政策更有益于国家。首先，积极的国家政策可以攫取卖方寡头环境产生的“租金”，国家可以帮助本国公司获得规模效益或其他类似利益。其次，由于技术创新成为国际竞争的主要因素，比较利益基本上是人为的，并且从一个工业到另一个工业的外溢效应已经存在；同时，一个部门创造的知识可以使其他部门受益，并提高整个国家的技术水平，所以政府应当支持和保护这些产生租金并被认为对国际竞争具有战略价值的工业部门。

战略性贸易政策最为强调的贸易政策主张主要有两种：一种是出口补贴，另一种是进口保护以促进出口。前者是由布兰德（Brander）和斯潘塞（Spencer）两位经济学家提出的，也被称为战略性出口补贴政策，他们证明：在不完全竞争条件下，出口补贴的效应不同于完全竞争条件下所考察的出口补贴效果；如果市场结构是寡头垄断的，那么出口补贴可提高本国企业在国际市场上的市场占有率，从而使本国企业获得更多的超额利润；若新增的利润能够抵销出口补贴的成本，那么实行出口补贴就可以提高本国福利。后者则是由克鲁格曼（Krugman）提出的，他认为在寡头垄断和规模经济条件下，利用关税和其他贸易政策对市场的保护，不但可以收取垄断租金，还可以充分发挥国内企业的“干中学”效应，促进产业发展和壮大，最终“国内产品可潮水般涌向国外市场”。

为了说明战略性贸易政策的效果，经济学家常用美国波音公司与欧洲空中客车公司之间的竞争作为案例。

假定这两家公司生产技术和能力相近，都有能力生产一种可坐 500 名乘客的大客机，而生产这种客机又具有规模经济，生产越多成本越低，生产越少成本越高，而且有可能亏损。在市场需求量有限的情况下，若两家公司都生产，它们都达不到最小盈利规模，均会亏本。若两家公司都不生产，它们既不亏损也不盈利。若仅有一家公司生产，则该公司足以达到规模经济从而获得盈利。于是有如图 2–1 所示的支付矩阵。

		空中客车公司	
		生产	不生产
波音公司	生产	（–5 万，–5 万）	（100 万，0 万）
	不生产	（0 万，100 万）	（0 万，0 万）

图 2–1　波音公司与空中客车公司均无补贴情形（单位：美元）

图 2–1 的纳什均衡结果显示：存在博弈方波音公司（I）和博弈方空中客车公司（II）的两个均衡解，它们分别是（不生产，生产）和（生产，不生产），这说明任何先发制人一方的生产都必然伴随着相对一方的不生产，因此，寡头双方均会互不相让，竞相

投产和占领市场以迫使对方退出市场。

　　现在继续考虑一方实施战略性贸易政策的行为，假设欧盟采取补贴方式试图帮助空中客车公司击败美国波音公司以占领全球市场，并令当空中客车公司进行生产时的补贴额为 10 万美元，于是支付矩阵变为如图 2-2 所示。

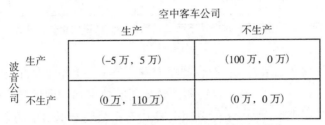

图 2-2　空中客车公司接受补贴情形（单位：美元）

　　图 2-2 的纳什均衡结果显示：存在博弈方波音公司（I）和博弈方空中客车公司（II）的唯一均衡解（生产，不生产），这说明当存在欧盟单方补贴时，波音公司的理性选择是退出市场放弃生产，而空中客车公司的理性选择是继续生产，这样，在扣除补贴额后，欧盟仍然获利 100 万美元。因此，欧盟的战略性贸易政策使其获得贸易利益。

　　然而，战略性贸易政策在对方实施"以牙还牙"的报复性措施以及信息不对称条件下有可能面临有效性障碍。

　　例如，当美国同样对本国波音公司实施 10 万美元的补贴后，图 2-2 的支付矩阵又变化为图 2-3。

空中客车公司

	生产	不生产
波音公司 生产	(5万, 5万)	(110万, 0万)
波音公司 不生产	(0万, 110万)	(0万, 0万)

图 2-3　空中客车公司与波音公司同时接受补贴情形（单位：美元）

　　图 2-3 的纳什均衡结果显示：存在博弈方波音公司（I）和博弈方空中客车公司（II）的唯一均衡解（生产，不生产），这说明当博弈双方同时存在补贴时，波音公司的理性选择是继续生产，而空中客车公司的理性选择也是继续生产，这样，在扣除补贴额后，欧盟以及美国的经济均净损失 5 万美元。因此，欧盟以及美国的战略性贸易政策并未使其获得贸易利益。

　　又如，假设波音公司与空中客车公司在生产技术或经营管理方面存在差距，即波音公司的生产成本低于空中客车公司，于是有如图 2-4 所示的支付矩阵。

空中客车公司

		生产	不生产
波音公司	生产	(5万，-5万)	(100万，0万)
	不生产	(0万，100万)	(0万，0万)

图2-4　信息不对称条件下两公司均无补贴情形（单位：美元）

图2-4的纳什均衡结果显示：存在博弈方波音公司（I）和博弈方空中客车公司（II）的唯一均衡解（生产，不生产），这说明波音公司的技术和管理优势使得其生产即可盈利，而空中客车公司则生产即亏损，因此，空中客车公司会退出市场竞争。

现在继续假定空中客车并不完全了解有关支付矩阵信息，并且企图通过补贴这一战略性贸易政策来参与市场竞争和打压波音公司，令其补贴额仍为10万美元，则其支付矩阵变动如图2-5所示。

空中客车公司

		生产	不生产
波音公司	生产	(5万，5万)	(100万，0万)
	不生产	(0万，100万)	(0万，0万)

图2-5　信息不对称条件下空中客车公司接受补贴情形（单位：美元）

图2-5的纳什均衡结果显示：存在博弈方波音公司（I）和博弈方空中客车公司（II）的唯一均衡解（生产，生产），这说明当存在欧盟单方补贴时，波音公司的理性选择仍然是继续生产并获利5万美元，而空中客车公司的理性选择也是生产并同样获利5万美元，因此，欧盟的战略性贸易政策使得空中客车公司参与到了市场竞争当中。但是，由于空中客车公司接受了欧盟10万美元的补贴，因而从整个欧盟来看，空中客车公司的获利额难以抵销其接受的补贴额，故整体净亏损。事实上，在此信息不对称的支付矩阵情况下，无论欧盟的战略性贸易政策补贴多少，这一均衡结果及欧盟净损失的情况都不会改变。

由此可见，战略性贸易政策在现实的应用与实施中具有很大的局限性。

第五节　新贸易保护主义

新贸易保护主义（New Trade Protectionism）又被称为"超贸易保护主义"或"新重商主义"，是20世纪80年代初兴起的，以绿色壁垒、技术壁垒、反倾销和知识产权保护等非关税壁垒措施为主要表现形式的贸易政策措施。新贸易保护主义的目的是想规避多边贸易制度的约束，通过贸易保护达到保护本国就业和维持在国际分工和国际交换中支配地位的作用。新贸易保护主义者在维护民族利益、保护资源与环境的旗帜下，行贸易保护之实，具有名义上的合理性、形式上的隐蔽性、手段上的欺骗性和战略上的进攻性等特点。

与传统的贸易保护主义相比，新贸易保护主义在理论依据、政策手段、目标对象和实施效果等方面存在着明显差异。

首先，新贸易保护主义打着公平贸易的旗号，利用世界贸易组织规则实行贸易保护。总体来看，在世界贸易组织规则的约束下，大多数国家都在向自由贸易的方向迈进，但由于现行多边贸易体制并非无懈可击，因而保护主义总是千方百计从中寻找"合法"的生存土壤。世界贸易组织允许成员国利用其有关协议保护本国的利益，反击遭到不公平待遇。这就为各国以"公平贸易"为口实实行贸易保护留下了空间。世界贸易组织规则并不排斥各成员国的经济自主性。目前，保留本国经济自主性的要求不仅来自发达国家，而且还来自发展中国家。因此，采取与世界贸易组织不直接冲突的各种保护措施，已成为经济全球化过程中贸易保护主义的普遍形态。

其次，新贸易保护主义依据国内法履行国际条约。一般意义上讲，国际条约高于国内法。但现阶段由于各国对如何处理国际法与国内法的关系缺乏统一标准，因而，如何对待已承诺的国际条约及其在国内的适用程度，各国仍存在一定差异。一些国家只执行符合自己国家利益的国际条约，很多时候将国内法凌驾于国际条约之上。如根据美国贸易法案中的"301"条款，美国可以对来自国外的"不公平"和"不合理"的贸易活动采取单边贸易制裁。近年来，为维护本国的贸易利益，美国多次启动或威胁启动该条款处理贸易纠纷，公开向世界贸易组织的有关规则挑战，严重损害了世界贸易组织的权威性，并为其他国家处理国内法与国际法的关系产生了负面影响。

再次，新贸易保护主义利用区域贸易组织保护成员国利益。区域一体化组织具有的排他性特征被视为对成员国的一种贸易保护，通过"内外有别"的政策和集体谈判的方式，区域一体化协定在为成员国创造更有利的贸易条件的同时，却往往对非成员国构成了歧视。区域一体化组织具有的这种排他性特征，实际上起到了对成员国进行贸易保护的作用。

最后，新贸易保护主义保护手段更趋多样化。反倾销、反补贴、保障措施等传统保护手段仍被频繁应用，技术壁垒、绿色壁垒、知识产权保护、劳工标准等贸易壁垒花样翻新，应用范围更加广泛。发达国家利用自身在环保和科技方面的优势，制定更高的环保、技术、商品和劳工标准，以削弱发展中国家凭借低廉的劳动力成本而获得的出口竞争力。由于这些新型贸易保护手段具有良好的定向性、隐蔽性和灵活性，其中一些技术和环保方面的要求以提升技术水平、维护消费者利益为出发点，甚至可以视为中性的贸易标准，加之世界贸易组织对这些贸易措施应用的限制并不统一，因而其保护效果更为突出，进一步加剧世界范围内的贸易摩擦。

本章小结

贸易保护主义的理论起源最早可追溯至重商主义，它又分为早期和晚期两个阶段，但囿于历史条件限制，重商主义者得出了以下错误结论：金和银是财富的唯一形态；财富产生于流通领域；对外贸易是获取财富的唯一途径；一国应多卖少买甚至只卖不买。以汉密尔顿和李斯特为代表的幼稚产业保护主义者从各自的国家利益出发，认为生产力是决定一国兴衰存亡的关键，而保护民族工业就是保护本国生产力的发展，所以，国家和政府需要作为民族工业发展强有力的后盾，而不是秉承古典学派的自由放任原则。为摆脱大萧条对资本主义社会的冲击，凯恩斯及其追随者认为：正如投资或消费的增加将会带来产出的增加一样，进口的增加将导致产出减少，其减少的规模要成倍于增加的进口；同时，出口的增加将导致产出增加，其增加的规模将成倍于增加的出口；因此，贸易顺差有益而贸易逆差有害，只有顺差才能增加国民收入量和就业量。与传统贸易理论不同，战略性贸易政策理论则认为积极的贸易政策比自由贸易政策更有益于国家，同时，战略性贸易政策最为强调的贸易政策主张主要是出口补贴和进口保护以促进出口两种。20世纪80年代起，以绿色壁垒、技术壁垒、反倾销和知识产权保护等非关税壁垒措施为主要表现形式的新贸易保护主义逐渐兴起，与传统的贸易保护主义相比，新贸易保护主义在理论依据、政策手段、目标对象和实施效果等方面存在着明显差异。

复习思考题

【核心概念】

1. 幼稚产业
2. 对外贸易乘数
3. 战略性贸易政策
4. 新贸易保护主义

【问答题】

1. 简要评述重商主义。
2. 幼稚产业保护理论对我国有何现实意义？
3. 战略性贸易政策有哪些特点？
4. 新贸易保护主义有哪些特点？

第三章　古典贸易自由主义理论

[学习目的]

通过本章学习，使学生理解并掌握早期的自由贸易思想；在此基础上认识贸易自由化的好处以及国家如何利用比较优势发展对外贸易。

[重点难点]

◆ 掌握绝对优势理论

◆ 掌握比较优势理论

[引导案例]

"如果一件东西在购买时所费的代价比在家内生产时所费的小，就永远不会想要在家内生产，这是每一个精明的家长都知道的格言。裁缝不想制作他自己的鞋子，而向鞋匠购买。鞋匠不想制作他自己的衣服，而雇裁缝制作。农民不想缝衣，也不想制鞋，而宁愿雇用那些不同的工匠去做。他们都感到，为了他们自身的利益，应当把他们的全部精力集中使用到比邻人处于某种有利地位的方面，而以劳动生产物的一部分或同样的东西，即其一部分的价格，购买他们所需要的其他任何物品。在每一个私人家庭的行为中是精明的事情，在一个大国的行为中就很少是荒唐的了。如果外国能以比我们自己制造还便宜的商品供应我们，我们最好就用我们有利地使用自己的产业生产出来的物品的一部分向他们购买。"

资料来源：引自亚当·斯密 1776 年的《国民财富的性质和原因的研究》。

"英国的情形可能是生产棉布需要 100 个人劳动一年，而如果酿制葡萄酒则需要 120 个人劳动同样长的时间。因此，英国发现通过出口棉布来进口葡萄酒对自己比较有利。葡萄牙生产葡萄酒可能只需要 80 个人劳动一年，而生产棉布却需要 90 个人劳动一年。因此，对葡萄牙来说，出口葡萄酒以交换棉布是有利的。即使葡萄牙进口的商品在本国制造时所需要的劳动少于英国，这种交换仍然会发生。虽然葡萄牙能够以 90 个人的劳动生产棉布，但它宁可从一个需要 100 个人的劳动生产的国家进口棉布。对葡萄牙来说，与其挪用种植葡萄的一部分资本去织造棉布，还不如用资本来生产葡萄酒，因为由此可以从英国换得更多的棉布。因此，英国将以 100 个人的劳动产品交换 80 个人的劳动产品。"

资料来源：引自大卫·李嘉图 1817 年的《政治经济学及赋税原理》。

以上两段文字是古典经济学家亚当·斯密（Adam Smith）和大卫·李嘉图（David Ricardo）分别在 1776 年和 1817 年所做的精辟论述，他们被认为是贸易自由主义的先驱。那么，秉承自由贸易主义的国家之间应当按照何种贸易模式进行对外贸易呢？其贸易利得又会对各个国家产生什么样的影响呢？绝对优势理论与比较优势理论又存在哪些局限性呢？本章将解答以上问题。

第一节　绝对优势理论

绝对优势理论（Absolute Advantage Theory）最早是由英国古典政治经济学的代表人物亚当·斯密于 1776 年出版的《国民财富的性质和原因的研究》中提出的。在那一特殊历史时期，英国经过 17 世纪中叶的资产阶级革命，打破了封建主义的专制统治，为资本主义的发展创造了极为有利的条件。在农业中，国会以法令形式确立了圈地运动的合法性，进而使得圈地运动迅速发展并加速了农民的破产和资本主义农场的兴起，从而为资本主义工业的发展提供大批廉价的劳动力和原料。与此同时，随着大批小手工业者的破产，工场手工业获得广泛发展，成为资本主义工业生产的主要形式。然而，工场手工业仍然以手工技术为基础，因而还不能够给小商品生产者造成决定性的打击。随着英国国民经济发展及海外市场拓展，工场手工业生产扩大的有限性与迅速增长的市场需求之间矛盾日益显露，从手工技术过渡到机器生产的要求也随之变得更加迫切。到 18 世纪 60 年代，工业革命首先在棉纺工业中蓬勃发展起来，但资本主义的发展却受到了实施君主立宪制的英国封建主义残酷的严重束缚。在对外贸易方面，保护关税政策阻碍了英国资产阶级的海外扩张，他们迫切要求通过自由竞争和自由贸易来发展对外贸易。正是在这种工场手工业广泛发展和产业革命爆发前夕的时代背景下，亚当·斯密的经济学说反映了新兴资产阶级发展资本主义的迫切要求，从而成为推行自由贸易政策的理论依据。

所谓绝对优势（Absolute Advantage）是指一国如果在某种产品上具有比别国高的劳动生产率或低的成本，该国在这一产品上就具有绝对优势；相反，劳动生产率低或成本高的产品，就不具有绝对优势，即具有绝对劣势。

那么，如何衡量绝对优势呢？通常有三种方法：第一，用劳动生产率，即（产量/劳动投入量）劳动生产率越高，说明绝对优势越明显；第二，用生产成本，即（劳动投入量/产量）生产成本越低，说明绝对优势越明显；第三，用相对价格或机会成本，相对价格或机会成本越低，说明绝对优势越明显。

斯密进一步指出绝对优势的来源问题，在他看来，每一个国家都有其适宜生产某些特定产品的绝对有利的生产条件，因而生产这些产品的成本会绝对低于他国。一般来说，一国的绝对成本优势来源于两个方面：一是自然禀赋优势，如地理、环境、土壤、气候等自然条件优势，这是天赋的优势，例如中东等国家拥有储量巨大的石油资源，因而其在全球石油贸易中具有绝对优势，并会影响世界油价走势；二是技术和工艺等后天获得的优势，如芬兰紧靠北极，常年是冰雪天气，因而人们出行不便，必须依靠无线通信设备相互联系，于是，恶劣的气候条件迫使芬兰人努力研发通信技术，继而成就了诺基亚。

由于绝对优势理论产生的年代正是经济学处于艰难成长的阶段，经济分析工具与方法远不及今天的发达，因此，斯密的原始分析并没有明确界定其理论假设与分析模型，只是或明或隐地包含在其论述之中，而由其后的经济学家挖掘、提炼出来。在此，我们将理论模型的基本假设概括如下：

（1）模型建立在 $2 \times 2 \times 1$ 的基础上，即两个国家、两种产品和劳动这个唯一的生产要素。

（2）给定劳动这一要素的供给量，且要素在一国内部可自由流动，但在国家间不能流动；同时，要素资源被充分利用。

（3）与要素只能在国内流动不同，产品则可以在国家间自由流动。

（4）两种产品的劳动生产率存在绝对差异，且无技术进步，即绝对优势是静态性质的。

（5）规模报酬不变，也可理解为机会成本不变，即随着产品产量增加，其价格或成本保持不变。

（6）完全竞争市场，即产品价格等于其平均成本，无经济利润。

（7）无运输成本和其他交易成本。

（8）两国处于贸易平衡状态。

（9）劳动力同质。

基于上述假设，模型得出的基本观点是：在两个国家都能生产两种同样产品的情况下，其中一个国家在某种产品的生产上处于绝对优势，而另一个国家在另外一种产品的生产上也处于绝对优势，那么，这两个国家应该分别完全专业化生产其劳动生产率较高、卖价较便宜的那种产品，并在此基础上进行交换，这样，双方都能从贸易中获得利益。

为了进一步阐释上述思想，我们例证如下：

假定英国和葡萄牙两国同时生产呢绒和酒，由于自然资源和生产技术条件不同，两国生产同量呢绒和酒的生产成本不同。生产 1 单位呢绒和 1 单位酒，英国各需 100 人劳动一年和 120 人劳动一年，葡萄牙各需 110 人劳动一年和 80 人劳动一年。显然，英国在呢绒的生产上由于成本较低而具有绝对优势，葡萄牙在酒的生产上由于成本较低而具有绝对优势，如表 3–1 所示。

表 3-1　绝对优势下英国和葡萄牙的自由贸易过程

完全专业化分工前		
	1 单位呢绒	1 单位酒
英国	100 人	120 人
葡萄牙	110 人	80 人
完全专业化分工后		
	2.2 单位呢绒	2.375 单位酒
英国	220 人	不生产
葡萄牙	不生产	190 人
按照各自产量一半进行国际比价 1∶1 的自由贸易后		
	呢绒	酒
英国	1.1 单位	1.1 单位
葡萄牙	1.1 单位	1.275 单位

在封闭经济条件下，英国和葡萄牙在完全专业化分工前生产 1 单位呢绒分别需要投入 100 人和 110 人，而生产 1 单位酒分别需要投入 120 人和 80 人。因此，从生产成本角度看，英国在呢绒生产上相对葡萄牙占据绝对优势，而葡萄牙在酒生产上相对英国占据绝对优势。这样，按照绝对优势理论，英国应该完全专业化生产呢绒，而葡萄牙则应该完全专业化生产酒。当两国按此分工模式进行完全专业化分工后，英国可用 220 人的劳动投出产出 2.2 单位呢绒，而葡萄牙可用 190 人的劳动投入产出 2.375 单位酒。之后，令英国取其一半的呢绒产量同葡萄牙所生产的酒按照国际比价 1∶1 进行自由贸易，于是，交易后英国拥有 1.1 单位呢绒和 1.1 单位酒，而葡萄牙拥有 1.1 单位呢绒和 1.275 单位酒。较完全专业化分工之前而言，两国的福利水平均有所提升。

绝对优势理论第一次系统地论证了国际贸易产生的原因，并且证明过程简单而直观。但是，绝对优势理论仍然存在以下四方面缺陷：一是绝对优势理论无法解释现实中为什么当一国在两种产品生产上都具有绝对优势，而另一国在两种产品生产上都具有绝对劣势的情况下，贸易仍然得以开展；二是由于假定了机会成本不变，绝对优势理论无法解释为什么现实中各国并没有进行完全的专业化分工；三是绝对优势理论建立在较多严格的假设基础之上，从而削弱了其现实解释力；四是由于缺少国际价值的概念，绝对优势理论无法解释上面例证中为何 80 人的劳动能够和 100 人的劳动进行交换。

第二节　比较优势理论

绝对优势理论表明，参与自由贸易的国家必须具备某一产品生产的绝对优势，或者说在某产品的生产中它有最高的劳动生产率或最低的绝对生产成本，否则它将失去贸易竞争的参赛资格。对于两种产品生产中均处绝对劣势的国家，无资格参与贸易，而两种产品生产中均处在绝对优势的国家，没必要参与自由贸易。此外，如果以绝对优势标准要求贸易国，那么，自由贸易只会发生在世界极少数几个国家，即只发生在发达国家之间，而发达国家与欠发达国家之间不可能产生贸易。显然，这同贸易现实不相符，而李嘉图的比较优势理论则有效解释了这种理论与现实相背离的困境。

大卫·李嘉图是英国工业革命深入发展时期的经济学家和英国工业资产阶级的思想家。他于 1817 年出版的《政治经济学及赋税原理》一书中提出了比较优势理论（Comparative Advantage Theory）。他认为，在国与国之间的贸易中，绝对优势并非必要条件，即使一国不具备绝对优势，但只要该国不同生产部门之间的生产效率不同，其仍然存在着比较优势。他说："如果两个人都制造鞋和帽，其中一个人在两种职业上都比另一个强一些，但是在制帽方面强 1/5 或 20%，而在制鞋方面却强 1/3 或 33%，那么这个较强的人就应该专门制鞋，那个较差的人就应该专门制帽，岂不是双方都能获利？"

所谓比较优势（Comparative Advantage）是指一国在所有商品上的劳动生产率都要低于另一国，即所有商品的生产均处于绝对劣势，但是相对劣势较小的商品较之那些相对劣势较大的商品而言，即具有比较优势。

那么，比较优势又是如何衡量的呢？通常，也有三种方法：第一，用相对劳动生产率。产品 A 相对于产品 B 的相对劳动生产率可用产品 A 的劳动生产率除以产品 B 的劳动生产率求得，即（产品 A 的产量/产品 A 的劳动投入量）/（产品 B 的产量/产品 B 的劳动投入量），相对劳动生产率越高，说明比较优势越明显。第二，用相对生产成本。产品 A 相对于产品 B 的相对生产成本可用单位产品 A 的要素投入量除以单位产品 B 的要素投入量求得，即（产品 A 的劳动投入量/产品 A 的产量）/（产品 B 的劳动投入量/产品 B 的产量），相对生产成本越低，说明比较优势越明显。第三，用相对价格或机会成本。相对价格或机会成本越低，说明比较优势越明显。

与绝对优势理论相同，比较优势理论模型的基本假设可概括如下：

（1）模型建立在 $2 \times 2 \times 1$ 的基础上，即两个国家、两种产品和劳动这个唯一的生产要素。

（2）给定劳动这一要素的供给量，且要素在一国内部可自由流动，但在国家间不能流动；同时，要素资源被充分利用。

（3）与要素只能在国内流动不同，产品则可以在国家间自由流动。

（4）两种产品的劳动生产率存在相对差异，且无技术进步，即绝对优势是静态性质的。

（5）规模报酬不变，它也可理解为机会成本不变，即随着产品产量增加，其价格或成本保持不变。

（6）完全竞争市场，即产品价格等于其平均成本，无经济利润。

（7）无运输成本和其他交易成本。

（8）两国处于贸易平衡状态。

（9）劳动力同质。

很明显，比较优势理论与绝对优势理论的假设前提差别仅在于前者强调的是产品劳动生产率的相对差异。基于上述假设，模型得出的基本观点是：在两个国家都能生产两种同样产品的情况下，其中一个国家在两种产品的生产上都处于绝对优势，而另一个国家则在这两种产品的生产上都处于绝对劣势，那么，处于优势地位的国家应该完全专业化生产其优势较大的那种产品，处于劣势地位的国家则应该完全专业化生产其劣势较小的那种产品，并在此基础上进行交换，这样，双方都能从贸易中获得利益。简言之，"两利相权取其重，两弊相权取其轻"。

同样，我们例证如下：

假定英国和葡萄牙两国同时生产棉布和葡萄酒，由于自然资源和生产技术条件不同，两国生产同量棉布和葡萄酒的生产成本不同。生产 1 单位棉布和 1 单位葡萄酒，英国各需 100 人劳动一年和 120 人劳动一年，葡萄牙各需 90 人劳动一年和 80 人劳动一年。显然，英国在棉布的生产上由于相对生产成本较低而具有比较优势（尽管处于绝对劣势），葡萄牙则在葡萄酒的生产上既具有绝对优势，又具有比较优势，如表 3-2 所示。

表 3-2 比较优势下英国和葡萄牙的自由贸易过程

完全专业化分工前		
	1 单位棉布	1 单位葡萄酒
英国	100 人	120 人
葡萄牙	90 人	80 人
完全专业化分工后		
	2.2 单位棉布	2.125 单位葡萄酒
英国	220 人	不生产
葡萄牙	不生产	170 人
按照各自产量一半进行国际比价 1∶1 的自由贸易后		
	棉布	葡萄酒
英国	1.1 单位	1.1 单位
葡萄牙	1.1 单位	1.025 单位

在封闭经济条件下，英国和葡萄牙在完全专业化分工前生产 1 单位棉布分别需要投入 100 人和 90 人，而生产 1 单位葡萄酒分别需要投入 120 人和 80 人。因此，从绝对生产成本角度看，英国同时在棉布和葡萄酒的生产上处于绝对劣势，而葡萄牙则同时在棉布和葡萄酒的生产上处于绝对优势。然而，从相对生产成本角度来看，在单位产量棉布生产上，英国的相对生产成本为 100/120，要低于葡萄牙的相对生产成本 90/80；在单位葡萄酒生产上，葡萄牙的相对生产成本为 80/90，要低于英国的相对生产成本 120/100。由此可见，英国的比较优势在于棉布，而葡萄牙的比较优势在于葡萄酒。这样，按照比较优势理论，英国应该完全专业化生产棉布，而葡萄牙则应该完全专业化生产葡萄酒。当两国按此分工模式进行完全专业化分工后，英国可用 220 人的劳动

投出产出 2.2 单位棉布，而葡萄牙则可用 170 人的劳动投入产出 2.125 单位葡萄酒。之后，令英国取其一半的棉布产量同葡萄牙所生产的葡萄酒按照国际比价 1∶1 进行自由贸易，于是，交易后英国拥有 1.1 单位棉布和 1.1 单位葡萄酒，而葡萄牙拥有 1.1 单位棉布和 1.025 单位葡萄酒。较完全专业化分工之前而言，两国的福利水平均有所提升。

比较优势理论第一次以无可比拟的逻辑力量，论证了外贸竞争力的来源不限于绝对优势，只要各国之间产品的生产成本存在相对差异（即"比较成本"差异），国际贸易就会产生。同时，证明了在一国国内市场存在的因为技术和生产率落后而被市场淘汰的"优胜劣汰"现象不会在国际市场出现，因此，经济落后国家不要惧怕对外开放和自由贸易。但是，比较优势理论依旧存在固有的缺陷：第一，其仍然建立在严格的假设基础之上；第二，与绝对优势理论相同，其无法解释为何 80 人的劳动能和 100 人的劳动进行交换，也因此未能将劳动价值论贯彻到底；第三，其将技术水平视为不变，属于抽象的短期静态分析，忽视了长期动态分析，这又可能导致"比较优势陷阱"；第四，其把国际贸易原因单纯归结为生产率的相对差异，忽视了对生产关系的分析；第五，其无法解释为何至今从未有一个国家实行过彻底的自由贸易，相反却经常出现"贸易摩擦"。

本章小结

在 18 世纪 60 年代，英国工场手工业生产扩大的有限性与迅速增长的市场需求之间的矛盾日益显露。在此背景下，代表新兴资产阶级利益的斯密提出了绝对优势理论。该理论认为，在两个国家都能生产两种同样产品的情况下，若其中一个国家在某种产品的生产上处于绝对优势，而另一个国家在另外一种产品的生产上处于绝对优势，那么，这两个国家应该分别完全专业化生产其劳动生产率较高、卖价较便宜的那种产品，并在此基础上进行交换，这样，双方都能从贸易中获得利益。因此，斯密极力主张实施自由的对外贸易政策。然而，绝对优势理论并不能说明在两种产品生产上均处于绝对优势同均处于绝对劣势国家之间进行贸易的可能性。为解决这一问题，李嘉图提出了比较优势理论，在他看来，贸易的基础并非绝对优势，而是比较优势。其核心观点为：在两个国家都能生产两种同样产品的情况下，若其中一个国家在两种产品的生产上都处于绝对优势，而另一个国家则在这两种产品的生产上都处于绝对劣势，那么，处于优势地位的国家应该完全专业化生产其优势较大的那种产品，处于劣势地位的国家则应该完全专业化生产其劣势较小的那种产品，并在此基础上进行交换，这样，双方仍能从贸易中获得利益。相对于绝对优势理论，比较优势理论显然具有更强的解释力。但是，这两种理论都存在假设条件严格、忽视贸易动态利益和其他非经济因素等本质缺陷。

复习思考题

【核心概念】

1. 绝对优势

2. 比较优势

【问答题】

1. 简要评述绝对优势理论。

2. 简要评述比较优势理论。

3. 如何衡量比较优势?

第四章　新古典贸易自由主义理论

[学习目的]

通过本章的学习，使学生掌握国际贸易产生的另一个原因——要素禀赋差异论，在要素禀赋理论的基础上，深入了解要素价格均等化理论、要素比例变化理论以及里昂惕夫（Leontief）之谜。

[重点难点]

◆ 掌握 H-O 理论

◆ 掌握 H-O-S 理论

◆ 了解要素比例变化理论

◆ 掌握里昂惕夫之谜及其解释

[引导案例]

中国依然是"世界工厂"

根据中国政府提供的数字，中国有 2000 万农民工由于本国制造业遭遇出口订单减少而陷于失业。

但是，当圣诞老人再次为世界上的孩子们购买玩具时，他的第一站仍是中国。

放开中国世界一流的基础设施和良好的供应链不说，中国的劳动力市场正在灵活地对经济形势进行回应，而这应该会在全球需求复苏之后巩固中国的竞争力。

农历新年过后，农民工又重新开始找工作，不过工资有所下降。

另外，一些地方政府还取消了强制性最低工资增长，政府观察员也不再严格执行已经诞生了一年的劳动法。企业说，劳动法大大提高了它们的成本。

这一切的结果是，所谓的"中国价格"——出口制造业产品成本——在上升了 16 个月之后开始下降。

据美国劳动部统计，今年 1 月，美国从中国的进口价格下降了 0.7 个百分点，这是连续第五个月下降。同 2008 年 1 月美国从中国进口价格相比较，2009 年 1 月的价格只比去年同期价格高 1.2 个百分点。

美国博思艾伦咨询公司合伙人朗宁·哈多克说，该公司同美国上海商会共同做的一份针对跨国公司的调查表明，中国"优点"正在回归。

由于此前中国劳动力成本大幅上升，很多跨国公司急忙把劳动密集型制造业迁到了成本更为低廉的印度和越南。现在，由于中国的成本正在变低，跨国公司又开始喜欢中国了。

哈多克说："由于需求骤降，中国出现了很多剩余劳动力，因此劳动力价格又下降了，而其他低成本国家所能引起的兴趣已经大大减小。"

资料来源：[英] 艾伦·惠特利. 英国路透社：中国已经重获劳动力廉价成本优势 [EB/OL]. 唐湘译. 摘自环球时报，http: //finance.ifeng.com/news/opinion/hwkzg/20090306/423816.shtml，2009-03-06。

以上资料中，中国出口制造业部门的订单减少引起 2000 万农民工失业反映了什么样的深层次客观情况？"中国价格"缘何对跨国公司具有如此大的诱惑力？中国的廉价劳动力优势会持久吗？本章将介绍相关理论以帮助我们认识这些问题。

第一节　H-O 理论

对于国际贸易产生的动因，学者们从不同的角度加以回答。比如亚当·斯密于 1776 年在《国民财富的性质和原因的研究》中提出的绝对成本优势和大卫·李嘉图于 1817 年在《政治经济学及赋税原理》中提出的比较成本优势。以上两种理论都是从劳动生产率的差异角度来说明产生成本差异的原因，也被称为"技术差异论"。但是，到了 20 世纪初期，各国技术交流与传播非常容易和普遍，某些国家技术水平非常接近甚至相同，但为何产品成本差异仍然很大？国际贸易此时产生的基础又是什么？瑞典经济学家赫克歇尔与其学生俄林对此进行了重要研究。

1919 年，赫克歇尔发表了《国际贸易对收入分配的影响》一文，对要素禀赋理论的核心思想——要素禀赋差异是国际贸易比较优势形成的基本原因做出了初步的分析，他写道："产生国际贸易的前提条件可以概括为相互进行交换的国家之间生产要素的相对稀缺程度（即生产要素的相对价格）和不同产品中所用生产要素的不同比例。"作为赫克歇尔的学生，俄林在赫克歇尔的基础上进一步发展了资源禀赋的贸易学说。俄林对理论的阐述首见于他在 1924 年发表的博士论文《贸易理论》中，之后，他在 1933 年出版的《区间贸易和国际贸易》一书中则更周密地论证了资源禀赋差异所产生的贸易和国际贸易对收入分配的影响，从而更全面地阐述了新古典国际贸易理论的基本框架。至此，H-O 理论正式诞生，该理论又被称为要素禀赋理论（Factor Endowment Theory）或要素比例理论。

在介绍 H-O 理论之前，我们有必要解释一下要素密集度的概念。要素密集度是指生产某种产品所要投入生产要素的比例关系。生产产品需要投入的各种生产要素主要是传统四要素，即劳动、资本、土地和技术（包含企业家才能）。依据产品中各要素的相对密集度，一般可将产品归为资源密集型、劳动密集型、资本密集型和技术密集型。需要特别注意的是，所谓密集型是一个相对概念。同样，资本充裕的国家和劳动充裕的国家等概念均是相对而言。

与其他理论模型一样，H-O理论也存在基本假设条件，它们分别是：

（1）模型建立在 $2 \times 2 \times 2$ 基础上，即两个国家、两种产品和两种要素（劳动和资本），且两个国家要素充裕度不同，两种产品的要素密集度不同，两种要素可完全相互替代。

（2）给定要素供给量，且要素在一国内部可以自由流动，但在国家间不能流动，同时，要素资源被充分利用。

（3）产品可以在国家间自由流动。

（4）两种产品的生产技术相同，且不存在要素密集型转换问题和技术进步。

（5）规模报酬不变，也可理解为机会成本不变，即随着产品产量增加，其价格或成本保持不变。

（6）完全竞争市场。

（7）无运输成本和其他交易成本。

（8）两国之间贸易平衡。

（9）两国的消费偏好相同。

基于以上假设，H-O理论的逻辑思路是：产品价格差异和产品要素比例差异是国际贸易的基础，而产品价格差异是由于产品生产的成本比率不同，产品生产成本比率不同是因为各种生产要素的价格比率不同，而生产要素价格比率不同，则是由于各国的生产要素禀赋比率不同。因此，生产要素禀赋比率的不同，是产生国际贸易的最重要基础，如图4-1所示。

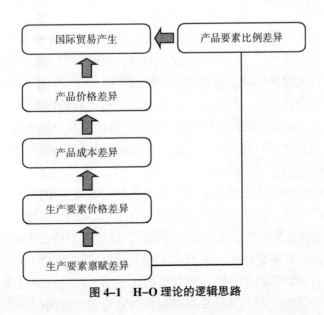

图4-1　H-O理论的逻辑思路

于是，H-O 理论得出的结论是：一个国家应该出口较密集地使用其富裕生产要素生产的产品，进口较密集地使用其稀缺生产要素生产的产品，各国比较利益的地位是由各国所拥有的生产要素的相对充裕程度来决定的。用俄林的话来说："贸易的首要条件是某些商品在某一地区生产要比别一地区便宜。在每一个地区，出口品中包含着该地区拥有的比其他地区较便宜的、相对大量的生产要素，而进口别的地区能较便宜地生产的商品。简言之，进口那些含有较大比例生产要素昂贵的商品，而出口那些含有较大比例生产要素便宜的商品。"

为进一步阐释 H-O 理论，我们例证如下：

假设日本和澳大利亚是用劳动和土地两种生产要素，生产小麦和纺织品两种商品，两国生产两种商品的要素投入比例相同。日本劳动力相对丰富，因而劳动力价格相对便宜；澳大利亚土地相对丰富，因而价格相对便宜，如表 4-1 所示。

表 4-1　H-O 理论例证

		要素比例		要素价格		成本
		劳动	土地	劳动	土地	
日本	小麦 a_1	1	5	1 日元	4 日元	21 日元
	纺织品 b_1	10	1	1 日元	4 日元	14 日元
澳大利亚	小麦 a_2	1	5	2 澳元	1 澳元	7 澳元
	纺织品 b_2	10	1	2 澳元	1 澳元	21 澳元

我们通过对日本和澳大利亚两国的小麦相对价格之比（$a_1/b_1 : a_2/b_2 = 21/14 : 7/21 = 3/2 : 1/3$）进行比较说明：日本小麦成本较高，澳大利亚小麦成本较低。同理，对日本和澳大利亚两国的纺织品相对价格作比较后发现：日本纺织品成本较低，澳大利亚纺织品成本较高。因此，分工格局是：日本生产纺织品并向澳大利亚出口，澳大利亚生产小麦并向日本出口。

与斯密的绝对优势理论和李嘉图的比较优势理论相比，H-O 理论强调在生产各种产品时，不是投入一种生产要素，而是投入两种甚至两种以上生产要素，进而提出生产要素的组合或技术配比问题，使理论更加贴近现实。此外，H-O 理论的基础是建立在要素丰裕程度的差异之上，有的国家劳动力较丰裕，有的国家资本较丰裕，这种要素丰裕程度的差异，必然表现为要素价格的差异，是比较利益形成的原因。

但是，H-O 理论也存在着明显的不足，而这些不足已经被今天的国际贸易实践所验证。

第一，该理论仍然建立在严格的假设基础之上。如现实中存在着众多国家和众多产品以及多种生产要素，而 H-O 理论仅是建立在 2×2×2 框架之内，还限制了要素的跨国性流动以及规模报酬不变、不存在交易成本，这显然不符合实际情况。

第二，该理论没有考虑政治、政府和生产关系对国际贸易的影响。尽管许多经典贸易理论证明了自由贸易的重要性，但其结论仅适用于纯经济利益视角上的分析，当考虑到政治、社会等因素时，其结果未必如自由贸易者所说的那样能够给国家和社会带来利益最大化。

第三，该理论无法解释"二战"后大量出现的发达国家间的水平贸易和跨国公司的产业内贸易现象。按照 H-O 理论，国际贸易应该主要发生在要素禀赋不同的国家之间，因为要素丰裕程度差别越大，各种产品的机会成本差别也就越大，双方在贸易中获利就越多。"二战"之前，国际贸易的相当大一部分确实发生在宗主国和殖民地之间，宗主国出口工业制成品而进口各种初级产品。殖民地则出口各种初级产品而进口工业制成品。然而，"二战"之后，发达国家之间的贸易比重非常高，达 70% 以上，而发达国家与发展中国家的贸易比重从 20 世纪 50 年代的 21% 下降到了 20 世纪 90 年代的 19%。这一现象用 H-O 理论是难以解释的，因为发达国家之间的要素比例越来越趋同，资本都相对比较丰裕，技术水平都相对比较高，它们所生产的产品类型基本上相同。与此同时，跨国公司产业内贸易的大发展使得 H-O 理论的现实解释力又有所下降，因为一般来说，同一部门的产品所投入的要素比例基本相同，而根据 H-O 理论，它们的机会成本接近，之间应该很少发生贸易。

第四，该理论将技术水平视为不变，属于抽象的短期静态分析，忽视了长期动态分析，这有可能导致经济发展陷入"比较优势陷阱"。现实中，技术的变革与进步已经成为了推动经济增长的主要原动力，一国的竞争优势实质上是处于一种动态的变化过程之中的，但 H-O 理论未能在模型中将技术内生化。

第五，该理论引入了货币因素，从而增加了问题的复杂性。与古典贸易理论强调的实物贸易不同，H-O 理论将货币这一因素纳入了分析框架，使得货币因素成为影响产品价格以及要素价格的重要变量。因此，在实际的对外贸易中，货币供求以及汇率因素均会影响一国比较优势的形成基础。

第二节 H-O 理论的扩展

一、国际贸易与要素价格均等化

俄林不但从要素禀赋角度论述了国际贸易产生的基础，而且还论述了自由贸易对要素价格的反作用影响。俄林认为虽然国际生产要素不能自由流动，但商品的国际流动在一定程度上弥补了国际间生产要素缺少流动性的不足。而且贸易的扩大和发展将会减少两国间要素价格的差异，从而导致两国生产要素的相对价格和绝对价格趋于均等化，这就是所谓的要素价格均等化理论（The Factor-Price Equalization Theorem）。对此，美国经济学家斯托尔帕和萨缪尔森于 1941 年提供了上述情况的论证，建立了所谓的斯托尔帕—萨缪尔森定理（The Stolper-Samuelson Theorem），亦称 S-S 定理。它们的假设和定理如下：

假设：一国生产两种商品（例如小麦和布），使用两种生产要素（例如土地和劳动），每一种商品都不是生产另一种商品的投入物；有竞争；生产要素的供应量是给定的；两种生产要素都能得到充分使用；一种商品（小麦）是土地密集型的，另一种商品（布）是劳动密集型的，不论有无贸易时都是如此；两种生产要素在各部门（但不是在各国间）是流动的；开展贸易提高了小麦的相对价格。

定理： 某一商品相对价格的上升，将导致该商品密集使用的生产要素的实际价格或报酬提高，而另一种生产要素的实际价格或报酬则下降。

由S-S定理我们可以得出一个重要结论，即国际贸易会提高一国丰裕要素所有者的实际收入，而降低稀缺要素所有者的实际收入，因此，国际贸易虽然从整体上改善了一国的福利水平，但并不是对每一个人都是有利的，这是由于国际贸易会对一国的要素收入分配格局产生实质性影响。

实际上，S-S定理仅仅反映了国际贸易对本国生产要素收益在长期中的影响情况。通常，在短期内，由于生产要素不能在部门间及时流动，自由贸易使得本国出口行业的所有生产要素报酬都会上升，而本国进口竞争行业的所有生产要素报酬都会下降；在中期内，由于部分生产要素在部门间仍不能流动，而部分生产要素在部门间可以流动，自由贸易使得本国出口行业中不流动要素继续受益，而本国进口竞争行业中的不流动要素进一步受损，流动要素收益则不确定。

根据S-S定理，如果各国都以各自的生产要素禀赋比率差距为基础进行贸易，其结果是贸易前相对丰富的要素价格上涨，相对稀缺的要素价格下降。这样过程发展的结果，将会逐渐达到要素价格比率的国际均等化，这就是所谓的要素价格均等化定理。对此，美国经济学家萨缪尔森于1948年6月在其发表于《经济杂志》（*Economic Journal*）的一篇论文中给予了最初的证明，其结论是：自由贸易不仅使两国的商品价格相等，而且使两国的生产要素价格相等，以致两国的所有工人都能获得同样的工资率，所有的资本（或土地）都能获得同样的利润（或租金）报酬，而不管两国生产要素的供给与需求模式如何。由于萨缪尔森是在H-O理论基础上进行了发展，因此要素价格均等化理论也被称为H-O-S理论或广义要素禀赋理论。

H-O-S理论包括两方面内容：一是要素价格相对均等化，即原先要素价格比率不一致的两个国家，在发生自由贸易后，要素价格比率会逐步趋于均等，最后达到完全相等；二是要素价格绝对均等化，即原先同一种要素的绝对价格在不同的国家不相等，经过自由贸易后，同一种要素的绝对价格会逐渐趋于均等，最后达到完全相等。

为形象阐述自由贸易条件下生产要素价格的均等化过程，我们例证如下（见图4-2）。

本例中，假设中国拥有丰富的劳动力资源而资本资源相对稀缺，美国拥有丰富的资本资源而劳动力资源相对稀缺。因此，中国劳动力价格相对较低，其相应的劳动力密集型产品成本和价格自然相对较低，而美国资本价格相对较低，其相应的资本密集型产品成本和价格自然相对较低。按照H-O理论模式，中国应该出口其具有比较优势的劳动力密集型产品而进口资本密集型产品，美国则应该出口其具有比较优势的资本密集型产品而进口劳动力密集型产品。这样，随着两国之间自由贸易的开展，中国劳

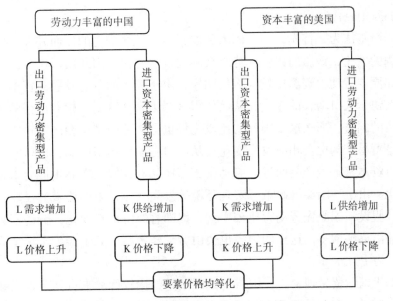

图 4-2　生产要素价格均等化的实现过程

动力密集型产业的出口需求增加会引致中国的劳动力需求增加以及劳动力价格上升，而中国资本密集型产业的进口需求增加会引致中国的资本供给增加以及资本价格下降。同理，美国资本密集型产业的出口需求增加会引致美国的资本需求增加以及资本价格上升，而美国劳动力密集型产业的进口需求增加会引致美国的劳动力供给增加以及劳动力价格下降。最终，均衡的结果会使得中美两国的劳动力价格和资本价格都实现均等化。

若要素价格均等化定理能够实现，它将具有非常重要的意义。因为按此定理推理，各国之间不必进行生产要素的国际流动，只要通过自由贸易，各国的要素均可获得完全相等的报酬，国际间的贫富差距将消除。然而，由于现实中存在诸如国际贸易商品结构变化、贸易条件变化、垄断因素存在、外贸政策影响、交易成本、贸易壁垒等贸易障碍，要素价格均等化并未真正实现。然而，不可否认该定理在一定程度上还存在积极意义。因为即使排除了技术进步的因素，就个别行业来看，贸易的确在缩短各国要素收益的差距。从动态角度来看，各国要素收益的差距由于发达国家科技的发展而一次又一次扩大，但又通过贸易不断缩小。如果没有国际贸易，各国要素之间的差距可能更大。因此，从局部和静态的角度而言，生产要素价格均等化定理仍具有重要意义。

二、要素累积与国际贸易

在前面的要素禀赋理论模型中，我们一直假定一国的要素总量是固定不变的，但在这一部分，我们将去除这一假设限制，集中探讨要素总量变化对国际贸易的影响机制。

在这一研究领域，著名经济学家、时任英国伦敦城市大学（City University, London）的高级讲师罗布津斯基（Rybczynski）提出了要素比例变化理论（Changes in Factor Proportions Theory)。

罗布津斯基认为，首先，一个国家的要素禀赋是会变化的，而并非一成不变。随着要素比例的变化，该国的比较优势也会随之发生变化，因此出口产品的结构也随之变化。例如原本劳动力资源比较丰裕的国家，由于经济的迅速发展，资本积累的速度有可能大大快于人口增长的速度，从而使得这个国家从劳动力相对丰裕的国家变为资本相对丰裕的国家。那么这个国家的比较优势也会从劳动密集型产业转向资本密集型产业。于是贸易结构也会相应发生变化，从出口劳动密集型产品、进口资本密集型产品转向出口资本密集型产品而进口劳动密集型产品。其次，产品生产要素投入比例也会发生变化。由于一国经济政策、宏观环境等发生变化，生产要素的投放比例可能会发生改变。假设一国原先劳动力比较丰富，但随着经济形势变化，劳动密集型产品出口换来的外汇逐渐增多，这样的国家也会由劳动密集型产品生产为主转变为资本密集型产品生产为主。

按照现代国际贸易理论，一国参与国际贸易的比较优势来自其要素禀赋特点，但要素禀赋会随着一国经济发展与经济结构的变化而变化，导致其贸易结构发生变化，这大致经历了五个阶段：①出口产品以自然资源密集型为主；②出口产品以非熟练型劳动密集型产品为主；③出口产品以熟练型劳动密集型产品为主；④出口产品以物质资本及人力资本密集型产品为主；⑤出口产品以技术与知识密集型产品为主。上述这一比较优势动态转换过程正是经济学家迈耶所论述的"爬梯"过程（见图4-3）。

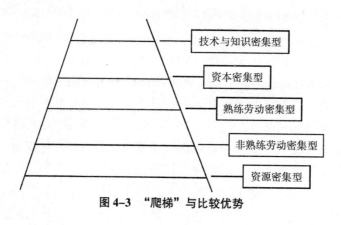

图4-3 "爬梯"与比较优势

进一步地，罗布津斯基于1955年11月在 *Economica* 杂志上发表了《要素禀赋与商品相对价格》一文，并提出了著名的罗布津斯基定理（Rybczynski Theorem），即在商品相对价格不变的前提下，某一要素的增加会导致密集使用该要素部门的生产增加，而另一部门的生产则下降。

罗布津斯基定理说明了当一国或地区的某种要素出现累积增加时，相对较密集使用累积生产要素的部门生产将扩张，而相对较密集使用非累积生产要素的部门生产将萎缩。罗布津斯基定理成立的原因在于：在商品和要素价格以及技术水平不变前提下，当累积要素存量增加后，密集使用累积要素的产业生产规模必然扩张，但由于任何一种产品的生产都需要不同生产要素相组合生产，故增加的生产要素需要给定技术条件下相应的另一种非累积生产要素与之相匹配，这就必然要求相对较密集使用非累积生产要素的部门收缩以释放出一定量的非累积生产要素，其结果就表现为罗布津斯基定理所描述的内容。例如：当一国资本增加而劳动力保持不变时，该国资本密集型产品的生产规模将增大，而劳动密集型产品的生产规模将萎缩；当一国劳动力增加而资本保持不变时，该国劳动密集型产品的生产规模将增大，而资本密集型产品的生产规模将萎缩。

我们也可以在埃奇沃思盒状图中对罗布津斯基定理加以分析说明，如图 4-4 所示。

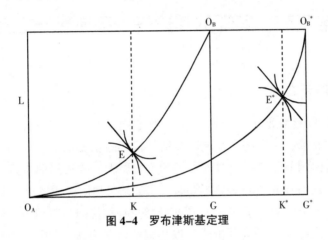

图 4-4　罗布津斯基定理

在图 4-4 中，假设只存在劳动 L 与资本 K 两种生产要素，它们被用于生产资本密集型产品 A 和劳动密集型产品 B，$O_A O_B$ 为初始契约线，它是由给定商品价格下的均衡点构成的轨迹。当系统实现生产和交换的帕累托最优时，均衡点为 E。现继续假设通过资本要素累积后资本存量得以从 $O_A G$ 增加到 $O_A G^*$，劳动力存量 L 不变化，商品和要素价格也不发生变化。那么，新的契约线变为 $O_A O_B^*$，新的系统实现生产和交换的帕累托最优水平为 E^*。由于商品和要素价格保持不变，故新旧均衡点处边际技术替代率和要素价格比率均保持不变。由图 4-4 显然易见，资本密集型产品 A 的产出增加，而劳动密集型产品 B 的产出则减少。

现在，让我们剔除罗布津斯基定理中商品相对价格不变这一条件。显然，这种情况会发生在贸易大国情形中。因为只有贸易大国的贸易量变动才足以影响到产品的国际价格。因此，罗布津斯基定理实际上是适用于小国情形的。那么，贸易大国的要素累积行为又会对国际贸易产生什么样的影响呢？在实践中，贫困化增长（Immisering Growth）就是其中可能的结果之一。

贫困化增长的概念最初是普雷维什和辛格提出的，后来印度经济学家巴格瓦蒂将贸易条件和经济增长联系起来加以研究。贫困化增长亦称悲惨式增长，是某些特定发展中国家发生的情况，其含义为：当一国由于某种原因（一般总是单一要素供给的极大增长）使传统出口商品的出口规模极大增长，其结果是不仅导致该国贸易条件的严重恶化,而且还导致该国国民福利水平的绝对下降。例如:某种商品出口量为 2 单位时,出口价格为 5 美元;当出口量增加为 3 单位时,出口价格下降到 3 美元;可见,尽管出口实现了扩张,但贸易条件恶化使得贸易总利得减少。

贫困化增长的发生也是有条件的,它包括:第一,增加的生产要素是用于生产偏向出口的产品的;第二,国外市场对该产品的需求无弹性非常低;第三,该出口国在该产品的国际市场上占有一定份额(即贸易大国),从而其供应量的增长会影响到产品的市场价格。

第三节　实证的悖论——里昂惕夫之谜

一、里昂惕夫之谜

自从 20 世纪初赫克歇尔与俄林提出 H-O 理论之后,在相当长的一段时期内,该理论成为解释工业革命后贸易产生原因及贸易模式的主要依据。人们对于资源禀赋差异以及产品要素比例差异是产生对外贸易的主要原因的说法深信不疑。然而,当一些经济学家相继对 H-O 理论进行经验检验时,实证结果却使得经济学家大跌眼镜。

对 H-O 理论的第一次实证检验是在 20 世纪 50 年代初。美国当代经济学家里昂惕夫利用其所创立的投入—产出分析法,以美国的情况为例,计算了在 1947 年和 1951 年每百万美元美国出口商品和每百万美元美国进口替代商品所需的资本和劳动数量,发现美国出口商品的资本密集度低于其进口替代商品的资本密集度。这一结果与世人所公认的看法出现不一致,即美国是一个资本相对充裕、劳动力相对不足的国家,因而按照 H-O 理论美国应该出口资本密集型产品和进口劳动密集型产品。里昂惕夫的这一惊人发现最早见于其 1953 年 9 月发表在《经济学家与统计学杂志》上的名为《国内生产和对外贸易:美国资本状况再考察》的文章。这一结论被称作"里昂惕夫之谜"(Leontief Paradox),其实证数据如表 4-2 所示。

表 4-2　里昂惕夫之谜

美国每百万美元的出口商品和进口替代商品的资本和劳动含量		
	出口商品	进口替代商品
资本(1947 年的美元价格)	2550780	3091339
劳动力(人/年)	182	170
资本—劳动比例(美元)	14015	18184
	出口商品	进口替代商品
资本(1951 年的美元价格)	2256800	2303400
劳动力(人/年)	174	168
资本—劳动比例(美元)	12970	13710

需要说明的是，里昂惕夫之所以使用美国进口替代商品数据而非美国进口商品数据，是因为美国进口的外国商品数据不全。即使如此，里昂惕夫仍正确地认为：如果H-O理论成立，尽管美国进口替代商品比美国实际进口商品呈现更加资本密集状（因为美国的资本相对他国更加便宜），但其密集程度仍将低于美国的出口商品。

表4-2清晰地显示了1947年和1951年美国出口商品和进口替代商品的资本—劳动比率。我们可以计算出1947年美国出口商品的每人均年资本量为14015美元，而进口替代商品的每人均年资本量为18184美元，二者之比为0.77。也就是说，在1947年，美国进口替代商品生产部门每个工人所用资本要比出口商品生产部门每个工人所用资本多出约30%，即美国进口的是资本密集型商品，而出口的是劳动密集型商品。同样，里昂惕夫对美国1951年的实证结果得出的出口商品人均资本与进口替代商品人均资本之比为0.95。这也印证了里昂惕夫之谜的存在。

里昂惕夫之后，又有一大批经济学家相继对H-O理论在美国的适用性问题进行检验。除个别学者的研究支持H-O理论外，多数学者的研究均得出相反的结论。有趣的是，里昂惕夫本人在1956年又对美国1947~1951年的美国数据进行检验，结果与1953年的结果一样。表4-3列示了一些学者的经验研究结果。

表4-3　H-O理论的实证检验：美国数据

学者	数据年份	出口商品与进口商品人均资本比（H-O预测 > 1）
威特尼	1899	1.12
里昂惕夫	1947	0.77
里昂惕夫	1947~1951	0.94（或不包括自然资源行业：1.14）
鲍德温	1958~1962	0.79（或不包括自然资源行业：0.96）
斯特南德 & 马斯克斯	1972	1.05（或不包括自然资源行业：1.08）

此外，一些学者还对加拿大、日本和印度的对外贸易数据进行了实证分析，结果发现：20世纪50年代的加拿大和日本出口的资本密集型商品要比进口的多，而这两国的贸易主要是同美国进行的。换句话说，与美国相比，加拿大和日本不算作资本充裕国家，但它们却向美国出口资本密集型商品而进口劳动密集型商品；印度情况则较为复杂，在印度对美国以外国家的贸易中，其出口的主要是劳动密集型商品，进口的则主要是资本密集型商品，这与H-O理论一致，但其对美国的双边贸易却恰恰相反。总之，这些研究实际上进一步证实了"里昂惕夫之谜"的存在。

二、对里昂惕夫之谜的解释

(一) 异质性人力资本说

里昂惕夫在1956年的一篇论文中对H-O理论的实证悖论做出了解释。他认为，H-O理论模型忽略了劳动力或者说人力资本在不同国家间的异质性差异，而这可能是美国对外贸易结构出现出口劳动密集型产品和进口资本密集型产品的原因。在他看来，美国工人具有比其他国家工人更熟练的技术和更高的劳动生产率，而这种情况的原因主要是美国企业管理水平较高，工人受到了良好的教育和培训，以及工人具有较强的进取精神。更具体地，里昂惕夫认为在 1947 年，美国工人的劳动生产率是外国工人的 3 倍，若把美国劳动数量乘以 3，再和国内可用的资本比较，就会发现美国其实是一个劳动丰裕型国家。Kravis（1956）的研究也表明，美国出口行业的工人平均工资比进口替代行业工人的平均工资要高 15%。可见，美国出口行业的劳动生产率和包含的人力资本要高于进口替代行业。因此，简单地用美国的资本和劳动人数或劳动时间来计算美国进口商品的资本—劳动比率可能没有反映出熟练工人和非熟练工人之间的区别以及美国人力资本与其他国家人力资本方面的区别。当使用每一工人的人力资本而不是简单地用劳动力人数或时间来重新计算里昂惕夫算出的结果时，美国出口商品的资本（包括人力资本）密集度的确比美国进口替代产业商品的要高。科技人员和熟练工人的技能相对来说是美国最充裕的要素之一。

然而，上述解释并没有被广泛接受，里昂惕夫自己后来也否定了它。原因是当美国的劳动比他国劳动的生产率更高时，资本的生产率也比他国资本的生产率要高，因而美国的劳动和资本都应该乘以差不多大的乘数，这就使得美国的资本相对丰裕程度变化不会太大。

（二）自然资源说

美国学者凡涅克（J. Vanek）在其 1959 年的论文中提出了以自然资源要素解释里昂惕夫之谜的观点。他认为，里昂惕夫之谜的计算只考虑到了资本和劳动两种生产要素的投入，忽视了自然资源（土壤、矿藏、森林等）这一重要生产要素。如果美国对于某些自然资源在很大程度上是依靠进口获得的，而这些资源的开发或提炼在美国又是属于资本密集型产业的，则美国进口替代商品中的资本密集度必然上升，就会出现里昂惕夫之谜。里昂惕夫同意凡涅克的观点，他在计算美国 1951 年的出口商品和进口替代商品之间的资本—劳动比率时指出，如果把自然资源商品从计算中剔除的话，则美国进口资本密集型商品而出口劳动密集型商品的悖论现象就不复存在。因此，从这个意义上说，里昂惕夫之谜看来是一种幻景：美国进口的自然资源商品碰巧是资本—劳动比率较高的，而出口的自然资源商品碰巧是资本—劳动比率较低的，从而形成美国进口资本密集型商品和出口劳动密集型商品的假象。

（三）要素密集度转换说

要素密集度转换是指生产的某种商品在劳动力相对丰富的国家中属于劳动密集型产品，但在资本相对丰富的国家中则属于资本密集型产品。例如，同样是小麦生产或大豆生产，在很多发展中国家，其生产过程主要是靠人力耕作、除草、施肥、脱粒、晾晒，因而是典型的劳动密集生产过程，属于劳动密集型产品，但在美国则更多的是大规模使用农业机械、烘干设备等资本密集生产过程，属于资本密集型产品。因此，同一种产品的生产可能存在要素密集度的转换。根据这种解释，里昂惕夫之谜似乎有了可信的答案。那就是：里昂惕夫在计算美国出口商品的资本—劳动比率时，用的都是美国的投入产出数据。对于美国进口的商品，用的也是美国生产同类产品所需的资本—劳动比率，而不是这一商品在出口国国内生产时实际使用的资本—劳动比率。这样，美国进口的产品在国内可能是用资本密集型生产的，但在国外却是以劳动密集型生产的，从美国的角度看，就会造成进口以资本密集型产品为主的错觉；同时，美国出口的产品在国内可能是用劳动密集型生产的，但在别国却是用资本密集型生产的，而用美国标准衡量也会造成出口是劳动密集型产品的假象。

那么，要素密集度转换在现实中出现的几率有多大呢？一些经济学家进行了研究。明哈斯（Minhas）在其1962年发表的论文中认为约有1/3的研究样本支持要素密集度转换情形。但这一结果受到了里昂惕夫的质疑，他认为在修正数据来源偏差之后，出现要素密集度转换的情况只剩下8%。经济学家鲍尔（Ball）也对明哈斯的研究进行了再检验，他认为要素密集度转换问题在现实中鲜有发生。总之，尽管要素密集度转换学说在理论上简单明了，但在现实经济生活中并非普遍现象，它只会出现在特定的条件和环境之下。

（四）贸易壁垒说

里昂惕夫之谜的产生也有可能是美国贸易保护的结果。在H–O理论中，贸易被假定为是自由进行的，而在现实中，几乎所有的国家都或多或少实行一定程度的贸易保护，尤其是在"二战"后初期。美国经济学家鲍德温（Baldwin）较早研究了关税结构对美国贸易结构的影响，他认为，在里昂惕夫的实证研究中，引用的统计资料中并没有考虑和剔除美国关税的倾向以及其他贸易限制的影响。现实中，对美国而言，其贸易政策是倾向于保护本国劳动密集型产业的，因而它会限制国外劳动密集型产品的进口，从而使得劳动密集型产品的进口比重降低，反衬出资本密集型产品进口比重的上升。另外，美国积极促进本国劳动密集型产品出口的贸易政策会使得劳动密集型产品出口数量和比重都有所增长。同时，他国也可能对其缺乏竞争力的资本密集型产品实施较高关税的贸易保护，这使得美国资本密集型产品的出口也会受到一定程度影响，从而反衬出美国出口贸易结构中的劳动密集型产品比重上升。为支持上述观点，一些学者对不同要素密集度的进口商品的关税水平进行了经验研究，例如：克莱维斯（Kravis）在1956年的研究认为，美国进口中的劳动密集型商品确实要比劳动密集度低的商品受到了更高的进口壁垒限制；鲍德温在为美国劳工部所做的研究也表明，美国对产值中劳动力含量（或称为就业含量）高于平均水平的产品，尤其是对包含非农业非熟练劳动的产品的进口限制是最多的。然而，令人遗憾的是，鲍德温在剔除美国进口限制因素后的计算显示：美国1947年进口产品中的资本—劳动比率仅仅比里昂惕夫计算的比率低5%。

（五）需求偏向说

这种学说认为，一国的要素禀赋状况决定了一国的生产和出口产品结构，但需求偏好状况会抵消这一趋势。换句话说，这种解释认为，各国由于国内需求不同，可能出口在成本上并不完全占有优势的产品，而进口在成本上处于劣势的产品。一个资本相对丰裕的国家，如果其国内需求强烈偏向资本密集型产品，其贸易结构就有可能是出口劳动密集型产品、进口资本密集型产品。比如美国，它对资本密集型产品的需求远远大于对劳动密集型产品的需求，这就造成了美国违背其在生产成本上的比较优势而进口资本密集型产品的状况。但是，这一学说解释也并没有在理论上站稳脚跟，原因在于各国的需求偏好有可能是相似的。1957年，豪萨克（Houthakker）对许多国家家庭消费模式的研究表明，对食物、衣物、住房以及其他种类的商品的收入需求弹性在各国都是很相近的。因此，基于需求偏好不同假设的解释也是行不通的。

（六）跨国公司影响说

该学说观点认为，美国的跨国公司遍布世界各地，所生产的产品约有50%返销美国，跨国公司的产品主要是利用东道国的各种资源和劳动力，加上美国的资本和技术生产出来的，其中绝大多数属于资本密集型产品。这类产品的返销，按照国际贸易统计标准，计为东道国的出口和美国的进口，是美国跨国公司的内部贸易，是美国进口资本密集型产品的重要原因之一。这一学说是在国际分工不断深入发展和跨国公司作用不断增强的背景下提出的，其反映了这样一个实质性问题，即在当前世界中，同一产品的不同生产环节所投入的要素是存在很大差异的，产品的要素密集度仅反映了作为最终产品的要素投入情况，国际分工的日益专业化使得各个国家在进出口贸易中的地位和作用必须通过其所从事的产品生产环节和附加值大小来加以识别，而不在于进出口产品本身的要素密集度属性。

本章小结

与古典的以绝对优势和比较优势为代表的贸易自由主义理论不同，赫克歇尔及其学生俄林所提出的H-O理论从要素供给角度解释了贸易基础问题。该理论认为：一个国家应该出口较密集地使用其富裕生产要素生产的产品，而进口较密集地使用其稀缺生产要素生产的产品，各国比较利益的地位是由各国所拥有的生产要素的相对充裕程度来决定的。然而，H-O理论依旧存在着假设条件严格、忽视非经济因素、解释力度有限和忽视动态贸易利益等古典贸易理论所无法克服的缺陷。基于H-O理论，萨缪尔森等继续深入研究了自由贸易对要素价格的反向影响，进而提出了要素价格均等化定理。罗布津斯基则从动态要素累积角度研究了一国贸易结构的变化过程，提出了著名的罗布津斯基定理。为验证H-O理论的适用性，里昂惕夫等经济学家先后对美国数据进行了分析，结果大多数人发现美国真实的对外贸易结构状况与H-O理论预测的结果相左，这一现象被称为"里昂惕夫之谜"。对于这一现象，异质性人力资本说、自然资源说、要素密集度转换说、贸易壁垒说、需求偏向说和跨国公司影响说分别做出了各自的解释。

复习思考题

【核心概念】

1. 要素密集度

2. 罗布津斯基定理

3. 贫困化增长

4. 里昂惕夫之谜

【问答题】

1. 简要评述 H-O 定理。

2. 什么是要素价格均等化?

3. 如何解释"里昂惕夫之谜"?

第五章 新贸易自由主义理论

[学习目的]

通过本章的学习，使学生对"二战"后出现的新的贸易理论有一个清晰的认识，主要对产业内贸易理论、技术差距理论、产品生命周期理论以及竞争优势理论作深入学习。

[重点难点]

◆ 掌握技术差距论

◆ 掌握产品生命周期论

◆ 掌握需求偏好相似论

◆ 掌握产业内贸易论

◆ 掌握竞争优势论

[引导案例]

"二战"后，特别是进入20世纪60年代以来，国际贸易领域出现了一系列引人注目的新倾向：一是发达的工业化国家之间的贸易额大大增加。20世纪50年代，工业化国家之间的贸易额占世界总贸易额的40%左右；到20世纪60年代，这一比重上升至60%；到20世纪80年代，更是上升到78%。二是同类产品之间的贸易量大大增加。工业化国家一改进口初级产品、出口工业制成品之常态，一方面大量出口工业品，另一方面又大量进口相类似的工业产品。例如，美国、日本、欧洲既是小轿车的出口国，又是小轿车的进口国。三是各个国家的产业领先地位不断转移变化。

资料来源：摘自战勇主编的《国际贸易》。

以上资料中，古典的比较优势理论以及新古典的生产要素禀赋理论还能够用于解释"二战"之后国际贸易领域出现的新现象吗？如果不能，那么，现代社会自由贸易的基础和模式又是什么呢？本章将介绍现代贸易理论的新发展以帮助我们解决这些问题。

第一节　技术差距论

波斯纳（Posner）于 1961 年建立了技术差距模型，强调技术差距是形成贸易的原因。创新国的技术创新会使其与非创新国产生技术差距，创新国凭此技术优势出口产品，非创新国则进口此种产品。随着贸易的发展，非创新国通过学习模仿直至完全掌握该产品技术后，其与创新国的技术差距开始缩小直至消失。在上述技术扩散过程中，创新国的产品出口和非创新国的产品进口呈减少态势。最终，技术标准化和成熟化使产品成本成为决定其国际竞争力的关键因素，而非创新国开始大量生产并向创新国出口此产品，创新国转变为进口国。为继续形成技术领先优势，创新国再次创新并出口，如此循环。该理论的实质反映了技术的生命周期，并揭示了技术差距对外贸结构的决定作用，如图 5-1 所示。

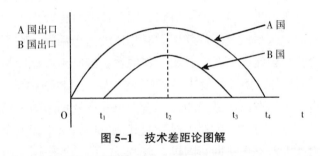

图 5-1　技术差距论图解

图 5-1 中，波斯纳进一步将贸易时滞分为需求时滞（Ot_1）和模仿时滞（Ot_3），而模仿时滞又进一步细分为反应时滞（Ot_2）和掌握时滞（t_2t_3）。图形表明，B 国需求时滞越短、反应时滞和掌握时滞越长，则创新国家 A 国依靠技术差距获得的比较利益越大。

第二节　产品生命周期论

美国哈佛大学教授雷蒙德·弗农（R.Vernon，1966）发展了波斯纳的技术差距论，提出了产品生命周期理论。所谓产品生命周期是指产品生产过程中所依次经历的引入期、成长期、成熟期和衰退期四个阶段。弗农认为，在产品创新时期的产品要素密集性表现为技术密集型。在产品成熟时期的产品要素密集性则主要表现为资本密集型。在产品标准化时期，资本要素投入虽然仍很重要，但非熟练劳动投入大幅度增加，产品的成本和价格在竞争中的作用十分突出。在这种情况下，企业会选择生产成本最低的地区建立子公司或分公司从事产品的生产活动。此时，由于发达国家生产成本较高，生产开始向发展中国家转移。产品生命周期理论表明，发展中国家的贸易结构优势存在于生产技术已经标准化的那些产品领域中，如图 5-2 所示。

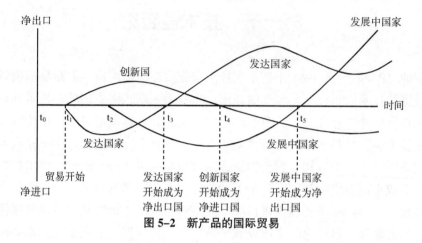

图 5-2 新产品的国际贸易

在图 5-2 中，从 t_0 到 t_1 时刻是产品的引入期，在此期间，创新国专注于对新产品的研发活动，产品尚未市场化。从 t_1 时刻开始，创新国开始将产品投放市场，但此时产品生产规模十分有限，生产技术尚不成熟，因此产品价格较高。然而，由于其他发达国家具有较高的收入水平以及同创新国具有相似的需求偏好，它们愿意并且能够支付得起该产品的价格，因此，创新国开始向其他发达国家出口该产品。这样，创新国对该产品的出口不断增加，而其他发达国家对该产品的进口相应不断增加。至 t_2 时刻，一些发展中国家也具备消费该产品的能力，它们也开始从创新国进口此产品，创新国的出口量继续攀升。至 t_3 时刻，创新国以外的其他发达国家掌握该产品的生产技术并具备独立生产能力，因而不再从创新国进口该产品，但发展中国家由于存在技术消化和掌握的时滞，并不能自主生产，故进口仍在不断增加。从 t_3 时刻至 t_4 时刻，创新国的出口受到其他发达国家该类产品出口的挤压，因而出口规模开始下降。至 t_4 时刻，创新国的出口市场完全被其他发达国家所占领，因而其对该产品的生产仅满足国内需求，不再进行出口。从 t_4 时刻至 t_5 时刻，创新国的产品技术开始被其他发达国家超越，故其开始从其他发达国家进口该产品，进而从最初的出口国转变成为当前的进口国；发展中国家则随着长时间的进口日益掌握该产品生产技术，具备一定的独立生产能力，因此进口量开始减少。至 t_5 时刻，发展中国家已经完全掌握该产品生产技术，产品生产进入标准化阶段，技术已经相当成熟，发展中国家开始批量生产和出口该产品，同时，由于发展中国家所具有的低劳动力成本生产优势，包括创新国在内的发达国家逐渐开始增加从发展中国家购买此种产品，而非自己大量生产。

第三节　相互倾销论

相互倾销理论是指企业基于利润最大化原则的倾销行为也会导致国际贸易的产生。

在开放的市场范围内，不完全竞争的企业为了达到规模经济效果，希望向市场上销售更多的商品。因此，市场的扩展成了不完全竞争企业追求的目标。

不完全竞争企业在国内市场上占有一定的市场份额以后，国内的市场就很难扩展，因此这类企业就将目光转向国外市场。一般而言，企业在保持国内市场价格不变的情况下，以较低的价格向国外销售商品，企业的这种价格战略称为"价格差别战略"或"价格歧视战略"。在国际贸易中，不完全竞争企业的价格差异战略被称为"倾销"。这里的所谓倾销是指不完全竞争企业以低于本国市场的价格向国外市场销售商品。

一个不完全竞争企业要想成功采取倾销商品战略，需要具备四个基本条件：第一，该产业必须是不完全竞争的，各企业不是价格的接受者，而是价格的制定者；第二，国内外市场是相互分割的，本国居民无法购买到国外廉价的倾销商品，或者出口产品不能回流本国；第三，国外市场产品的需求价格弹性大于国内市场产品的需求价格弹性，这样，倾销战略才能够在经济上可行；第四，一国的倾销行为不会招致他国的限制。

为直观说明相互倾销理论，我们举例如下：

假设某一企业在某国内具有一定市场实力，在国内市场上它销售10000个单位产品，且在国外市场上销售1000个单位产品。企业国内市场定价为单价200美元，而国外市场定价为单价150美元，即在国外市场上进行倾销。继续假定企业为了多生产和销售1单位产品在国内外市场上均必须降价1美分，那么，该企业应该将多生产的1单位产品卖向哪个市场呢？

在这一例子中，我们不妨比较一下1单位边际产品分别卖向国内市场和国外市场后对该企业总体收入的影响。当1单位产品卖向国内市场时，国内10001个单位的该产品售价均降为199.99美元，这样，净收入增加99.99美元。当1单位产品卖向国外市场时，国外1001个单位的该产品售价均降为149.99美元，这样，净收入增加139.99美元。显然，从经济利益考虑，该企业应该将多生产的1单位产品卖向国外市场，即通过该产品的国外倾销实现自身的利润最大化。

第四节　需求偏好相似论

瑞典经济学家林德（Linder）在1961年出版了《论贸易和转变》一书，并提出了需求偏好相似理论。他认为，一国工业品要成为潜在的出口品，通常是先在国内形成生产能力以满足国内需求，之后再出口到国际市场。因此，经济发展水平越是接近的国家的人均收入水平也就越相近，由此引致的需求规模和结构也越相似，其相互之间的贸易需求也越大；反之，经济和收入差距较大的国家之间需求结构差异也较大，或者是由于低收入国对高收入国产品消费需求能力不足，抑或是低收入国的产品质量档次较低而无法满足高收入国的需求，使得其相互贸易流量较小。该理论说明了经济发展水平对外贸结构的决定作用，同时也解释了为何"二战"后发达国家之间大量出现产业内贸易的原因。

林德的需求偏好相似理论有一定的道理，对于第二次世界大战以来的国际贸易领域的主要贸易对象是发达国家的现象做出了说明和解释。然而，许多经济学家认为他的理论很难在实践中得到验证。美国经济学家佐治亚州州立大学教授米尔蒂德斯·钱乔里德斯（Miltiades Chacholiades）在其《国际经济学》一书中指出，林德的理论假设很难在实践中得到证明。有的国家生产某些产品，在国内根本没有需求，不是为了国内的需求而生产的。例如，人造圣诞树和生产各种装饰品的出口国，是那些根本不过圣诞节的国家。这些产品的出口国是日本、韩国和中国，它们国内对于圣诞树和树的装饰品的需求量很小。这就很难从需求方面得到解释：为什么这些国家成为这些产品的主要出口国。布朗·霍根多伦认为，像瑞典人的炉子、美国人的大轿车等都是个别例子，除了这些例子以外，很难举出其他例子来说明这一理论。

第五节　市场结构论

保罗·克鲁格曼（1989）等在探究发达国家之间较大规模的产业内贸易成因过程中，从规模经济视角进行了解释。所谓规模经济，从微观经济角度来讲，就是产品的长期平均成本会受到生产规模的影响。如果生产规模太小，劳动分工、生产管理等都会受到规模限制，产品的平均成本会比较高。随着规模的扩大，产量的增加，这种限制会减少，每单位投入的产出会增加，产品的平均成本会下降。微观经济理论也称之为"规模报酬递增"。规模经济又可分为内部的和外部的两种。内部规模经济主要来源于企业本身生产规模的扩大，由于生产规模扩大和产量增加，分摊到每个产品上的固定成本（管理成本、信息成本、设计成本、研发成本等）会越来越少，从而使产品的平均成本下降。外部规模经济主要来源于行业内企业数量的增加所引起的产业规模的扩大。外部规模经济又可以分为技术外部经济（技术外溢和干中学）和货币外部经济（产业集聚效应）。其中产业集聚效应的实现主要通过以下四个渠道：①竞争压力促使生产率提高；②信息与知识便于传递；③基础设施发展和充分利用；④专业人才和专业服务集中。

显然，规模经济要求企业进行大规模、标准化的生产，以此降低产品成本，但这与消费者由于其需求多样性而对差异化产品的需求相矛盾，因为要满足消费者的多样性偏好就必须在较小的规模上进行生产，同时，企业也会为了获取产品垄断权而生产差异化产品，而国际贸易是解决这种矛盾的最佳方式。

基于此，克鲁格曼最后得出的主要观点是：国际贸易产生的基础也可以从规模报酬递增来加以认识，若某一产品的生产过程存在规模报酬递增，那么从国内市场到国际市场的市场规模扩张为生产规模扩张以及产品成本的下降提供了条件，一国会按照比较优势原则专业化生产和出口该产业产品。同时，由于产业内产品的差异性和多样性，任何一个国家都不可能囊括一个行业的全部产品。这样，各国将各自专心于该产业部门的某些差异产品的发展，再相互交换，即开展产业内贸易，以满足彼此的多样化需求。该理论表明，一国外贸结构差异受其规模经济和产品的差异性影响。

最后，我们采用一个简单的例子加以说明。假设美国与日本都是资本和技术充裕的国家，是当今世界轿车生产的强国。在两国发生轿车贸易之前，各国同时生产两种型号的轿车：大型轿车（六门）和小型轿车（四门）。由于各自的市场狭小，产品的成本价格很高。现在美、日两国开展轿车贸易，市场不再限于本国，产品的产量得以增加，规模经济效应使得成本下降。假设日本抢先放弃大轿车的生产，专门生产小轿车，并利用规模经济降低价格向美国出口，日本可抢占美国小轿车市场。在此情况下，美国有两种选择：一是继续生产小轿车与日本竞争；二是将资源转移到大轿车生产上，扩大大型轿车的生产规模，成本下降，以较低价格向日本出口。美国企业肯定会选择后者。这样，美国和日本按照规模经济调整产业和产品结构，调整分工和贸易，结果两国的生产成本下降，福利水平提高，消费量增加。

第六节 公司内贸易论

研究跨国公司内贸易现象的内部化理论，最早是由诺贝尔经济学奖得主科斯在 20 世纪 30 年代提出的基本构想，70 年代经由英国经济学家巴克利和卡森进行了系统阐述。该理论认为，就跨国公司进行公司内贸易的直接动机而言，它反映了公司试图绕过成本高的外部市场让交易在公司内部进行，以降低交易成本。所谓内部化，就是变市场上的买卖关系为企业内部的供需关系。由于市场的不完全性，使得外部市场的交易成本增大。市场的不完全性表现在：政府对贸易的干预和限制，跨国公司拥有的知识资产和技术缺乏合理的定价机制，市场信息交流的不完全导致的市场联系的时滞、中间产品供应不稳定等。这样，在外部市场上进行的贸易会引致许多附加成本，例如，寻找合适的贸易价格的成本，讨价还价的签约成本，与接受合同有关的风险成本，以及有一方违约所引起的损失成本等。此外，制定国际贸易长期合同还涉及汇率变动等方面的风险，也会使外部市场交易成本提高。正是为了克服市场的不完全性和交易成本过高的劣势，跨国公司才实行市场的内部化。

内部化理论认为，把市场建立在公司内部，以内部市场取代原来固定的和不完全的外部市场，其利益表现在：

（1）内部化能够获得协调关键业务活动的利益。跨国公司管理、控制和规划生产，尤其是协调关键投入要素移动的能力通过内部化得到提高。大公司可将研究、开发、生产和销售联为一体，对上游和下游的生产点进行国际性最优化选择和协调，以降低成本，提高效益。

（2）内部化能够从公司整体利益出发并通过差别性定价策略充分掌握市场力量。例如，根据不同市场的需求价格弹性，可以在不同市场采用不同的价格，使公司总体利润最大化。

（3）内部化可以避免供求安排外部化的不确定性。如"时滞"问题，公司则通过内部化，就可以将相互有联系的活动在统一的控制下进行，然后用公司内贸易渠道将它们连接起来。

（4）内部化可以消除知识产权转移过程中的信息不对称。从买方来看，存在着买方的不确定性，即在持有和使用诸如专利技术等知识资产之前，无法确切判断它的价值，而知识和技术的市场价值又往往取决于它的保密程度。再从卖方来看，由于担心买方低价购买知识资产并利用这些资产发展成为卖方的竞争对手，所以往往有控制这些优势的愿望。显然，这种买卖双方的不确定会导致市场的低效率。公司内部市场所进行的技术贸易，则可以防止公司的技术和知识优势的流失。

（5）内部化可以通过转移定价减少税收。国与国之间的税收差异和外汇管制使得公司可以通过转移定价实现自身的利润最大化。例如，在高税率国家，跨国公司的子公司可以通过与其国外母公司的关联交易人为抬高中间产品进口价和降低最终产品出口售价的方式实现利润的转移，从而规避较高的税收负担。

当然，内部化的过程也会使得管理协调等成本加大，不过对跨国公司而言，内部化仍然是利大于弊的。

此外，垂直一体化理论也是解释公司内贸易现象的重要理论。垂直一体化是指两个相邻近的生产阶段被置于共同的所有权控制之下。在垂直一体化后，生产阶段的外部市场交易关系即转变为内部市场供需关系，在跨国公司条件下，相邻的生产阶段常常处于不同国家，这种垂直一体化便导致了公司内中间产品的国际贸易。垂直一体化理论一般认为，影响跨国公司实行垂直一体化的因素主要有技术水平、市场力量、分工的创新和定价方式的运用。为了避免市场的失灵和外部市场垄断力量的操纵，有必要通过垂直一体化实现市场的内部化，从而维持正常的生产过程的连续性。垂直一体化成为了公司内贸易的重要基础和条件。

第七节　产业内贸易论

该理论始于 20 世纪 70 年代，美国经济学家格鲁贝尔对当时大量存在的各国间的产业内贸易所进行的解释。

产业内贸易理论是指一个国家同时出口和进口同种产品以及同一产品的中间产品，如零部件和元件。通常也被称为双向贸易（Two Way Trade）或重叠贸易（Over-lap Trade）。

当代国际贸易中的分工格局，从产品结构上可分为产业间贸易和产业内贸易。产业间贸易是指各国以不同的产业部门所生产的产品进行交换，产业内贸易是指各国彼此交换同一产业部门所生产的产品；同时还认为 H-O 理论只能研究产业间贸易，它并不能解释产业内贸易。

产业内贸易具有以下特点：①产业内同类产品之间的相互交换；②产业内贸易的产品流向具有双向性；③产业内贸易的产品类型多样化；④产业内贸易的商品必须具备两个条件：一是在消费上能够替代，二是在生产上需要相近或相似的生产要素投入；⑤产业内贸易在现代贸易中的比重不断扩大；⑥经济上越是发达的国家，产业内贸易发展越快，在国际贸易中所占比重越大。

经济学家通常使用产业内贸易指数（IIT）来测度一个产业的产业内贸易程度。IIT 的值是介于 0~1。当 IIT=0 时，该国只进口或只出口该产品，即不存在产业内贸易；当 0<IIT<1 时，该国同时出口和进口这一产业的产品，存在产业内贸易；当 IIT=1 时，该国进口和出口的同类产品是等量的。IIT 的值越大，表示产业内贸易的程度越高。

第八节　竞争优势论

竞争优势理论概念是由哈佛大学波特教授于 20 世纪 80~90 年代在其竞争三部曲——《竞争战略》、《竞争优势》以及《国际竞争优势》中提出和论述的，他系统研究了一国产业层面、企业层面和产品层面的竞争力问题。在波特看来，企业所有的竞争活动都可以用价值链理论加以解释。价值链的各个环节相互关联、相互影响，但却并不是每一个环节都能够创造价值，只有那些价值链上的"战略环节"才能真正创造价值。波特还认为，构成企业环境的最关键部分就是企业投入竞争的一个或几个产业，产业结构分析是确立竞争战略的基石。然而一个行业内部的竞争状态取决于五种基本竞争力的相互作用，即进入威胁、替代威胁、买方要价能力、卖方要价能力和现有竞争对手的竞争，上述五种竞争作用力共同决定着一个产业的竞争强度和最终利润潜力（见图 5-3）。据此，波特针对企业提出了成本领先、差别化和目标集聚三大战略。与此同时，他认为企业和产业的竞争优势是构成国家竞争优势的基础，产业发展层次及创新能力大小决定了一国的竞争优势强弱。竞争优势源自创新，而创新又决定于四个基本

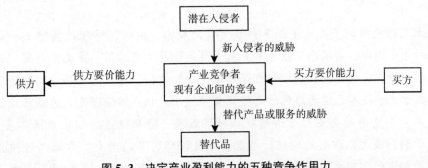

图 5-3　决定产业盈利能力的五种竞争作用力

因素（要素条件，国内需求条件，相关产业与支撑产业，公司的战略、结构和竞争）和两个辅助因素（机遇和政府作用），即著名的"钻石模型"，国家竞争优势便是由上述六因素相互作用而构成的动态激励创新环境所决定的（见图5-4）。因此，对外贸易结构依赖于高级要素的培养、苛刻的市场需求、主导产业及其相关联的产业发展、公司所实施的战略、公司的结构及竞争。

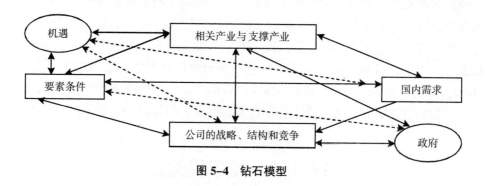

图 5-4 钻石模型

竞争优势理论与比较优势理论既相互区别，又存在着密切联系。

两者的区别在于，竞争优势理论是对比较优势理论的发展与超越，是对当代国际贸易现实的逼近。从静态的比较优势到以竞争、创新为基础的动态的竞争优势，可以说是竞争优势理论对传统理论的突破，这是两者之间的根本区别。

两者的联系主要表现在以下三个方面：

首先，比较优势与竞争优势往往同时作用于一国产业的发展。一国往往有的产业具有比较优势，有的产业具有竞争优势。

其次，比较优势与竞争优势可以相互转化。有比较优势的产业有利于创造竞争优势，比较优势是竞争优势的基础。在国际竞争中比较优势也需要转化为竞争优势。比较劣势有时可激发创造竞争优势。

最后，两者都是产业竞争力的比较。比较优势侧重产业发展的潜在竞争力，竞争优势则强调现实的竞争力。

本章小结

技术差距论强调了技术差距是形成贸易的原因，同时，该理论实质上也反映了技术存在的生命周期，它揭示了技术差距对外贸结构的决定作用。产品生命周期论区分了产品在引入期、成长期、成熟期和衰退期等阶段性特征，并认为发展中国家的贸易结构优势存在于生产技术已经标准化的那些产品领域中。相互倾销理论认为在开放的市场范围内，不完全竞争的企业为了达到规模经济效果，会积极进行销售市场拓展，因此，企业基于利润最大化原则的倾销行为也会导致国际贸易的产生。需求偏好相似论认为收入水平相近的国家之间具有相似的需求结构，进而会产生相互的贸易需求，该理论说明经济发展水平对外贸结构的决定作用。市场结构论认为规模经济要求企业进行大规模、标准化的生产，以此降低产品成本，但这与消费者由于其需求多样性而对差异化产品的需求相矛盾，因为要满足消费者的多样性偏好就必须在较小的规模上进行生产，同时，企业也会为了获取产品垄断权而生产差异化产品，而国际贸易是解决这种矛盾的最佳方式。公司内贸易论认为对跨国公司而言，把市场建立在公司内部，以内部市场取代原来固定的和不完全的外部市场能够获得多方面的利益。竞争优势论则是对比较优势理论的发展与超越，更加强调一国贸易竞争的动态性、战略性和现实性。

复习思考题

【核心概念】
1. 产品生命周期
2. 价格歧视战略
【问答题】
1. 什么是技术差距论？
2. 跨国公司的内部化能够带来哪些利益？
3. 简要说明竞争优势论。

国际贸易政策篇

第六章　进口保护政策——关税

[学习目的]

通过本章的学习，识记关税的含义、关税的类型和计算方法，了解海关及《海关税则》、进出口货物通关的基本环节，理解关税的有效保护率和经济效应分析。

[重点难点]

◆ 掌握关税的计算方法
◆ 了解一般进出口商品通关手续
◆ 理解关税有效保护率及关税的经济效应分析

[引导案例]

2016年1月1日起我国调整进出口关税

为全面贯彻党的十八大和十八届三中、四中、五中全会精神，统筹考虑和综合运用国际国内两个市场、两种资源，支持产业转型升级，推动对外贸易发展方式转变，促进经济持续健康发展，经国务院关税税则委员会审议，并报国务院批准，自2016年1月1日起，我国将对进出口关税进行部分调整。

为促进进出口稳定增长，加强先进技术、产品和服务进口，增加有效供给，推进国内自主创新和产业结构优化升级，2016年关税调整将继续鼓励国内亟须的先进设备、关键零部件和能源原材料进口，以暂定税率方式降低高速电力机车的牵引变流器、电视摄像机取像模块、纯电动或混合动力汽车用电机控制器总成、无铬鞣剂、牛羊油脂等商品的进口关税。为丰富国内消费者购物选择，适应国内消费升级需求，2016年将适度扩大日用消费品降税范围，以暂定税率方式降低进口关税税率相对较高、进口需求弹性较大的箱包、服装、围巾、毯子、真空保温杯、太阳镜等商品的进口关税。为充分发挥关税对国内产业的保护作用，根据国内生产满足需求情况，2016年将对自动络筒机等部分商品关税进行相应调整。同时，2016年还将取消磷酸、氨和氨水等商品的出口关税，适当降低生铁、钢坯等商品的出口关税。

为扩大双边、多边经贸合作，以周边为基础加快实施自贸区战略，形成面向全球的高标准自贸区网络，根据我国与其他有关国家或地区签署的贸易或关税优惠协定，2016 年将对中国与冰岛、瑞士、哥斯达黎加、秘鲁、新西兰自贸协定以及内地与港澳更紧密经贸关系安排等七个协定实施进一步降税。同时，根据我国 2012 年在亚太经合组织（APEC）框架下对部分环境产品降税的承诺，2016 年将实施税率高于 5% 的 27 项环境产品税率降至 5%，主要有污泥干燥机、垃圾焚烧炉、太阳能热水器、风力发电机组等。

为适应科学技术进步，产业结构调整，贸易结构优化，加强进出口管理的需要，2016 年对进出口税则中部分税目进行调整。调整后，2016 年税则税目总数将由 8285 个增加到 8294 个。

资料来源：财政部新闻办公室，2015 年 12 月。

以上资料中，我国为什么要自 2016 年 1 月 1 日起调整进出口关税？进口关税和出口关税如何调节？分别起什么作用？自由贸易区或贸易优惠协定为什么主要通过关税政策来实施？本章将阐述关税的相关问题并对其加以解释。

第一节　关税概述及主要种类

关税措施和非关税措施是进口保护政策的主要方式，也是衡量一个国家市场开放度的主要标志。

一、关税的含义

关税是国家税收的重要组成部分，是由海关代表国家按照国家制定的关税政策和有关法律、行政法规的规定，对准许进出关境的货物和物品向纳税义务人征收的一种流转税。关税是世界各国普遍征收的一个税种，是国家保护国内经济、实施财政政策、调整产业结构、发展进出口贸易的重要手段，也是世界贸易组织允许各缔约方保护其境内经济的一种手段。

关税是一种国家税收，其征收主体是国家，由海关代表国家按国家关税政策和相关税法向纳税义务人征收；课税对象是进出关境的货物和物品。关税纳税义务人也称关税纳税人或关税纳税主体，是指依法负有直接向国家缴纳关税义务的法人或自然人。我国关税的纳税义务人是进口货物的收货人、出口货物的发货人、进出境物品的所有人。

关税作为世界多数国家保护境内经济的一种方式，是一国税收的主要部分，具有以下几个特点：①关税是进出口商品经过一国关境时，由政府设置的海关向进出口商征收的税收；②关税具有强制性；③关税具有无偿性；④关税具有预定性。

关税是一种间接税，进出口商人先代理消费者将关税缴给国家，并将关税转嫁到商品价格中，最后承担的仍然是消费者。关税具有强制性和无偿性，不管愿意不愿意，它必须缴给国家。同时它是预定的，每年年初海关会通知当年的关税税率，因此它也是透明的。关税还是一个国家执行经济政策的手段。如果我国想让某种产品进入国内，关税一定很低，反之关税就比较高。

二、关税的作用

（一）有效保护本国幼稚工业并扩大就业

本国的某些工业领域尚处在早期发展阶段，在世界市场上尚不具有竞争力，需要通过关税或政府干预予以暂时或短期的保护，使之免受来自国外成熟竞争对手的竞争。关税保护国内这些产业的发展，导致进口商品减少，国内需求要靠国内生产来满足，国内产业得到发展和扩张的同时还产生就业机会。

（二）改善贸易条件并增加贸易利益

征收关税通常会使进口商品价格上升，但如果进口需求量大且弹性大的话，将可能压低进口商品价格，这将使进口国贸易条件得到改善，因为同样多的出口可以换回更多的进口商品，该国所能享受的消费也就越多，其经济状况也就越好。这对于征收关税的国家来说，是一种贸易利益的增加。

（三）一国财政收入的主要来源

关税是国家税收的一种。在早期，关税收入曾占国家财政收入的很大比例，在当代，随着国与国之间各种贸易协定的签署、关税减让条件的达成，大多数国家特别是发达国家关税占财政收入的比重已经大大下降，但在少数国家仍然是财政收入的重要来源。

三、关税的分类

关税可从多角度进行分类。

（一）按征税货物的流向，可把关税分为进口关税、出口关税

进口关税，即对国外进入本国的货物所征收的一种关税。进口关税是当前世界各国所征关税最主要的一种，在许多国家已不征出口关税与过境关税的情况下，它成为唯一的关税。

出口关税，对从本国出口的货物征收的一种关税。由于征收出口关税会增加出口货物的成本，不利于本国货物在国际市场中的竞争，许多发达国家都取消了出口税。我国目前只对少数货物征收出口税。

（二）按计税标准不同，关税可分为从价关税、从量关税和复合关税

从价关税，以货物的完税价格为计征标准而征收的税。从价关税的优点是税负较为合理，关税高低随货物价格的升降而增减，其不足之处是完税价格必须严格审定。从价关税是关税的主要征收形式。

从量关税，以货物的计量单位，如以重量、数量、体积为计征标准征收的一种关税。从量关税的优点是无须审定货物的完税价格，计税简便，对廉价进口商品有较强的抑制作用；缺点是对同一税目的商品，在规格、质量、价格相差较大的情况下，按

同一定额税率计征，税额不够合理。

复合关税，对同一种进口货物同时采用从价、从量两种计征标准征收的关税。课征时，或以从价税为主，加征从量税；或以从量税为主，加征从价税。计征计算较为烦琐。

（三）按照差别待遇，关税分为最惠国税、普惠税和特惠税

最惠国税适用于与该国签订有最惠国待遇条款的贸易协定的国家或地区所进口的商品。最惠国待遇是指缔约国双方相互间现在和将来所给予第三国在贸易上的优惠、豁免和特权同样给予缔约双方。

普惠税指发达国家对从发展中国家或地区输入的商品，特别是制成品和半制成品，给予普遍的、非歧视的和非互惠的关税优惠待遇。

特惠税指对从某个国家或地区进口的全部商品或部分商品，给予特别的低关税或免税待遇。特惠税有互惠与非互惠之分。

（四）按照征税的主次程度，关税分为进口正税、进口附加税

进口正税是按照海关税则中的法定进口税率征收的进口税；进口附加税是对进口货物在征收正税之外，再征收的进口税。附加税一般具有临时性，如反倾销税、反补贴税、报复性关税等。

第二节　海关税则与通关手续

一、海关税则

海关税则（Customes Tariff），又叫关税税则，是指一国对进口商品计征关税的规章和对进口的应税商品和免税商品加以系统分类的一栏表。它是海关征税的依据，是一国关税政策的具体体现。

海关税则一般由目录和税率两部分组成，目录包括税号和货物、物品名称，税号是货物、物品分类的编号，税率则是征税的幅度。在这里所称的货物、物品分类，通常又称为商业分类。在制定海关税则时，对商品一般都是按生产部类分成大类，然后再按加工程序、商品的自然同性、用途功能等分成章和目。

海关税则可分为单式税则和复式税则两类：

（1）单式税则也叫一栏税则。即一个税目下只有一个税率，对于来自任何国家的商品，没有差别待遇。目前，只有少数发展中国家实行单式税则。主要发达国家为了在关税上搞差别和歧视待遇，或争取关税上的互惠，都放弃单式税则转为复式税则。

（2）复式税则也叫多栏税则。指一个税目下定有两个或两个以上的税率，对来自不同国家或地区的商品采取不同税率的差别待遇。这种税则有二栏、三栏和四栏不等。

二、海关税则与《协调制度》

(一)《商品名称及编码协调制度》

在国际上存在多个商品分类目录，不利于国际贸易的发展，不便于了解进出口贸易情况。只有系统、科学的商品分类，才能适应国际贸易的高速发展。因此，一些国家便制定了一个共同海关税则目录，1972 年定名为《海关合作理事会商品分类目录》，到 1987 年世界上有 150 多个国家和地区以它为基础制定本国的海关税则。我国在 1985 年采用《海关合作理事会商品分类目录》。

随着计算机技术高效处理国际贸易的信息，需要有统一协调的商品名称、商品编码，于是由作为国际组织的海关合作理事会主持进一步研究制定了一个更高层次的、在更大范围内协调的商品目录，称之为《商品名称及编码协调制度》，简称为《协调制度》。1983 年海关合作理事会通过《协调制度公约》及其附件《协调制度》，并于 1988 年起实施。我国于 1992 年 6 月加入《协调制度公约》。

(二) 我国的海关税则

1985 年 3 月，经国务院批准，我国海关实施了以海关合作理事会商品分类目录为基础的海关税则，它沿用了进出口合一的税则体例，将进出口商品划分为 21 个类，四个章，1011 个税目，带税率的共 2098 个。在这个海关税则制定后，随着我国改革的逐步深入和对外开放的不断扩大，需要对关税制度进行调整。1989 年开始了以《协调制度》为基础的我国税则和海关统计商品目录的转换工作，于 1991 年完成，经国务院税则委员会召开的审定会通过，1992 年 1 月 1 日开始实施。

我国海关进出口税则和统计商品目录的总税目达到 8872 个，其中有 6256 个实际税目和子目，比 1985 年的海关税则增加了 4048 个。在关税计征标准方面的变化是，从 1985 年到 1997 年 6 月，我国海关税则全部采用从价税，但从 1997 年 7 月起，对啤酒、原油、胶卷征收从量税，对录像机、放像机、摄像机、摄录一体机征收复合关税。

三、一般进出口货物的通关手续

(一) 一般进出口货物概述

一般进出口货物是一般进口货物和一般出口货物的合称，是指在进出口环节缴纳了应征的进出口税费并办结了所有必要的海关手续，海关放行后不再进行监管，可以直接进入生产和消费领域流通的进出口货物。

按照海关对进出口货物监管方式的不同，进出口货物的分类，除了一般进出口货物外，还有保税加工货物、保税物流货物、特定减免税货物、暂准进出境货物、转关运输货物等其他进出境货物。本书中，因篇幅所限，只介绍一般进出口货物的通关手续。

(二) 一般进出口货物的通关程序

海关规定进出境货物经过审单、查验、征税、放行四个海关作业环节即完成通关。与之相对应，进出口货物收发货人或其代理人应当按照程序办理进出口申报、配合查验、缴纳税费、提取或装运货物等手续。

1. 进出口申报

申报是指进出口货物收发货人、受委托的报关企业，依照《海关法》及有关法律、行政法规的要求，在规定的期限、地点，采用电子数据报关单和纸质报关单形式，向海关报告实际进出口货物的情况，并接受海关审核的行为。

申报地点：进口货物应当由收货人或其代理人在货物的进境地海关申报；出口货物应当由发货人或其代理人在货物的出境地海关申报。

申报期限：进口货物的申报期限为自装卸货物的运输工具申报进境之日起 14 日内（从运输工具申报进境之日的第二天开始算）。进口货物自装卸货物的运输工具申报进境之日起超过 3 个月仍未向海关申报的，货物由海关提取并依法变卖。对属于不宜长期保存的货物，海关可以根据实际情况提前处理。

出口货物的申报期限为货物运抵海关监管区后、装货的 24 小时以前。

2. 配合查验

海关查验是指海关为确定进出境货物收发货人向海关申报的内容是否与进出口货物的真实情况相符，或者为确定商品的归类、价格、原产地等，依法对进出口货物进行实际核查的执法行为。

海关通过查验，检查报关单是否伪报、瞒报、申报不实，同时也为海关的征税、统计、后续管理提供可靠的资料。

海关查验货物时，进出口货物收发货人或其代理人应当到场，配合海关查验。

3. 缴纳税费

进出口货物收发货人或其代理人将报关单及随附单证提交给货物进出境指定海关，海关对报关单进行审核，对需要查验的货物先由海关查验，然后核对计算机计算的税费，开具税款缴款书和收费票据。进出口货物收发货人或其代理人在规定时间内，持缴款书或收费票据向指定银行办理税费缴付手续；在试行中国电子口岸网上缴税和付费的海关，进出口货物收发货人或其代理人可以通过电子口岸接收海关发出的税款缴款书和收费票据，在网上向指定银行进行电子支付税费。一旦收到银行缴款成功的信息，即可报请海关办理货物放行手续。

4. 提取或装运货物

海关进出境现场放行是指海关接受进出口货物的申报，审核电子数据报关单和纸质报关单及随附单证，查验货物，征免税费或接受担保以后，对进出口货物做出结束海关进出境现场监管决定，允许进出口货物离开海关监管现场的工作环节。

海关进出境现场放行一般由海关在进口货物提货凭证或者出口货物凭证上加盖海关放行章。进出口货物收发货人或其代理人签收进口提货凭证或者出口装货凭证，凭已提取进口货物或出口货物装上运输工具离境。

第三节　关税保护度

20 世纪 60 年代，西方经济学家开始研究关税的保护度问题，提出了名义保护率（Nominal Rate of Protection，NRP）和有效保护率（Effective Rate of Protection，ERP）的概念。

一、名义保护率

根据世界银行的定义，名义保护率是指由于实行保护而引起的国内市场价格超过国际市场价格的部分占国际市场价格的百分比，它是衡量一国对某类商品的保护程度的一种方法。名义保护率的计算公式为：

$$名义保护率（NRP）= \frac{P - P^*}{P^*} \times 100\%$$

其中，P 代表国内市场价格，P^* 代表国际市场价格，或称自由市场价格。

在不考虑汇率变化的情况下，根据海关税则征收的关税税率大致就是名义保护率。在其他条件相同的情况下，名义保护率越高，对本国同类商品的保护程度就越强。

名义保护率反映了对最终产品征收关税后所产生的效果，但如果对该行业产品，不仅对最终产品征收了关税，对其原材料、零部件等中间投入品也征收了关税，那么，此时关税的保护度又如何反映呢？在现实中，每一个行业的产品，都受到了对该行业成品征收关税的影响，同时又受到了对其中间投入品征收关税的影响，所以说，名义保护率忽略了对中间投入品的保护，不能准确反映关税对某种商品的实际保护度。

二、有效保护率

澳大利亚经济学家马克斯·科顿和加拿大经济学家哈里·约翰逊提出了关税有效保护率问题。

有效保护率是指一个国家的整体保护措施是该行业每单位产出增加值提高的百分率。也就是说某一行业生产或加工中增加的那部分价值受保护的情况，保护的程度是以国内生产的附加值的提高来衡量的，所以，有效保护率可以看作是关税或其他贸易政策措施所引起的国内生产附加值的变动率。有效保护率的计算公式为：

$$有效保护率（ERP）= \frac{V - V^*}{V} \times 100\%$$

其中，V 代表征收关税后进口产品的国内生产附加值，V^* 代表自由贸易下该产品的国内生产附加值。

有效保护率主要是反映关税制度对加工工业产品的保护程度。按照生产过程中的加工深度，可将产品分为制成品（最终产品）、中间投入品（如零部件）和原材料等。对中间产品或原材料征收关税，将提高这些产品的价格，从而增加国内使用者的负担，导致生产成本上涨，使得那些使用中间产品或原材料的最终产品的关税所产生的保护效应降低，所以从中间产品或原材料使用者的角度来看，对中间产品或原材料征收关税就相当于对生产征税，降低了国内生产的附加值。

当最终产品的名义税率大于中间产品的名义税率时，最终产品的有效保护率大于其名义保护率；当最终产品的名义税率等于中间产品名义税率时，最终产品的有效保护率等于名义保护率；当最终产品的名义税率小于中间产品的名义税率时，最终产品的有效保护率小于其名义保护率，出现负保护的情况。在其他条件不变的情况下，最终产品的名义保护率越高，有效保护率也越高，反之亦然。

第四节　关税的经济效应分析

关税是限制和禁止进口的重要措施，是各国进口保护政策的主要内容。一国征收关税后，必然会导致进口商品价格的变动，从而影响到进口国和出口国商品的价格水平，并对进口国和出口国的生产、消费和贸易等方面产生影响，这些影响就是关税的经济效应。根据进出口政策实施国在该商品国际市场上的地位，关税经济效应分为小国关税经济效应和大国关税经济效应。

一、小国关税的经济效应分析

经济学意义上的"小国"是指那些在世界生产和贸易中所占份额较小，对世界贸易条件影响有限的国家，或者说小国是世界贸易条件的既定接受者，面临着一条完全有弹性的进口供给曲线和一条对该国出口有完全弹性的需求曲线。

如图 6-1 所示，假定贸易小国某商品的国内供给曲线为 S，需求曲线为 D，该国参与自由贸易的情况下，以 P_0 的国际价格水平进口某商品，这样，该商品的国内需求总量为 C_1，其中国内供给为 S_1，C_1S_1 为进口数量。

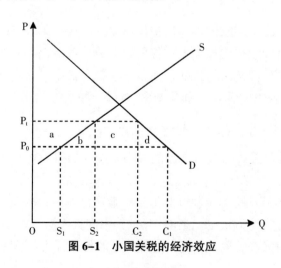

图 6-1　小国关税的经济效应

（1）价格效应。关税的价格效应是指征收关税对进口国国内市场价格的影响。进口国对进口商品征收关税会使进口商品的价格上涨，进而引起国内进口替代产品价格的上涨。由于贸易小国的进口几乎不能影响国际市场价格水平，在该国征收关税后，国内商品的价格由 P_0 上涨到 P_t，国内市场价格的上涨部分就等于所征收的关税，贸易小国承担了从 P_0 到 P_t 之间几乎全部关税负担 t。

（2）消费效应。关税的消费效应是指征收关税对进口商品国内消费的影响。征收关税后，该国国内消费某商品的数量从 C_1 下降到 C_2，说明征税使国内市场该商品价格上升，消费者的消费水平降低，消费水平的降低可以用消费者剩余的减少（a+b+c+d）来表示，征收关税使消费者受损。

（3）生产效应。关税的生产效应也叫做关税的保护效应，是指征税对进口国进口替代商品生产的影响。在自由贸易下，对应于 P_0 的国际价格，国内生产为 S_1，征收关税后，国内价格上升至 P_t，国内生产提高到 S_2，征收关税后，国内生产增加了 S_1S_2，所以，关税保护了国内生产者，国内生产者因征收关税而获得了生产者剩余，即 a 的面积，也就是说，征收关税后，生产者得到了福利。

（4）税收效应。关税的税收效应即财政收入效应，是指征收关税对国家财政收入的影响。征收关税所得的收入＝进口量×关税税率。在图 6-1 中，关税收入为 $S_2C_2×t$，即图中 c 的面积。征收关税后，政府增加了相当于 c 面积的关税收入。

（5）贸易效应。关税的贸易效应是指征收关税对进出口商品数量的影响。对某商品征收关税，导致该进口商品国内价格上升，削弱了该商品市场竞争力，使需求下降，进而导致该商品进口量减少。征收关税前，该国进口量为 S_1C_1，征收关税后，进口量减少到 S_2C_2。

此外，征收关税所产生的各种效应的强弱，取决于应税商品的供给和需求价格弹性以及关税税率的高低。对于一定的关税水平，商品需求价格弹性越大，关税的消费效应就越大，供给价格弹性越大，关税的生产效应就越大。一国对某种商品的供给和需求越富有弹性，那么，关税的贸易效应就会越大，税收效应就会越小。

二、大国关税的经济效应分析

"大国"是指进口国对某种商品的进口所占的世界市场份额很大，可以影响甚至决定该产品的国际市场价格。也就是说，大国的国内市场供给和需求变化会影响国际市场的价格，大国是该产品的价格制定者。大国提高关税，可能导致进口量大幅下降，从而迫使出口国较大程度地把出口价格压低到国际市场价格之下。大国利用它在国际贸易中交易量大、市场份额较大的特点影响价格，将征收关税的损失转嫁给出口国。

如图 6-2 所示，假定 D 为大国国内对某商品的需求曲线，S 为供给曲线，在自由贸易条件下，国内消费量为 C_1，生产量为 S_1，进口量为 S_1C_1，P_0 为国际市场该商品价格。

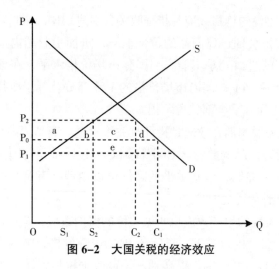

图 6-2　大国关税的经济效应

（1）价格效应。大国征收关税会使国际市场价格下跌，所以，关税由大国消费者和国外出口商共同分担，使大国国内市场价格仅仅由 P_0 上涨到 P_2，小于关税水平 P_1P_2，P_1P_0 由国外出口商承担。

（2）消费效应。征收关税使大国国内市场价格上涨，消费量降低，由 C_1 下降到 C_2，同样降低了消费水平，消费者福利净损失，消费者剩余减少（a + b + c + d）。

（3）生产效应。大国国内市场价格因征收关税而上涨，国内生产量由 S_1 上升到 S_2，生产者福利增加，生产者剩余增加了 a 的面积。

（4）税收效应。图 6-2 中，c + e 部分即为大国征收关税后，所增加的关税收入。

（5）贸易效应。由于进口商品在大国国内价格上涨，竞争力削弱，致使对该进口商品的需求量下降，该商品进口量由 S_1C_1 下降到 S_2C_2。

（6）贸易条件效应。在大国条件下，征收关税会降低国际市场价格，本国进口商在世界市场购买进口商品的价格要降低。如果出口价格保持不变，则进口价格的下降意味着本国贸易条件的改善。

对于一定的关税水平，大国商品需求价格弹性越大，则大国关税的消费效应就越大，供给价格弹性越大，大国关税的生产效应就越大；大国对某种商品的供给和需求越富有弹性，关税的贸易效应就越大，税收效应就越小。

大国关税的经济效应与小国不同：第一，征收关税后，进口商品的国内市场价格上升，导致国内生产扩大，消费减少，总体效果会使进口需求下降，当大国对该商品进口需求减少时又会导致该商品国际市场价格的下降；第二，大国征收关税，会产生贸易条件效应，大国征收关税可以改善该国的贸易条件；第三，大国征收关税的税收效应比小国的大。

本章小结

本章介绍了关税的概念、作用、分类、一般进出口货物的通关程序、关税的计征方法，概述了海关税则、《商品名称及编码协调制度》以及我国海关的关税税则，分析了关税的有效保护率和关税的经济效应。

复习思考题

【核心概念】

1. 关税
2. 海关税则
3. 名义保护率
4. 有效保护率

【问答题】

1. 关税的种类有哪些？
2. 简述一般进出口货物的通关程序。
3. 小国和大国征收关税的经济效应异同点是什么？

第七章 进口保护政策——非关税政策

[学习目的]

通过本章内容的学习，使学生能够认识到进口保护手段除了关税以外，还包括非关税措施，随着贸易自由化的发展，非关税措施的重要性日益凸显，因此掌握非关税壁垒的概念、特点、主要形式以及对一国贸易的影响具有积极意义。

[重点难点]

◆ 掌握非关税壁垒的概念和特点
◆ 进口配额制、自动出口限制、进口许可证制等传统非关税壁垒的含义与分类
◆ 掌握技术壁垒措施、绿色壁垒和社会壁垒等新兴的非关税措施
◆ 掌握非关税壁垒对一国经济产生的影响

[引导案例]

贸易壁垒频频登场，我国玩具出口压力重重

欧债危机尚未谢幕，贸易壁垒频频登场，涨声一片的原材料成本、人力成本，使得玩具出口商渐渐承受不住。

中山市是我国重要的玩具出口基地之一，据中山检验检疫局负责相关业务的谢璘介绍，2012 年经该局检验出口的玩具为 48514 批次，货值 6.42 亿美元，比 2010 年分别减少 2.7% 和 6.6%，这是中山玩具出口连续第二年下跌。广东乐美达集团公司是全国首个童车类"出口免检"企业，就越来越多的贸易壁垒，这家企业的负责人举例说：2012 年 3 月 23 日，欧盟 2012/7/EC 指令正式实施，再次降低了三类玩具材料中的镉限量，新标准允许的含量普遍比旧标准降低二到四成。其检测的重金属元素也由 8 种增加到了 17 种。中山市崇高玩具厂负责人说，人民币的升值也正在蚕食着玩具出口企业本已极微薄的利润。

中山检验检疫局通过调查发现，上述贸易壁垒实施后，大部分企业的总成本增加了 5%~20%，少部分企业的总成本增加 20%~40%。这对利润微薄的玩具出口企业而言，简直是雪上加霜，只有大企业才勉强有能力应对这一险境。

资料来源：新华网，http://finance.sina.com.cn/chanjing/cyxw/20130130/154614452141.shtml，2013-01-30。

以上资料中，中山市玩具出口批次和出口货值出现双下降，造成出口下降的原因是什么？为什么不通过关税措施也可以使一国出口量下降，欧盟采取哪种非关税措施致使中山市玩具出口萎缩呢？本章将对非关税措施问题加以阐释。

第一节　非关税壁垒概述

一、非关税壁垒的含义

所谓非关税壁垒（Non-Tariff Barriers，NTBs），又称非关税贸易壁垒，指发达国家除关税以外的各种限制商品进出口的措施。就一般意义上来讲，非关税措施是指关税以外的一切限制进口的措施。具体地讲，它是指成员方政府设置的关税措施以外的其他一切直接或间接限制外国商品进口以保护本国产业的各种保护措施的总称。它包括经济的、技术的、商业的、法律的和行政的措施。

二、非关税壁垒的产生与发展

早在重商主义时期，限制和禁止进口的非关税性措施就开始盛行。1929~1933 年大危机时期，西方发达国家曾一度高筑非关税壁垒，推行贸易保护主义。尽管如此，"非关税壁垒"这一术语是在关税与贸易总协定（GATT）（以下"关贸总协定"）建立以后才逐渐产生的。

真正把非关税措施作为保护贸易政策的主要手段始于 20 世纪 70 年代，其原因是多方面的，具体如下：第一，各国经济发展不平衡，这是非关税壁垒迅速发展的根本原因。美国的相对衰落，日欧的崛起，特别是 20 世纪 70 年代中期爆发的经济危机，使得市场问题显得比过去更为严峻，以美国为首的发达国家纷纷加强贸易保护手段。第二，战后在 GATT 努力下，关税大幅度减让之后，各国不得不转向用非关税措施来限制进口，保护国内生产和国内市场。第三，20 世纪 70 年代中期以后，许多国家相继进行了产业结构调整，为保护各自的经济利益，纷纷采用非关税措施来限制进口。第四，科技水平迅速提高，相应地提高对进口商品的检验能力。通过检验，可获得各种商品对消费者健康的细微影响，从而有针对地实行进口限制。例如对含铅量、噪声大小的测定等。第五，非关税措施本身具有隐蔽性，不易被发觉，而且在实施中往往可找出一系列理由来证明它的合理性，从而使受害国据以进行报复。各国在实施非关税措施时相互效仿，也使这些措施迅速扩大。

20 世纪 90 年代以来，非关税壁垒呈现出更加隐蔽的特点，以致很难区分其保护是否合理。具体来看，大致有以下几方面变化：第一，传统制度化的非关税壁垒不断升级。如反倾销的国际公共规则建立后，在制度上削弱了其贸易壁垒的作用，但频繁使用反倾销手段又使其演化为新的贸易壁垒。第二，技术标准上升为主要的贸易壁垒。

由于各国的技术标准难以统一，使技术标准成为最为复杂的贸易壁垒，并常常使人难以区分其合理性。第三，绿色壁垒成为新的行之有效的贸易壁垒。一些国家特别是发达国家往往借环境保护之名，行贸易保护之实。第四，政治色彩越来越浓。发达国家甚至利用人权、劳工标准等形成带有政治色彩的贸易壁垒，大肆推销其国内人权标准，干涉别国内政。

三、非关税壁垒的类别与管理

（一）非关税壁垒的类别

非关税壁垒可以分为传统的非关税壁垒和新兴的非关税壁垒。

1. 传统的非关税壁垒

传统的非关税壁垒主要是通过直接的数量限制或采取国内措施以达到限制进口的目的。传统的非关税壁垒可以进一步划分为直接的和间接的两种类型。前者是由进口国海关直接对进口商品的数量、品种加以限制，或迫使出口国直接限制商品的出口。其主要措施有：进口限额制、进口许可证制、自动出口限额制等；后者是指进口国对进口商品制定严格的海关手续或通过外汇管制，间接地限制商品进口，其主要措施有：实行外汇管制、最低进口限价、歧视性政府采购政策、进口押金制度、海关估价、对进口货征收国内税等。

2. 新兴的非关税壁垒

传统的非关税壁垒往往以限制数量为特征，新兴的非关税壁垒往往以保护人类生命、健康和保护生态环境为由，从表面上看具有合法性、合理性和存在的必要性，然而新兴的非关税壁垒又往往以保护消费者、劳工和环境为名，行贸易保护之实，也有其不合理的一面。其主要表现形式有技术壁垒、绿色壁垒、服务贸易壁垒和社会壁垒等。

近年来，各种新型非关税壁垒不断涌现，比传统贸易壁垒措施更加有效，是影响自由贸易实现的重要因素。

（二）非关税壁垒的管理

非关税壁垒的出现与发展有其合理的方面，但在运用中又出现滥用和歧视的成分，构成不正当的贸易保护，影响国际贸易的正常发展。

在乌拉圭回合中，就对国际贸易有显著影响的非关税壁垒达成了协议，有的要逐步取消，有的可以保留，但要规范化，以不影响国际贸易的正常发展。

四、非关税壁垒的特点

与关税壁垒相比较，非关税壁垒主要具有下列几个明显的特点：

（一）具有更大的灵活性和针对性

关税的制定，往往要通过一定的立法程序，要调整或更改税率，也需要一定的法律程序和手续，因此关税具有一定的延续性和稳定性。非关税措施的制定与实施，则通常采用行政程序，制定起来比较迅速，程序也较简单，能随时针对某国和某种商品采取或更换相应的限制进口措施，从而较快地达到限制进口的目的。

（二）保护作用更为强烈和直接

关税措施是通过征收关税来提高商品成本和价格，进而削弱其竞争能力，因而其保护作用具有间接性。一些非关税措施如进口配额、预先限定进口的数量和金额、超过限额就直接禁止进口，这样就能快速直接地达到关税措施难以达到的目的。如果把关税比作门槛的话，那么数量限制措施就可以比作围墙，可以将货物彻底挡在关外。

（三）更具有隐蔽性和歧视性

关税措施，包括税率的确定和征收办法都是透明的，出口商可以比较容易地获得有关信息。另外，关税措施的歧视性也较低，它往往要受到双边关系和国际多边贸易协定的制约。但一些非关税措施则往往并不公开，透明度较差，而且经常变化，隐蔽性强，容易对别的国家实施差别待遇，人们往往难以清楚地辨识和有力地反对这类政策措施，增加了反贸易保护主义的复杂性和艰巨性，使出口商难以对付和适应。

（四）有些非关税措施具有合理性

除了一些传统的非关税措施得到世界贸易组织的规范和限制，一些新兴的非关税措施以保护环境、保护人和动物健康等为由限制产品进入本国，容易被人接受。

（五）发展中国家难以应对

发展中国家由于科学技术水平的落后和检验能力的不足，对发达国家所设置的非关税壁垒难以分辨是否科学、是否存在歧视行为。因此，在商品出口上陷于被动地位，在进口商品上难以通过正当的非关税壁垒保护本国市场、生态环境和国民健康。

第二节　传统非关税壁垒

传统的非关税壁垒主要是通过直接的数量限制或采取国内措施以达到限制进口的目的，它具有明显的限制进口的目的和表现。

在传统的非关税壁垒中数量限制最为普遍，传统的非关税壁垒措施主要包括进口配额制、自动出口配额制、进口许可证制、外汇管制、进口押金制、海关任意估价、进口和出口国家垄断、歧视性政府采购政策、征收各种国内税、最低限价等。

一、进口配额制

（一）进口配额制的含义

进口配额制（Import Quotas System）又称进口限额制，是指一国政府在一定时期内（如一季度、半年或一年内），对某些商品的进口数量或金额规定一个数额加以直接的限制，在规定时限内，配额以内的货物可以进口，超过配额则不准进口，或者征收较高的关税、附加税或罚款以后才准许进口。这种管制作用的大小，取决于配额的高低，高配额限制性小，低配额则限制性大，二者成反比。它是直接限制进口的一种重要措施，是发达国家实行进口数量限制的重要手段之一。

进口配额制产生于重商主义时代，当时是以贸易出超、聚积金银为目的。在 20 世纪 30 年代世界经济危机时期，物价大幅下跌，各国保护国内物价的措施不能奏效，为了减少失业、改善国际收支及防止本国货币贬值，主要资本主义国家相继采用，使配额成为各国限制进口的主要手段，配额制随着世界保护主义盛行而有不断加强的趋势。

《关税及贸易总协定》规定缔约国不得设立和维持限额，但各国并未遵守。有些国家为维护垄断集团的利益实行进口限额，使出口国，尤其是发展中国家的产品出口受到很大的影响。出口贸易中，如何利用进口配额制是个重要的问题，发展中国家也在不同程度上采取进口配额制。

（二）进口配额制的种类

进口配额按限制的严格程度的不同可以分为两大类：

1. 绝对配额

绝对配额（Absolute Quotas）是指在一定时期内，对某些商品的进口数量或金额规定一个最高额度，达到这个额度后，便不准进口。这种方式在实施中，有以下两种形式：

（1）全球配额。全球配额（Global Quotas）是一种世界范围内的绝对配额，对来自任何国家或地区的商品一律适用，按进口商品的申请先后批给一定的额度，至总配额发放完为止，超过总配额就不准进口。即进口的数量限额不区分国别地区，谁先申请谁先获得。它在实施贸易限制过程中，基本贯彻了非歧视原则。

全球配额并不限定进口的国别或地区，故配额公布后，进口商往往相互争夺配额。邻近的国家或地区因其优越地理因素，在竞争中居于有利地位。为了减少这种情况所带来的不足，一些国家采用国别配额。

（2）国别配额。国别配额（Country Quotas）即在总配额内按国别和地区分配给固定的配额，超过规定的配额便不准进口。为了区分来自不同国家或地区的商品，在进口时必须提交原产地证明书。国别配额的分配方式有自主配额和协议配额两种。

2. 关税配额

关税配额（Tariff Quotas）是一种进口配额与关税相结合的形式。它是指对商品进口的绝对数额不加限制，而对一定时期内，在规定的关税配额以内的进口商品，给予低税、减税或免税待遇，对超过配额的进口商品征收高关税、附加税或罚款。

关税配额与绝对配额的主要区别在于：绝对配额规定一个最高进口数额，不能超过；关税配额则表现为，超过额度仍可进口，只是成本将增加。关税配额在实施中也有优惠性关税配额和非优惠性关税配额两种形式。

另外，进口配额还可分为单边配额和协议配额。单边配额是进口国事先不与有关国家进行磋商而单方面确定限额；协议配额是指进口国和出口国或出口国的出口商通过协商而确定分摊的限额。采取单边配额通常会招致其他国家的不满并引起报复。相比之下，协议配额的方式则较为温和。

（三）实行进口配额制管理的商品

进口配额制涉及的商品主要针对某些"敏感性"或"半敏感性"商品，如纺织品、服装、某些钢材、船舶、汽车、轻工电器制品、部分化工产品、食品以及工艺、土产品。尤以纺织品、服装最为突出。目前我国实行进口配额制管理的商品为47种。

二、自动出口配额制

（一）自动出口配额制的含义

自动出口配额制（Voluntary Export Quotas）又称自动出口限制（Voluntary Restriction of Export），简称"自限制"，也是一种限制进口的手段。它是指出口国家或地区在进口国的要求或压力下，"自动"规定某一时期内（一般为3~5年），某些商品对该国出口的数量或金额的限制，在限定的配额内自行控制出口，超过配额即禁止出口。其目的在于避免因这些商品出口过多而严重损害进口国生产者的利益，招致进口国采取严厉措施限制从该国的进口。

自动出口配额制属于关贸总协定的"灰色区域"。所谓"灰色区域措施"（Gray Area Measures）是指关贸总协定中无明确适用条款，其法律地位不清楚，既不是合法的，也不是非法的贸易限制措施。自动出口限制就是利用总协定不明确、不全面的特点，采取双边的和不透明的隐蔽形式实行贸易限制，以避免总协定的监督。它是一种求助于量的限制措施，具有选择性、双向性和隐蔽性的特点。

（二）自动出口配额制的形式

自动出口限制一般采取下面两种形式：

（1）非协定的自动出口配额。非协定的自动出口配额指不受国际协定的约束，而是出口国迫于进口国的压力，自行单方面规定出口配额，限制商品出口。这种配额有的是由政府有关机构规定配额，并予以公布，出口商必须向有关机构申请配额，领取出口授权书或出口许可证才能出口。有的是由本国大的出口厂商或协会根据政府的意图规定额度控制出口。该种形式表面上是出口国单方的自愿行为，但事实上总是受到进口国警告，或受到进口国的压力，才由出口国做出。

（2）协定的自动出口配额。协定的自动出口配额指进出口双方通过谈判签订"自限协定"（Self-restriction Agreement）或有秩序的销售协定（Orderly Marketing Agreement）。在协定中规定有效期内的某些商品的出口配额，出口国应根据此配额实行出口许可证或出口配额签证制（Export Visa），自行限制这些商品的出口。协定的自动限制是自动出口限制的主要形式，严重阻碍了国际贸易发展。协议达成的谈判形式有：政府间的双边谈判；政府间的多边谈判；进口国政府与出口企业间的谈判；进出口国家的双边企业谈判。目前最大的"自动"出口配额制是《多种纤维协议》（Multi-fabric Agreement，MFA）。

(三)"自动"出口配额制协定的内容

目前，发达国家主要是通过"自限协定"来限制其他国家的商品出口。自动出口协定的内容日趋复杂，各种协定内容不尽相同，"自限协定"的条款和内容主要包括以下几个方面：

（1）配额水平。即规定有效期内各年度"自动"出口的限额。通常是以签约前一年的实际出口量为基础，商定协定第一年限额，并确定其他各年度的增长率。

（2）"自动"限制出口的商品分类和细目。早期"自动"限制商品的品种较少，分类较笼统。20世纪70年代以来，品种增多，分类也日趋复杂。如1974~1977年的日美纺织品协定中，将日输美的棉、化纤、毛三大类纺织品共分成六组243项，按组分别规定各自限额，对组内"特别项目"又规定个别限额。

（3）限额的融通。即各种受限商品的限额相互之间适用的权限与数额问题，主要有几种融通做法：①水平融通。是指同一年度内组与组、项与项之间在一定百分率内的融通使用。这种替换率一般在1%~15%，有些品种禁止移用。②垂直融通。是指同组同项水平在上下年度间的融通，即在协定中规定留用额（Carry-over）和预用额（Carry-in）。留用额指当年未用完的配额拨入下年度使用的额度和权限，预用额是指当年配额不足而预先使用下年度的额度的权限。留用额和预用额的规定一般都有一些限制条件。例如，留用额不得超过实际余额，某些项目的留用额只限于同类项目使用，某些特定商品规定较低的留用额，甚至禁止使用留用额；预用额必须在下年度配额中扣除。预用额不得超过5%。③保护条款。指协定规定进口国方面有权通过一定的程序，限制或停止进口某些造成"市场混乱"或使进口国市场厂商受损害的商品。这实际上扩大了进口国限制进口的权限，发达国家在对外签订"自动"限制协定时，都力求加上这项条款。

三、进口许可证制

(一)进口许可证制的含义

进口许可证制（Import Licence System）是一种凭证进口商品的制度，它是指商品的进口，事先要由进口商向国家有关机构提出申请，经过审查批准并发给进口许可证后，方可进口，没有许可证，一律不准进口。

许可证制与进口配额制一样，也是一种进口数量限制，是运用行政管理措施直接干预贸易行为的手段。实行进口许可证制，不仅可以在数量和金额以及商品性质上进行限制，而且可以控制来源国国别和地区，也可以对国内企业实施区别对待，有些国家在发放许可证时往往对垄断大公司予以照顾。有的国家将进口许可证的发放与出口联系起来，以达到促进出口的目的。如法国，那些经营出口业务的商人或企业家就较容易获得进口绸缎及绸缎服装的许可证。获得进口许可证的商人可以将其转移给服装的专业进口商，而获取5%~15%的佣金。

大多数国家将配额制和进口许可证制结合起来使用，即受配额限制进口的商品，进口商必须向有关部门申请进口许可证，政府发放进口配额许可证，进口商凭证进口。

(二) 进口许可证制的作用

进口许可证制度作为一种行政手段，具有简便易行、收效快、比关税保护手段更有力等特点，因而成为各国监督和管理进口贸易的有效手段。发展中国家为了保护本国工业、贸易的发展，限制奢侈品和财政的需要，比较多地采用这种制度，而发达国家为了限制某些国家特别是社会主义国家的商品进口或对内维护大垄断资本的利益，在农产品和纺织品等国际竞争处于劣势的领域也经常求助于进口许可证制，对外实行贸易歧视。

进口许可证是属于数量限制的措施，不仅会妨碍贸易的公平竞争和国际贸易流量，又容易导致对出口国实行歧视性待遇，因此，关贸总协定在原则上是禁止采用进口许可证的。但考虑到各缔约国经济发展水平的不同，进出口商品结构的差别以及发展社会经济所需外汇资金不足等方面的因素，又在原则规定外制定了许多例外条款和前提条件，协调各缔约国的不同利益。

(三) 进口许可证的分类

1. 根据进口许可证和进口配额的关系分

从进口许可证和进口配额的关系上看，进口许可证可分为有定额的进口许可证和无定额的进口许可证。

(1) 有定额的进口许可证。即与配额结合的许可证，指国家有关机构预先规定有关商品的进口配额，然后在配额的限度内，根据进口商的申请，对每一笔进口货发给进口商一定数量或金额的进口许可证，配额用完即停止发放。如原西德对纺织品实行进口配额制，每年分三期公布配额数量，配额公布后，进口商可提出申请，获得进口许可证后即可进口。

(2) 无定额的进口许可证。即进口许可证不与进口配额相结合，是指国家有关政府机构预先不公布进口配额，有关商品的进口许可证只在个别考虑的基础上颁发。一般情况下，该种许可证主要是根据临时的政治的或经济的需要发放。由于此种许可证没有公开的标准，是个别考虑的，因而在执行上具有很大的灵活性，给正常贸易带来更大的困难，起更大的限制进口的作用。

2. 根据进口许可程度分

从进口许可程度上看，进口许可证又可分为公开一般许可证和特种进口许可证。

(1) 公开一般许可证。公开一般许可证 (Open General Licence, OGL) 也称自动进口许可证、公开进口许可证或一般许可证，是指允许商品"自由进口"，随时申请，随时许可，对进口国或地区不加以限制，凡列明属于公开一般许可证的商品，进口商只要填写此证，即可获准进口。

该种许可证不限制商品进口，设立的目的也不是对付外来竞争，主要作用是进行进口统计，有时也用于监督目的，为政府提供可能损害国内工业的大量重要产品的进口情况。

（2）特种进口许可证。特种进口许可证（Specific Licence，SL）也称非自动进口许可证，是指进口商必须向政府有关当局提出申请，经政府有关当局逐笔审查批准后才能进口。这种进口许可证适用于特殊商品以及特定的目的申请，如烟、酒、麻醉物品、军火武器或某些禁止进口物品。该种进口许可直接受管理当局控制，并用以贯彻国别地区政策。进口国定期公布须领取不同性质进口许可证的商品项目，并根据需要加以调整。

特种进口许可证是须经主管行政当局个案审批才能取得的进口许可证，受政府有关机构的严格监督和控制，只对允许进口的商品的数量发给许可证。

四、外汇管制

（一）外汇管制的含义

外汇管制（Foreign Exchange Control）是指一国政府为了实现国际收支平衡和本国货币汇率稳定，通过法令对国际结算和外汇买卖进行管制的一种政策。对非关税壁垒措施的外汇管制又可以这样下定义，即一国政府通过对外汇买卖等外汇业务进行管制，以控制外汇供应和外汇汇率的办法来控制进口商的进口及从哪一国进口，从而影响进口和出口的一种国际贸易政策。

（二）外汇管制的方式

根据外汇管制的约束形式，外汇管制分为下面三种方式：

（1）数量性外汇管制。数量性外汇管制是指国家外汇管理机构对外汇买卖的数量直接进行限制和分配，通过控制外汇总量达到限制进口商品数量、种类和国别的目的。这种数量性管制的特点，一是超限额限制，二是限买不限卖。一些国家实行数量性外汇管制时，往往规定进口商必须在获得进口许可证以后才能得到所需的外汇。

（2）成本性外汇管制。成本性外汇管制也称价格性外汇管制，是对对外贸易的汇价或进出口商品价格进行管制。国家外汇管理机构对外汇买卖实行复汇率制，利用外汇买卖成本的差异，调节进口商品结构，间接影响不同商品的进出口。

（3）综合性外汇管制。综合性外汇管制是指同时采用上述两种措施，控制外汇交易，达到控制商品进出口的一种方法。在具体做法上，常因时间、条件、项目不同有时以某一种为主，有时以另一种为主。由于这种管制方法涉及面宽，灵活性大，因此许多国家乐于采纳。

五、进口押金制

进口押金制（Advanced Deposit）又称进口存款制、进口担保金制或进口保证金，在这种制度下，一些国家规定进口商在进口时，必须预先按进口金额的一定比率和规定的时间，在指定的银行无息存入一笔现金，才能进口。这样就增加了进口商的资金负担，影响了资金的周转，同时，由于是无息存款，利息的损失等于征收了附加税，从而达到限制进口的目的。

　　进口押金制是为防止投机、限制进口、维持国际收支平衡而采取的一种经济措施，是对进口国外商品设置的一种金融障碍。有些国家还规定进口方必须获得出口方所提供的一定数量的出口信贷或提高开出信用证押金等方式限制进口。如意大利、芬兰、新西兰及巴西等国实行这种制度。

　　但是，进口押金制的作用在逐渐减弱。原因是进口商可以用存款收据作为进口付款的资金担保，或者用其作为在货币市场上获得优惠利率贷款的凭证，同时国外出口商为保证其商品出口销路，也愿意分摊存款金额，所以进口押金制起不到应有的限制进口的作用。

六、海关任意估价

　　海关估价（Customs Valuation）是指一国或地区的海关为执行关税政策和对外贸易政策的需要，根据法定的价格标准和程序，对进出口货物确定完税价格的方法和程序。进出口货物的完税价格是指海关根据有关规定进行审定或估定后通过估价确定的价格，是海关征收关税的依据。通常完税价格就是发票上表明的成交价格，即进口商在该货物销售出口至进口国时实付或应付的价格。但只有当进出口商申报的价格被海关接受后才能成为进出口货物的完税价格。

　　海关任意估价是指在国际贸易中，有些国家为了限制进口，对进口货物采取任意武断的估价，一般情况下是海关对进口商品通过提升税号、国内计价等办法提高关税，以增加进口商品的关税负担，阻碍商品的进口，成为非关税壁垒的重要形式。

　　如美国海关对某些进口商品曾采用过的"美国售价制"就是这种典型事例。按照通常的海关估价办法，应以进口商品的实际进口成交价格作为确定完税价格的依据，但美国对某些化学品、鞋类等却以远远高于进口成交价格的国内批发价作为确定完税价格的依据。因此，这种商品的进口关税税率虽未发生变化，但实际征税额却大幅度地提高，从而降低进口产品的竞争力，起到限制进口和保护国内市场的作用。

七、进口和出口国家垄断

　　进口和出口国家垄断（State Monopoly of Import and Export）也称对外贸易国家垄断制（Foreign Trade Under State Monopoly）或国营贸易，是指在对外贸易中，国家对某些商品的进出口规定由国家直接经营，或者是把某些商品的进口或出口的垄断权给予某个垄断组织。前面一种情况称为对外贸易国家垄断，后面一种情况称为进出口专营，经营这些受国家专控或垄断的商品的企业，称为国营贸易企业。具体做法是：由国营贸易公司或专设机构在国外购买某些产品，然后低价出售给本国垄断组织；在国内向垄断组织高价收购某些产品，然后以低价在国外市场倾销；或为了保证军需原料供应，然后输出到受"援"国家。

　　各国对商品贸易的国家垄断主要体现在以下三方面：第一类是烟和酒，这些国家的政府机构从烟和酒的进出口垄断中，可以获得巨大的财政收入。第二类是农产品，这些国家把农产品的对外垄断销售作为国内农业政策的一部分。美国的农产品信贷公司就是发达国家最大的农产品贸易企业。第三类是武器，西方国家的武器贸易多数由国家垄断。

进口和出口国家垄断实际上是由国家建立的集外贸经营与管理于一体、政企不分、统负盈亏的外贸管理体制，以指令性计划直接管理少数的专业性贸易公司进行进出口贸易。这种外贸管理体制虽然可以有效地控制和调节对外贸易，但是也存在由于垄断带来的低效率、不利于资源优化配置等问题。

八、歧视性政府采购政策

政府采购是指政府为政府机关自用或为公共目的而选择购买货物或服务的活动，其所购买的货物或服务不用于商业转售，也不用于商业销售的生产。

歧视性政府采购政策（Discriminatory Government Procurement Policy）又称为"购买国货政策"（Buy-national Policies），是指国家制定法令，规定政府机构在采购时要优先采买本国产品的做法。这种政策是一国为了本国的经济和政治利益而采取偏向自己国内供应商的政府采购政策和措施，实际上是歧视外国产品，起到了限制进口的作用。目前，一些国家歧视性政府采购政策限定的货物主要有：军火、办公设备、电子计算机和汽车等。

许多国家都有相应的歧视性政府采购政策规定。如美国从 1933 年开始实行，并于 1954 年和 1962 年两次修改的《购买美国货物法案》（Buy American Act）就是一例。该法案规定，凡是美国联邦政府采购的货物，都应该是美国制造的，或是用美国原料制造的。凡商品的成分有 50% 以上是国外生产的就称外国货。之后又做了修改，规定只有在美国自己生产数量不够或国内价格过高，或不买外国货有损美国利益的情况下，才可以购买外国货。为了达到限制进口的目的，美国国防部和财政部甚至往往采购比进口货贵 50% 的美国货。该法案直到关贸总协定的"东京回合"，美国签订了政府采购协议后才被废除。

九、征收各种国内税

国内税（Internal Taxes）是指一国政府对本国境内生产、销售、使用或消费的商品所征收的各种捐税，如周转税、零售税、消费税、营业税等。

征收各种国内税是指国家利用国内课税制度，对国内商品和进口商品实行不同的征收方法和不同的税率，以增加进口商品的纳税负担，削弱其与国内商品竞争的能力，从而达到限制进口的目的。例如，美国、日本和瑞士对进口酒精饮料的消费税都大于本国产品。

一些国家特别是西欧国家，广泛采用征收各种国内税制度来限制进口，这是因为其是一种比关税更加灵活和更易于伪装的贸易壁垒手段。国内税通常不受贸易条约或多边协定的限制，国内税的制定和执行完全属于一国政府，有时甚至是地方政府的权限。

十、最低限价

最低限价（Minimum Price）是指进口国对某一商品规定最低价格，凡进口价格低于规定的最低价格，则征收进口附加税或禁止进口，以达到限制低价商品进口的目的。当限制进口已不足以解救国内市场所受到的冲击时，便直接颁布法令禁止某些商品的进口。

最低限价往往是根据某一商品生产国在生产水平最高的情况下生产出的价格而制定的。例如，规定钢材每吨最低限价为 320 美元，若进口时每吨为 300 美元，则进口国要征收 20 美元的附加税，以抵销出口国可能的补贴或倾销。

欧洲共同体于 1978 年起对钢材规定了最低限价，这一价格是根据日本生产钢材的最高生产水平而制定的，凡低于该价格的，就要征收差额部分的附加税。1985 年智利对绸坯布进口规定每千克的最低限价为 52 美元，低于此限价，将征收进口附加税。

第三节　新兴非关税壁垒

传统的非关税壁垒具有明显的限制进口的目的和表现，所以其往往为国际经济组织所不容，如关贸总协定和世界贸易组织都坚持一般地取消数量限制的原则。因此，在国际贸易飞速发展的今天，当各种关税和传统的非关税壁垒不断被削弱的情况下，世界各国纷纷采取一些新兴的非关税壁垒，来达到限制商品进口的目的。

新兴的非关税壁垒往往以保护环境、消费者、劳动者和劳动环境为理由，具有外在的合理性及内在的隐蔽性。近年来，各种新型非关税壁垒不断涌现，比传统贸易壁垒措施更加有效，是影响自由贸易实现的重要因素，是贸易保护主义在经济中的现实反映。

新兴非关税壁垒的特点是种类繁多，而且与传统的关税壁垒相比具有双重性、隐蔽性、复杂性、争议性、灵活性等新特点。新兴非关税壁垒的表现形式主要有技术性贸易壁垒、绿色贸易壁垒、社会壁垒和动物福利壁垒等，下面将分别进行介绍。

一、技术性贸易壁垒

（一）技术性贸易壁垒的含义及其发展

技术贸易壁垒措施（Technical Barriers to Trade，TBT）又称"技术性贸易措施"或"技术壁垒"，是进口国以维护国家安全、保障人类健康和安全、保护动植物健康和安全、保护生态环境、防止欺诈行为及保证产品质量等为由而采取的一些强制性和非强制性的技术性措施。主要通过颁布法律、法令、条例、规定，建立技术标准、认证制度、卫生检验检疫制度等方式，对外国进口商品制定苛刻的技术、卫生检疫、商品包装和标签等标准，从而提高对进口商品的技术要求，增加进口难度，最终达到限制进口的目的。

技术贸易壁垒实际上是目前各国尤其是一些发达工业国家，利用其科技上的优势，通过一系列标准如商品法规、技术标准的制定与实施等，人为设置贸易壁垒，推行贸易保护主义的最有效手段。该种措施运用于国际贸易当中，呈现出灵活多变、名目繁多的规定。由于这类壁垒大量地以技术面目出现，因此常常会披上合法的外衣，成为当前国际贸易中最为隐蔽、最难对付的非关税壁垒。

（二）技术性贸易壁垒的内容

构成技术壁垒的实质性内容包括以下几个方面：

（1）安全壁垒。安全壁垒是指那些以保护人类和国家安全为理由而采取的限制或禁止贸易的措施。主要发达国家都颁布了一系列有关安全的法规，如美国的《冷冻设备安全法》《联邦烈性毒物法》和《控制放射性物质的健康与安全法》；德国的《防爆器材法》；日本的《劳动安全与健康法》《氧气瓶生产检验法》等。

（2）卫生壁垒。卫生壁垒是指以人类健康为理由对进口动植物及相关产品实施苛刻的卫生检验检疫标准，以限制或禁止商品进口的贸易措施。虽然乌拉圭回合通过的《实施卫生与植物卫生措施协议》规定，成员方有权采取措施，保护人类与动植物的健康，但由于各成员方有很大的自由度，为了某种目的，往往任意提高标准或增加程序，从而造成贸易障碍。从发展趋势看，发达国家对食品安全卫生指标将持续提高，尤其对农药残留、放射性物质残留及重金属含量的要求日趋严格，从而使很多出口产品达不到其卫生标准而不能进入国际市场。

（3）包装标识壁垒。包装标识壁垒指的是通过对包装标识进行强制性规定来达到限制或者禁止进口的目的，是技术壁垒的重要组成部分。很多发达国家在包装标识制度上都有明确的法规和规定。许多出口商为了符合进口国的这些规定，不得不重新包装或改换商品标签，从而增加商品成本，削弱商品的竞争能力。例如，美国对除新鲜肉类、家禽、鱼类和果菜以外的全部进口食品强制使用新标签，食品中使用的食品添加剂必须在配料标识中如实标明经政府批准使用的专用名称。美国食品与药品管理局（FDA）要求销售的强化食品应按规定加附营养标签。

（4）信息技术壁垒。信息技术壁垒指进口国利用信息技术上的优势，对国际贸易信息传递手段提出要求，从而造成贸易上的障碍。电子数据交换（EDI）和近几年方兴未艾的电子商务对发展中国家将是一个新贸易壁垒。在电子数据交换（Electronic Data Interchange，EDI）和 B2B 企业电子商务领域，无论是在技术上还是在商务应用上，发达国家均处于主导地位，而发展中国家由于信息技术发展相对落后，计算机软硬件设备、通信设施以及法规建设都不健全，很难达到 EDI 的硬性要求，尚未能执行完全的电子签证系统。

除此之外，还包括质量认证、检验程序和检验手续、计量单位制、条码等方面的壁垒，都能起到阻碍进口的目的。

（三）技术性贸易壁垒的主要措施

综观世界各国特别是发达国家的技术性贸易壁垒，其限制产品进口方面的技术措施主要有以下几种：

（1）严格繁杂的技术法规和技术标准。利用技术标准作为贸易壁垒，具有非对等性和隐蔽性。在国际贸易中，发达国家常常是国际标准的制定者。他们凭借在世界贸易中的主导地位和技术优势，率先制定游戏规则，强制推行根据其技术水平制定出的技术标准，使广大经济落后国家的出口厂商望尘莫及。而且这些技术标准、技术法规常常变化，有的地方政府还有自己的特殊规定，使发展中国家的厂商要么无从知晓、无所适从，要么为了迎合其标准付出较高的成本，削弱产品的竞争力。

（2）复杂的合格评定程序。在贸易自由化渐成潮流的形势下，质量认证和合格评定对于出口竞争能力的提高和进口市场的保护作用更加突出。目前，世界上广泛采用的质量认定标准是 ISO 9000 系列标准。此外，美、日、欧盟等还有各自的技术标准体系。

（3）严格的包装、标签规则。为防止包装及其废弃物可能对生态环境、人类及动植物的安全构成威胁，许多国家颁布了一系列包装和标签方面的法律和法规，以保护消费者权益和生态环境。从保护环境和节约能源来看，包装制度确实有积极作用，但其增加了出口商的成本，且技术要求各国不一、变化无常，往往迫使外国出口商不断变换包装，失去不少贸易机会。如日本的《食品卫生法》对食品加工、制造、使用、调理、保存标准以及添加剂、包装容器、标签标准等做了详尽规定。欧盟理事会 92–5EEC 指令对容器、包装等做出了严格的规定，并一直通过产品包装、标签的立法来设置外国产品的进口障碍。

（四）技术性贸易壁垒的影响

在当今的国际贸易中，技术性贸易壁垒不但不可避免，反而会长期存在，其对国际贸易的影响将会越来越大。

技术性贸易壁垒可以促使各国不断提高本国产品的质量和卫生及安全性能。不断提高的检疫标准和包装设计标准，促使各国不断提高本国产品的质量和卫生及安全性能，这对人类的生命安全和身体健康是有积极作用的。尤其是现在世界各国动植物流行病（如口蹄疫、疯牛病、小麦的矮星黑穗病、玉米细菌性枯萎病等）时有暴发，再加上转基因产品（GMO）的安全性仍无法科学测定，所以在国际贸易中，各国制定相关的检疫标准并严格执行是有利的。

技术性贸易壁垒同时对国际贸易还会产生消极影响：第一，技术性贸易壁垒阻碍着国际贸易的自由发展。越来越多的技术性贸易壁垒不利于世界资源的自由流通和优化配置，并且与经济全球化、贸易自由化的社会发展潮流背道而驰。第二，技术性贸易壁垒对发展中国家的影响远大于发达国家。在现行的国际标准体系中，标准的制定者基本上大都是发达国家，发展中国家大多是标准的被动接受者。发达国家从它们自身利益和技术水平出发制定的标准是许多发展中国家难以达到的。因此，发达国家经常利用技术标准设置贸易壁垒甚至发动技术贸易战，以保护它们的国际贸易利益，从而继续控制发展中国家和占据国际贸易的主导地位。

二、绿色贸易壁垒

(一) 绿色贸易壁垒的含义及其发展

绿色贸易壁垒 (Green Barriers to Trade, GBT) 又被称为环境贸易壁垒或环境壁垒,可简称为绿色壁垒,是指在国际贸易活动中,进口国以保护自然资源、生态环境和人类健康为由,对来自国外的产品实施苛刻的环保标准,以限制甚至禁止进口的手段和措施。这些手段和措施如果合理和科学,符合国际标准和指南,则可改善人类健康、动物健康和植物卫生状况,促进国际贸易的正常发展;否则,可能成为任意或不合理歧视的手段,影响国际贸易的正常发展。

西方发达国家打着"保护自然资源、保护环境和人类健康"的旗帜,制定了一系列复杂苛刻的环保制度和标准,阻碍了别国或地区的产品及其服务的出口。如北欧四国的"白天鹅制度",欧盟的"EU 制度",日本的"生态标志制度"等。

传统的非关税壁垒越来越受到国际社会的谴责,同时,世界环境的恶化引起人类价值观念的变化,贸易与环境问题成为国际政治、经济领域的焦点问题之一,各国环境标准的差异、各种绿色组织的存在及其政治影响以及现行国际贸易规则和协定不完善、缺乏约束力等原因,使得绿色壁垒作为一种贸易保护主义新形式在 20 世纪 80 年代后期应运而生,90 年代开始兴起于各国,并有愈演愈烈之势。

(二) 绿色贸易壁垒的主要形式制度

世界各国特别是发达国家将环境与贸易问题挂钩以后,制定并实施了大量的绿色贸易壁垒措施,其表现形式是多种多样的,大致可归纳为以下几种类型:

(1) 绿色关税制度。这种形式是绿色壁垒的初期表现形式,是对一些污染环境、影响生态的进口产品征收进口附加税,或者限制、禁止进口,甚至实行贸易制裁。在标准的实行上常常内外有别,明显带有歧视性的规定,可以说是以绿色之名行贸易保护之实。

(2) 绿色环境标志制度。是由政府部门或公共、私人团体依据一定的环境标准颁发的图形标签,印制或粘贴在合格的商品及包装上,用以表明在生产、使用、消费及处理过程中符合环保要求,对生态环境和人类健康均无损害,有利于资源的再生产和利用。取得了环境标志意味着取得了进入实施环境标志制度国家市场的"通行证"。但由于认证程序复杂、手续烦琐、标准严格,增加了外国厂商的生产成本和交易成本,成为其他国家产品进入一国市场的环境壁垒。通常列入环境标志的产品类型有:节水节能型、可再生利用型、清洁工艺型、低污染型、可生物降解型、低能耗型等。

(3) 绿色技术标准制度。产品的标准是指针对有形产品在使用时能成功满足用户需要程度标准下做出的强制性规范。发达国家往往拥有较高的技术水平,而以环境保护为目的的环保技术标准都是根据本国的生产和技术水平制定的,但靠发展中国家的技术力量很难达到这些严格的环保标准,这就导致发展中国家的产品被排斥在发达国家市场之外。

（4）绿色包装和标签制度。绿色包装指能节约能源、减少废弃物、用后易于回收再用或再生利用。易于自然分解、不污染环境的包装，如可再生回收再循环包装、多功能包装、以纸代塑包装等。发达国家制定各种法规，以规范包装材料市场。

（5）绿色卫生检疫制度。绿色卫生检疫制度是指国家有关部门为了确保人类及动植物免受污染物、毒素、微生物、添加剂等的影响，对产品进行全面的严格检查，防止超标产品进入国内市场。发达国家往往把海关的卫生检疫制度作为控制从发展中国家进口的重要工具。他们对食品、药品的卫生指标十分敏感，如食品的安全卫生指标、农药残留、放射性残留、重金属含量、细菌含量等指标的要求极为苛刻。

（6）绿色补贴制度。为了保护环境和资源，各国政府采取干预政策，将环境和资源成本内在化。发达国家将严重污染的产业转移到发展中国家以降低环境成本，造成发展中国家环境成本上升。发展中国家的企业大多无力承担环境治理的费用，政府有时不得不给予一定的环境补贴。按世界贸易组织修改后的《补贴与反补贴措施协定》的规定，这类补贴属于不可申诉补贴范围，因而为越来越多的国家所采用。美国就以环境保护补贴为由，对来自巴西的人造橡胶鞋和来自加拿大的速冻猪肉提出反补贴起诉。

（三）绿色贸易壁垒的影响

绿色贸易壁垒措施是一把"双刃剑"。一方面，一国的环境安全已经与军事安全、政治安全及经济安全等构成完整的安全概念。建立有效的绿色贸易壁垒体系可以帮助一国维护国家基本安全，体现消费者保护环境、维护健康等合理要求。另一方面，又可成为推行新贸易保护主义、阻止外国商品进口的"挡箭牌"。

1. 积极影响

（1）有利于对外贸易的可持续发展。当今社会和经济的发展是以可持续发展为基本战略的，绿色贸易壁垒措施可以督促出口企业在产品的研发、生产、储运和经营等过程中自觉地考虑环境利益，提高产品的环境质量，节约能源，降低对环境的危害，并且在国际贸易中采取强有力的环境管理措施，如推行 ISO 14000、开展环境标志认证等，以提高产品在国际市场上的竞争力。

（2）有利于调整和优化贸易结构与产业结构。在绿色贸易制度安排下，一些少污染以至无污染的高新技术产业、劳动密集型产业和绿色环保产业的比较成本优势将得到强化。发展绿色环保产业将是各国经济结构调整的重点，各国应抓住绿色环保时代的经济发展机遇，适时调整贸易与产业结构，大力发展绿色环保产业。

（3）有利于技术创新与产业升级。在进口市场绿色需求的拉动下，出口及其相关产业就必须根据进口国颁布的新标准，积极进行技术创新，通过开发、引进适应国际市场环保新标准的主导设计范式，加快产品的更新换代，并通过由点带面的技术扩散效应，带动产业的跳跃式升级。

（4）为环保产业的出口带来巨大潜力。据有关研究显示，世界环保产业市场在不断地快速增长，发达国家环保市场的年增长率为6%，以东亚、拉美为代表的发展中国家环保市场则超过 10%。

2. 消极影响

绿色贸易壁垒对国际贸易产生的消极影响主要表现为：

（1）阻碍国际贸易的发展。绿色壁垒和其他贸易壁垒一样，会对国际贸易的发展起到阻碍作用。设置绿色壁垒之后，受限产品的国际贸易额减少。但是如果在设置绿色壁垒之前，该类产品的国际贸易额有一定的增长速度下降，而并不必然导致国际贸易额绝对量的减少。

（2）给发展中国家的出口产品进入国际市场设置了重重障碍。发达国家认为，为实现全球可持续发展，任何国家有权采取相应措施，控制、禁止污染环境或不符合环境标准的产品进入国际市场，从而减少或消除破坏环境产品的生产和销售。发达国家凭借其强大的经济实力和较高的科技水平，制定一般严于发展中国家的环境标准，而且其标准不仅针对最终产品，还要涉及产品的原材料、生产过程、包装、使用及废弃后对环境的影响诸多方面。实质上导致一国环境政策的制定、执行出现"越境管辖"的情形。

三、社会壁垒

（一）社会壁垒的含义及其发展

社会壁垒（Social Barriers）又称"劳动壁垒""社会责任标准贸易壁垒""劳工标准壁垒"或"蓝色贸易堡垒"，是指以劳动者权益如劳动者劳动环境和生存权利为借口而采取的贸易保护措施。

社会壁垒是一种新兴的国际贸易壁垒，由社会条款而来，社会条款并不是一个单独的法律文件，而是对国际公约中有关社会保障、劳动者待遇、劳工权利、劳动技术标准等方面规定的总称，其与公民权利和政治权利相辅相成。社会条款的提出是为了保护劳动者的权益，本来不是什么贸易壁垒，但被贸易保护主义者利用为削弱或限制发展中国家企业产品低成本而成为变相的贸易壁垒。社会壁垒可能成为阻碍发展中国家劳动密集型产品的主要障碍。社会壁垒不但可能发展成为一种新的贸易壁垒，还可以与环境壁垒联合起来形成一种更新型、更复杂、更难以对付的环境——社会贸易壁垒。

社会壁垒的产生是社会、经济、科技发展的产物，其产生和发展的主要原因有新贸易保护主义的抬头、发展中国家过度利用劳动力成本优势、发达国家跨国公司追求高额利润以及发达国家在各种国际公约和国际法律文件强行推广其劳工标准规则等。早在 19 世纪上半叶，发达国家在"以道德为由调节国际贸易"的基调下对此问题作了规定。社会壁垒的产生是发展中国家和发达国家在国际市场上竞争关系失衡后的一种调整。在这一背景下，欧美等发达国家把社会责任标准同其对发展中国家事实的普遍优惠制度挂钩。同时在一些国家，一种以社会责任标准为主要内容的、新的贸易壁垒即以 SA 8000 标准为核心的蓝色贸易壁垒逐渐建立起来。

（二）社会壁垒的主要特征

社会壁垒成为限制发展中国家劳动力密集型产品出口的有力工具，其在运用中具有下面的一些特征：

（1）名义上具有合法性。SA 8000 标准名义上是以改善工人工作条件和环境为目的，主要依据《国际劳工组织公约》《联合国儿童福利公约》和《世界人权宣言》的一些要求，具有合理的成分，发达国家的贸易保护主义者正是利用这一特点，为发达国家建立贸易壁垒创造了条件。

（2）形式上具有隐蔽性。社会壁垒在应用中，发达国家往往凭借一系列国际公约对进口商施加压力，对违背 SA 8000 标准的企业及其产品采取征收附加税、限制或禁止进口等强制性贸易措施；在执行中，往往利用民间力量、公众舆论，以反"社会倾销"为借口，强制推行，因此具有形式上的隐蔽性。

（3）实质上具有歧视性。发达国家一直主张各国应该采用相同标准的社会条款，来保障各国工人的权利，实现国际贸易的"公平竞争"，表面上看起来一视同仁，但由于发达国家与发展中国家产业结构明显不同，两者的社会经济发展水平也相差悬殊，实际上受社会条款影响的主要集中在发展中国家的劳动密集型产业上，这是发展中国家运用其劳动力成本的比较优势加入国际经济循环的主要领域，因此将对发展中国家的经济发展、就业、国际收支都会产生一定的负面影响。

（4）影响上具有长期性。发达国家往往凭借反"社会倾销"来实施社会壁垒，因此，对于受制裁的企业或国家，不仅产品出口受影响，同时还会被塑造成忽视劳工权益、缺乏社会责任的形象，令其品牌和国际声望都会受到误导，其后长期地在消费者心目中造成消极的影响。

四、动物福利壁垒

所谓动物福利，是指人类应该合理、人道地利用动物，要尽量保证那些为人类做出贡献的动物享有最基本的权利，如在饲养时给它一定的生存空间，在宰杀时要尽量减轻动物的痛苦等。

动物福利标准主要由五项内容构成，即有清洁饮用水和必需食物；有适当房舍；能预防或治疗疾病；良好的处置（包括宰杀过程）；足够空间和适当设施。越来越多的国家尤其是发达国家已经开始将动物福利与国际贸易紧密挂钩，从而形成贸易壁垒。

当前，欧美等发达国家在进口活体动物时，利用已有的动物福利优势，将动物福利作为进口标准的一项重要内容，以此判断是否准予进口。他们可能会利用动物福利的国家差距，作为新的贸易壁垒。如 2002 年乌克兰曾经有一批生猪经过 60 多个小时的长途跋涉运抵法国却被法国有关部门拒收，理由是运输过程没有考虑到猪的福利，中途未按规定时间休息。

本章小结

　　非关税壁垒是指发达国家除关税以外的各种限制商品进口的措施。非关税壁垒可以分为传统的非关税壁垒和新兴的非关税壁垒。与关税壁垒相比较，非关税壁垒明显的特点是具有更大的灵活性和针对性、保护作用更为强烈和直接、更具有隐蔽性和歧视性、有些非关税措施具有合理性和发展中国家难以应对。非关税壁垒对国际贸易发展、商品结构和地理方向、进口国和出口国都会产生影响。

　　传统的非关税壁垒主要是通过直接的数量限制或采取国内措施以达到限制进口的目的，具有明显的限制进口的目的和表现。它的主要措施有：进口限额制、进口许可证制、"自动"出口限额制、外汇管制、歧视性政府采购政策、进口和出口国家垄断、最低限价、各种国内税、进口押金制度、海关估价等。

　　新兴的非关税壁垒往往以保护环境、消费者、劳动者和劳动环境为理由，具有外在的合理性及内在的隐蔽性。近年来，各种新型非关税壁垒不断涌现，比传统贸易壁垒措施更加有效，是影响自由贸易实现的重要因素，是贸易保护主义在经济中的现实反映。新兴的非关税壁垒的主要措施有技术性贸易壁垒、绿色贸易壁垒和社会壁垒等。

复习思考题

【核心概念】

1. 非关税壁垒
2. 进口限额制
3. 进口许可证制
4. 自动出口限额制
5. 外汇管制
6. 歧视性政府采购政策
7. 进口和出口国家垄断
8. 最低限价
9. 进口押金制度
10. 技术性贸易壁垒
11. 绿色贸易壁垒
12. 社会壁垒

【问答题】

1. 什么是非关税壁垒？与关税壁垒相比，有哪些比较明显的特点？
2. 传统非关税壁垒的主要表现形式有哪些？
3. 什么是进口配额制，它有哪几种类型？

4. 什么是自动出口配额制，它与进口配额制有哪些区别与联系？

5. 根据进口许可证和进口配额的关系及进口许可程度，进口许可证可以分成哪些种类？

6. 什么是进口和出口国家垄断？各国对商品贸易的国家垄断主要体现在哪些方面？

7. 什么是歧视性政府采购政策？《政府采购协议》的基本原则是什么？

8. 什么是新兴非关税壁垒？它的主要表现形式有哪些？

9. 什么是技术贸易壁垒措施？简述技术性贸易壁垒的内容。

10. 什么是绿色贸易壁垒？简述绿色贸易壁垒产生和发展的原因。

11. 什么是社会壁垒？它的主要特征是什么？

第八章　出口促进与出口管制政策

[学习目的]

出口促进政策通过推动出口贸易的发展带动国内经济增长的良性循环，扩大进口能力，所以一直受到各国政府的重视，无论对于实施保护主义还是实施自由贸易的国家都是其贸易政策的重要组成部分。除此之外，在某些特殊条件下，还需要实施出口管制措施。

通过本章内容的学习，使学生掌握出口促进与出口管制的相关政策和主要措施，了解经济特区的基本类型。

[重点难点]

◆ 了解各种类型的出口促进政策
◆ 掌握出口信贷、出口信贷国家担保制、出口补贴、商品倾销、外汇倾销
◆ 理解经济特区的基本类型，掌握自由贸易区和出口加工区的区别与联系
◆ 了解出口管制的具体措施

[引导案例]

商务部：希望美国实质性放宽对华出口管制

2013 年 1 月 3 日，美国总统奥巴马签署了《2013 财年国防授权法案》，其中涉及对华卫星出口管制等问题。商务部新闻发言人沈丹阳就此发表讲话时表示，中方注意到，日前美国正式公布《2013 财年国防授权法案》，放宽了卫星及相关物项出口管制，但对中国仍保持严控，不仅禁止对华出口、再出口或转移，而且也不允许在中国发射。

商务部新闻发言人沈丹阳指出，美方曾表示出口管制体系改革将使中国受益，并曾承诺努力促进高技术产品对华民用出口，但实际上不仅始终将中国排除在出口管制改革受益方之外，而且还采取措施继续限制中美在民用卫星领域的合作，中方对此深感失望与不满。

沈丹阳表示，中方希望，美方能切实履行承诺，改变对华歧视性做法，在美出口管制改革过程中，重视并解决中方重点关注的问题，实质性放宽对华出口管制。

这将有利于扩大中美双边贸易、促进两国贸易平衡，符合双方共同利益。

资料来源：http://finance.sina.com.cn/china/20130105/210514193397.shtml。

众所周知，美国是贸易自由化的全球倡导者，贸易自由化使各国采取各种措施以促进出口，但在以上资料中，美国也存在出口管制问题，即使放宽了相关物项出口管制，但为何对中国依然保持严控？出口促进与出口管制各有什么手段？本章就以上问题做出回答。

第一节　出口促进政策

出口促进政策是一国为鼓励商品出口，通过经济、行政和组织等方面的措施而采取的积极和主动的措施，一般包括财政政策、信贷政策、倾销政策、资本政策、组织政策、设立经济特区等。

一、促进出口的财政政策

促进出口的财政政策主要是指各种类型的出口补贴（Export Subsidies）。出口补贴又称出口津贴，是指一国政府为了降低本国的出口商品价格，加强其在国外市场上的竞争力，在出口某种商品时给予出口厂商的现金补贴或财政上的优惠待遇。

出口补贴又包括直接补贴和间接补贴两种方式。

（一）直接补贴

直接补贴（Direct Subsidies）是指出口商品时，政府直接给予本国出口商品以现金补贴。出口补贴主要是为了降低本国出口商品的成本和价格，以提高其国际竞争力，增强本国出口商的积极性，从而扶持本国产业。但是，关贸总协定和世界贸易组织禁止对工业品出口进行直接补贴，因此这种形式主要存在于农产品贸易中。

例如，美国和欧盟农产品大量过剩，需要到国外寻找市场。为了扩大出口，往往压低农产品出口价格，以增强商品的竞争力，更多地占领国外市场。但这些国家和地区一般都对国内农产品市场采取保护措施，维持一个高于国际市场价格的国内市场价格，这样按较低价格出口农产品时，出口商就会出现亏损，而亏损的部分通常由国家直接给予出口商现金补贴来弥补。如1995年，美国和欧盟对出口小麦和玉米的补贴总额高达230亿美元。

（二）间接补贴

间接补贴（Indirect Subsidies）是指政府对某些出口商品给予财政上的优惠。主要形式有以下几种：

（1）出口退税。出口退税是指政府对出口商品的原料进口税和其在国内生产及流转过程中已缴的国内税税款全部或部分地退还给出口商。出口退税有利于出口商降低销售成本和价格，提高竞争能力。

出口退税具有其一定的合理性。首先，出口商品并没有在国内消费，因而不应和一般商品征收同样的国内税，甚至不应征收国内税。其次，出口商在进口国可能会被征收各类国内税，因此如果出口国也征收国内税可能造成重复征税。

（2）出口减税。出口减税是指政府对出口商品的生产和经营减免各种国内税和出口税。出口减税同样也是为帮助出口商降低产品成本，提高国际市场竞争力。主要包括：①减免各种国内直接税和间接税；②免征出口税；③对出口收入实行减税。如新加坡、巴西、印度和马来西亚等国都规定对出口收入大幅度减税，减税幅度有的高达90%。

出口减税和出口退税不同，前者发生在出口商品的生产经营过程，而后者是发生在出口过程中或出口后的一段时期。相对来说，出口减税使出口商品生产经营者每一环节的生产投入下降，便利资金周转，因而有利于出口商。

（3）出口奖励。出口奖励是指政府对出口商按其出口业绩给予各种形式的奖励，其目的在于鼓励出口商进一步扩大出口规模，增加创汇能力。出口奖励一般采取现金奖励，也有外汇分红和出口奖励证等其他形式。

（4）其他形式。间接的出口补贴目前发展得更为隐蔽和多样化。如政府对出口商品的国内运输减免收费或提供低价运输工具；通过允许加速折旧等措施来减税、免税。如澳大利亚规定企业开发国外市场，尤其是新市场时，其费用的70%由政府提供，加拿大政府则为企业开发市场的经费提供50%的补贴等。

二、促进出口的信贷政策

（一）出口信贷

出口信贷（Export Credit）是指出口国的银行为了鼓励本国商品的出口，加强本国出口商品的竞争力，对本国的出口厂商、外国的进口厂商或进口方银行提供的贷款。

由于成套设备、船舶、飞机等商品价格昂贵，出口上述商品时进口方难以马上支付，而若得不到货款，出口商又无法正常进行资金周转，这就需要有关银行对进口方或出口方提供资金融通，促成生意。出口信贷就是在上述商品出口时所使用的一种信贷方式，这样可以扩大本国商品的出口。出口信贷分为卖方信贷和买方信贷两类。

1. 卖方信贷

卖方信贷（Supplier's Credit）是指由出口方的官方金融机构或商业银行向本国出口商（即卖方）提供的贷款，这种贷款合同由出口厂商和银行签订。

在国际贸易中，出口厂商与进口厂商的谈判如果涉及金额较大的商品贸易时，进口厂商一般要求采用延期付款或长期的分期付款的办法来支付货款，并且往往把其作为成交的一个条件。但这类付款方式等于在一定时间里占用了出口厂商的资金，从而影响到出口厂商的资金周转乃至正常经营。在这种情况下，就需要出口国银行对出口商提供信贷资金，卖方信贷便产生了。

卖方信贷的一般做法是：在签订买卖合同后，进口商须先支付货款的 5%~15% 作为履约的一种保证金。在分批交货、验收和保证期满时再分期支付 10%~15% 的货款，其余货款在全部交货后若干年内分期摊还（一般是每半年还款一次），并附交延期间的利息。买方分期偿付货款时，出口商把所借款项和利息偿还给出口方银行。因此，卖方信贷实际上是银行直接资助出口厂商向进口厂商提供延期付款，促进商品出口的一种信贷形式。

2. 买方信贷

买方信贷（Buyer's Credit）是出口方银行直接向进口厂商（买方）或进口方银行提供的贷款，用以支持进口商进口贷款国商品。买方信贷是约束性贷款，贷款合同以贷款必须用以进口贷款国的商品为条件，并常常以签订的商品贸易合同为准。

买方信贷在具体运用时有两种形式：第一种是出口方银行直接把贷款提供给外国的进口厂商。第二种是出口方银行直接将贷款提供给进口方银行，这是更为普遍的一种买方信贷方式，由于买方信贷有很多优点，目前较为常用。

（二）出口信贷国家担保制

1. 出口信贷国家担保制的含义

出口信贷国家担保制（Export Credit Guarantee System）是指国家为了鼓励商品出口，对于本国出口厂商或商业银行向外国进口厂商或银行提供的贷款，由国家设立的专门机构出面担保，当外国债务人拒绝付款时，这个国家机构即按照承保的数额予以补偿的一种制度。

2. 出口信贷保险由国家承担的原因

出口信贷保险由国家承担主要是因为：第一，出口信贷涉及的金额一般都比较大，往往是私人保险公司无力承担的，为了促进出口，发达国家纷纷拨出资金，设立专门机构为出口信贷提供保险，如美国的"出口信贷保险协会"和"美国商品信贷公司"，英国的"出口信贷担保局"，法国的"法兰西对外贸易保险公司"，日本通产省的"出口担保局"等。第二，为了最大限度地减少出口信贷保险的风险，保险人必须全面准确地了解和把握进口商的资信程度和经营情况以及进口国国内政治经济状况和变化。这项工作也是一般的保险公司难以做到的，所以政府把信贷保险业务交给专门的出口信贷保险机构经营，通常由国家承担经济责任。也有很少数国家是委托本国私人保险公司代理出口信贷保险业务，但其经济责任也由国家承担。

3. 出口信贷国家担保的项目与金额

出口信贷国家担保的承保范围主要有下面两类：第一是政治风险，包括由于进口国国内发生的政变、战争、革命、暴乱以及出于政治原因而实行的禁运、冻结资金、限制对外支付等给出口商或出口国银行带来的损失。这种风险的承保金额一般是合同金额的 85%~90%，有的国家，如美国甚至高达 100%。第二是经济风险，包括由于进口商或进口国银行破产倒闭，或无理拒付，或由于汇率变动异常及通货膨胀等给出口商或出口国银行造成的损失。经济风险赔偿率一般为合同金额的 70%~85%。除上述两种之外，出口信贷保险可能还会包括一些专项保险险种。

4. 出口信贷国家担保制的期限

出口信贷国家担保的期限分为短、中、长期。短期一般是 6 个月左右，中长期担保时限从 2 年到 15 年不等。短期承保适宜出口厂商所有的短期信贷交易，为了简化手续，有些国家对短期信贷采用"综合担保"方式，出口厂商一年只需办理一次投保，即可承保这一年中对海外的一切短期信贷交易。中长期信贷担保适用于大型成套设备、船舶等资本性货物出口及工程技术承包服务输出等方面的中长期出口信贷。这种担保由于金额大，时间长，一般采用逐笔审批的特殊担保。

三、促进出口的倾销政策

促进出口的倾销政策主要包括以下两方面的内容：

（一）商品倾销

商品倾销（Dumping）是指出口商以低于国内市场价格，甚至低于商品生产成本的价格，集中或持续地大量向国外市场抛售商品的行为。

商品倾销的目的从根本上说是为了打击竞争对手，占领国外市场。具体说来，有的是为了维护原有市场的竞争地位，有的是为了开辟新的市场，有的是为了解决国内产品"过剩"的危机，有的甚至为了控制他国的政治和经济。商品倾销通常由私人垄断企业进行，但随着国家垄断资本主义的发展，一些国家设立了专门机构直接对外进行商品倾销。如美国设立的农产品信贷公司，以高价收购国内农产品，然后在国外以比国内价格低一半的价格销售。

从表面上看，商品倾销会使出口商利润减少甚至亏损，但从长远来看却带来了出口国更重要的长期、整体的政治经济利益。况且，这些短时间的利润损失还可以通过以下几种办法得到补偿：一是通过贸易壁垒维持国内市场上的垄断高价，以弥补对外倾销的损失；二是通过国家有关机构提供各种出口补贴来补偿倾销亏损；三是"现在损失将来补"，即在国外倾销商品，打垮外国竞争者，垄断国外市场后再抬高价格，以弥补过去倾销的损失。

商品倾销的详细内容见第九章的第一节。

（二）外汇倾销

1. 外汇倾销的含义

外汇倾销（Exchange Dumping）是指出口企业利用本国货币对外贬值的机会争夺国外市场的一种特殊手段。外汇倾销一直是许多国家出口鼓励政策中的重要组成部分。20 世纪 70 年代布雷顿森林体系崩溃后，浮动汇率制为各国最大限度地使用外汇倾销手段提供了条件。

2. 外汇倾销的条件

当然，外汇倾销的上述效应具有滞后性、暂时性、有限性等缺点，要想奏效必须满足下列条件：

（1）货币对外贬值的程度大于国内物价上涨的程度。一般说来，货币对内贬值与对外贬值的趋势基本是一致的，而只有在对外贬值的程度高于国内物价上涨程度时，才有可能"奖出限入"。但对外贬值必然引起国内物价上涨，当国内物价上涨程度赶上或超过货币对外贬值的程度时，外汇倾销就起不到作用了。不过，国内物价的相应上涨总是滞后于货币对外贬值一段时期，因此出口企业可在这段时期内从中获得外汇倾销的好处。

（2）出口商品的价格需求弹性比较大。一国货币对外贬值后，其对出口作用的大小还要受到出口商品价格需求弹性大小的制约。如果出口商品价格需求弹性大，出口数量增加的幅度超过价格下跌的幅度，则货币贬值对商品出口的促进作用相应也较大；如果出口商品价格需求弹性较小，则对出口的促进作用也不明显。总之，外汇倾销的作用与出口商品的价格需求弹性呈现出正相关关系。

（3）国家不同时进行同等程度的货币贬值措施。如果一国货币对外贬值，但对方国家的货币也进行同等程度的贬值，则两国货币贬值的效果就相互抵消，汇率仍处于贬值前的水平，而得不到货币对外贬值的利益。例如，20世纪60年代的"亚洲四小龙"相互间竞争激烈，中国台湾的新台币贬值30%，以期使产品更多地打入韩国市场，但韩元也贬值30%，以此抵消新台币贬值的竞争效果。

四、促进出口的组织政策

（一）设立专门的促进出口的组织机构

一些国家和地区为了促进出口，成立专门的组织机构，从而研究与制定出口战略。如日本政府于1954年专门设立了高级的综合协调机构——"最高出口会议"，负责制定出口政策，以及为实现出口目标而在各省之间进行综合协调。美国在1960年成立"扩大出口全国委员会"，向美国总统和商务部长提供有关改进鼓励出口的各项措施的建议和资料；1979年5月美国又成立了直接由总统领导的出口委员会。韩国从1965年起建立"出口扩大振兴会议"制度，每月召开一次会议，专门研究扩大出口的问题。

（二）设立专门的市场调研机构

为了发展出口贸易，国际市场动向相关信息尤为重要。所以，许多国家都设立了官方或官方与民间混合的商业情报机构，在海外设立商业情报网，专门负责向国内出口企业提供国际市场的商务信息。这类活动一般由国家出资进行，收费很少甚至免费，而且信息较准确，传递速度较快。如日本的贸易振兴会（其前身是1951年设立的"海外市场调查会"）就是日本政府出资设立的一个从事海外市场调查，并向企业提供信息服务的机构。

（三）设立贸易中心，组织贸易展览会和贸易代表团

设立贸易中心、组织贸易展览会是对外宣传本国产品、扩大出口的一个重要途径。贸易中心是永久性设施，可以提供陈列展览场所、办公地点和咨询服务等。贸易展览会是流动性展出，有的是集中在国内展出，吸引外商参加，有的则派代表团到国外宣

传展览本国产品，有的西方国家一年能组织 20 多次国外展出。政府通常对这类展出提供多方面援助，如德国企业出国展览，政府一般负担展品运费、场地费和水电费等。英国海外贸易委员会设有接待处，专门接待官方代表团和协助公司、社会团体来访，从事贸易活动。

（四）对出口厂商施以精神鼓励

"二战"结束后，各国对出口商给予精神奖励的办法日益盛行，经常组织出口商的评奖活动，由国家授予奖章和奖状，并通过授奖活动宣传他们扩大出口的经验。如日本政府把每年的 6 月 28 日定为"贸易纪念日"，每年的这一天，由通产大臣向出口成绩卓著的厂商颁发奖状。另外还采取了由首相亲自写感谢信的办法表彰出口成绩卓越的厂商。

五、特殊经济区

（一）特殊经济区的含义

特殊经济区（Special Economic Zone）是一个国家或地区在其关境外划出一定范围，建筑或扩建码头、仓库、厂房、道路、通信、供电、供水等基本设施和实行免除关税等优惠待遇，吸引本国和外国企业从事贸易与出口加工工业等业务活动的特定地区。

在特殊经济区内，采取较国内其他地区更加开放和灵活的特殊经济管理体制和特殊政策，如对国外投资者在企业设备、原材料、元器件的进口和产品出口，公司所得税税率和减免，外汇结算和利润的汇出，土地使用，外商及其家属随员的居留和出入境手续等方面提供优惠条件。

因此，各国和地区设立特殊经济区的目的就是通过向本国和外国企业提供便利的条件和优惠的税收待遇，鼓励转口贸易和出口加工贸易，从而促进本国和本地区经济及对外贸易的发展，增加财政收入和外汇收入。

（二）特殊经济区的主要表现形式

特殊经济区的主要形式有自由港、自由贸易区、保税区、出口加工区、自由边境区、过境区、科技工业园区和综合性经济特区等，下面进行一一介绍。

1. 自由港和自由贸易区

（1）自由港。自由港（Free Port）也称自由口岸、自由贸易区、对外贸易区，是世界性经济特区的最早形式，是指全部或绝大多数外国商品可以免税进出的港口。自由港在经济和贸易方面的基本特征是"自由"，具体表现为贸易自由、金融自由、投资自由、运输自由。

自由港绝大部分位于沿海港口，凭借其优越的地理位置、先进的运输、装卸设备，以及豁免货物进出口关税和海关监督的优惠，通过吸引外国货船、扩大转口贸易，发挥商品集散中心作用，以达到赚取外汇收入的目的而发展起来。外国商品进出港口时除免交关税外，还可在港内开展货物储存、分级挑选、改装等业务，但须遵守所在国的有关政策和法令。目前，世界级大港有法国的马赛港、荷兰的鹿特丹港、比利时的安特卫普港、孟加拉国的吉大港、日本的神户港、美国的纽约港、中国的上海港和香港以及新加坡港等。

（2）自由贸易区。自由贸易区（Free Trade Zone）也称对外贸易区、自由区、工商业自由贸易区等，是指两个或两个以上的国家通过达成某种协定或条约取消相互之间的关税和与关税具有同等效力的其他措施的国际经济一体化组织。除了具有自由港的大部分特点外，还可以吸引外资设厂，发展出口加工企业，允许和鼓励外资设立大的商业企业、金融机构等促进区内经济综合、全面地发展。

自由贸易区按类型分为：商业自由区和工业自由区。前者不允许货物的拆包零售和加工制造；后者允许免税进口原料、元件和辅料，并指定加工作业区加工制造。贸易性是自由贸易区的鲜明特点。为充分利用其位于或邻近国际贸易地区通道的优势，发展转口贸易，规定只要是主权国家允许进出口的商品，均可进入区内，并可免交关税，也不必办理海关手续；商品进区后，可储存、拆散、分级、分类、重新包装、重新标签、与外国或国内商品混合和再出口等。

2. 保税区

保税区（Bonded Area）也称保税仓库区（Bonded Warehouse），是指一国海关设置的或经海关批准注册、受海关监督和管理的，在其海港、机场或其他地点设立的允许外国货物不办理进出口手续即可连续长期储存商品的地区和仓库。

外国商品可以免税进出保税区，如果运进所在国的国内市场，则需办理报关手续，缴纳进口税。保税区可以起到与自由港或自由贸易区相似的作用。运入保税区内的外国商品可以进行储存、改装、分类、混合、展览、加工和制造等。而且，有的保税区还允许在区内经营金融、保险、房地产、展销和旅游业务等。

保税区制度是一些资本主义国家（如日本、荷兰）在没有设立自由港或自由贸易区的情况下设立的，其实际上起到了类似自由港和自由贸易区的作用，只是其地理范围一般相对较小。不同的国家设在保税区的仓库情况各异，有的是公营，有的是私营；有的货物储存的期限为1个月到半年，有的可长达3年；有的允许进行加工制造，有的则不允许。

3. 出口加工区

出口加工区（Export Processing Zone）是指一个国家或地区为利用外资、发展出口导向工业、扩大对外贸易而划定或开辟的以制造、加工或装配出口商品为主的特殊工业区。

出口加工区由自由贸易区发展而来，采用自由港和自由贸易区的一些做法，但其又与两者有所不同。一般而言，自由港和自由贸易区以发展转口贸易、取得商业方面的收益为主，是面向商业的；出口加工区以发展出口加工工业、取得工业方面的收益为主，是面向工业的。出口加工区既提供了自由贸易区的某些优惠待遇，又提供了发展工业生产所必需的基础设施，是自由贸易区与工业区的一种结合体，即兼有工业生产与出口贸易两种功能的工业—贸易型经济特区。

4. 自由边境区和过境区

（1）自由边境区。自由边境区（Free Perimeters）早期也称自由贸易区，是指在与邻国接壤的边远省或边境城市中划出的专供对邻国自由进出货物的地区。

凡自由边境区内使用的机器、设备、原料和消费品，都可免税或减税进口。但商品从该区运入海关管制区，须照章纳税。外国货物可在区内进行储存、展览、混合、包装、加工和制造等业务活动，其目的在于利用外国投资开发边区的经济。其与自由港区的其他主要形式一样，20世纪70年代以来，十分重视发展出口加工业和转口贸易，实行工贸结合。如墨西哥的"边境客户工业区"，实质上为出口加工工业区。

自由边境区与出口加工区的区别主要在于：自由边境区的进口商品加工后大多是在区内使用，只有少数是用于再出口。故建立自由边境区的目的是开发边境区的经济，因此有些国家对优惠待遇规定了期限。当这些边区生产能力发展后，就逐渐取消某些商品的优惠待遇，直至废除自由边境区。

（2）过境区。过境区（Transit Zone）又称中转贸易区，是指一些沿海国家为了便利邻国的进出口货运，开辟某些海港、河港或边境城市作为过境货物的自由中转区。

过境区对过境货物简化通关手续，免征关税或只征小额的过境费用。过境货物一般可在过境区内作短期储存、重新包装，但不得加工。过境区一般都提供保税仓库设施。泰国的曼谷、印度的加尔各答、阿根廷的布宜诺斯艾利斯等，都是这种以中转贸易为主的过境区。

5. 科技工业园区

科技工业园区（Science-based Industrial Park）又称工业科学园、科研工业区、高技术园区（Hi-tech Park）等，是指一个国家或地区为了实现产业结构改造和促进高科技产业的发展而在本国境内划出的，以新兴工业产品的研究和开发、高新技术产业的生产为主要内容的新型开发区。

科学工业园区最早形成于20世纪50年代末、60年代初的美国，70年代逐渐在世界范围内兴起，80年代以后进入发展期，90年代进入高峰期。科学工业园区主要分布在发达国家和新兴工业化国家，以美洲为最多。世界知名的科学工业园区有：美国的"硅谷"，英国的"剑桥科学园区"，新加坡的"肯特岗科学工业园区"，日本的"筑波科学城"，中国台湾的"新竹科学工业园区"等。

6. 综合型经济特区

综合型经济特区（Comprehensive Economic Zone）是世界特殊经济区中最复杂的一种，是指一个国家或地区在其港口或港口附近等地划出一定的范围，新建或扩建基础设施和提供减免税收等优惠待遇，吸引外国或区外企业在区内从事外贸、加工工业、农牧业、金融保险和旅游业等多种经营活动的大中型经济特区。1979年以后，中国所设立的经济特区就是属于这一种类型。

综合经济特区是从贸易型到工贸型发展而来的，也有一开始就以综合型为目标进行多功能建设的。综合经济特区对相邻国家或地区，以至于对整个国家的经济发展都会产生深远的影响。

<h1 style="text-align:center">第二节　出口管制政策</h1>

限制进口和鼓励扩大出口是国际贸易政策相辅相成的两个方面。出于政治、经济或军事方面的原因，一些国家对某些主要资源和战略物资实行出口管制，限制或禁止出口。

一、出口管制的含义

出口管制（Export Control），是指出口国政府通过各种经济的、法律的和行政的办法和措施等，对本国出口贸易实行管理和控制的行为总称。

一般而言，世界各国都会努力扩大商品出口，积极参与国际贸易活动。然而，由于某种政治和经济发展的不平衡，社会制度、意识形态和价值观念存在差异以及经济可持续发展的需要，国家政府出于安全、外交政策、保障国内供给充足甚至防止核扩散原因的考虑，往往对某些商品实行出口管制、限制或禁止出口。

二、出口管制的对象

需要实行出口管制的对象主要有以下几类商品：

（1）战略物资及其有关的尖端技术和先进技术资料。如军事设备、武器、军舰、飞机、先进的电子计算机和通信设备等。主要是从所谓的"国家安全"和"军事防务"的需要出发，各国尤其是发达国家控制这类物资出口的措施十分严格。例如，美国对古巴实行禁运，给古巴经济造成极为恶劣的影响。此外，从保持科技领先地位和经济优势的角度看，对一些最先进的机器设备及其技术资料也必须严格控制出口。

（2）国内的紧缺物资。国内生产紧迫需要的原材料和半制成品，以及国内供应明显不足的商品在国内本来就比较稀缺，倘若不进行出口管制的话，只能加剧国内的供给不足和市场失衡，严重阻碍经济发展。所以，西方各国往往对稀有金属、石油和天然气、煤等物品实行出口管制，甚至禁止出口。

（3）历史文物、艺术珍品、贵金属等。各国出于保护本国文化艺术遗产和弘扬民族精神的需要，一般都要禁止该类商品输出，实行较严格的管理。如英国政府规定，古董和艺术品的生产制作年代比出口日期早 100 年以上者，必须申领出口许可证方能出口。但这类出口许可证的申领特别困难，基本上等于禁止出口。

（4）实行"自动"限制出口的商品。为了缓和与进口国在贸易上的摩擦，在进口国的要求或压力下，"自动"控制某些商品的出口。如根据纺织品"自限协定"，出口国必须自行管理本国的纺织品出口。与上述几种情况不同，一旦对方的压力有所减缓或者基本放弃，本国政府自然会相应地放松管制措施。

（5）本国在国际市场上占主导地位的重要商品和出口额大的商品。对发展中国家来讲，这类商品实行出口管制尤为重要。因为发展中国家往往出口商品单一，出口市场集中，出口商品价格容易出现大起大落的波动。控制这种商品出口的目的在于保持垄断商品的垄断高价。如石油输出国对出口石油的联合控制有效地抬高了国际市场的石油价格。

（6）被列入对进口国进行经济制裁范围的出口商品。如 1989 年开始，美国对中国的经济制裁范围包括先进计算机、有关空间技术和设备等，因而上述商品被列入美国向中国禁止出口的名单之中。

（7）跨国公司的某些产品。跨国公司虽然会促进东道国经济的发展，但同时也可能利用国际贸易活动损害后者的经济利益。例如，跨国公司实施"转移定价"策略就是如此。所以，出口国家有必要利用出口管制手段来制约跨国公司的这类行为，以维护自己的正当权益。

三、出口管制的形式

出口管制的形式主要有单方面出口管制和多边出口管制两种。

（1）单方面出口管制。单方面的出口管制是指一国根据本国的出口管制法案，设立专门的执行机构，对本国某些商品的出口进行审批和颁发出口许可证，实行出口管制。

单方面出口管制完全是由一国自主决定，不对其他国家承担义务和责任。出口国往往根据本国的需要和出于对外关系的考虑独立地进行对本国某些商品的出口控制。一般由国家有关机构根据出口管制的有关法案，制定管制货单和输往国别分组管制表，然后采用出口许可证具体办理出口申报手续。

（2）多边出口管制。多边出口管制是指几个国家政府出于共同的政治和经济目的，通过一定的方式建立国际性的多边出口管制机构，商讨和编制多边出口管制货单和出口管制国别，规定出口管制的办法等，以协调彼此的出口管制政策和措施。

多边出口管制是几个国家共同制定和实施出口管制措施，该机构原则上只负责编制、修订和审批多边出口管制的货单，确定多边出口管制的一般规则，而具体的出口管制则由各成员国按上述规定自行贯彻执行。过去的巴黎统筹委员会是实行多边出口管制的主要国际组织之一，其是在美国操纵下于 1950 年成立的。巴黎统筹委员会本名为输出管制统筹委员会（Coordinating Committee for Multilateral Export Contro，CO-COM），是由 17 国组成的常设多国出口管制机构。其总部设在巴黎，故而得名巴黎统筹委员会，简称"巴统"。

四、出口管制的具体措施

出口管制的措施很多，具体有下面几种：

（1）国家专营。国家专营是指对于一些敏感性商品的出口，由政府指定专门的机构和组织直接控制和管理，实行国家专营的方式，可以起到比较理想的管制效果。如澳大利亚、加拿大对小麦出口就实行国家专营。

（2）征收高额的出口关税。与进口关税正好相反，出口关税是针对某些特殊商品出口征收的税赋。政府对出口管制范围内的商品根据不同情况课征出口税，并使关税税率保持在一个合理的水平上，可以达到控制出口的目的。这种措施的使用相当广泛。

（3）出口许可证制。各国的出口管制一般是通过发放出口许可证的方式来实施的。出口许可证制度使政府能够有效地控制出口商品的国别和地区、数量和价格，这种措施也是目前各国最常用的出口控制办法。比如芬兰对原木、澳大利亚的矿产都实行出口许可证制度。

一般而言，发放出口许可证一般先由国家有关机构根据出口管制的有关法案制定出口管制货单（Commodity Control List）和输往国别分组管制表（Export Control Country Group），列入出口管制的商品，出口商必须办理出口申报手续，获取出口许可证后方可出口。

（4）出口配额。出口配额是政府限制出口的又一种政策，是指通过控制出口商品的数量来限制或禁止出口。有些出口配额是本国政府主动设立的，也有的配额是应进口国政府要求而设立的，即"自愿出口限制"。如中国输往欧美的纺织品出口配额就是在欧美政府的要求下设置的，因此也叫被动配额。

出口配额也是一种非常有效的出口控制措施，往往和出口许可证结合起来使用。如美国对糖、日本对稻谷和小麦的出口都实行配额制。中国政府在分配出口配额时既有根据申请直接分配到中央和地方出口企业的做法，也实行招标的方式。外经贸部通过"出口商品配额招标委员会"负责对招标工作的领导和监督。中标企业必须缴纳中标保证金和中标金。招标收入纳入中央外贸发展基金。实行招标方式分配出口配额的主要是农产品和纺织品。

（5）出口禁运。出口禁运一般是一国对其战略物资或急需的国内短缺物资进行严格控制的主要手段。贸易禁运则是一些国家为了制裁其敌对国家而实行的贸易控制措施。前者往往针对所有或多数贸易伙伴，禁运只涉及本国出口，并不限制进口。贸易禁运往往只针对某个或某些目标国家，所禁止的不仅是出口，同时还禁止从这些国家进口。

出口禁运是出口控制措施中最严厉的一种。实行出口禁运的商品一般都是国内紧缺的原材料或初级产品。如许多国家禁止本国废钢出口。

本章小结

作用于出口的贸易政策，大体上可以分为出口促进和出口管制政策。

出口促进的政策包括财政政策、信贷政策、倾销政策、资本政策、组织政策、设立经济特区等，具体措施有出口补贴、出口信贷、出口信贷国家担保制、商品倾销和外汇倾销等。促进出口的组织措施，其中以出口补贴政策为各国广泛采用。另外，设立特殊经济特区也是政府促进出口的政策之一。特殊经济区的主要形式有自由港、自由贸易区、保税区、出口加工区、自由边境区、过境区、科技工业园区和综合性经济特区等。

限制进口和鼓励扩大出口是国际贸易政策相辅相成的两个方面，出口管制政策是各国政府作用于出口的另一种主要政策。出口管制是指出口国政府通过各种经济的、法律的和行政的办法和措施等，对本国出口贸易实行管理和控制的行为总称。出于政治、经济或军事方面的原因，一些国家对某些主要资源和战略物资，实行出口管制，限制或禁止出口。这些政策也会给出口国、进口国乃至整个世界的生产、消费、资源配置等各方面产生各种短期的或静态的、长期的或动态的影响。出口管制的措施很多，包括国家专营、征收高额的出口关税、出口许可证制、出口配额、出口禁运，其中最常见的是出口许可证。

复习思考题

【核心概念】

1. 出口补贴

2. 出口信贷

3. 出口信贷国家担保制

4. 外汇倾销

5. 自由贸易区

6. 出口加工区

7. 保税区

8. 出口许可证

9. 出口配额

【问答题】

1. 各国政府干预本国出口的目的是什么？其干预的主要政策措施有哪些？

2. 简述出口促进的具体措施。

3. 什么是出口补贴？间接补贴主要有哪几种？

4. 何谓出口信贷，它有哪些种类？

5. 简述特殊经济区的主要形式。

6. 简述自由贸易区和出口加工区的作用。

7. 简述出口管制的形式。

第九章　国际贸易救济政策

[学习目的]

国际贸易救济政策是在本国经济受到损害或损害威胁时提供救济的措施，国际贸易救济措施逐渐演变成了一种新的国际贸易壁垒，主要形式包括反倾销、反补贴和保障措施。通过本章内容的学习，使学生掌握倾销与反倾销、补贴与反补贴以及保障措施的基本概念，并在此基础上理解上述措施的表现特征、目的和演变过程，重点掌握反倾销、反补贴和保障措施的分类、条件、程序、具体措施的实施。

[重点难点]

◆ 倾销与反倾销、补贴与反补贴和保障措施的基本概念
◆ 倾销的分类、反倾销的条件及具体的反倾销措施
◆ 补贴的分类、反补贴的条件及反补贴措施的种类与实施
◆ 保障措施和反倾销、反补贴的区别，保障措施实施条件和具体实施方式

[引导案例]

美商务部终裁对中国输美厨具征收"双反"

美国商务部 2013 年 2 月 20 日做出肯定性终裁，决定对中国输美厨具征收 4.80%~12.26% 的反补贴税和 27.14%~76.53% 的反倾销税。遭到处罚的具体产品为不锈钢拉制水槽，这种产品系现代厨房必备工具之一。遵照美国贸易执法规定，其后中国涉案企业须按终裁税率向美国海关支付现金押金。

2012 年 3 月，美国一家老牌厨卫公司提出申诉，宣称中国企业获得政府补贴在美倾销，要求发起反补贴和反倾销"双反"调查。据美国商务部统计，2011 年中国相关产品对美出口总额约 1.18 亿美元，较 2009 年增长约七成。2012 年 7 月和 9 月，美国商务部分别初裁对中国输美不锈钢拉制水槽征收 2.12%~13.94% 的反补贴税和 54.25%~76.53% 的反倾销税。

对于美国频频挥舞"贸易大棒"，中国商务部多次强调，贸易保护主义不仅对他国不公，对本国企业也没有好处，希望美方不要以看似冠冕堂皇但实际带有很强政

国际贸易救济政策是进口国对国际贸易过程中出现某种特殊情势并对本国国内产业产生不利影响时实施的矫正或补救措施。近年来，针对中国展开的"双反"调查愈演愈烈，一些国家打着公平贸易的旗号实施贸易保护行为，实质上与公平贸易的初衷发生了背离。什么是反倾销？什么是反补贴？中国如何利用和应对"双反"政策？本章就这些问题加以阐释。

第一节　倾销与反倾销

一、倾销与反倾销的含义

倾销是指一个国家或地区的生产商或出口商在正常的贸易过程中，以低于国内市场正常或平均价格甚至低于成本价格向另一国市场抛售其产品的行为。倾销的目的在于击败竞争对手，夺取市场，并因此已经或有可能给进口国生产相同产品的行业或企业造成损害。受到倾销商品损害的进口国为此采取的措施称之为反倾销（Anti-dumping）。对倾销的调查和确定，由对外贸易经济合作部负责。

当前，国际上倾销与反倾销问题已经成为国际贸易战的热点之一。倾销通常由私营垄断企业进行，但随着贸易战的加剧，一些国家设立专门机构直接对外倾销商品。反倾销是进口国依据本国的反倾销法，由主管当局经过立案调查，确认倾销对本国同业造成损害后，采取征收反倾销税等处罚措施的调查程序。

最迟在16~17世纪，倾销作为一种贸易战略的手段就已经出现。1904年加拿大最早出台《反倾销法》。近年来，随着国际贸易自由化程度的提高，各国企业之间的竞争日益直接化，加上全球经济不景气，反倾销被一些企业用作将外来竞争对手排挤出本国市场的"撒手锏"，滥用反倾销的贸易保护主义倾向也日益明显。贸易保护主义越强，反倾销也就发挥越来越大的作用。

二、倾销的分类及条件

（一）倾销的分类

倾销一般指的是商品倾销，其具体目的在不同情况下有所不同。按照倾销的具体目的、持续时间及危害程度来划分，一般可分为下面几类：

（1）偶然性倾销。偶然性倾销（Sporadic Dumping），又称短期倾销或突发性倾销，是指因为销售旺季已过，或因公司改营其他业务，在国内市场上不能售出某种商品，该种商品的出口商或生产商为防止商品的大量积压，在短期内以较低的价格在国外市场上进行抛售。

这种倾销方式是偶然发生的，一般不具有占领国外市场、排挤竞争者之目的，对进口国工业的"损害"是暂时的，而进口国消费者却可以从中获取低价消费的好处。因此，国际社会一般对这种偶发性倾销通常不采取反倾销措施。

（2）间歇性倾销。间歇性倾销（Intermittent Dumping）又称掠夺性倾销，是指某种商品的出口商或生产商为了在某一外国市场上取得垄断地位，而以低于国内正常销售价格甚至低于成本的价格向该国市场抛售商品，挤垮竞争对手后再以垄断力量提高价格，以获取高额利润。这种倾销行为具有掠夺性意图，违背公平竞争的原则，对进口国工业的"损害"超过进口国消费者获得的好处，破坏了国际贸易的正常秩序，因而受到各国反倾销法的严厉抵制。

（3）持续性倾销。持续性倾销（Persistent Dumping）又称长期性倾销，是指某种商品的出口商或生产商为了在实现其规模经济效益的同时，维持其国内价格的平衡，而将其中一部分商品长期持续地以低价向国外市场销售。

这种倾销行为尽管不具占领或掠夺外国市场之目的，但由于持续时间长，客观上进行了不公正的国际贸易行为，损害了进口国生产商的利益，因此通常也会受到进口国反倾销法的追究。该种倾销一般与国内经济长期出现过剩危机、失业问题严重等背景相关联。

（二）达到倾销目的的条件

为使倾销达到目的，出口国家应设法不使倾销的商品回流到本国市场，并设法不受到进口国家反倾销等措施的报复。一般来说，能够实施倾销必须具备三个条件：

第一，必须是不完全竞争的行业，具有垄断力量的厂商是市场价格的制定者而非市场价格的接受者，这样出口商或生产企业在很大程度上可以决定价格的形成。

第二，本国与外国的市场隔离，不存在倒买倒卖的可能性。

第三，两国的需求价格弹性不同，出口国需求价格弹性低于进口国需求价格弹性。当这些条件成立时，企业就有可能通过在国内市场索要高价，而向外国购买者收取较低的价格，使利益最大化。

三、反倾销

倾销被视为一种不正当的竞争手段，为世界贸易组织所禁止，因此反倾销也成为各国保护本国市场，扶持本国企业强有力的借口和理由。

（一）反倾销的条件

根据关贸总协定第六条的规定，一国产品以低于正常价值的价格进入另一国市场，如因此对贸易缔约方领土内已建立的某项工业造成实质性损害或产生实质性损害的威胁，或对某一国内工业的新建产生实质性阻碍，则构成倾销·因此，反倾销措施的实施必须具备三个基本条件：

（1）倾销的存在。倾销的确定是实施反倾销措施的首要条件。在确定一个产品是否倾销时，必须比较该产品的出口价格与出口方的国内消费价格。如果前者低于后者，即被认为是倾销。但是，如果出口方国内市场销售行为不正常或者国内市场销售量较小时，倾销的确定不能根据出口价格和出口方的国内消费价格的比较，而应该把出口价格同以下两者之一进行比较：①同类产品出口到第三国的可比价格；②在进口产品生产成本加上一般费用、销售与管理费用和利润的基础上计算出来的推定价值。

（2）实质损害的存在。实质损害是构成法律倾销与采取反倾销措施的必要条件。实质性损害有三种表现，或是指对进口国国内产业的实质损害，或是指对进口国产业产生实质威胁，或是指对进口国新建产业产生实质阻碍。以下内容构成对国内产业的损害或受到损害的威胁：①倾销进口大量增加，相对于进口国的生产或消费而言，或是绝对增加或是相对增加；②进口产品的价格降低了国内同类产品的价格，或阻碍其价格的提高。

（3）倾销与损害之间存在因果关系。进口方如果要采取反倾销行动，除了证明进口产品存在倾销行为和对国内产业存在损害之外，还必须证明倾销和损害之间存在因果关系，即证明进口国国内相同或相似产业的损害是由于进口产品的倾销造成的。

以上三个条件必须同时具备才可对倾销产品征收不超过倾销幅度的特别关税。

（二）反倾销的程序

反倾销是指进口国主管当局根据受到损害的国内工业的申诉，按照一定的法律程序，对进行倾销的外国产品，进行立案、调查和处理的过程和措施。反倾销是用以抵制不公平国际贸易行为的一种措施。具体程序如下：

（1）反倾销调查的提起与受理。反倾销调查可以下面两种方式提起：①由一个受倾销影响的国内产业或其代表向有关当局以书面形式提起反倾销调查；②由有关当局决定进行反倾销调查。

（2）初步裁决。在适当调查的基础上，有关当局对于倾销或损害可做出肯定或否定的初步裁决。

（3）价格保证。反倾销调查开始后，如果收到出口商令人满意的修改其产品价格或停止向该地区以倾销价格出口产品的自动保证后，主管当局认为倾销的损害结果将得以消除，则可中止或终止调查。但是，如果主管当局认为接受出口商的价格保证是不现实的，则可拒绝其价格保证，但应该说明理由。

（4）临时措施。在初步裁决存在着倾销和损害的事实后，进口方当局为防止该国产业进一步受到损害，可采取反倾销的临时措施。临时措施可以采取临时关税的形式，也可以征收与反倾销税等量的保证金或保税金。临时措施只能从开始调查之日起的60天后采取，实施期限通常不超过4个月。只有在出口商主动请求或者有关当局认为确有必要时，可以适当延长，但最多只能延长2个月。

（5）征收反倾销税。在有关当局最终确认进口商品构成了倾销，并因此对进口方某一相同或类似产品的产业造成了实质性损害，就可对该倾销产品征收反倾销税。征收反倾销税的数量应该等于或小于倾销幅度，征税期限以足以抵消倾销所造成的损害所需的时间为准，但一般不得超过 5 年。

（6）行政复审和司法审查。在征收反倾销税的一段合理的时间之后，有关当局根据当事人的请求或自身的判断，可进行行政复审，以确定是否需要继续征收反倾销税。有关当局的最终裁决和行政复审可特别要求司法、仲裁或行政法庭进行复审。

同时，世界贸易组织规定，在《反倾销协议》实施过程中，如果缔约方之间发生分歧，首先应该相互协商。如果协商不成，应提请世界贸易组织反倾销实施委员会进行调解。如果在 3 个月内无法解决分歧，反倾销实施委员会应在争议一方请求下成立专门小组，来审查整个案件。

（三）反倾销措施

由反倾销程序可知，为了应对倾销行为，可以采取一些措施，通常的反倾销措施包括征收反倾销税与出口商的价格承诺，具体如下：

（1）临时反倾销措施。尽管反倾销调查并未结束，但在已经初步裁定存在倾销及其造成的损害，并防止倾销在调查过程中继续造成损害，各当事方已经得到充分的提供情况和发表意见的机会的前提下，受害方即进口国可以采取临时反倾销税或者要求提供保证金、保函或其他形式的担保等临时反倾销措施。

（2）出口商的价格承诺。在反倾销调查期间，倾销价格与损害已初步确定，将导致进口国采取征收临时反倾销税的措施。但若出口商自愿向进口国对外贸易主管部门做出令人满意的承诺，修改价格或停止以倾销价格出口，就称为出口商的价格承诺。此时调查程序可能被暂停或终止，有关部门不采取临时措施或征收反倾销税。

（3）征收反倾销税。反倾销的最终补救措施是对倾销产品征收反倾销税。如果终裁决定确定倾销成立，并由此对国内产业造成损害的，进口国可以征收反倾销税。征收反倾销税的数额可以等于倾销幅度，也可以低于倾销幅度。世界贸易组织规定，倾销幅度不超过进口价格 2%、倾销产品进口量占同类产品进口比例不超过 3% 是可以忽略不计的倾销幅度的最低限额。征收反倾销税会提高进口产品的价格，降低其竞争力，从而保护国内同类商品的生产者。

第二节　补贴与反补贴

补贴和反补贴已成为当今国际经济贸易关系中的一个突出问题。各国为了实施奖出限入的外贸政策，纷纷采取形形色色的补贴措施以促进本国产品出口，而进口国政府往往采用反补贴以抵制和消除补贴。

一、补贴和反补贴的含义

补贴（Subsidies）是指一国政府或者任何公共机构向本国的生产者或者出口商提供

的资金或财政上的优惠措施，包括现金补贴或者其他政策优惠待遇，从而使其出口产品在国际市场上比未享受补贴的同类产品处于有利的竞争地位。

国家通过补贴使出口产品价格偏低，在国际市场上享有不公平的竞争优势。因此，世界贸易组织对补贴做出了严格的规定。反补贴（Anti-subsidies）是指一国反倾销调查机关实施与执行反补贴法规的行为与过程。

二、补贴

（一）补贴的特征

由补贴的含义与本质可知，补贴的特征如下：

（1）补贴是一种政府行为。这里的政府行为涉及的范围宽广，不仅包括中央和地方政府的补贴行为，而且还包括政府干预的私人机构的补贴行为。

（2）补贴是一种财政行为，也就是政府公共账户存在开支。

（3）补贴必须授予被补贴方某种利益。一般认为这种利益是受补贴的企业或出口商从某项政府补贴计划中取得了某些它在市场中不能取得的价值。

（4）补贴应具有专向性。专向性补贴是指政府有选择或有差别地向某些企业提供的补贴。

（二）补贴的分类

《补贴与反补贴措施协议》将补贴分为禁止性补贴、可申诉的补贴和不可申诉的补贴三类。

1. 禁止性补贴

禁止性补贴（Prohibited Subsidies）又称为"红色补贴"或"红灯补贴"，是指成员方不得授予或维持的补贴。禁止性补贴有两种：出口补贴和进口替代补贴。

出口补贴是指在法律上或事实上根据出口业绩而提供的补贴。进口替代补贴是指政府给予以国产产品替代进口产品的国内使用者或替代产品的生产者的补贴。补贴的形式是给予进口替代产业和企业以优惠贷款、优先提供商品或服务、外汇留成和使用条件优惠、减免或抵扣应纳税额等。进口替代补贴减少了进口及外汇支出，发展了国内产业，在客观上阻碍了外国产品进入本国市场。

2. 可申诉的补贴

可申诉的补贴（Actionable Subsidies）又称"黄色补贴"或"黄灯补贴"，是指在一定范围内允许实施，但如果在实施过程中对国际贸易造成一定程度的不利影响，可被诉诸世界贸易组织争端解决机制，或通过征收反补贴税而予以抵消的补贴。对于"黄色补贴"，提出申诉的成员方需证明该补贴对其利益产生的不良影响。否则，该补贴被认为是允许使用的。

根据《补贴与反补贴措施协议》规定，补贴如对其他进口成员方造成了不利影响，即成为可申诉的补贴。不利影响包括三个方面：第一，损害其他成员方的国内产业；第二，抵销或损害其他成员方在1994年关贸总协定下直接或间接享受的利益，尤其是

1994 年关贸总协定第二条下的减让利益；第三，严重歧视其他成员方的利益。

3. 不可申诉的补贴

不可申诉的补贴（Non-actionable Subsidies）又称称为"绿色补贴"或"绿灯补贴"，是指各成员方在实施这类补贴时，一般不受其他成员方的反对或因此而采取反补贴措施。不可申诉的补贴是指补贴不具有专向性，这些补贴一般适用于所有产业，是不局限于某一特定产业的、对企业或产业集团的普遍性补贴。例如，对小型产业的普遍性补贴一般是不可申诉的。所谓专向性是指向特定的企业或行业或行业的部分企业提供的补贴，不可申诉的补贴通常被称为绿色补贴，对于这类补贴，世界贸易组织成员方不得提出申诉或采取反补贴措施。

（三）补贴对国际贸易产生的不利影响

一个国家或地区对本国或本地区出口商或出口商品生产者提供的补贴对国际贸易可能产生三种不利影响：第一，对进口国而言，其国内相关产业生产的产品将不得不与得到出口国政府补贴的占据不公平竞争优势的进口产品进行竞争，而可能受到损害；第二，对出口国而言，补贴国给予其生产者的国内补贴可能会削弱其他国家或地区向该国出口产品的竞争力，与进口产品相比，国内产品可能因得到补贴而享有不公平的价格优势；第三，就国际市场而言，一些国家或地区的出口可能受到影响，这是因为在第三国市场上，一些成员国的商品竞争力在与得到出口补贴的成员国进行商品竞争时被削弱。

由此可见，出口补贴和生产补贴可能使得到财政补贴的产品在国际市场上享有不公平的竞争优势。所以，世界贸易组织对补贴做出了严格的规定。

三、反补贴

（一）《补贴和反补贴措施协定》

为了促进出口，世界各国和各地区纷纷对出口实行补贴，而进口国家为了保护本国市场和产业的发展，进行反补贴措施，甚至是滥用反补贴措施，结果是这两项措施扭曲或损害了贸易各国的利益，影响了国际贸易的健康发展，需要进行规范。

"二战"后，《哈瓦那宪章》和"东京回合"都涉及补贴与反补贴问题，但由于其内在缺陷对日趋复杂的补贴与反补贴措施仍不能有效地予以制约，还需进一步修正与充实。在关贸总协定"乌拉圭回合"多边贸易谈判中，经过艰苦的谈判，达成了较《守则》更为明确、更易操作的《补贴与反补贴措施协议》，从而在世界贸易组织中确立了更为完善的补贴与反补贴措施的约束机制。该协议由 11 个部分 32 个条款和 7 个附录构成，内容主要涉及补贴的定义与分类，反补贴措施的范围，负责的机构与成员方的差别待遇等。

（二）反补贴措施的条件

根据世界贸易组织《补贴和反补贴措施协定》的规定，能够使用反补贴措施的实体性条件有以下几项：

（1）进口产品存在补贴。补贴是出口国（地区）或者其任何公共机构提供的并为接受者带来利益的财政资助以及任何形式的收入或者价格支持。补贴应具备主体、形式和效果三个要件：第一，补贴的主体政府或公共机构；第二，补贴的形式是财政资助以及任何形式的收入或者价格支持；第三，补贴的效果是使得受补贴的行业或者企业获得了利益。

（2）补贴必须具有专向性。补贴的专向性是指政府将补贴只授予其管辖范围内的企业或产业，或一组企业或产业，也就是有选择、有差别地对某些企业提供补贴。只有具有专向性的补贴才受世界贸易组织《补贴与反补贴措施协议》的约束。

（3）受补贴的进口产品对已经建立的国内产业造成实质损害或者产生实质损害威胁，或者对建立国内产业造成实质阻碍。根据《补贴与反补贴措施协议》，国内产业是指国内同类产品的全部生产者，或者其产量占国内同类产品总产量的主要部分的生产者；但是国内生产者与出口经营者或者进口经营者有关联的，或者其本身为补贴产品或者同类产品的进口经营者的，属于例外，应当除外。

（三）反补贴调查的程序

反补贴程序一般由国内产业申请后启动。在特殊情况下，若有关补贴、损害及其因果联系的证据很充分，则该政府的有关部门也可能在没有此类申请时启动反补贴程序。具体程序如下：

（1）对某项进口产品进行正式的反补贴调查，应基于受到有关补贴措施不利影响的进口成员国国内产业或其代表所提交的书面请求而正式发起。有关当局在对申请书的证据的准确性和充分性予以审核后，如果确认，可开始进行调查；如发现证据不足，应尽快拒绝调查申请和终止调查。

（2）在反补贴调查中，有关利益方和全部利益方以书面形式提出其认为与调查有关的情况和意见，并尽快通知所有有利害关系的各当事者。

《补贴与反补贴措施协议》规定，一成员政府收到启动反补贴程序申请后，开始调查前，应邀请与申请中涉及产品有关的成员进行磋商。若磋商达成了协议，所有各方面都感到满意，则不需要做进一步的行动。否则，有关部门将根据国内产业的申请采取下一个步骤。

（3）出口商、外国生产商或有利害关系的成员方在收到问卷调查后的 30 天内予以答复，必要时可再延长 30 天。

（4）在调查中，调查当局对属于机密性质的资料、信息，如未经同意，不得泄露。

（5）在征得企业、当事成员方的同意后，可到其他成员方境内进行调查。

（6）利益成员方或利益各方在合理的时间内拒绝接受或不提供必要的信息，或严重阻碍调查，则肯定的和否定的，初步的和最终的裁决，可在已有事实的基础上做出。

（7）在做出最终裁决以前，调查当局应就形成决定的重要事实通告利益成员方和所有利益方，以使利益各方有足够时间维护其利益。

（8）调查当局也对被调查产品的工业用户、消费者组织提供机会，由其提供被调查产品的补贴、损害和因果资料。

（9）在利益各方，尤其是小公司遇到提供资料的困难时，调查当局要进行帮助。

（四）反补贴措施的种类与实施

《补贴与反补贴措施协议》规定，对其他成员方造成负面影响的补贴措施，其他成员方可采取反补贴措施。具体措施如下：

（1）采取临时措施。如果反补贴调查当局初步肯定存在补贴，且对进口成员方国内产业已造成实质性损害或严重威胁，为防止在调查期间继续造成损害，可采取临时措施。临时措施是为顺利进行继续调查而采取的预防性措施，也是进口国调查机关决定是否最终征收反补贴税的前序性非正式措施。调查机关采取临时性措施，表明其对补贴的存在和补贴进口产品给国内产业造成的损害已经有了初步肯定性的结论，但采取临时措施并不表明一定要采取最终的反补贴措施。

临时措施可采用临时反补贴税的形式，临时反补贴税由初步确定的补贴额所存交的现金存款或债券来担保。临时措施不得早于自发起调查之日后的 60 天；实施临时措施应限定在尽量短的时期内，不得超过 4 个月。如果最终确认了损害，或在认定损害威胁的同时又认定若不采取临时措施，其影响肯定会导致损害时，对于本应实施临时措施的那一段时期可以追溯征收反补贴税。

（2）补救承诺。如果在反补贴调查期间出现下述情况，反补贴调查可停止或中止：第一，出口国政府同意取消补贴，或采取其他措施；第二，出口商同意修正其价格，使调查当局满意地认为补贴所造成的损害性影响已消失。这样就算达成了"补救承诺"。补救承诺达成后，则反补贴调查应停止或中止。如果以后的情况表明不存在产业损害或损害威胁，补救承诺应自动取消。补救承诺可以由出口国提出要求，也可以由反补贴调查当局提出建议，但不能强迫出口商承担这一承诺。补救承诺的期限不得长于反补贴税所执行的期限。

（3）反补贴税征收。反补贴税征收是指调查机关在仲裁时最终确定征收反补贴税。如果反补贴调查最终裁定存在补贴和产业损害，调查机关便可决定对受补贴进口产品征收反补贴税，但不得超过经确认而存在的补贴额，且应无歧视地征收。但对于已撤回的补贴或已按本协定规定做出承诺的供应国的进口补贴应给予例外。

反补贴税的执行期限只能以抵消补贴所造成的损害所必需的时间为准，执行期限不得长于 5 年。如调查机关通过调查确认有"充分理由"的，可适当延长期限。

第三节 保障措施

一、保障措施的含义

保障措施是指当不可预见的发展导致一产品的进口数量增加，以致对生产同类或直接竞争产品的国内产业造成严重损害或严重损害威胁时，进口国可以在非歧视原则的基础上采取提高关税或实施数量限制等手段，对该产品的进口实施限制，从而对国内产业进行一段时间的保护。

依据《保障措施协议》（以下简称协议），保障措施是世界贸易组织成员国政府在正常贸易条件下维护本国国内产业利益的一种重要手段，设置该措施的目的在于：使世界贸易组织成员国所承担的国际义务具有一定灵活性，以便在特殊情况出现时免除其在有关世界贸易组织协定中应当承担的义务，从而对已造成的严重损害进行补救或避免严重损害之威胁可能产生的后果。

一些国家利用保障措施条款来达到保护本国产业的目的。欧美等工业发达国家在经济结构调整中，许多传统的工业已逐渐失去竞争能力，出于保护其传统的夕阳工业，减少失业压力，乃至达到政治目的，不断使用保障措施限制外国商品的进口。

二、保障措施和反倾销、反补贴的区别

当前，各国为保护本国产业经济安全和国内企业的利益，广泛采取的贸易救济措施主要包括反倾销、反补贴和保障措施。保障措施与其他两种措施相比，主要区别是：

第一，保障措施在性质上完全不同于反倾销措施和反补贴措施。反倾销措施是针对出口国企业对进口国市场进行的低价抢占行为；反补贴措施是专门针对出口国企业在出口国政府的支持下对进口国市场进行的低价抢占；保障措施则是针对进口产品数量急剧增加而给本国相同产业造成损害的情形。

第二，反倾销和反补贴措施针对的是不公平贸易，都是为了确保公平贸易所设立，其所限制的是从事"倾销"或者受到"补贴"的产品。贸易保障措施是一种更赤裸裸的贸易保护手段，其针对的是公平贸易条件下的进口产品，限制的对象是那些正常的按照世界贸易组织自由贸易原则进口的产品，那些进口增长速度过快且进口量过大以至于导致国内生产同类或者直接竞争产品的实质性损害或者严重损害的产品。

第三，保障措施的实施采用非歧视性的原则，不能对来自不同国家或地区的产品实行歧视性的方式，即只针对进口产品而不考虑其来源国。相对于歧视性的反倾销和反补贴措施，保障措施将所有公平价格和低于公平价格的产品都列为贸易保护的对象，对经济机制的扭曲更深，同时也导致了实施保障措施的高成本。

第四，保障措施易于启动，虽然可能牺牲国内社会其他商品生产者和消费者的利益，但产业保护效果明显，先发制人，启动保障措施可以在贸易冲突中赢得主动权。

三、保障措施实施条件

一进口国在实施保障措施时，应当具备以下条件：

（一）某项产品进口激增

进口激增是指进口产品的数量激增，包括"相对增加"与"绝对增加"。绝对增加是进口产品数量的实际增长，如某产品的进口量从1000吨增加为2000吨。相对增加

是相对于进口国国内生产总量而言，进口产品市场份额的增加，并且，实际进口量不一定发生改变，如某一进口国每年进口彩电 1000 台，其国内彩电生产量从 4000 台/年降到 2000 台/年；在进口量不变的情况下，进口产品的市场份额从 20%上升为 33.3%。

（二）进口激增是由于不可预见的情况和成员方履行世界贸易组织义务的结果

进口激增是《1994 年 GATT》所规定的"意外情形"和"进口成员承担世界贸易组织义务结果"。意外情形就是成员在承担世界贸易组织协定义务过程中所发生的、订立这些协定时所不能合理预见到的情形，这是情势变更原则的具体表现。"进口成员承担世界贸易组织义务结果"是指成员履行世界贸易组织义务时，其中最主要是有关关税减让和削减非关税壁垒义务，提高进口产品的竞争力，从而导致进口产品数量急剧增加的结果。

（三）进口激增对国内生产同类产品或直接竞争产品的产业造成了严重损害或严重损害威胁

进口激增的后果是，造成进口国国内产业受到严重损害或严重损害威胁。严重损害是指对一成员方某一国内产业总体状态上所造成的重大损害。严重损害威胁，是指显而易见的、迫近的损害威胁存在的事实，该威胁是可想象、推测或远期的可能发生的事实。

在确定或判定是否对进口国国内产业造成严重损害或严重损害威胁时，主管机构应当评估或衡量影响该国内产业状况的、客观和可量化的所有相关因素。这些相关因素主要包括：①有关进口产品绝对增加或相对增加的比例和数量；②进口产品在国内市场上所占的市场份额；③国内产业的销售水平、总产量、生产率、设备利用率、盈亏以及就业变化等。

（四）某项产品进口激增与对国内产业造成严重损害或严重损害威胁之间存在因果关系

调查机关必须根据客观证据证明有关产品进口的增加与严重损害或严重损害威胁之间存在因果关系。

四、保障措施的实施

（一）保障措施实施程序

《保障措施协议》对保障措施的实施规定了比较详细的程序，主要包括调查、通知和磋商三个环节。首先，调查程序的提出由法定资格的人提出申请；其次，实施保障措施的成员国应将有关严重损害或严重损害威胁的调查过程、调查结论和实施或延长实施保障措施决定立即通知保障措施委员会（Committee on Safeguard）；最后，有关成员国应将保障措施内容与方法或临时保障措施进行磋商，交换意见，并达成谅解。

（二）保障措施实施方式

进口当局在调查、确认了进口急剧增加、原因及后果，并履行通知与磋商义务后，进口成员政府即可采取保障措施。保障措施实施方式主要有：提高关税（将关税提高至高于关贸总协定规定的关税水平），实行关税配额以及数量限制等进口数量限制。但保障措施应在防止或救济严重损害或严重损害威胁的必要限度内。

由于非关税措施对国际贸易的扭曲作用较大，协议第五条对实施数量限制和配额措施做了限制规定，即实施数量限制，不得使进口数量低于过去三个有代表性年份的平均进口水平，除非进口方有正当理由表明有必要采用与此不同的进口水平。在实施配额限制时，进口方应与有利害关系的出口方就配额分配进行磋商。若磋商未果，则进口方应基于出口方前一有代表年份的进口份额进行分配，除非在保障措施委员会主持磋商中证明，不按该方法进行分配是有正当理由的。

（三）保障措施实施期限

协议要求，世界贸易组织成员国仅应在防止或补救严重损害和便利产业调整所必需的期限内实施保障措施，该期限一般不应超过 4 年。如果需要以保障措施防止损害或救济受损害产业，或有证据证明该产业正在进行调整，则可延长实施期限。但一项保障措施实施的全部期限（包括临时保障措施）不得超过 8 年。

（四）临时保障措施

在延迟会造成难以弥补损害的紧急情况下，进口成员国可不经磋商而采取临时保障措施，该临时保障措施实施的条件是：①进口当局只能初步裁定进口急剧增加已经或正在造成严重损害或严重损害威胁时，方可采取临时保障措施；②临时保障措施的实施期限不得超过 200 天，且该期限计入保障措施总期限内；③临时保障措施应以关税形式为主。如果随后的调查不能证实进口急剧增加对国内产业已造成的严重损害或严重损害威胁，则征收的关税应迅速退还；④成员国在实施临时保障措施前应通知保障措施委员会，在采取该措施后应尽快与各利害关系方进行磋商。

五、发展中国家成员优惠待遇

《保障措施协议》对发展中成员国做了特殊规定。对来自发展中成员国的产品，只要其有关产品的进口份额在进口成员国的该产品进口中不超过 3%，且来自该发展中成员国的进口份额总计不超过有关产品总进口的 9%，则保障措施不得适用于来自该发展中成国员的产品。

在保障措施的延长及再次实施方面，发展中成员国同样享有特殊待遇。发展中成员国有权将保障措施的实施期在规定的最长期限基础上再延长 2 年（即可长达 10 年）。在保障措施再度适用方面，对发展中成员国的规定也较宽松。

本章小结

国际贸易救济政策是指进口国对国际贸易过程中出现某种特殊情势并对本国国内产业产生不利影响时实施的矫正或补救措施。其主要形式包括反倾销、反补贴和保障措施。

倾销的目的在于击败竞争对手、夺取市场，并因此已经或有可能给进口国生产相同产品的行业或企业造成损害。倾销可分为偶然性倾销、间歇性倾销、持续性倾销、隐蔽性倾销和社会倾销。受到倾销商品损害的进口国为此采取的措施称之为反倾销。反倾销措施的实施必须具备三个基本条件：倾销的存在、实质损害的存在、倾销与损害之间存在因果关系。通常的反倾销措施包括临时反倾销措施、征收反倾销税和出口商的价格承诺。

补贴分为被禁止的补贴、可起诉的补贴和不可起诉的补贴三类。能够使用反补贴措施的实体性条件有以下几项：进口产品存在补贴、补贴必须具有专向性以及受补贴的进口产品对已经建立的国内产业造成实质损害或者产生实质损害威胁，或者对建立国内产业造成实质阻碍。反补贴措施有采取临时措施、补救承诺和反补贴税征收三种形式。发展中国家和转向市场经济国家的补贴和反补贴措施存在一些例外情况。

一进口国在实施保障措施时，应当具备以下条件：某项产品进口激增、进口激增是由于不可预见的情况和成员方履行世界贸易组织义务的结果、进口激增对国内生产同类产品或直接竞争产品的产业造成了严重损害或严重损害威胁、某项产品进口激增与对国内产业造成严重损害或严重损害威胁之间存在因果关系。保障措施实施方式主要有：提高关税（将关税提高至高于 GATT 规定的关税水平），实行关税配额以及数量限制等进口数量限制。发展中国家成员国在保障措施方面具有优惠待遇。

复习思考题

【核心概念】

1. 国际贸易救济政策
2. 倾销
3. 反倾销
4. 偶然性倾销
5. 间歇性倾销
6. 持续性倾销
7. 补贴
8. 反补贴
9. 禁止性补贴
10. 可申诉的补贴
11. 不可申诉的补贴
12. 保障措施

【问答题】

1. 什么是倾销？倾销主要有哪几种？
2. 反倾销措施的实施必须具备的基本条件是什么？

3. 各国或各地区政府进行反倾销的目的是什么？反倾销的主要措施有哪些？

4. 何谓补贴，它有哪些种类？

5. 简述能够使用反补贴措施的条件。

6. 简述反补贴措施的种类与实施。

7. 保障措施和反倾销、反补贴的区别是什么？

8. 简述保障措施实施条件和具体实施方式。

第十章　区域经济一体化政策

[学习目的]

通过本章的学习，了解地区经济一体化的产生和发展历程，掌握地区经济一体化的基本概念和基本形式，为学习地区经济一体化理论、实践部分作铺垫。

[重点难点]

◆ 掌握和区分地区经济一体化的基本概念和特点
◆ 了解地区经济一体化形成发展的原因
◆ 掌握地区经济一体化的理论
◆ 掌握地区经济一体化的实践

[引导案例]

中国—巴基斯坦自由贸易区

中国与巴基斯坦是睦邻友好国家，两国友谊源远流长，经受了长期的历史考验。两国的经贸关系一直稳定发展，双边贸易额在 2000 年以后有较大幅度增长，但贸易总量较小，相较两国密切的政治关系稍显逊色。

2005 年初，考虑到与巴基斯坦"全天候朋友"的关系，同时中巴经济互补性较强、双方开放市场可实行双赢等因素，中国同巴基斯坦正式启动了自贸区"早期收获"谈判。2005 年 4 月，在温家宝总理访问巴基斯坦期间，中巴两国签署了《中华人民共和国政府与巴基斯坦伊斯兰共和国政府关于自由贸易协定早期收获计划的协议》和《中华人民共和国政府与巴基斯坦伊斯兰共和国政府关于自由贸易协定及其他贸易问题的谅解备忘录》。

2005 年 8 月，中巴自贸区全面降税的谈判在中国新疆乌鲁木齐正式拉开序幕。通过六轮谈判，在 2006 年 11 月胡锦涛主席访巴期间，《中华人民共和国政府和巴基斯坦伊斯兰共和国政府自由贸易协定》（以下简称《自贸协定》）最终签订。《自贸协定》是继中国—东盟自贸区货物贸易协议和中国—智利自贸协定之后我国对外签署的第三个自贸协定，是两国关系史上一个重要的里程碑。

中国—巴基斯坦自由贸易区的建立将促使两国通过强化竞争和规模经济提高双

方的生产率，提升两国经贸合作水平；同时有利于中国把巴基斯坦继续作为在南亚地区的重要经济平台，开展与包括印度在内的整个南亚地区的区域经济合作，更好地发挥中国部分产业的比较优势。《自贸协定》的签署为中巴传统友谊和战略合作伙伴关系注入新的内涵，并为我国实施互利共赢开放战略、构建和谐世界树立了新范例。

资料来源：http://www.mof.gov.cn/pub/guanshuisi/zhuantilanmu/ziyoumaoyiqu/200806/t20080625_50719.htm。

近年来，中国经济一体化进程逐步加快，中国—东盟自由贸易区，中巴自由贸易协定，中国—瑞士自由贸易协定，中澳、中韩自由贸易区等相继问世。什么是区域经济一体化？区域经济一体化有哪些形式？开展区域经济合作对各国有什么好处？本章就以上问题做出回答。

第一节　区域经济一体化概述

一、区域经济一体化含义

伴随着经济全球化的日益发展，合作与发展已经成为当今世界的两大主流，各国、各地区间的资源配置不断突破国界限制，各国、各地区间的相互依赖、相互交融和相互制约已达到很高水平，以世界贸易组织为代表的多边贸易体制和区域经济一体化两大潮流日益影响着国际贸易的发展。目前，几乎所有的世界贸易组织成员国都参加了一个或多个区域经济一体化组织，所以，区域经济一体化成为世界贸易发展的趋势之一。

从广义上说，区域经济一体化即全球经济一体化，指世界各国间彼此相互交流，形成一个相互联系、相互促进的有机体的一个过程。狭义上来说，区域经济一体化即地区经济一体化，指区域内或区域之间两个或两个以上国家或政治实体，在一个具有超国家性的共同机构的指导下，通过签订书面文件，以形成某种形式的经济联合，逐步实现双方在货物、服务和要素等方面的相互流动，取消关税和非关税壁垒，协调财政和货币等政策，并最终形成一个政治经济协调统一的有机体。

二、区域经济一体化形成发展的原因

区域经济一体化可以追溯到 1921 年，起初卢森堡与比利时形成经济同盟，后来荷兰参加，形成比荷卢经济同盟。1932 年，英国与英联邦成员国形成英联邦特惠制，各成员国之间相互减免关税，但对非英联邦成员国仍实行原来较高的关税，组成了特惠关税区。伴随着全球经济的飞速发展，区域经济一体化也迅速发展，特别是"二战"后，发展尤其迅速。

区域经济一体化形成发展的原因：

（1）科学技术和社会生产力的高速发展。第三次科技革命以原子能工业、电子计算机工业、空间技术和生物工程工业为主要标志，这次科技革命快速地促进了人类经济、政治、文化之间的变革，也影响了人类生活方式和思维方式，使人类社会向更高境界发展。这次科技革命大大促进了社会生产力的进步，拓宽了发达国家之间国际分工的范围，国家之间的商品、服务、要素的交流日益频繁，然而国家之间的关税和非关税措施限制了国际分工的进一步发展，因此，科学技术和社会生产力的高速发展要求国家之间进行经济协调和交流。

（2）美苏压迫促使西欧联盟。第二次世界大战后，欧洲虽然百废待兴，但仍是世界上经济发展程度最好的地区之一，不论是在科学技术还是在掌握的资源上，美苏自然不肯放过。欧洲国家不满于成为美苏对峙的牺牲品，为了维护国家利益，需要提高欧洲的国际地位，因此，欧洲内部各国需要联合起来，走一体化道路。

（3）全球经济政治的多元化发展。伴随着东欧剧变、苏联解体，美苏对峙的格局不复存在，全球经济政治格局朝着多元化发展。在新的多元化格局中，经济实力越来越重要，各个国家都致力于实现长期、协调的经济发展。同时，国际投资和国际贸易快速增长，跨国公司也发展迅速。全球各国为了维护自己在国际上的地位，都积极参与国际经济交流，以对付日趋白热化的竞争。在多元化过程中，各个国家都纷纷组成一体化组织，以发挥集体优势。实践证明，欧洲联盟的建立确实加强了欧洲各国在国际上的地位。

（4）国际激烈竞争的结果。发展中国家在世界市场上面对实力强大的发达国家的激烈竞争，处于极其不利的地位。发展中国家要想摆脱其在国际竞争中的困境，有必要成立区域经济一体化组织，通过多个国家的联合来增强经济实力。北美自由贸易区是美国等国家面对日益紧密联合起来的欧洲联盟而成立的。亚太经济合作组织是由发展中国家和发达国家组成的区域性经济组织，在促进区域贸易自由化、增强各成员国之间经济合作、避免激烈竞争等方面发挥了非常重要的作用。

（5）要素资源在全球分布不平衡。各国的物质资源、劳动力资源、科学技术资源等的分布是不平衡的，各国生产要素的多寡现象也是普遍存在的。因此，按照大卫·李嘉图的"比较优势贸易理论"，一国与另一国进行国际贸易时，应选择本国具有相对优势的商品，这样，各国之间可以优势互补，相互促进，共同发展。因此，一个国家和另一个国家应该利用各自的人力、物力资源等优势，通过多国合作以互通有无，促进各自经济发展。

（6）世界贸易组织体制的缺陷。世界贸易组织促进了国际贸易的自由化，但因为世界贸易组织机构众多，程序复杂，而且根据世界贸易组织"一揽子协议"，"乌拉圭回合"最后的文件必须作为一个整体为缔约方所接受，各缔约方要么全面接受"乌拉圭回合"的最后文件，从而成为世界贸易组织成员，要么不接受，而无法成为世界贸易组织的成员，这就使得各缔约方短时期内加入世界贸易组织变得比较困难。例如1986年，中国申请重回关贸总协定，从此，中国为复关和"入世"做出了15年的努力。俄罗斯经过长达 18 年的"入世"谈判才加入世界贸易组织。因此，世界贸易组织体制的这种缺陷，促进了区域经济一体化的形成发展。

（7）和平与发展的需要。和平与发展是当今世界两大主题。经济决定政治，经济上的一体化，会使战争失去生存的意义。当年欧洲联合的目标就是政治，经过两次世界大战的洗礼，欧洲人意识到必须通过经济合作，才能实现欧洲的和平与发展，事实证明，欧洲的联合确实起到了这个作用。

三、区域经济一体化的形式

区域经济一体化的形式根据不同的角度有不同的分类。区域经济一体化的形式根据贸易壁垒强弱的程度，可以分为以下几类：

（1）优惠贸易安排。优惠贸易安排是指在各成员国间，对全部或部分商品，通过签订协定或其他形式，给予特殊的优惠关税，对非成员国间的贸易则设置较高的贸易壁垒。这是区域经济一体化中较低级和较松散的一种形式，商品流动的障碍并没有完全消除。典型的有 1932 年英国与一些大英帝国以前的殖民地国家之间实行的英联邦特惠制。

（2）自由贸易区。自由贸易区是指各成员国通过签订自由贸易协定组成一个贸易区，在贸易区内各成员国通过废除关税、贸易配额和优先级别等，实现贸易区内商品的完全自由流动，但每个成员国仍保留对非成员国的原有壁垒。如中日韩自由贸易区、北美自由贸易区等。

（3）关税同盟。关税同盟是指成员国间完全取消关税或其他贸易壁垒，同时协调成员国间的对外贸易政策，建立统一的对外关税。这在自由贸易区的基础上更进了一步，开始带有超国家的性质，典型的有西非国家经济共同体。

（4）共同市场。共同市场是指成员国在关税同盟的基础上进一步消除对生产要素流动的限制，使成员国之间不仅实现贸易自由化，而且实现技术、资本、劳动力等生产要素的自由流动。典型的如南方共同市场。

（5）经济同盟。经济同盟是指在共同市场的基础上又进了一步，成员国之间不但实现商品和生产要素的自由流动，建立起对外的共同关税，而且制定和执行某些共同经济政策和社会政策，逐步废除政策方面的差异，形成一个庞大的经济实体，典型的如目前的欧洲联盟。

（6）完全经济一体化。完全经济一体化是指在经济同盟的基础上，各成员国统一所有的重大经济政策，如财政政策、货币政策以及有关贸易和生产要素流动的政策，使用共同货币。完全经济一体化组织一般有共同的组织管理机构，这种机构的权力以成员国的部分经济决策与管理权限的让渡为基础。完全经济一体化是经济一体化的最高形式。

上述六种区域经济一体化的形式是按照贸易壁垒由强到弱的顺序排列的，但是对区域经济一体化形式的划分只能是大体上的，实际上每个组织都不可能是标准的某种形式。有可能完全是某一种形式，也有可能是混合的形式。

第二节　区域经济一体化理论

自从区域经济一体化组织发展起来以后，整个世界就形成了一股强劲的新浪潮。这股新浪潮推进之迅速，内容之广泛，形式之多样，都是前所未有的。因此引起了世界各国的注意，许多经济学家都对这种现象进行了研究，形成了一些理论，其中流行比较广泛的理论有关税同盟理论、大市场理论、协议性国际分工原理、综合发展战略理论等。

一、关税同盟理论

20 世纪 50 年代，范纳《关税同盟问题》一书的出版标志着关税同盟理论的形成。在书中，范纳提出完全形态的关税同盟应该具备三个条件：一是完全取消参加国间的关税；二是对来自非成员国或地区的进口设置统一的关税；三是通过协商方式在成员国之间分配关税收入。范纳所提出的关税同盟既有对成员国的贸易自由，又有对非成员国的贸易保护，是一种自由贸易和保护贸易相结合的形式。

关税同盟的静态效应，是指假定在经济资源总量不变、科学技术没有改善的情况下，关税同盟对同盟内外国家的经济发展以及物质福利等的影响。关税同盟的静态效应主要是指贸易创造效应和贸易转移效应。

（一）贸易创造效应

贸易创造效应是指建立关税同盟后，成员国间的关税壁垒取消，实行自由贸易，从而使得某一产品从成本较高的国内生产转往成本较低的成员国生产，从成员国的进口量增加，国内居民的经济福利增加，新的贸易得以"创造"。另外，一国由原先从非成员国高价购买转而从成员国的低价购买也属于贸易创造。简言之，贸易创造效应是指关税同盟建立后，国际资源配置得到改善，国际资源从生产效率低、成本高的部门转到生产效率高、成本低的部门，一部分贸易被创造，国际资源得到合理利用，社会福利随之增加。

下面用一个具体例子来说明贸易创造效应。假定汇率既定，A、B、C 三国均生产 x 商品，该商品在 A、B、C 三国的价格分别为 40 美元、35 美元、30 美元，关税同盟建立之前，A、B 两国 x 商品对外关税率分别为 50% 和 20%，这样，作为价格最低的 C 国 x 商品进入到 A、B 两国市场的税后价格分别为 45 美元和 36 美元，均高出 A、B 两国自身的价格；B 国 x 商品进入到 A 国的税后价格为 52.5 美元；显然，三国间不可能产生 x 商品的贸易。A、B 两国间建立关税同盟后，假定 A、B 两国保持两国间的低关税（20%），那么 C 国面临的情形不变，即不能与 A、B 两国有贸易往来，因为 C 国进入 A、B 两国的价格均为 36 美元，高于 B 国的 35 美元。另外，B 国 x 商品进入到 A 国市场价格为 35 美元，低于 A 国自身的价格，A、B 两国间 x 商品的贸易也就被创造出来了。贸易后，A、B 两国的福利水平都得到了提高，而 C 国并无利益损害。

（二）贸易转移效应

贸易转移效应是指建立关税同盟前，某成员国不生产某种商品，而采取贸易自由的态度，无税（或关税很低）地从世界上生产效率最高、成本最低的国家进口商品；关税同盟建立后，该成员国该商品转由同盟内生产效率最高的国家进口。若同盟内生产效率最高的国家不是世界上生产效率最高的国家，则进口成本较同盟成立前有所增加，使得同盟内成员国的社会福利水平下降。简言之，贸易转移效应是指关税同盟建立后，国际资源配置没有得到改善，国际资源从生产效率高、成本低的部门转到生产效率低、成本高的部门，一部分贸易被转移，国际资源没有得到合理利用，社会福利随之减少。

下面用一个具体例子来说明贸易转移效应。假定汇率既定，A、B、C 三国均生产 × 商品，该商品在 A、B、C 三国的价格分别为 40 美元、35 美元、30 美元，关税同盟建立之前，A、B 两国 × 商品对外关税率分别为 13% 和 40%，这样，A 国不会生产 × 商品，而是从世界上生产效率最高、成本最低的 C 国进口（进口的税后价格为 33.9 美元）。当 A、B 两国建立关税同盟后（设对外统一的关税税率为 40%），A 国从 B 国进口 × 商品的价格为 35 美元，低于从 C 国进口时的 42 美元，A、C 两国间的贸易也就转变成为 A、B 两国间的贸易。贸易发生转向后，整个世界的经济福利水平随之下降。

关税同盟的静态效应就是由贸易创造产生的效益减去贸易转移造成的损失所取得的实际利益，这两种作用的变化成为影响关税同盟成功与否的一个重要原因。

二、大市场理论

大市场理论是针对共同市场提出的，其代表人物是西托夫斯基。他认为：以前各国之间推行狭隘的只顾本国利益的贸易保护政策，把市场分割得狭小而又缺乏适度的弹性，只能为本国生产厂商提供狭窄的市场，无法实现规模经济和大批量生产的利益。当地区经济一体化发展到共同市场之后，成员国间不仅实现了贸易自由化，而且实现了技术、资本、劳动力等生产要素的自由流动，从而形成一种超越国界的大市场。这种超越国界的大市场，将那些被贸易保护主义分割的小市场统一起来，通过大市场的激烈竞争，实现批量生产带来的大规模经济效益。这种规模经济使得生产成本下降，销售价格下降，人们愿意购买的商品更多，从而消费增加，投资增加，经济走上了良性循环，开始迅速增长。

西托夫斯基的大市场理论认为通过建立共同市场，使得市场扩大，将比较分散的生产集中起来进行规模化的大生产，这样，机器得到充分利用，生产更加专业化、社会化，高新科技得到更广泛的利用，竞争更加剧烈，从而生产成本下降，销售价格下降，进入良性循环。

三、协议性国际分工原理

协议性国际分工原理是日本学者小岛清提出的。协议性国际分工，是指甲国放弃一种商品的生产并把该商品的国内市场提供给乙国，而乙国放弃另一种商品的生产并把该商品的国内市场提供给甲国，即甲乙两国通过达成某种协议，该协议规定两国间相互提供市场，从而实现协议性国际分工。协议性国际分工通过市场的价格机制无法自动实现，必须通过参与国间的某种协议来实现，即通过地区经济一体化制度把协议性国际分工组织化。

小岛清认为当地区经济一体化组织建立后，该组织仅依靠比较优势进行分工，不可能完全获得规模经济所带来的利益，反而可能会导致各国家企业的垄断，从而影响该组织内分工的发展和外贸的稳定。因而，他提出须实行协议性国际分工，使竞争性贸易的不稳定尽可能保持稳定，并且促进这种稳定。

四、综合发展战略理论

综合发展战略理论是针对发展中国家的理论，由鲍里斯·塞泽尔基提出。鲍里斯·塞泽尔基在《南南合作的挑战》一书中提出：发展中国家的经济一体化是变革世界经济格局、建立国际经济新秩序的要素。

综合发展战略理论认为，要实现发展中国家地区经济一体化应遵循：第一，发展中国家的经济一体化不限于市场的统一。第二，发展中国家应通过强有力的共同机构和政治意志来避免两极分化。第三，发展中国家通过政府干预来规范私营经济，从而有利于地区经济一体化的建立。

第三节 区域经济一体化实践

当前，全球经济中已有多个区域经济一体化组织，不仅发达国家组建了区域经济一体化组织，且发展中国家也纷纷组建、巩固和发展区域经济一体化组织。据统计，目前全球大部分国家和地区都组建了区域经济一体化组织。下面具体介绍几个区域经济一体化组织。

一、欧洲联盟

欧洲联盟，是目前世界上影响比较大的一个区域经济一体化组织。其前身是欧洲共同体，又称欧洲共同市场。

(一)欧洲联盟历程

早在中世纪就出现了欧洲统一思潮，当时法兰克帝国和罗马帝国等都将欧洲许多地区统一在其疆域之内。"二战"以后，欧洲统一思潮进入了高潮。英国首相丘吉尔于1946年9月提议建立"欧洲合众国"。法、比、联邦德国、卢、意、荷六国在1951年4月签署了《关于建立欧洲煤钢共同体的条约》。1957年3月，法、比、联邦德国、卢、意、荷六国外长在罗马签订了建立欧洲经济共同体与欧洲原子能共同体的两个条约，即《罗马条约》。1965 年 4 月，法、比、联邦德国、卢、意、荷六国签订了《布鲁塞尔条约》，决定将欧洲煤钢共同体、欧洲原子能共同体和欧洲经济共同体统一起来，统称欧洲共同体，总部设在比利时布鲁塞尔。1991 年 12 月 11 日，欧共体马斯特里赫特首脑会议通过了建立"欧洲经济货币联盟"和"欧洲政治联盟"的《欧洲联盟条约》（通称马斯特里赫特约，简称"马约"）。1993 年 11 月 1 日"马约"正式生效，欧共体更名为欧盟。这标志着欧共体从经济实体向经济政治实体过渡。2007 年，随着罗马尼亚和保加利亚两国加入欧盟，欧盟成员国已增至 27 个。

（二）欧洲联盟组织机构

欧盟的组织机构包括理事会、委员会、欧洲议会、欧洲法院等。

1. 理事会

欧盟理事会由欧盟各成员国的政府部长组成，是欧盟的主要决策机构之一。每一个成员国在理事会中都有一名代表，即理事。没有特殊情况下，欧盟理事会通常在比利时首都布鲁塞尔召开。理事会有一名主席和一名秘书长，实行轮换制，由各成员国轮流出任，每半年轮换一次。欧盟理事会主席由轮值主席国外交部部长出任。理事会秘书长由欧盟各成员国联合推举任命，和现任主席国、下任主席国形成"三驾马车"。

2. 委员会

欧盟委员会是欧盟的常设执行机构，也是欧盟唯一有权起草法令的机构。欧盟委员会是中国大陆的叫法，中国台湾地区称之为欧盟执委会。

欧盟委员会每 5 年换届，一般在欧洲议会选举结束的 6 个月内完成。欧盟委员会主席由欧盟理事会和成员国政府首脑一起决定，并需要得到欧洲议会的赞成。

3. 欧洲议会

欧洲议会是欧盟三大机构（欧盟理事会、欧盟委员会、欧洲议会）之一，是欧盟参与立法、监督、预算和咨询的机构。

欧洲议会的主要任务是讨论人权问题和派遣人权观察委员会，如对被揭露的警署或监狱虐待和酷刑事件进行调查，或者提醒一个国家和公众舆论对种族主义或排外思潮提高警惕。

4. 欧洲法院

欧洲法院是欧洲联盟的一个机关。欧洲法院的任务主要有三个：①审查欧盟各机构的立法与决议是否合乎欧盟诸条约之精神；②确保各会员国遵守欧盟诸条约所课予之义务；③依内国法院之请求，解释欧盟法律。

（三）欧洲联盟主要活动

欧洲各国为了实现一体化采取了很多措施：

（1）建立关税同盟。1962 年，欧共体实行共同农业政策。1967 年，欧共体对非成员国实行统一的关税。1968 年，成员国之间相互取消商品关税和限额，建立关税同盟。

（2）建成大市场。1985 年，欧共体批准建设内部统一大市场。1986 年，各成员国正式签署《欧洲单一文件》，开始建设统一大市场。统一大市场的目标是逐步取消各种非关税壁垒，包括有形障碍、技术障碍和财政障碍。1993 年 1 月 1 日，欧共体实现商品、人员、资本和劳务自由流通，基本建成统一大市场。

（3）建立政治合作制度。《欧洲单一文件》于 1987 年生效，文件将在外交领域进行政治合作正式列入欧共体条约。1990 年，欧共体举行了建立政治联盟问题的政府间会议。1991 年，马斯特里赫特首脑会议通过了政治联盟条约。其主要内容是欧共体将实行共同的外交和安全政策，并将最终实行共同的防务政策。此外还实行了共同的渔业政策、建立欧洲货币体系、建设经济货币联盟等措施。

（4）建立欧盟。1993 年 11 月 1 日，"马约"正式生效，欧共体更名为欧盟。1999 年，欧元在欧盟内开始正式使用，标志着统一货币的开始。欧盟经济和政治上的统一越来越深入，一体化程度越来越深。

经过希腊等国的债务危机，欧盟的一体化受到影响，但地区经济一体化作为世界经济发展的潮流，是不可更改的。

二、亚太经济合作组织

亚太经济合作组织是亚太地区的一个经济论坛和磋商机构，也是亚太地区最高级别的政府间经济合作机制，总部设在新加坡。亚太经济合作组织是经济合作的论坛平台，是通过非约束性的承诺与成员的自愿，强调开放、对话及平等尊重各成员意见，不同于其他经由条约确立的政府间组织。

（一）亚太经济合作组织历程

20 世纪 80 年代，经济全球化、贸易自由化和区域经济一体化的趋势逐渐成为潮流。与此同时，在欧洲经济一体化进程加快、北美自由贸易区已显雏形和亚洲地区在世界经济中的比重明显上升等背景下，澳大利亚前总理霍克于 1989 年 1 月提出召开亚太地区部长级会议，讨论加强相互间经济合作的倡议。这一倡议得到美国、加拿大、日本和东盟的积极响应。

亚太经合组织诞生于全球冷战结束的年代。20 世纪 80 年代末，随着冷战的结束，国际形势日趋缓和，经济全球化、贸易投资自由化和区域集团化的趋势渐成为潮流。同时，亚洲地区在世界经济中的比重也明显上升。在此背景下，1989 年 1 月，澳大利亚总理霍克提议召开亚太地区部长级会议，讨论加强相互间经济合作问题。

1989 年 11 月，澳大利亚、美国、日本、韩国、新西兰、加拿大及当时的东盟六国在澳大利亚首都堪培拉举行了亚太经合组织首届部长级会议，标志着这一组织正式成立。1991 年 11 月，亚太经合组织第三届部长级会议在韩国首都汉城（现称首尔）举行，会议通过《汉城宣言》，正式确立了这一组织的宗旨和目标，即"为该地区人民的共同利益保持经济的增长与发展；促进成员间经济的相互依存；加强开放的多边贸易体制；减少区域贸易和投资壁垒"。

（二）亚太经济合作组织的原则和构成

亚太经济合作组织（APEC）采取自主自愿、协商一致的合作原则，所作决定必须经各成员一致同意认可。亚太经合组织的组织机构包括领导人非正式会议、部长级会议、高官会、委员会和工作组、秘书处等。其中，领导人非正式会议是亚太经合组织最高级别的会议。

（1）领导人非正式会议：自1993年以来共举行了多次，分别在美国西雅图、印度尼西亚茂物、日本大阪、菲律宾苏比克湾、加拿大温哥华、马来西亚吉隆坡、新西兰奥克兰、文莱斯里巴加湾市、中国上海、墨西哥洛斯卡沃斯、泰国曼谷、智利圣地亚哥、韩国釜山、越南河内、澳大利亚悉尼、秘鲁利马、新加坡、日本横滨、美国夏威夷举行。

（2）部长级会议：包括外交、外贸双部长会议以及专业部长会议。双部长会议每年在领导人会议前举行一次，专业部长会议不定期举行。

（3）高官会：每年举行3~4次会议，一般由各成员司局级或大使级官员组成。高官会的主要任务是负责执行领导人和部长会议的决定，并为下次领导人和部长会议做准备。

（4）委员会和工作组：高官会下设四个委员会，即贸易和投资委员会（CTI）、经济委员会（EC）、经济技术合作高官指导委员会（SCE）和预算管理委员会（BMC）。CTI负责贸易和投资自由化方面高官会交办的工作；EC负责研究该地区经济发展趋势和问题，并协调结构改革工作；SCE负责指导和协调经济技术合作；BMC负责预算、行政和管理等方面的问题。此外，高官会还下设工作组，从事专业活动和合作。

（5）秘书处：1993年1月在新加坡设立，为APEC各层次的活动提供支持与服务。秘书处负责人为执行主任，由APEC当年的东道主指派。

（三）亚太经济合作组织特点

1. 独特的官方经济性质

APEC是一个区域性的官方经济论坛，在此合作模式下，不存在超越成员体主权的组织机构，成员体自然也无须向有关机构进行主权让渡。

坚持APEC官方论坛的性质，是符合亚太地区经济体社会政治经济体制多样性、文化传统多元性、利益关系复杂性的现实情况的。这种比较松散的"软"合作特征，很容易把成员体之间的共同点汇聚在一起，并抛开分歧和矛盾，来培养和创造相互信任及缓解或消除紧张关系，从而达到通过平等互利的经济合作，共同发展、共同繁荣，同时推动世界经济增长，以实现通过发展促和平的愿望。

2. 开放性

APEC是一个开放的区域经济组织。APEC之所以坚持开放性，其中一个重要原因是APEC大多数成员体在经济发展过程中，采取以加工贸易或出口为导向的经济增长方式及发展战略。这样的发展战略所形成的贸易格局使这一地区对区外经济的依赖程度非常大，而采取开放的政策，不仅可以最大限度地发挥区域内贸易长处，同时也可以避免对区域外的歧视政策而缩小区域外的经济利益。除此之外，APEC成员体多样性，及其实行的单边自由化计划也客观要求其奉行"开放的地区主义"。

3. 自愿性

由于成员国之间政治经济上的巨大差异，在推动区域经济一体化和投资贸易自由化方面要想取得"协商一致"是非常困难的，APEC成立之初就决定了其决策程序的软约束力，是一种非制度化的安排。不具有硬性条件，只能在自愿经济合作的前提下，以公开对话为基础。各成员国根据各自经济发展水平、市场开放程度与承受能力对具体产业及部门的贸易和投资自由化进程自行做出灵活、有序的安排，并在符合其国内法规的前提下予以实施，这就是所谓的"单边自主行动"计划。

三、北美自由贸易区

北美自由贸易区（NAFTA）由美国、加拿大和墨西哥三国组成。1992年8月12日，三国就《北美自由贸易协定》达成一致意见，同年12月17日，三国领导人分别在各自国家正式签署。1994年1月1日，协定正式生效，北美自由贸易区宣布成立。三个会员国彼此必须遵守协定规定的原则和规则，如国民待遇、最惠国待遇及程序上的透明化等来实现其宗旨，借以消除贸易障碍。自由贸易区内的国家货物可以互相流通并减免关税，而贸易区以外的国家则仍然维持原关税及壁垒。

（一）北美自由贸易区历程

关于建立北美自由贸易区的设想，最早出现在1979年美国国会关于贸易协定北美自由贸易区的法案提议中，1980年美国前总统里根在其总统竞选的有关纲领中再次提出。但由于种种原因，该设想一直未受到很大重视，直到1985年才开始起步。

1985年3月，加拿大总理马尔罗尼在与美国总统里根会晤时，首次正式提出美、加两国加强经济合作、实行自由贸易的主张。由于两国经济发展水平及文化、生活习俗相近，交通运输便利，经济上的互相依赖程度很高，所以自1986年5月开始经过1年多的协商与谈判，于1987年10月达成协议。1988年1月2日，双方正式签署《美加自由贸易协定》。经美国国会和加拿大联邦议会批准，该协定于1989年1月生效。

由于区域经济一体化的蓬勃发展和《美加自由贸易协定》的签署，墨西哥开始把与美国开展自由贸易区的问题列上了议事日程。1986年8月两国领导人提出双边的框架协定计划，并于1987年11月签订了一项有关磋商两国间贸易和投资的框架原则和程序的协议。在此基础上，两国进行多次谈判，于1990年7月正式达成了美墨贸易与投资协定（也称"谅解"协议）。同年9月，加拿大宣布将参与谈判，三国于1991年6月12日在加拿大的多伦多举行首轮谈判，经过14个月的磋商，终于在1992年8月12日达成了《北美自由贸易协定》。该协定于1994年1月1日正式生效，北美自由贸易区宣告成立。

（二）北美自由贸易区主要特点

北美自由贸易区是典型的南北双方为共同发展与繁荣而组建的区域经济一体化组织，南北合作和大国主导是其最显著的特征。

1. 南北合作

北美自由贸易区既有经济实力强大的发达国家（如美国），也有经济发展水平较低的发展中国家，区内成员国的综合国力和市场成熟程度差距很大，经济上的互补性较强。各成员国在发挥各自比较优势的同时，通过自由的贸易和投资，推动区内产业结构的调整，促进区内发展中国家的经济发展，从而减少与发达国家的差距。

2. 大国主导

北美自由贸易区是以美国为主导的自由贸易区，美国的经济运行在区域内占据主导和支配地位。由于美国在世界上经济发展水平最高，综合实力最强；加拿大虽是发达国家，但其国民生产总值、经济实力远不如美国；墨西哥是发展中国家，对美国经济的依赖性很强。因此，北美自由贸易区的运行方向与进程在很大程度上体现了美国的意愿。

3. 减免关税的不同步性

由于墨西哥与美国、加拿大的经济发展水平差距较大，而且在经济体制、经济结构和国家竞争力等方面存在较大的差别，因此，自《美加自由贸易协定》生效以来，美国对墨西哥的产品进口关税平均下降 84%，而墨西哥对美国的产品进口关税只下降 43%；墨西哥在肉、奶制品、玉米等竞争力较弱的产品方面，有较长的过渡期。同时，一些缺乏竞争力的产业部门有 10~15 年的缓冲期。

4. 战略的过渡性

美国积极倡导建立的北美自由贸易区，实际上只是美国战略构想的一个前奏，其最终目的是为了在整个美洲建立自由贸易区。美国试图通过北美自由贸易区来主导整个美洲，一来为美国提供巨大的潜在市场，促进其经济的持续增长；二来为美国扩大其在亚太地区的势力，与欧洲争夺世界的主导权。1990 年 6 月 27 日，美国总统布什在国会提出了开创"美洲事业倡议"，随后美国于 1994 年 9 月正式提出"美洲自由贸易区"计划，同年 12 月，在美国迈阿密举行了由北美、南美和加勒比海所有国家（古巴除外）共 34 个国家参加的"美洲首脑会议"，会议决定于 2005 年建成美洲自由贸易区。

（三）北美自由贸易区取得的成果

北美自由贸易区成立以来，虽然对其发展的成果评价不一，存在较大争议，但无论支持者和反对者，对自由贸易区建立后美、加、墨三国由于取消贸易壁垒和开放市场，实现了经济增长和生产力提高是基本肯定的。尤其是墨西哥的加入，使得北美自由贸易区成为南北区域经济合作的成功范例，国际间对于发达国家和发展中国家能否通过自由贸易实现经济的共同增长、迈向经济一体化的疑问基本得到消除。

自成立以来，北美自由贸易区取得的成果有：促进地区贸易增长和增加了直接投资、发达国家保持经济强势地位、发展中国家受益明显、合作范围不断扩大等。

本章小结

从广义上来说，区域经济一体化即全球经济一体化，指世界各国间彼此相互交流，形成一个相互联系、相互促进的有机体的一个过程。从狭义上来说，区域经济一体化即地区经济一体化，指区域内或区域之间两个或两个以上国家或政治实体，在一个具有超国家性的共同机构的指导下，通过签订书面文件，以形成某种形式的经济联合，逐步实现双方在货物、服务和要素等方面的相互流动，取消关税和非关税壁垒，协调财政和货币等政策，并最终形成一个政治经济协调统一的有机体。

经济一体化组织可以根据市场融合的程度，分为以下六类：优惠贸易安排；自由贸易区；关税同盟；共同市场；经济同盟；完全经济一体化。

经济一体化的发展引起了许多国家的关注，形成了一些理论：关税同盟理论；大市场理论；协议性国际分工原理；综合发展战略理论。

目前，不仅发达国家卷入了组建区域经济一体化的浪潮，而且广大的发展中国家也纷纷组建、巩固和发展自身的区域经济合作组织。据统计，目前全球共有150多个国家和地区参加了区域经济一体化组织，如欧洲联盟、亚太经济合作组织、北美自由贸易区。

复习思考题

【核心概念】

1. 区域经济一体化
2. 优惠贸易安排
3. 自由贸易区
4. 关税同盟
5. 共同市场
6. 经济同盟
7. 完全经济一体化
8. 关税同盟理论
9. 大市场理论
10. 协议性国际分工原理
11. 综合发展战略理论

【问答题】

1. 地区经济一体化有哪几种形式？它们之间有什么区别？
2. 关税同盟的静态效应有哪些？
3. 关税同盟的动态效应有哪些？
4. 地区经济一体化对国际贸易的影响。
5. 贸易创造效应和贸易转移效应有何不同？
6. 欧盟实践的启示是什么？

第十一章 国际投资与跨国公司

[学习目的]

通过本章学习，了解国际投资形成与发展过程，掌握国际投资的含义与类型，了解跨国公司的形成与发展过程，掌握跨国公司的基本概念与特征、内部贸易价格；理解跨国公司对国际贸易的影响。

[重点难点]

◆ 掌握国际投资的含义和类型
◆ 掌握跨国公司的含义及其必备条件
◆ 掌握跨国公司内部贸易及经营战略
◆ 理解国际投资和跨国公司的发展过程

[引导案例]

2014 年中国吸收外商直接投资情况

据统计，2014 年 1~12 月，全国设立外商投资企业 23778 家，同比增长 4.4%；实际使用外资金额 1195.6 亿美元（折合 7363.7 亿元人民币），同比增长 1.7%。12 月，全国设立外商投资企业 2482 家，同比增长 6.1%；实际使用外资金额 133.2 亿美元（折合 818.7 亿元人民币），同比增长 10.3%。

1~12 月，东盟对华投资新设立企业 1097 家，同比增长 2.7%，实际投入外资金额 65.1 亿美元，同比下降 23.8%。欧盟 28 国对华投资新设立企业 1584 家，同比增长 3.9%，实际投入外资金额 68.5 亿美元，同比下降 5.3%。

1~12 月，主要国家/地区对华投资总体保持稳定。前十位国家/地区（以实际投入外资金额计）实际投入外资总额 1125.9 亿美元，占全国实际使用外资金额的 94.2%，同比增长 2.7%。对华投资前十位国家/地区依次为：中国香港（857.4 亿美元）、新加坡（59.3 亿美元）、中国台湾（51.8 亿美元）、日本（43.3 亿美元）、韩国（39.7 亿美元）、美国（26.7 亿美元）、德国（20.7 亿美元）、英国（13.5 亿美元）、法国（7.1 亿美元）和荷兰（6.4 亿美元）。其中韩国和英国同比增幅较高，分别为 29.8% 和 28%；荷兰和日本则分别下降 50.1% 和 38.8%。

资料来源：2014 年 1~12 月全国吸收外商直接投资快讯，http://www.fdi.gov.cn/CorpSvc/Temp/T3/Product.aspx?idInfo=10000499&idCorp=1800000121&iproject=33&record=4500。

近年来，中国吸引外资和对外投资规模都在不断增长，国际投资的主要载体是跨国公司，跨国公司对国际贸易的影响日益显著。国际投资有哪些类型？什么是跨国公司？跨国公司有什么经营战略？本章就以上问题加以阐释。

第一节　国际投资

国际投资学作为一门新兴学科，其内容尚处在发展与探索过程中，所以，对国际投资的定义目前尚未完全统一。虽然具体定义不同，但人们普遍认为，国际投资（International Investment），是指政府、跨国公司等国际投资主体，将其拥有的货币资本或产业资本，通过跨国界流动和运营，以实现价值增值、创造利润的经济行为，又被称作对外投资（Foreign Investment）或海外投资（Overseas Investment）。

国际投资按照不同的标准有不同的分类，按资本持有者的性质不同分为国家投资和私人投资两大类；按投资期限长短可分为长期投资和短期投资；按投资方式可分为直接投资和间接投资。这里主要介绍国际直接投资和国际间接投资。

一、国际直接投资

按照国际货币基金组织（IMF）的定义，国际直接投资（Foreign Direct Investment，FDI）又称对外直接投资，是指一国或地区的投资者输出生产资本直接到另一个国家或地区进行投资，并由投资者直接对该企业进行经营和管理的一种投资形式。对外直接投资的突出特征是投资者企业拥有经营管理权和控制权；直接投资不仅涉及货币资本的流动，而且带动商品及生产要素的转移。近年来，国际直接投资的规模和比重不断增加，形式也呈现出多样化的趋势。

（一）国际直接投资的分类

在对外直接投资中，投资者对企业的控制权一般与投资者对企业股份的拥有权相等，拥有的股份比例越高，控制权也就越大。

（1）按照投资者对投资企业的控制程度不同，对外直接投资分为独资经营、合资经营和合作经营与合作开发。

独资经营是指投入的资本完全由一国的投资者提供，外资股份为100%，属于全部股权参与式投资。可以是完全新建的企业，也可以是收买现有的企业。

合资经营是指两国或两国以上的投资者在平等互利原则基础上，根据投资所在国的法律，通过签订合同，按一定比例或股份共同投资、共同经营、共负盈亏、共担风险的一种投资方式。合资经营一般采取建立股份公司、股份有限责任公司、无限责任公司等形式。

合作经营与合作开发二者都是以签订合同或协议为基础的国际经济合作形式。合作经营企业一般不以股份确定产权，不按股权比例分配收益，而是根据合同规定投资方式和投资比例分配收益并承担风险。合作开发则通常是由拥有特定资源的国家，通过招标方式与外国投资者签订合作开发协定或合同，并联合组成开发公司对东道国资源进行开发。

（2）按照投资主体与其投资企业之间国际分工的方式，可分为水平型直接投资、垂直型直接投资和混合型直接投资。

水平型直接投资也称为横向型直接投资，是指一国的企业到国外进行投资，建立与国内生产和经营方向基本一致的子公司或其他类型企业。这些子公司或分支机构能够独立完成生产和销售，与母公司保持水平分工关系。这类直接投资一般常见于机械制造业、食品加工业等。

垂直型直接投资也称为纵向型直接投资，是指一国企业或跨国公司到国外建立子公司或附属机构，这些国外子公司或附属机构与母公司之间实行纵向专业化分工协作。可以生产同一行业的不同程序的产品，多见于汽车、电子行业；也可以生产不同行业但有关联的产品，多见于资源开采、加工行业。

混合型直接投资则是一种水平型和垂直型相结合的直接投资方式。这种投资生产完全不同的产品，目前只有少数巨型跨国公司采取这种方式。

一般来说，企业进行国际直接投资，不是单一的水平型或垂直型直接投资，而是二者兼有，进行混合型投资。发达国家之间的直接投资往往以水平型为主，而发达国家对发展中国家的直接投资则以垂直型为主要形式。

（二）国际直接投资的动机

企业之所以选择到其他国家进行对外直接投资，有多种动机，主要包括以下几种：

（1）市场导向型动机。市场导向型是以扩大商品销售、占领国外市场为目的而进行国际直接投资。每个国家为了保护市场都有或多或少的贸易壁垒，不利于外国产品的进入，而进行对外直接投资在国外建立企业，则可以绕开贸易壁垒，有利于开辟海外新市场。

（2）成本导向型动机。有些企业进行对外直接投资，是为了利用国外廉价的生产要素，降低自己的生产成本。这些企业可能出于自然资源方面的考虑如煤矿、石油等，也可能出于国外廉价的劳动力和丰富的土地等生产要素方面的考虑，也可能出于汇率变动、利用各国关税税率的高低来降低生产成本的考虑进行对外直接投资。

（3）技术与管理导向型动机。一个企业的核心技术与管理经验一般都会对国外公司进行保密，但技术与经验具有外溢效应，所以，一些投资企业为了获取和利用国外先进的技术、生产工艺和先进的管理知识，而对那个国家进行对外直接投资，以此减少与国外公司的障碍。

（4）分散风险导向型动机。企业经营和投资都是有风险的，有些企业为了分散自己所面临的经济、政治风险，会把自己的业务放到许多个国家，以此来减少因国家经济动荡、政治波动等带来的风险。

（5）优惠政策导向型动机。企业为了利用东道国政府的优惠政策以及母国政府的鼓励性政策而进行对外直接投资。

（6）全球战略导向型动机。全球战略导向是指企业为了实现其全球发展战略，取得最佳经营效果进行投资建立企业，是跨国公司进行全球扩张的一种经营战略。跨国公司依据资源和市场的分布情况在世界范围内进行灵活、有效和统一的经营，有计划地对生产、销售和技术开发等方面进行直接投资。一般说来，这种类型是国际直接投资发展到较高层次的体现。

二、国际间接投资

国际间接投资（Foreign Indirect Investment，FII）是指发生在国际资本市场中的投资活动，包括证券投资和借贷资本输出，其特点是投资者不直接参与企业的经营和管理，仅仅以获取债息或股息为目的。

（一）证券投资

证券投资是指投资者在国际证券市场上购买外国企业或政府股票及其他有价证券的一种投资活动。证券投资者一般只取得债券、股票的红利和股息，对投资企业没有经营权和管理权。债券和股票都是有价证券，是一种特殊资本。债券体现的是一种债权债务关系，是发行者筹集资本的一种手段，债券持有人是债权人，从发行人那里取得一定的利息，债券到期时，公司偿还本金，但债券持有人不是公司的股东，不参与企业的经营管理。股票是代表股份资本所有权的证书，是股份公司向社会募集资金的手段，股票持有人可以从公司取得一定的股息报酬，上市股票还可以在证券市场上买卖，但不能向发行公司索回股票面额。

（二）借贷资本输出

借贷资本输出是指一国政府、银行或国际金融组织向第三国政府、银行、自然人或法人提供信贷资金。一般包括政府贷款、国际金融机构贷款、国际金融市场贷款、出口信贷等几种方式。

政府贷款是指一国政府利用其财政预算向另一国政府提供的优惠性贷款。政府贷款一般具有利率低、附加费用少、贷款期限长、附有限制性采购条款等特点。政府贷款比较适用于建设周期长、投资金额大的基本建设项目如能源开发、铁路建设等。

国际金融机构贷款主要是指世界银行及其附属机构、国际货币基金组织等金融机构向其成员国提供条件优惠的贷款，帮助其摆脱经济困境，促进落后地区的开发与发展。

国际金融市场贷款主要是指从国际货币市场或国际资本市场筹集资金的渠道。这类贷款一般利率较高，经常浮动，但是商业银行对贷款国的贷款资金用途没有任何限制规定。

出口信贷是一个国家为了鼓励商品出口，通过银行对本国出口商或外国进口商提供的贷款，包括买方信贷和卖方信贷。如果是向进口厂商提供贷款的买方信贷，这类贷款往往附带条件即贷款必须用于购买债权国的商品。出口信贷作为一种有效的间接投资方式，在国际市场上被各国普遍采用，尤其是发达国家。发达国家通过出口信贷的方式借钱给发展中国家，但前提条件是购买发达国家指定的商品，这一方面满足了发展中国家对商品的需求，另一方面也带动了发达国家的出口。

第二节　跨国公司

跨国公司迅猛发展和扩张，已经成为当代国际贸易和国际投资中最活跃的经济实体，充当了商品、劳务、资本和技术在国际间流动的最主要媒介，是推动经济全球化的动力和主体力量。

一、跨国公司的定义

跨国公司（Transnational Corporation）的名称经历了多次演变：①国际公司（International Corporation）：立足于国内市场开展有限跨国生产经营活动的企业，美国的宝洁公司、通用电气公司早期采用。②多国公司（Multinational Corporation）：根据不同东道国特有环境开展跨国经营活动的企业，当地化是核心，主要为了避开高关税，欧洲的联合利华、飞利浦和雀巢公司早期采用。③全球公司（Global Corporation）：以全球市场为目标开展跨国经济活动的企业，旨在通过全球协调建立成本优势占领全球市场。1970年关税及进口壁垒降低情况下日本的丰田、佳能、松下等公司采用。1974年联合国经济及社会理事会第57次会议对跨国公司的定义内涵进行界定，而后，联合国才统一使用"跨国公司"这一名称。

跨国公司的定义繁多，本书采用联合国的定义。联合国把跨国公司定义为：①跨国公司是指两个或两个以上国家经营业务的企业实体，不论其采取何种法律形式经营，也不论在哪一个经营部门经营；②这种企业在一个决策体系中经营，因而具有协调的政策和共同的战略；③企业的各个实体通过所有权或相互之间的影响联系在一起分享知识、资源并分担责任。跨国公司必须具备以上三个要素。

二、跨国公司的经营特征

跨国公司在规模上普遍大于相同类型的国内企业，地理分布十分广阔，股权结构呈现多国化的特点。所以，在经营上不同于国内企业，其具有以下经营特征：

（1）战略目标的全球化。所谓全球化战略是指在世界范围内有效配置跨国公司的一切资源，把公司的优势与东道国具有的优势结合起来，优势互补，使公司的整体利益达到最大化。跨国公司不计较局部利益的得失，具有全球性的战略目标和战略部署。为实现公司全球利益最大化，在世界范围内考虑原料来源、劳动力雇用、产品销售和资金利用。

（2）组织管理的内部一体化。跨国公司的总公司、众多子公司虽然分散在各国经营，但公司的投资、生产、价格、市场、利润、研发等决策实行高度集中的统一管理。

总公司拥有重大事宜的最终决定权，并为公司的发展把握方向，通过集中统一的指挥方式将各个子公司的分散经营活动有机地结合起来。

（3）营运过程的国际化。无论是生产型还是服务型的跨国公司，它们都实行国际化经营。跨国公司为了减少风险，适应国际环境的变化，开展国际化经营活动。跨国公司为达到公司全球利益最大化，势必带动商品、生产要素等的国际流动，并对其加以控制和合理使用，从而达到国际化经营的目的。

三、跨国公司的起源与发展

（一）跨国公司的发展过程

跨国公司是垄断资本主义高度发展的产物。它的出现与资本输出密切相关。现代意义上的跨国公司起源于19世纪60年代，形成于两次世界大战之间，在"二战"后初期至20世纪80年代末得到大发展，在20世纪90年代以后得到空前发展。

据联合国贸发会议统计，1990年世界跨国公司总数约3.5万家，在海外设立分支结构15万多家，全球销售额达5.5万亿美元，有史以来第一次超过世界贸易总额。2001年，跨国公司达6.5万家，有85万家子公司。到2009年，全世界共有约8.2万家跨国公司，国外子公司约81万家。

跨国公司自身规模扩大，出现了一些巨型跨国公司。2014年美国《财富》杂志评选出的世界500强中，名列第一的沃尔玛公司年营业收入为476294.0百万美元，名列第二的皇家壳牌年营业收入为459599.0百万美元，名列第三的中国石油化工集团公司年营业收入为457201.1百万美元。

但是跨国公司的行业发展不均衡，世界500强前100家跨国公司大多都集中在电气和电子设备、汽车以及石油勘探与分销行业，这些企业大多分布在美国、欧盟等地区，中国的跨国公司也越来越多。

表11-1 2014年世界500强排行榜前10位

单位：百万美元

排名	2013年排名	企业名称	国家	行业	营业收入
1	2	沃尔玛	美国	商品零售	476294.0
2	1	皇家壳牌	荷兰	炼油	459599.0
3	4	中国石油化工集团公司	中国	炼油	457201.1
4	5	中国石油天然气集团公司	中国	炼油	432007.7
5	3	埃克森美孚	美国	炼油	407666.0
6	6	英国石油	英国	炼油	396217.0
7	7	国家电网公司	中国	公用事业	333386.5
8	9	大众公司	德国	汽车	261539.1
9	8	丰田汽车公司	日本	汽车	256454.8
10	12	嘉能可	瑞士	能源	232694.0

资料来源：美国商业杂志《财富》。

（二）"二战"后跨国公司迅速发展的原因

1. 资本的高度集中和"过剩"资本的形成，要求寻找海外市场

"二战"后，主要资本主义国家出现过多次大规模的企业兼并高潮，使其生产和资本的集中达到较高的程度，形成许多大规模的垄断性企业。这些大规模的垄断企业积累了巨额的资本，在国内市场找不到更有利可图的投资项目之后，必然产生大规模对外直接投资的动机，并有条件付诸实施。所以，发达国家的垄断企业在全球范围内争夺有利的投资场所，以谋求垄断高额利润。正是在其向外扩张中，这些垄断企业变成了跨国公司。

2. 科技进步为跨国公司的迅速发展提供了有利条件

企业要想进行跨国经营，形成跨国公司，必须有雄厚的经济实力。以原子能科学、电子计算机、空间技术、生物工程等高新技术发展为特征的第三次科技革命的发生，引起国际分工的巨大变化，推动了生产力和生产关系的发展，为跨国公司的发展提供了客观物质基础。新技术的发展使得一些企业掌握了某项先进技术，拥有垄断优势，为一些跨国公司海外投资提供了必要和可能，促进了跨国公司的迅速发展。

3. 各国贸易保护政策的实施推动跨国公司的迅速发展

"二战"后，国际市场竞争激烈，主要发达国家为了扩大市场份额，一方面竭力扩大海外销售，另一方面又设置各种关税和非关税壁垒限制其他国家商品的进入。贸易保护主义的盛行，推动跨国公司以直接投资的方式，进入出口受阻的国家和地区，就地生产，就地销售，绕开对方的贸易壁垒，实现了对市场的占领。

4. 各国政府的政策支持是跨国公司迅速发展的重要支柱

跨国公司要想在东道国顺利地展开跨国经营活动，必须征得本国政府和东道国政府的允许和支持。"二战"后，发达国家为支持本国跨国公司在海外的投资，提高其国际竞争力，制定各种政策支持本国企业向外扩张，表现为：①在税收政策上，许多发达国家实行抵免和迟征。通过税收优惠资助企业的研究与开发活动，以提高其产品的竞争力。②在财政信用政策上，政府通过设立专门银行向跨国公司提供各种优惠贷款和参股贷款，为公司的海外扩张提供资金。③在政治和外交上，发达国家政府通过与他国签订避免双重课税协定来减轻跨国公司的纳税负担、签订双边或多边协定积极为跨国公司争取"国民待遇"和有力的投资条件。

5. 跨国银行等金融机构的发展

"二战"后，跨国银行的迅速发展对跨国公司的迅速发展起着推动作用。跨国银行运用自己庞大的金融资产和遍及全世界的信贷网络为跨国公司融资，使跨国公司的发展突破资金限制。这样就为跨国公司的跨国经营提供了财力支持，推动了跨国公司的迅速发展。同时，有些跨国银行通过控股或参股，本身也成为了跨国公司。

6. 放宽对外资的限制

"二战"后，各种类型的国家都相继实行对外资开放的政策，以改善国内投资环境，也成为跨国公司迅速发展的一个促进因素。

四、跨国公司的内部贸易

（一）内部贸易的含义

跨国公司的内部贸易是指跨国公司内部进行的产品、原材料、零部件、技术与服务的交换，包括母公司对子公司的销售、子公司对母公司的销售、同一跨国公司体系在一国的子公司向另一国子公司的销售。

据统计，20 世纪 70 年代，跨国公司内部贸易仅占世界贸易的 20%，80~90 年代升至 40%，而目前世界贸易总量的 80%左右为跨国公司内部贸易。

（二）跨国公司内部贸易的原因

1. 减少外部市场造成的经营不确定性风险

如果跨国公司的生产完全受外部市场的控制和支配，那么公司的经营活动将面临诸多不确定性，包括跨国公司生产所需原材料数量、质量和价格供应的不确定，为了降低外部市场造成的诸多不确定性，跨国公司就把外部贸易内部化，在整个公司体系内部展开交易，通过合理计划安排，保障产品的生产和销售，实现利润最大化。

2. 保障跨国公司对中间原材料的需求

在跨国公司的国际生产中，对一些中间产品的质量、规格和性能都有特殊的要求。要从外部市场获得这类中间产品不仅相当困难，而且交易成本较高。为保证中间产品符合要求，保障供给，降低交易成本，就要求把这部分产品的生产纳入跨国公司的生产体系，通过内部贸易来获取。

3. 降低交易成本

与直接向外部市场进行销售和购买相比，内部贸易可以减少对外交易谈判、签约和合同履行所发生的成本。

4. 维持对技术的垄断，防止技术扩散

跨国公司为保持技术垄断优势，往往不愿意进行外部贸易。因为，如果跨国公司的技术产品和中间投入置于外部贸易中，那么其拥有的技术优势就会扩散，技术和产品就会被别人仿制，导致其丧失技术垄断优势。通过内部贸易，不仅可以维持技术垄断，还可以增强跨国公司的整体竞争力。

（三）内部贸易价格

跨国公司内部贸易采用内部转移价格。所谓内部转移价格是指跨国公司根据全球战略目标，在母公司和子公司、子公司与子公司之间交换商品和劳务的交易价格。这种价格是根据跨国公司全球性经营目标，人为地确定的，而不是按照生产成本、正常利润和国际市场价格水平来定价的。

跨国公司实行内部转移价格有以下好处：

（1）可以降低公司纳税负担。减少税收包括减少所得税和关税。跨国公司的子公司分设在许多国家和地区，其经营所得必须向东道国政府纳税。在母、子公司所在地税率不同的情况下，跨国公司采取内部转移价格可以将利润从高税率国家转移到低税率国家，在总体上降低跨国公司的税负。另外，跨国公司也可以采取"高关税税率国家的子公司，进口产品时压低价格；低关税税率国家的子公司，进口产品时抬高价格"的方法来达到降低总关税的目的。

（2）提高公司在国际市场上的竞争能力。通过较低的内部转移价格把产品、原材料出口给子公司，降低其生产成本，以提高子公司在东道国的竞争能力。

（3）减少或避免风险。第一，减少或避免汇率风险。如果预测某一子公司的东道国货币可能贬值，跨国公司就可以采取子公司高进低出的转移价格，将利润和现金余额抽回，以减少因货币贬值造成的损失。第二，避免东道国的外汇管制。有些东道国政府对外国公司利润和投资本金的汇回在时间和数额上有限制，这时跨国公司可以利用高进低出的办法将利润或资金调出东道国。

（4）加速资金周转。通过内部转移价格使资金迅速在公司之间流动，实现资金的自由调拨，提高资金使用效率。

五、跨国公司对国际贸易的影响

（一）促进国际贸易总额的增长

跨国公司的发展对"二战"后国际贸易的发展起到了极大的促进作用。跨国公司在全球范围内进行生产和销售。为了使国际生产经营活动顺利进行，跨国公司的母公司与分布在各地的子公司以及子公司之间频繁地进行着原材料、制成品、半成品、技术等的国际转移，这种跨国公司的内部贸易数量越大，国际贸易额也就越大。跨国公司的内部贸易成为当今国际贸易增长中的重要构成部分。

跨国公司除了进行内部贸易外，作为一个整体还与外部市场进行外部贸易。据统计，目前世界贸易总量中有70%~80%与跨国公司有关。

（二）制约国际贸易地理分布

跨国公司的海外投资流向制约着国际贸易地理分布。20世纪80年代，跨国公司海外投资主要集中在发达国家，跨国公司海外投资的3/4集中于发达国家和地区，其设立的海外子公司有2/3位于此。跨国公司通过内部贸易和外部贸易，促进了发达国家的贸易。发展中国家在国际贸易额中所占比例甚小。20世纪90年代以来，跨国公司的投资方向发生了变化，如中国、巴西等，经济增长快，投资环境改善，吸引了许多跨国公司来这些国家投资，提高了其在国际贸易中的份额。尤其是2008年的国际金融危机的爆发，造成了发达国家的投资吸引力在下降，而发展中国家的投资吸引力在不断提高。所以，发展中国家的贸易地位在不断提高。

（三）促使科技的开发和利用日趋国际化

跨国公司尤其是来自美国、日本、德国、英国等发达国家的跨国公司凭借自己雄厚的经济实力，在全球范围内招揽人才、置办设备，利用各国的人力、物力进行国际协作开发。这不仅促进了科技开发的国际化，也加快了科技进步的步伐。可以说，跨国公司是技术创新的主要拥有者和技术发明的"领头羊"。同时，跨国公司也加快了先进科学技术的国际传播。目前，跨国公司掌握世界上 80% 左右的专利权，基本上垄断了国际技术贸易；在发达国家，大约有 90% 的生产技术和 75% 的技术贸易被这些国家最大的 500 家跨国公司所控制。据统计，20 世纪 90 年代初，技术贸易额在国际贸易额中所占比重仅为 1/3，而到了 20 世纪 90 年代中期，占国际贸易额的比重接近 1/2，目前，已超过国际贸易额的一半以上。

（四）影响东道国和母国经济的发展

跨国公司的发展有利于母国扩大市场，增强其企业竞争力，促进经济增长，跨国公司内部贸易带来的交易成本的降低能够产生与国际贸易、规模经济相同的效应。

跨国公司的投资有利于东道国的资本形成，提高了东道国的生产能力和国际竞争能力，有利于东道国的技术进步，对东道国的产业结构调整有一定的推动作用。

另外，跨国公司在促进国际贸易发展的同时也带来了一些负面问题：

第一，扰乱市场秩序。跨国公司凭借自己的垄断优势在国际市场中往往占据垄断地位，这就使得跨国公司扰乱了公平公正的国际贸易秩序。跨国公司往往在垄断某些产品市场后，操纵国际市场价格，进行不等价交换，损害别国的经济利益，而且还制定一些较严格的技术标准限制别国的产品，这阻碍国际贸易和投资的正常开展，严重影响国际贸易的公平秩序。

第二，损害东道国的生态环境。部分跨国公司以外商投资的名义，将其本国限制或禁止的一些污染环境或者危险的产业转移到环境监管较松的国家，导致这些国家的生态环境受到严重破坏，影响该国的可持续发展。

本章小结

国际投资主要包括国际直接投资和国际间接投资。国际直接投资的主要形式包括独资、合资等形式；国际间接投资包括证券投资和借贷资本输出。二者的主要区别在于是否对企业有控制权。

跨国公司是国际投资的主体，跨国公司主要是指两个或两个以上国家经营业务的企业实体，不论其采取何种法律形式经营，也不论在哪一个经营部门经营，这种企业在一个决策体系中经营，企业的各个实体通过所有权或相互之间的影响联系在一起分享知识、资源并分担责任。

跨国公司的主要经营特征有：实行全球化战略、实行内部集中管理、实行国际化经营战略。

跨国公司实行内部贸易的原因：减少外部市场造成的经营不确定性风险、满足跨国公司对中间原材料的需求、降低交易成本、维持对技术的垄断。

跨国公司的发展对国际贸易既有正面的影响，也有负面影响，如打乱市场秩序、损害东道国的生态环境等。

复习思考题

【核心概念】

1. 国际直接投资与国际间接投资

2. 跨国公司

3. 内部贸易

4. 内部转移价格

【问答题】

1. 什么是对外直接投资？对外直接投资和对外间接投资有什么不同？

2. 什么是跨国公司？跨国公司必须具备哪三个条件？

3. 跨国公司的经营特征是什么？

4. 什么是内部贸易？跨国公司为什么实行内部贸易？

5. 内部贸易转移价格的好处有哪些？

第十二章　国际技术贸易与国际服务贸易

[学习目的]

通过本章的学习，认识国际技术贸易，掌握国际技术贸易的内容和形式，了解国际技术贸易的特征及其重要性；了解国际服务贸易的产生与发展过程，掌握国际服务贸易的概念、分类及发展原因，理解《服务贸易总协定》与服务贸易自由化。

[重点难点]

◆ 掌握国际技术贸易的概念和特征

◆ 掌握国际技术贸易的形式和内容

◆ 掌握国际服务贸易概念

◆ 理解《服务贸易总协定》与贸易自由化

◆ 掌握服务贸易壁垒

[引导案例]

2014 年中国服务贸易情况

2014 年中国服务贸易保持较快增长，服务进出口总额首次突破 6000 亿美元大关，达到 6043.4 亿美元，比去年增长 12.6%，高于世界服务进出口总量第一的美国 8.8 个百分点，再创历史新高；服务进出口占对外贸易的比重为 12.3%，比上年提高 0.8 个百分点。

服务进口增幅高于服务出口增幅。2014 年，中国服务进口增长明显快于出口。其中，服务出口 2222.1 亿美元，同比增长 7.6%；服务进口 3821.3 亿美元，同比增长 15.8 %。

服务贸易逆差规模继续扩大。2014 年，中国服务贸易逆差由上年的 1184.6 亿美元扩大至 1599.2 亿美元。逆差主要集中于旅游和运输服务两项传统服务业。服务外包保持高速发展，2014 年我国承接国际服务外包合同金额和执行金额分别为 718.3 亿美元和 559.2 亿美元，同比分别增长 15.1%和 23.1%。

服务出口和进口继续位于世界前列。2014 年，中国服务进出口总额继续居世界第二位，仅次于美国；服务出口居世界第五位，进口居世界第二位。

资料来源：中国新闻网，http://money.163.com/15/0212/14/AI8QBTJL00254TI5.html#from=keyscan。

当今世界，除了国际货物贸易之外，国际技术贸易和国际服务贸易发展也较快，国际技术贸易和国际服务贸易成为衡量一国经济发展程度的重要指标。什么是国际技术贸易？什么是国际服务贸易？其各有什么特征？本章就以上问题做出回答。

第一节　国际技术贸易

一、国际技术贸易的概念

技术作为独立的生产要素在国际间进行流动和转移，即国际技术转让或转移（International Technology Transfer）有两种形式，一种是无偿的、非商业性的技术转移，如两国间的学术交流、技术信息的传递和政府间的无偿技术援助。通过国际间无偿转让形式取得的技术一般是不完整的，往往不能达到经济目的。因此，现代技术转移绝大部分采用的是另一种形式，即有偿的、商业性的技术转让。国际技术贸易即指有偿的、商业性的国际技术转移，是指在不同国家的经济组织、企业或个人之间，按一般商业条件，将技术的使用权授予、出售或购买的行为。一般情况下，一国的技术供给方向另一国的技术需求方提供所需的技术，承担某些义务，并从需求方取得一定的报酬。

二、国际技术贸易的内容

国际技术贸易是以无形的技术知识作为主要交易标的，这些技术知识主要包括专利、商标和专有技术，这构成了国际技术贸易的内容。

（一）专利

专利是指由一国政府主管部门（或代表几个国家的地区机构）根据发明申请人的申请，认为其发明符合法律规定的条件而颁发的一种法律文件，授予发明人在一定时期内享有一种专利权，并予以法律的保护。专利的保护期限通常为15~20年。在有效期内，其他人只能在专利持有人的授权下才能予以利用、制造并出售生产的产品。否则，不经专利持有人的授权私自使用该专利，专利持有人可追究其法律责任。超过法律保护期，该专利持有人的独占权就消失，任何人均可无偿使用。

专利一般分为三种，即发明专利、实用新型专利、外观设计发明专利。

发明专利是指对产品、方法或者对现有产品和方法的改进等所提出的新技术方案。实用新型专利是指对产品的形状、构造或二者结合所提出的实用的新型设计方案。外观设计发明是指对物的形状、图案、色彩或其结合所做出的富有美感并能应用于工业的新设计。外观设计保护的是产品的外形特征，这种外形特征必须通过具体的产品才能体现，不能是一种脱离具体产品的图案或图形设计。

专利是一种重要的工业产权。不同于其他的财产权，具有独占性、无形性、地域性、时间性和实施性。

(二) 商标

1. 商标的含义

商标是商品生产者或经营者为了区别于他人生产或经营的同类商品，而在自己的产品或服务上用有色泽的文字、图形或二者结合组成一种图案，置于自己商品表面或包装上的一种显著性特定标志。常见的商标有文字商标和图形商标。

商标最基本、最重要的功能就是能标明产品的来源，把自身商品与其他同类商品区分开来。商标具有间接标示产品质量和经营者信誉的功能，同时由于商标的显著性，也使其成为醒目的广告，具有广告宣传的作用。

商标根据使用者不同，可分为制造商标、销售商标和服务商标。

2. 商标权的特点

商标权是指商标的使用者向主管部门申请，主管部门核准注册后授予的商标使用权，其受法律保护。商标权也是一种工业产权，他人未经许可不得在同种或同类商品上使用与注册商标相同或近似的商标，否则就是侵权行为。商标权具有独占性、时间性、地域性的特点。

独占性。商标一旦被授予商标注册人所有，那么商标注册人就享有商标的独占权，任何第三人未经注册人的同意不得使用该商标，否则视为侵权。

时间性。商标受法律保护是有时间限制的，一般为 7 年，中国为 10 年。但与专利不同的是，在商标保护期满以后，可以申请续展即延长注册商标的有效期，而且续展次数不限。商标权所有人在按期交纳费用并按期办理续展手续的前提下，可以永远保持商标的所有权。

地域性。商标注册人只有在授予该商标的国家境内受到法律保护。如果想在其他国家得到同样的保护，商标所有人必须依法在其他国家申请注册，才能得到当地法律的保护。

3. 商标的注册原则

根据各国商标法的规定，必须由商标使用人提出书面申请，并交纳申请费。商标申请经主管部门批准后，才予以登记注册，授予商标权。各国对商标权的规定大致有三种原则：

(1) 使用在先原则。是指商标的所有权归属于首先使用商标的申请人，而不管其是否办理了商标注册手续，只要存在着首先使用的事实，法律就予以承认和保护。英、美、法等国采用此原则。

(2) 注册在先原则。是指商标权属于先注册的申请人。此前其他人虽然先使用该商标而未注册者不能取得商标权。目前大多数国家如日、德、意、比、荷等均采用此原则，我国的商标法也采用这一原则。

(3) 无异议注册原则。按照这一原则，商标权原则上授予先注册人，但先使用的人可以在规定的期限内提出异议，请求撤销。超过规定的期限无人提出异议，则商标权属于先注册人。如在规定的期限内，先使用人提出异议，并且异议成立，已经授予先注册人的商标权即被撤销，而授予先使用人。

（三）专有技术

1. 专有技术的含义

专有技术（Know How）即"Know how to do something"的简称，又被译为技术秘密、技术诀窍等，现在统称为专有技术。专有技术是指从事生产活动所必须的并且未向社会公开的保密的技术知识、工艺流程、设计方案和实践经验等。既可表现为书面资料，如设计方案、操作程序指南、数据资料等，也可以表现为技术示范、对工程技术人员的培训和口头传授等。但就专有技术本身而言，其是寓于这些表现形式中的一种观念和构思。

2. 专有技术的特点

专有技术不像专利技术那样经过法律的认可而得到保护，其不具有时间性、地域性的特征。但具有以下特征：

（1）实用性。由于专有技术是一种制造方法或生产经验，运用专有技术可生产产品获得经济效益。所以，专有技术具有使用价值和价值，具有实用性，能在国际市场上有偿转让和许可使用。

（2）秘密性。专有技术是不公开的、未经法律授权的秘密技术。专有技术的所有者只能依靠自身的保护措施来维持其技术的专有权，专有技术一旦为公众所知，便成为公开的技术，从而丧失其商业价值。

（3）可传授性。专有技术作为一种技术必须能言传身教或以图纸、配方、数据等形式传授给他人。不可传授的技术不属于专有技术。

在特定的时期、国家或地区内，同一专有技术的所有人可能不止一个，因为法律并不排斥他人对自己开发出来的相同技术的所有权。所以不具有独占性。专有技术无法律限定的有效期限，只有其所有人愿意并实施保密，其便可长期拥有该项专有技术。典型的例子是可口可乐的配方已历时百年。专有技术无法定的地域限制。

3. 专有技术与专利的区别

专有技术是保密的，专有技术拥有人千方百计保密其技术，以保存其价值。专利是公开的，在申请专利时必须将技术内容公开公布，专利所有人的权利实现有赖于一国的法律保护。

专有技术不存在法律保护期限，而专利享有一定的法律保护期。专有技术未申请专利，不受法律保护。通常各国只在《反不正当竞争法》中通过有关侵犯工商秘密的条款来保护专有技术所有人的利益；专利受专利法保护。

专有技术可以用文字来体现，也可以是人们头脑中掌握的知识技能，而专利必须通过书面说明来体现。

专有技术涉及范围广泛，包括未申请专利的生产、管理、销售等技术，而专利的范围限于取得专利权的发明创造等。

三、国际技术贸易方式

国际技术贸易采用的方式主要有许可贸易、特许专营、技术服务与咨询、国际工程承包及合作生产等。

（一）许可贸易

1. 许可贸易的概念

许可贸易也称为许可证贸易，是指知识产权的所有人作为许可方，通过与被许可方（引进方）签订许可合同，授予被许可方按照合同约定的条件使用其拥有的技术，可以制造或销售该项技术的产品，并由被许可方支付一定数额的技术使用费的技术交易行为。

许可贸易是国际技术贸易最常用的一种方式。我国很多企业的技术引进通常采用这种方式。

2. 许可贸易的种类

许可贸易根据知识产权授权程度的大小，可分为独占许可、独家许可、普通许可、可转让许可、互换许可五种形式。

独占许可是指在规定的有效期限和地域内，被许可方对合同中规定的技术转让拥有独占使用权，许可方和任何第三方均不能使用这项技术。当然，被许可方只拥有使用权，所有权仍归许可方。独占许可中被许可人取得了该地区的独占经营权，不仅排斥第三方，同时也排斥技术的所有人。由于授权范围广，因此，独占许可技术转让费是最高的。

独家许可，又称排他许可，是指许可方在规定的有效期限和地域内，只允许被许可方独家使用合同规定的专利技术，不允许任何第三方再使用其专利。但是许可方仍然保留在该地域和期限内使用该专利的权利，许可方与被许可方可以共同占有市场，通过专利技术的实施，获得经济利益。由于不排除许可方使用技术的权利，所以，独家许可的转让费比独占许可的费用要低。

普通许可，也称非排他许可，是指许可方在规定的地域和期限内允许被许可方使用其专利技术，同时还可以再许可第三方使用其专利技术，并保留自己的使用权。所以，在这种许可方式下，许可方、被许可方以及第三方都可以使用该项专利技术。普通许可是许可方授予被许可方权利最小的一种授权，所以，许可费用是最低的。按照国际许可贸易惯例，如果许可合同中未特别指明是什么性质的许可，则一律视为普通许可。

可转让许可，又称分许可或再许可，是指被许可方经许可方允许，在合同规定的地区内，将其被许可获得的技术使用权全部或部分地再转售给第三方。通常只有独占许可或排他许可的被许可方才获得这种再许可的授权。

互换许可又称交叉许可。是指交易双方或多方按照都同意的条件相互交换拥有的知识产权或专有技术的使用权。交叉许可可以是独占的，也可以是排他性的或普通的，一般要求各方权利对等。通常不收取使用费。

许可贸易按其标的内容可分为专利许可、商标许可和专有技术许可等形式。在技术贸易实践中，一项许可贸易可能仅包括一项内容，如单纯的专利许可或单纯的商标许可或单纯的专有技术转让，但多数情况是以某两种或三种类型的混合方式出现，成为"一篮子"许可。

（二）特许专营

特许专营（Franchising）是指一家已经取得成功并有相关经验的企业，将其商标、商号名称、服务标志、专利、专有技术以及经营管理的方式或经验等全盘地转让给另一家企业使用，被特许方有权使用特许方的商标、专利、服务标志等，但必须向特许方支付一定金额的特许费的技术贸易行为。

特许专营类似许可，但特许专营是全盘转让，尤其是商号、商标的转让关系到他自己的声誉，所以，特许方往往比一般的许可方要更多地涉入对方的业务活动，从而使其符合特许方的要求，维护自己的利益。

特许专营的被特许方与特许方之间是一种买卖关系。被特许人的企业不是特许人企业的分支机构或子公司，也不是各个独立企业的自由联合。其都是独立经营、自负盈亏的企业。特许人并不保证被特许人的企业一定能盈利，对其盈亏也不负责任。

特许专营合同是一种长期合同，可以适用于商业和服务业，也可以适用于工业。

特许专营是发达国家的厂商进入发展中国家的一种非常有用的形式。由于风险小，发展中国家的厂商也乐于接受。

（三）技术服务与咨询

技术咨询是指咨询公司向雇主（委托方）提供技术服务，帮助委托方解决某项技术课题并获取一定报酬的一种技术贸易方式。雇主委托咨询公司承担技术服务，一般先拟订任务大纲以及规定完成期限，通过公开招标或聘请方式，确定合作对象，双方经过谈判签订技术咨询服务合同。

一些技术落后的国家特别是发展中国家，往往技术力量不足，或对解决某些技术课题缺少经验，聘请外国工程咨询公司提供咨询服务，可以避免走弯路或浪费资金。由于咨询方有丰富的科学知识和技术情报，可以协助委托方选择先进适用的技术，找到较为可靠的技术提供方，以较合理的价格获得质量较好的机器设备。因此，委托方虽然要支付一笔咨询费，但由于咨询而所得到的资金节约远远超过支付的咨询费，总算下来，对委托方仍是有利的。

咨询费一般可以按工作量计算，也可采用技术课题包干定价。目前国际上的咨询费用一般为工程总值的 2%~8%。

在国际上，技术咨询大多由行业团体进行，比如美国的咨询工程师协会、咨询管理工程师协会；英国的咨询工程师协会、英国咨询局；法国技术研究设计同业公会；德国独立咨询工程师协会；日本的海外咨询企业协会等。

(四) 国际工程承包

国际工程承包大多是大型建设项目，一般伴随着技术转让。在施工过程中，承包商将使用最新的工艺和技术，采购国际先进设备，有些项目还涉及操作人员的技术培训、生产运行中的技术指导以及专利和专有技术的转让。目前，国际上流行的"交钥匙工程"和 BOT 建设方式中技术转让的内容十分广泛。可见，国际工程承包是一项综合性的国际经济合作形式，涉及大量的技术转让内容，所以也是国际技术贸易的一种方式。

国际工程承包是指具有法人地位的承包人在国际承包市场上，通过投标、中标、接收委托等途径承揽国际工程建设项目、物资采购及其他方面的承包业务。承包人提供技术、管理、组织工程项目的实施，并按时、保质、保量地完成项目的建设，完工后交付工程发包人。

国际工程承包的基本形式有：①总包，即"交钥匙工程"。总承包（Main Contract）是指一个承包人将业主的某一工程项目的建设、完成和维修等工作单独全部承包下来。工程总承包的特点是责任重、风险大、利润高。因此只有资金、技术、信誉俱佳的承包商才有能力成为总承包商。②分包，又称部分承包，是指将整个工程分为若干部分，分别交由若干个承包人承建。分项工程承包人都直接与业主签订合同，向业主负责。业主可以将工程按全部数量分成几个部分包出去，如房屋按基础结构、水电、室内装饰等进行分包。③二包，即总承包商或各分包商将自己所包工程的一部分转包给其他专业承包商。④联合承包。联合承包是指两个或两个以上合伙人之间，以承包人的名义，为共同承担某一项目工程的建设、完成和维修等全部工作而签订的合同。

(五) 国际合作生产

国际合作生产是指两国企业为了合作完成制造某项产品而签订的生产合作协议。这是一种在生产过程中实现技术转让的技术贸易方式。这种方式多用于机器制造业，特别是在制造某些复杂的机器时多采用此方式。

合作双方在合作过程中可发挥各方在设备、技术、劳动力等方面拥有的优势，这与任一方单独完成全部生产更具有优越性。因此，合作的过程就是技术较强的一方将有关产品的生产技术传授给另一方的过程，即转让技术的过程。这种技术转让可以是单向的，也可以是双向的，即所用技术由双方共同研究、共同设计、共同确定零部件的规格，双方相互合作、取长补短。

合作生产方式比较灵活，可以在多个领域合作。利用国际合作生产来引进国外的先进技术，已成为各国的普遍做法。

除以上五种方式外，在实际业务中，购买成套设备或整条生产线时，往往带有技术；引进技术时，往往又带有技术设备。因此，凡是设备与技术结合在一起的贸易都属于技术贸易的一种方式。

第二节　国际服务贸易

一、国际服务贸易的含义及其内容

(一) 国际服务贸易的含义

虽然服务业有数千年的发展史，但是"服务贸易"这一概念的提出则是一件并不遥远的事情。据文献记载，"服务贸易"这个概念，最早出现在 1972 年 9 月经济合作与发展组织 (OECD) 提出的《高级专家对贸易和有关问题的报告》中。1974 年美国在其《1974 年贸易法》第 301 条款中首次使用"世界服务贸易"的概念。在此之前，通常把服务贸易称为无形贸易。

目前，不同学者和组织在进行国际服务贸易研究时，往往从不同的角度进行界定，没有一个统一的定义。简单来说，国际服务贸易 (International Service Trade) 是指跨国界的服务交换活动。《服务贸易总协定》从贸易方式的角度，定义了服务贸易，这一定义赢得很多专家和学者的赞同，该协定认为服务贸易包括以下四种形式：

(1) 跨境交付 (Cross-border Supply)。从一个成员方境内向任何其他成员方境内提供服务。这种服务在现代科技环境下不构成人员、物资或资金的流动，而是通过电信、邮电或计算机网络实现的跨境服务，如视听、国际电信服务、信息咨询、卫星影视服务等。

这种服务提供方式特别强调买卖双方在地理上的界限，跨越国境和边界的只是服务本身，而不是服务提供者或接受者。

(2) 境外消费 (Consumption Abroad)。在一个成员方境内向任何其他成员方的服务消费者提供服务。这类服务提供方式的主要特点是消费者移动，消费者到境外去享受服务提供者提供的服务。

例如，接待外国游客、提供旅游服务，为国外病人提供医疗服务，接收外国留学生等都属于境外消费贸易形式。

(3) 商业存在 (Commercial Presence)。一个成员方的服务提供者通过在任何其他成员方境内的商业实体提供服务。主要涉及市场准入和直接投资，即一国的企业或经济实体到另一国通过设立合资、合作或独资企业来提供服务；该机构的服务人员既可以从提供商母国带来，也可以从东道国雇用。例如，外国公司到中国来开酒店、金融分支机构和开办律师事务所等。

这种服务提供方式的特点是服务提供者到消费者所在国采取设立商业机构的方式提供服务。商业存在是四种服务提供方式中最主要的方式，也是服务贸易活动中最主要的形式。

(4) 自然人流动 (Movement of Natural Persons)。一个成员方的服务提供者通过自然人实体在另一成员方境内提供服务。进口方允许个人入境来本国提供服务。例如，外国教授、高级工程师或医生来本国从事个体服务。

自然人流动与商业存在的共同点是服务提供者要到服务消费者所在国提供服务。不同点是自然人流动这种方式下，服务提供者在消费者所在国没有设立商业机构。

（二）国际服务贸易的内容

按照《服务贸易总协定》中的"服务部门参考清单"分类，服务贸易包括以下 12 大类：

商业服务，是指商业活动中涉及的各类服务交换活动。具体包括专业性服务（法律服务、工程设计服务、旅游机构服务、城市规划与环保服务、设备维修服务、安装及装配工程服务）、不动产服务（不包括土地的租赁服务）、设备租赁服务和其他服务。

通信服务，是指社会通信过程中涉及的各类信息产品、操作、设备和软件系统等活动的服务，主要包括邮电服务、电信服务等。

建筑服务，是指涉及工程建筑全过程的各类服务。包括选址、建筑物的安装及装配工程服务、工程项目施工建筑、维修服务等。

销售服务，指商品销售过程中的各种服务。如商业销售（主要指批发业务）、零售业务、与推销有关的代理费用和佣金、特许经营及其他服务等。

教育服务，是指在高等教育、中等教育、初等教育以及其他教育层次上提供的相关服务。

金融服务，主要指与银行和保险业相关的金融服务活动。包括：①银行及相关的服务：银行存款服务、与金融市场运行管理有关的服务、贷款服务、其他贷款服务、与债券市场有关的服务，主要涉及经纪业、股票发行和注册管理、有价证券管理等；附属于金融中介的其他服务，包括贷款经纪、金融咨询、外汇兑换服务等。②保险服务：货物运输保险、非货物运输保险。具体包括：人寿保险、养老金或年金保险、伤残及医疗费用保险、财产保险服务、债务保险服务，附属于保险的服务，例如保险经纪业、保险类别咨询、保险统计和数据服务，再保险服务。

环境服务，指污水处理服务、固体废物处理服务、公共卫生及类似服务等。

健康及社会服务，主要指医疗服务、其他与人类健康相关的服务，社会服务等。

旅游及相关服务，指旅馆、饭店提供的住宿、餐饮服务、膳食服务及相关的服务，旅行社及导游服务。

文化、娱乐及体育服务，指不包括广播、电影、电视在内的一切文化、娱乐、新闻、图书馆、体育服务，如文艺演出、文化交流等。

交通运输服务，主要包括货物运输服务，也包括航天发射以及运输服务，如卫星发射等，空运服务，船舶服务，附属于交通运输的服务，主要指报关行、货物装卸、仓储、港口服务、起航前查验服务等。

其他服务。

二、国际服务贸易的产生与发展

国际服务贸易是随着资本主义生产方式的出现而产生的，并且随着资本主义商品经济的发展而发展。"二战"前的服务贸易主要是作为货物贸易的附属物而出现的，规模较小。"二战"后，尤其是 20 世纪 60 年代以后，国际服务贸易逐渐从附属地位独立出来，并迅速发展。随着科技的进步和国际经济合作的加强，国际服务贸易在国际经济领域的地位越来越引起世人的关注，主要体现在服务业占 GDP 的比重越来越大，在服务业中就业的人数超过了农业和工业。

到 20 世纪 90 年代，电子商务、多媒体技术的出现极大地促进了国际服务贸易的发展。随着 1994 年《服务贸易总协定》的签署，国际服务贸易进入了一个在规范中向自由化发展的新时期。

三、"二战"后国际服务贸易的特点及其原因

(一) 当代国际服务贸易的特点

1. 国际服务贸易重要地位日益突出

随着全球服务业的迅猛发展和服务型经济的到来，服务贸易开始加速增长，在全球贸易中的比重不断上升。1980~2013 年，全球服务贸易出口从 3650 亿美元上升至 48000 亿美元。相对于货物贸易而言，服务贸易成为全球贸易中增长更快、更富有扩展空间的部分，是全球贸易的新增长点。

服务贸易在整个国际贸易中所占比重在 20 世纪 70 年代和 80 年代约占 1/5，进入 90 年代后增至 1/4 以上。

2. 国际服务贸易增长速度逐渐超过国际货物贸易增长速度

从服务贸易增长速度看，20 世纪 70 年代服务贸易与货物贸易的增长速度基本持平，进入 80 年代，国际服务贸易出口平均增速开始高于货物贸易，80 年代后期年均增幅更是高于 10%。到了 90 年代，国际货物贸易的年均增长率为 6%，而国际服务贸易的年均增长率为 7%。跨入 21 世纪后，世界服务贸易出口进入稳定增长期，增幅开始逐渐回升，2003~2006 年的四年，国际服务贸易的出口增速一度低于货物贸易。到 2007 年，国际服务额不仅快于 2006 年，而且重新超过了国际货物贸易额的增速。2007 年国际货物贸易出口增长率为 15%，而国际服务贸易额的出口增长率为 18%。由于 2008 年的金融危机导致 2009 年服务出口增长缓慢，2010 年世界经济复苏，服务贸易开始迅速增长。

3. 国际服务贸易领域不断扩展，贸易结构不断完善

"二战"以前，服务贸易的主要项目是劳务输出。当时虽然已有电信服务、金融服务和运输服务，但发展缓慢，所占比重很低。"二战"后，随着第三产业革命的完成，电信、金融、运输、旅游以及信息产业、知识产权保护等的迅速发展，服务贸易加快向这些领域扩展。

20 世纪 80 年代以来，国际服务贸易结构发生了很大变化，逐渐向新兴服务部门倾斜，旅游、运输等传统服务贸易所占比重有所下降。1990~2010 年，运输服务占世界服务出口的比重从 28.6% 下降到 21.4%，旅游服务占比从 33.9% 下降到 25.5%，而以通信、计算机和信息服务、金融保险等为代表的其他服务类型占比则从 37.5% 逐步增长到 53.1%。

4. 服务贸易地区结构不平衡

由于当代世界各国经济和服务业发展严重不平衡，各国的对外服务贸易水平及在国际服务市场上的竞争实力悬殊，与国际商品贸易领域相比较，服务贸易发展的不对称性更加突出。

从地区结构看，国际服务贸易主要集中在欧洲、北美洲和亚洲三大地区。目前，国际服务贸易的 85% 左右集中在发达国家和亚洲新兴经济体，欧洲则保持服务贸易额最高的地位。

从国别构成来看，发达国家在国际服务贸易中仍占主导地位，以中国为代表的发展中国家地位趋于上升。美国的服务进出口额一直处于绝对主导地位，2014 年继续保持全球第一大服务贸易国地位，2014 年服务贸易总额为 11877.12 亿美元，同比增长 3.3%。其中：服务出口 7093.94 亿美元，增长 3.2%；服务进口 4783.18 亿美元，增长 3.5%；服务顺差 2310.76 亿美元，增长 2.6%。中国 2013 年服务进出口总额为 5396 亿美元，稳居世界服务进出口第三位，比 2012 年增长 14.7%，增速比全球 6.1% 的增速高出 8 个百分点，占世界服务进出口总额的 6%，所占份额有所提升。其中，出口 2105 亿美元，居全球服务出口的第五位，同比增长 10.6%，前四位美国、英国、德国和法国都是发达国家。进口 3291 亿美元，首次超越德国，跃居世界服务进口的第二位，同比增长 17.5%。

（二）当代国际服务贸易迅速发展的原因

1. 世界产业结构升级和经济重心转移的驱动

随着世界竞争的不断加强，各国纷纷把竞争的焦点转移到了服务业。因此，世界各国都把国民经济重心向服务业偏移，大力发展本国服务业。服务业占世界经济的比重接近 70%，在国民经济日益向服务化方向发展的趋势下，国家间相互提供的服务贸易量大大增加，因此，服务业的发展为服务贸易提供了坚实的物质基础。

2. 科学技术的有力推动

科学技术的进步为国际服务贸易发展提供了技术支持。新技术广泛应用到服务产业，使许多原先"不可贸易"的服务转化成"可贸易"的服务，这拓展了国际服务贸易的范围，增加了服务贸易量，例如一些传统的教育服务、健康服务一向被认为是"不可贸易"的服务，现今可以被储存在磁盘或软件中买卖。"二战"后，由于电信、金融等新技术的发展，还促使金融、保险、商品零售等得以在全球范围内开展业务，使得国际服务贸易迅速增长。

3. 国际经济合作形式多样化的促进

"二战"后，随着国际分工和世界经济相互依赖的加深，国际经济合作方式多样化，为国际服务贸易合作的扩大创造了条件。国际服务合作包括跨国工程设计服务和承包施工服务，各类技术工人、医生、律师、工程师等脑力劳动和体力劳动人员的跨国流动，各种技术、科研成果、专利等知识产权的进出口等。

国际经济合作形式的多样化，扩大了国际服务贸易的途径和领域，促进了服务贸易的迅速发展。

4. 国际货物贸易和国际投资增长的带动

"二战"后，国际货物贸易量不断扩大，1950年世界货物出口总值为607亿美元，到2010年世界货物出口额达到了150820亿美元，60年时间增长了248倍。国际货物贸易的高速增长，带动了同货物进出口直接关联的传统服务项目，如国际运输服务、国际保险服务、国际结算服务等，同时也会促进新型服务项目如电子商务、传真、试听等服务项目的发展。

国际投资的迅速增长和向服务业的倾斜，也大大推动了国际服务贸易的增长。"二战"后跨国公司对外投资规模扩大，促进了人员、资金、技术和服务的国际流动，同时也推动了金融、法律、咨询、保险、运输、计算机服务等国际服务贸易的迅速增长。

5. 各国政府的支持及《服务贸易总协定》的实施

随着世界市场的不断发展，服务已经成为各国参与国际竞争的主要手段和重要基础，所以，各国政府普遍大力扶持和发展服务业。为了促进全球范围内服务贸易的自由化，关税总协定的第八轮多边贸易谈判（即乌拉圭回合）签订《服务贸易总协定》。该协定的实施为国际服务贸易的迅速发展创造了良好的国际环境。各缔约方逐渐放宽服务市场，加强人员交往和信息流通，扩大了国际服务贸易量。

本章小结

国际技术贸易即指有偿的、商业性的国际技术转移，是指在不同国家的经济组织、企业或个人之间，按一般商业条件，将技术的使用权授予、出售或购买的行为。

国际技术贸易的内容包括专利、商标和专有技术。国际技术贸易的形式有许可证贸易、特许专营、技术咨询、国际工程承包、合作生产等多种形式。

国际服务贸易是指跨越国界进行服务交易的活动，《服务贸易总协定》把服务贸易定义为：跨境交付、境外消费、商业存在、自然人流动。

"二战"后，国际服务贸易迅速发展，贸易范围进一步扩展，国际服务贸易增长速度超过货物贸易增长速度，发达国家仍居主导地位，国际服务贸易结构有所改善，但发展中国家的服务贸易结构与发达国家有明显差别。

《服务贸易总协定》是第一个对服务贸易进行比较全面的专项考察与规范的多边协定，成为国际服务贸易的基本准则，有利于服务贸易自由化。该协定的签订有利于促进国际服务贸易的不同程度的增长。

复习思考题

【核心概念】

1. 国际技术贸易
2. 国际服务贸易
3. 服务贸易壁垒
4. 服务贸易自由化

【问答题】

1. 国际技术贸易与国际商品贸易有何区别?
2. 国际技术贸易的方式有哪些?
3. 国际服务贸易有什么特点?
4. 当代国际服务贸易高速发展的原因是什么?
5. 简述《服务贸易总协定》的主要内容。

第十三章　国际贸易条约、关税与贸易总协定与世界贸易组织

[学习目的]

通过本章的学习，了解贸易条约与协定的种类及其原则，应对关税与贸易总协定和世界贸易组织在世贸领域中所做贡献有深入的了解和认识，对中国加入世界贸易组织的过程有全面的了解。

[重点难点]

◆ 掌握国际贸易条约与协定的种类
◆ 了解关贸总协定主持的多轮谈判
◆ 掌握关贸总协定的作用和局限性
◆ 掌握世贸组织与关贸总协定的关系
◆ 理解中国"复关"与"入世"的历程
◆ 理解中国"入世"后面临的机遇与挑战

[引导案例]

中国全面履行"入世"承诺　维护多边贸易体制

从"复关"到"入世"，15载艰苦谈判，中国终成世界贸易组织（WTO）新成员，为改革开放再添一笔浓墨重彩。

"入世"9年来，"透明度""非歧视"等世界贸易组织原则已成为中国立法的原则，全球视野、创新眼光、竞争意识、知识产权观念正深入人心，企业竞争力与国民素质得到了普遍提升。

"入世"9年来，中国积极通过世界贸易组织争端解决机制化解与成员间的贸易争端，至今起诉案件7起，被诉案件8起，切实维护了多边贸易体制的严肃性和权威性。

"入世"9年来，中国加入世界贸易组织的所有承诺已全部履行完毕，建立起了符合规则要求的经济贸易体制，成为全球最开放的市场之一：在货物贸易领域，中

国关税平均水平从加入前的 15.3%降至 2009 年的 9.8%，并按时间表全部取消了进口配额和进口许可证等非关税措施，彻底放开了对外贸易经营权。

服务贸易方面，在按世界贸易组织规则分类的 160 多个服务贸易部门中，中国已经开放了 100 个，并承诺将进一步开放 11 个分部门，远高于发展中国家平均水平，涉及银行、保险、电信、分销、会计、教育等重要服务部门，为外国服务提供者提供了广阔的市场准入机会。

为建立符合世界贸易组织要求的法律体系，中国累计清理了 3000 多部法律、法规和规章，对贸易体制和政策进行了全面的调整。迄今为止，中国已经先后三次接受了世界贸易组织的贸易政策审议，回答了 60 余个成员提出的近 3700 个问题。

资料来源：新华网，http：//news.163.com/10/0722/17/6C7BIJK2000146BC_2.html。

当今世界，国与国之间签订的贸易条约和协定日益增多，越来越多的国家愿意加入到世界贸易组织（WTO）中，参与国际贸易利益分配。国家之间为什么要签订贸易条约或协定？什么是贸易条约，什么又是贸易协定？中国加入世界贸易组织对中国有什么意义？本章就以上问题详加阐释。

第一节　国际贸易条约概述

一、国际贸易条约与协定的含义

国际贸易条约与协定（Commercial Treaties and Agreements）是指两个或多个主权国家为了确定彼此在经济与贸易方面的权利和义务关系而缔结的书面协议。按照参加国的多少，可分为双边贸易条约与协定和多边贸易条约与协定两种。这些贸易条约与协定一般都反映缔约国对外贸易政策的要求，并为缔约国实行对外贸易政策的目的服务。

国际贸易条约与协定的条款，通常在形式上是平等的，但事实上，缔约国的经济利益往往取决于缔约国的政治和经济实力。因此，各缔约国从贸易条约与协定中得到的好处是不均等的。贸易条约是国际条约的一种，作为一种法律形式，它反映了缔约国对外贸易政策的要求。在不同的历史时期和不同的国家关系中，贸易条约与协定充分体现了国家之间在国际政治舞台上，经济力量、政治力量、科技力量的对比关系。由于各国社会经济制度和政治、经济实力对比关系的差异，它们之间所缔结的贸易条约与协定的性质和内容也各有不同。

二、国际贸易条约与协定的种类

（一）贸易条约（Commercial Treaty）

这里所说的贸易条约是狭义上的概念，又称通商航海条约（Treaty of Commerce and

Navigation)，是一种全面规定缔约国之间经济、贸易关系的条约。内容涉及缔约国经济、贸易、航海等各个方面，主要包括关税的征收及海关手续的规定，船舶航行、港口使用的规定，缔约双方的公民和企业组织经济权利的规定，有关知识产权保护的规定，进口商品征收国内捐税的规定，铁路运输和过境问题的规定，仲裁的规定等。

由于贸易条约的内容关系到国家的主权与经济利益，因此，这种条约是以国家或国家首脑的名义签订的，由国家或国家首脑特派全权代表签订。双方代表在条约上签字之后，还需按有关缔约国的法律程序完成批准手续，缔约国间互相换文后才能生效。有效期限一般比较长。

（二）贸易协定（Trade Agreement）

贸易协定是缔约国之间为发展和调整经济贸易关系而签订的书面协议。与贸易条约相比，其特点是，涉及面比较窄，对缔约国之间的贸易关系往往规定得比较具体，有效期较短，签订程序也较简单，一般只需经签字国的行政首脑或其代表签署即可生效。

贸易协定的内容通常包括贸易额、双方出口货单、作价方法、使用的货币、支付方式、关税优惠等。对贸易额和双方出口货单的规定往往不是硬性的，在具体执行时还可以通过协商加以调整。

贸易协定按参加国的数量可分为双边贸易协定和多边贸易协定；按时间可分为年度贸易协定和长期（两年以上）贸易协定。一般而言，签订双边的、年度的贸易协定比较多，多边的和长期的比较少。

（三）贸易议定书（Trade Protocol）

贸易议定书是缔约国就发展贸易关系中某一具体问题所达成的书面协议。贸易议定书往往是作为贸易协定的补充、解释或修改而签订的，内容较为简单，如用来规定个别贸易协定中的某些条款，有时也用来规定延长条款或协定的有效期。两国尚未达成贸易协定时，也可以先签订议定书，暂时作为进行贸易的依据。

贸易议定书有的是作为贸易协定的附件而存在，有的则是独立文件，具有与条约、协定相同的法律效力。其签订程序比贸易协定更为简单，一般经签字国有关行政部门的代表签署后即可生效。

（四）支付协定（Payment Agreement）

支付协定是规定国家间关于贸易和其他方面债权债务结算方法的书面协议。大多为双边支付协定，主要内容包括清算机构的确定、清算账户的设立、账户的支付范围、清算货币、清算办法、余额结算办法的规定等。

支付协定是外汇管制的产物。在实行外汇管制的条件下，一种货币不能自由兑换另一种货币，一国的债权不能用来抵偿第三国的债务，结算只能在双边基础上进行，因而需要通过缔结支付协定来规定两国间的债权债务结算方法。这种通过相抵账来清算两国间的债权债务的办法，既有助于克服外汇短缺的困难，又有利于双边贸易的发展。

（五）国际商品协定（Internationa Commodity Agreement）

国际商品协定是进出口双方就某项商品的购销、价格等问题，经过协商达成的政府间多边协定。其主要目的在于稳定该商品的价格和供销，消除价格波动。国际商品协定的内容一般包括序言、宗旨、经济条款、行政条款和最后条款等部分，并有一定的格式。其中经济条款和行政条款是国际商品协定的两项主要条款。

第二次世界大战之前，只签订有小麦（1933 年）和糖（1937 年）两种国际商品协定。到了 20 世纪 90 年代，国际商品协定增加到了八个，即国际黄麻和黄麻产品协定（1989 年）、国际糖协定（1992 年）、国际可可协定（1993 年）、国际咖啡协定（1994 年）、国际橄榄油协定（1994 年）、国际热带木材协定（1994 年）、国际天然橡胶协定（1995 年）、国际谷物协定（1995 年）。

国际商品协定主要通过以下方法来稳定价格：

（1）设立缓冲库存：国际锡协定和国际天然橡胶协定采用该方法。缓冲库存，即协定执行机构向成员国筹措的缓冲基金（包括存货和现金），当协定商品价格偏低时，即以现金购买商品以避免价格下跌，当价格偏高时即抛出存货以抑制价格上涨。

（2）签订多边合同：国际小麦协定采用这种方法来稳定价格。多边合同通过规定在协定规定的价格幅度内，进口国向各出口国购买一定数量的有关商品，出口国也向各进口国出售一定数量的有关商品来稳定价格。

（3）规定出口限额：先规定一个基本的年度出口配额，再根据市场需求情况作相应的增减。出口限额通过控制商品供应量来稳定价格。国际咖啡协定和国际糖协定采用该方法。

（4）出口限额与缓冲库存相结合：国际可可协定采用这种方法来稳定价格。

三、国际贸易条约与协定适用的主要法律原则

贸易条约与协定是国际条约的一种，它受国际法律规范的约束。任何国际贸易条约或协定都应当以国际法为准则，即必须符合国际法。否则，条约对其成员国就不具有法律上的约束力，就不能起到有效协调国际经济贸易关系、规范国际贸易行为的作用，因而也失去了缔结国际条约的意义。

在实践中，贸易条约与协定所依据的法律原则主要有以下两种：

（1）最惠国待遇原则。最惠国待遇原则，是贸易条约或协定中最普遍和最重要的法律原则。最惠国待遇的基本含义是：缔约国一方现在和将来给予任何第三国的一切特权、优惠和豁免，必须同样给予缔约国对方。最惠国待遇原则的基本要求是缔约一方在缔约另一方享有不低于或不少于任何第三国所享有的待遇。

在国际贸易条约的实践中，最惠国待遇又分为无条件的和有条件的最惠国待遇原则两种。无条件的最惠国待遇，是指缔约国一方现在和将来给予任何第三国的一切优待，应立即无条件无补偿地、自动地给予对方。有条件的最惠国待遇，是指如果缔约国一方给予第三国的优惠是有条件的，则另一方必须提供同样的补偿，才能享受这种优待。当前国际贸易条约和协定普遍采用无条件的最惠国待遇原则，有条件的最惠国待遇原则已极少采用。

（2）国民待遇原则。国民待遇原则也是贸易条约或协定中重要的法律原则。其基本含义是缔约国之间相互保证给予另一方的公民、企业和船舶在本国境内享有与本国公民、企业和船舶同等的待遇。简单来说，就是外国国民和本国国民享有同等的待遇。

国民待遇原则的适用有一定范围，有时还附带有一定的条件。国民待遇一般适用于外国国民和企业的某些经济权利，外国产品应缴纳的国内税，船舶在港口的待遇，利用铁路运输和转口过境的条件，知识产权保护以及某些与贸易有关的政策、措施和法规。因此，国民待遇原则并不是要求把本国国民和企业所享有的一切权利都包括进去，本国人所享有的某些权利，如邻海捕鱼权、沿海和内河航行权、土地所有权、批发贸易权以及充当某些经纪人等，一般不属于国民待遇原则的适用范围。

第二节 关税与贸易总协定

关税与贸易总协定（General Agreement on Tariff and Trade，GATT）是关于关税与贸易政策的多边国际协定，于1947年10月30日由23个国家在日内瓦签订，1948年1月1日生效，1995年1月1日被世界贸易组织所取代。47年间，总协定的成员不断增加，缔约方之间的贸易额不断提高，其规范的领域不断扩大，在国际贸易中起到了非常重要的作用。

一、关税与贸易总协定的产生背景

"二战"期间，除美国之外的发达资本主义国家，都受到了战争的严重创伤。"二战"后，资本主义国家在恢复本国经济的同时，都关心世界经济的重建。

1945年，美国国务院向联合国经济与社会理事会提议召开世界贸易与就业会议，建议成立国际贸易组织。1946年2月，联合国经济与社会理事会接受建议，成立筹备委员会，开始筹建国际贸易组织和宪章的起草工作。

1947年4月，美国、英国、法国、中国等23个国家在日内瓦召开了第二次筹委会会议，会议期间，考虑到短期内难以建立国际贸易组织，当时亟待解决的问题是各国的高关税，于是在美国积极推动下，参加方就具体产品的关税减让进行了谈判，达成了123项双边关税减让协议。这次谈判后来被称为"关税与贸易总协定第一轮多边贸易谈判"。23国还将达成的双边关税减让协议与《国际贸易组织宪章》草案中有关商业政策的部分加以合并，命名为《关税与贸易总协定》，并于1947年10月30日在日内瓦签署了该协定。为尽快实施关税谈判的成果，美国联合英国、法国、比利时、荷兰、卢森堡、澳大利亚和加拿大于1947年11月15日签署了《关税与贸易总协定临时适用议定书》，宣布从1948年1月1日起正式生效。1948年又有包括中国在内的15个国家签署该议定书，签署国达到23个。各缔约方还约定国际贸易组织成立后，以《国际贸易组织宪章》的贸易规则部分取代关贸总协定的有关条款。

总协定总部设在瑞士日内瓦，其组织机构主要有缔约国大会、代表理事会、委员会、工作组和专门小组、18国咨询组、总干事及秘书处。

二、关税与贸易总协定的宗旨和原则

关税与贸易总协定由序言和另外四个部分组成，共38条，最初有三个部分，后因发展中国家的加入，总协定于1965年增加了有关发展中国家贸易和发展问题的内容，作为第四部分。第一部分（1~2条），是总协定的核心，规定了最惠国待遇原则和关税减让表；第二部分（3~23条），是总协定的重要条款，主要是各缔约方的贸易政策；第三部分（24~35条），主要为各有关程序和手续的规定；第四部分（36~38条），是专门处理发展中国家贸易和发展问题的条款。

关税与贸易总协定的序言部分，给出了其宗旨：通过多边贸易谈判，大幅度地削减关税和其他贸易障碍，取消国际贸易中的歧视待遇，从而实现提高生活水平，保证充分就业，保障实际收入和有效需求的持续增长，扩大世界资源的充分利用和扩大商品的生产和交换的目的。

关税与贸易总协定的基本原则主要有非歧视原则、关税保护和关税减让原则、透明度原则、自由贸易原则、一般取消或禁止数量限制原则、公平贸易原则、磋商调解原则和给予发展中国家特殊优惠待遇原则。

三、关税与贸易总协定主持下的多边贸易谈判

关税与贸易总协定自1947年开始生效的近50年间，共进行了八轮多边贸易谈判，每一轮谈判都取得了一定的成果，如表13-1所示。

表13-1 关税与贸易总协定历次多边贸易谈判简况

届次	谈判时间	谈判地点	参加国	谈判主要议题	谈判主要成果
1	1947年4~10月	瑞士日内瓦	23	关税减让	就45000项商品达成关税减让协议，关税水平平均降低35%
2	1949年4~10月	法国安纳西	33	关税减让	达成关税减让协议147项，增加关税减让商品5000项，关税减让幅度达35%
3	1950年9月~1951年4月	英国托尔基	39	关税减让	达成关税减让协议150项，增加关税减让商品8700项，关税减让幅度达26%
4	1956年1~5月	瑞士日内瓦	28	关税减让	达成近3000项商品的关税减让，关税减让幅度达15%
5	1960年9月~1962年7月	瑞士日内瓦	45	关税减让	达成约4400项商品的关税减让，关税减让幅度达20%
6	1964年5月~1967年6月	瑞士日内瓦	54	关税减让 降低非关税 反倾销问题	关税减让幅度达35%，制定了第一个反倾销协议
7	1973年9月~1979年4月	日本东京	99	关税减让 减少、消除非关税	关税减让幅度达35%，达成多项非关税壁垒协议和守则；通过了给予发展中国家优惠待遇的"授权条款"

届次	谈判时间	谈判地点	参加国	谈判主要议题	谈判主要成果
8	1986 年 9 月~1994 年 4 月	瑞士日内瓦	128	降低非关税 关税减让 服务贸易 农产品贸易	关税减让幅度达 40%，非关税壁垒受到严格规范；达成《服务贸易总协定》和《与贸易有关的知识产权协定》，成立世界贸易组织

关贸总协定第一轮至第五轮多边贸易谈判致力于关税的削减，使世界平均关税水平大幅度下降。第六轮谈判与前五轮谈判相比有较大区别，第一次涉及非关税措施，美国、英国与日本等 21 个缔约方签署了第一个有关反倾销的协议，该协议于 1968 年 7 月 1 日生效。第七轮谈判（又称东京回合）更是取得了重大进展，是前七轮回合中范围最广泛、目标最庞大的贸易谈判，取得了三方面的新成果：第一，继续大幅度削减关税，减税范围从工业品扩大至部分农产品。第二，降低非关税壁垒成为谈判的主要内容，而关税减让则退居其次。采取了一系列非关税措施协议，例如，反倾销协议、反补贴协议、政府采购协议以及技术性贸易壁垒协议等。第三，通过了对发展中缔约方的授权条款，要求发达缔约方给予发展中缔约方优惠待遇，发展中缔约方可以在实施非关税措施协议方面享有差别和优惠待遇。

1986 年在乌拉圭举行的缔约国部长会议，决定发动第八轮多边贸易谈判，即"乌拉圭回合"谈判。"乌拉圭回合"成为关贸总协定历史上议题最多、范围最广、规模最大的多边贸易谈判，是最复杂和最困难的一轮全球多边贸易谈判。

乌拉圭回合多边贸易谈判分为两部分共 15 个议题。第一部分为货物贸易谈判，这部分共 14 个议题，分别为关税、非关税措施、热带产品、自然资源产品、纺织品与服装、农产品、关贸总协定条款、保障条款、多边贸易谈判协议和安排、补贴与反补贴措施、争端解决、与贸易有关的知识产权的问题（包括冒牌货贸易问题）、与贸易有关的投资措施、关贸总协定体制的作用。

第二部分为服务贸易谈判，为一个议题。通过服务贸易谈判制定处理服务贸易的多边原则和规则的框架，包括对各个部门制定可能的规则，以便在透明和逐步自由化的条件下扩大服务贸易，并以此作为促进所有贸易伙伴和发展中国家经济发展的一种手段。

"乌拉圭回合"的重要意义不仅在于参加谈判的有 128 个国家和地区，超过以往任何一轮多边贸易谈判，更主要的是关贸总协定已进入一个新的阶段，它的谈判范围和新制定的多边规则已经从传统的货物贸易领域扩大到服务贸易、知识产权等新领域。此外，"乌拉圭回合"的重要意义还在于它促进了一个面向未来的全球性多边贸易组织——世界贸易组织的建立。

第三节 世界贸易组织

世界贸易组织（World Trade Organization，WTO），简称世贸组织，其前身为关贸总协定，1995 年 1 月 1 日生效后，与关贸总协定并行了一年，于 1996 年 1 月 1 日起完全扮演起全球经济与贸易组织管理者的角色，一个独立于联合国的全球性经贸机构出现了，它的诞生对面向 21 世纪的世界经济贸易发展无疑具有极其重要的作用。伴随着 2015 年 7 月 27 日哈萨克斯坦"入世"签字仪式举行，世贸组织成员达到 162 个。

一、世界贸易组织的产生与构成

（一）世界贸易组织的产生

《建立世界贸易组织协议》的达成是乌拉圭回合多边贸易谈判的一项重大意外成果。乌拉圭回合多边贸易谈判开始时，其中的 15 个议题中并没有建立世界贸易组织的问题，只是设立了一个关于修改和完善关贸总协定体制职能的谈判小组，但是在新议题中已涉及知识产权保护、服务贸易以及与贸易有关的投资措施等货物贸易以外的问题，针对这些非货物贸易问题，很难在关贸总协定的旧框架内来谈判，因而有必要创立一个正式的国际贸易组织通过分别谈判来解决。

因此，1990 年初，欧共体首先提出建立一个多边贸易组织的倡议，这一倡议后来得到了美国和加拿大等国家的支持。1990 年 12 月，布鲁塞尔贸易部长会议同意就建立多边贸易组织进行协商。经过历时一年的紧张谈判，1991 年 12 月形成了一份"关于建立多边贸易组织协议"的草案。后经两年的修改、完善和磋商，最终于 1993 年 11 月形成了"多边贸易组织协议"。

1993 年 12 月 15 日，根据美国的建议，"多边贸易组织"更名为"世界贸易组织"。

（二）构成

世贸组织协议由本身 16 条案文和 4 个附件组成。案文本身是就世贸组织的结构、决策过程、成员资格、接受、加入和生效等程序性问题作了原则规定，并未涉及规范和管理多边贸易关系的实质性原则，事实上有关协调多边贸易关系和解决贸易争端以及规范国际贸易竞争规则的实质性规定，均体现在 4 个附件中。

附件 1 包括：①《货物贸易协定》，其中包括 13 个协定与协议，分别是 1994 年关税与贸易总协定、农业协议、实施卫生与植物卫生措施协议、纺织品与服装协议、技术性贸易壁垒协议、与贸易有关的投资措施协议、关于实施 1994 年关税与贸易总协定第 6 条的协议、关于实施 1994 年关税与贸易总协定第 7 条的协议、装运前检验协议、原产地规则协议、进口许可程序协议、补贴与反补贴措施协议和保障措施协议；②《服务贸易总协定》（GATS）；③《与贸易有关的知识产权协定》。

附件 2 是《关于争端解决规则与程序谅解》。附件 3 是《贸易政策审议机制》。附件

4 是《诸边贸易协议》，包括民用航空器民用协议、政府采购协议、国际奶制品协议、国际牛肉协议。其中国际奶制品协议和国际牛肉协议已于 1997 年 12 月 31 日终止。其中，附件 1、附件 2、附件 3 所列协定及相关法律文件被称为"多边贸易协定"，是《建立世界贸易组织的协定》的组成部分，对所有世界贸易组织成员具有约束力；附件 4 所列协定及相关法律文件则被称为"诸边贸易协定"，对接受的成员而言，属《建立世界贸易组织的协定》的组成部分并对其具有约束力，但对于未接受的成员而言，则不产生权利和义务。

二、世界贸易组织的宗旨和基本原则

（一）宗旨

在《建立世界贸易组织的协定》中指出，世界贸易组织是一个开放的、完整的、健全的、持久的多边贸易体制。序言部分概括了其宗旨：世界贸易组织成员在处理它们的贸易和经济领域的关系时，应以提高生活水平、扩大就业，大幅度稳定地增加实际收入和有效需求，扩大货物和服务的生产和贸易为目的；同时遵照可持续发展的目标和不同成员国家的经济实际发展水平和需要，持久地开发和合理利用世界资源，努力保护和维持环境；并且必须积极努力确保发展中国家，尤其是最不发达国家在国际贸易增长中得到与其经济发展相适应的份额。

（二）基本原则

1. 非歧视原则

这条原则是世贸组织最为重要的原则，是世贸组织的基石。它体现了多边互惠互利的特点。本着这一原则，各成员国都可以同等地分享降低贸易壁垒所带来的利益。非歧视性原则主要体现为最惠国待遇原则和国民待遇原则。

2. 透明度原则

透明度原则是指各成员方一切影响贸易活动的政策和措施都必须及时公开，以便于各成员方政府和企业了解和熟悉。要求各成员将实施的有关管理对外贸易的各项法律、法规、行政规章和司法判决等迅速加以公布，以使其他成员政府和贸易经营者加以熟悉。透明度原则还规定，地方政府颁布的有关上述事项的法规不应与中央政府有任何抵触。但是，中央政府授权的特别行政区地方政府除外。

3. 关税保护和关税减让原则

关税是世界贸易组织所允许的保护本国产业和市场的唯一合法手段。通过关税减让来消除关税壁垒，促进贸易自由化，是世贸组织的主要目标之一。

关税减让原则是指各成员方在 WTO（GATT）的主持下，在最惠国待遇原则的指导下，通过多边谈判，相互让步，承担减低关税的义务。各成员方政府承担不得通过征收高于它在关税减让表中所承担的约束某种产品关税税率的义务。

4. 取消数量限制原则

在不同形式的非关税贸易壁垒中，数量限制最为普遍，因其简单易行，效果明显，常被用来限制进出口，对国际贸易的正常进行影响极大。因此，世贸组织多边贸易体制规定了禁止使用除关税外的保护措施原则，要求任何缔约方除了征收捐税或其他费用外，不得设立或维持配额、进出口许可证或其他措施。若确有必要实施数量限制，应在非歧视和最惠国待遇原则的基础上实施。

5. 公平竞争原则

公平竞争原则也称公平贸易原则。世贸组织认为各国发展对外贸易不应该采取不公正的贸易手段进行竞争，尤其是不能以倾销和补贴的方式销售本国的商品。当某一缔约方以倾销或补贴方式出口本国的产品而给进口国国内工业造成了实质性的损害，或有实质性损害的威胁时，受损害的进口国可以征收反倾销税和反补贴税来对本国工业进行保护。

6. 磋商调解原则

世贸组织争端解决机制以公正、平等为原则，这些原则体现在调节程序、上诉机构、从关贸总协定的全体一致通过到世贸组织的全体一致否决机制的转变、对违反上诉和非违反上诉的规定以及对发展中国家及最不发达国家的特殊规定等。公平解决争端原则要求缔约方之间一旦出现国际贸易争端，应通过公正、客观、平等和友好的方式使有关贸易争端得到妥善解决。

7. 互惠原则

互惠互利原则（也称权利与义务的平衡原则）。世贸组织是以权利与义务的平衡为原则，这种平衡是通过成员互惠互利地开放市场的承诺而获得的，即缔约方要有给有取，以相互提供优惠待遇的方式来保持贸易的平衡，谋求贸易自由化的实现。互惠包括双边互惠和多边互惠。

8. 对发展中国家单方面优惠原则

世贸组织考虑到发展中国家的具体情况，允许发展中国家在执行世贸组织的基本原则时可以有一些例外。比如：允许发展中国家的关税制度有更大的弹性；发展中国家不必对发达国家给予对等的关税减让；允许发展中国家之间相互进行关税减让而不必对发达国家减让；发展中国家可以享受普遍优惠制待遇等。

三、世界贸易组织的组织机构

为执行其职能，世贸组织在瑞士日内瓦设立了相应的组织机构。

（一）部长会议

部长会议是世贸组织的最高决策权力机构，它由所有成员方主管外经贸的部长、副部长级官员或其全权代表组成。部长会议一般两年举行一次，讨论和决定涉及世贸组织职能的所有重要问题，并采取行动。

部长会议具有广泛的权力，主要有立法权、准司法权、豁免某个成员在特定情况下的义务、批准非世贸组织成员国所提出的取得观察员资格的申请。历届部长级会议简况如表 13-2 所示。

表 13-2　世贸组织历届部长级会议一览

	时间	地点	会议成果
第一次	1996 年 12 月 9～13 日	新加坡	成立了贸易与投资、贸易与竞争政策工作组； 通过了《新加坡部长宣言》； 达成了《金融服务协议》和《信息技术协议》
第二次	1998 年 5 月 18～20 日	日内瓦（瑞士）	讨论了已达成的贸易协议的执行情况、既定日程和未来谈判日程等问题； 通过了《日内瓦部长宣言》
第三次	1999 年 11 月 30 日～12 月 3 日	西雅图（美国）	各成员国之间在重大问题上意见分歧，最终未能达成协议
第四次	2001 年 11 月 9～14 日	多哈（卡塔尔）	启动"多哈回合"新一轮多边贸易谈判； 批准中华人民共和国及中国台湾分别加入世界贸易组织；通过了《多哈部长宣言》
第五次	2003 年 9 月 10～14 日	坎昆（墨西哥）	对多哈谈判进行中期评估； 批准柬埔寨、尼泊尔加入世贸组织； 发表《部长会议声明》，但未能达成任何实质协议
第六次	2005 年 12 月 13～18 日	香港（中国）	在取消棉花和农产品出口补贴以及向最不发达国家开放市场问题上取得了积极成果
第七次	2009 年 11 月 30 日～12 月 2 日	日内瓦（瑞士）	以"世界贸易组织、多边贸易体系和当前全球经济形势"为主题，为各成员提供了回顾、审议世贸组织工作的平台； 但会议未能为推动多哈回合谈判取得明显进展
第八次	2011 年 12 月 16～17 日	日内瓦（瑞士）	正式批准俄罗斯加入世贸组织
第九次	2013 年 12 月 3～7 日	印度尼西亚	签署了 20 年来达成的第一个多边贸易协议
第十次	2015 年 12 月 15～19 日	肯尼亚内罗毕	会议通过了《内罗毕部长宣言》及 9 项部长决定

（二）总理事会

世贸组织的日常决策由"总理事会"负责。在部长会议休会期间由总理事会代行部长会议职能。

总理事会负责世贸组织日常会议和工作，监督和指导各项协定以及部长级会议所做决定的贯彻执行情况。总理事会还有两项具体职能，即履行争端解决机构和贸易政策审议机构的职责。总理事会定期召开会议，通常每两个月一次。

（三）理事会

总理事会下设有货物贸易、服务贸易、知识产权三个理事会。

（1）货物贸易理事会。除了争端解决职能由争端解决机构履行外，货物贸易理事会应监督已达成的各项货物贸易协议的执行及任何其他由理事会所赋予的职责。货物贸易理事会又下设市场准入委员会等 11 个委员会以及纺织品监督机构，具体负责处理各专项协议的有关事项。

（2）服务贸易理事会。负责监督执行服务贸易总协定及分部门协议有关事宜，下设金融服务贸易委员会和具体承诺委员会。

（3）知识产权理事会。负责监督执行与贸易有关的知识产权协定，尚无下设机构。

　　这些理事会可视情况自行拟订议事规则，经总理事会批准后执行。所有成员均可参加各理事会。

（四）专门委员会

　　部长会议下设 5 个专门委员会，负责处理 3 个理事会的共性事务及其他有关事宜，包括贸易与发展委员会、国际收支限制委员会、区域贸易协议委员会、贸易与环境委员会以及预算、财务与行政委员会。

（五）秘书处与总干事

　　秘书处为世贸组织的日常办事机构。秘书处设在瑞士日内瓦。秘书处由总干事领导。总干事由部长会议任命，其权力、职责、服务条件和任期都由部长会议通过规则确定。秘书处工作人员由总干事指派。世贸组织总干事主要以下列身份参与世贸组织活动：①捍卫者（监护人）。他可以最大限度地向各成员施加影响，要求他们遵守世贸组织规则。②引导人。总干事要考虑和预见世贸组织的最佳发展方针。③调停人。其职责之一是帮助各成员解决他们之间所发生的争议。④经理人。负责秘书处的工作，管理预算和所有成员有关的行政事务。⑤主持协商非正式谈判，避免争议。

　　在履行职务中，总干事和秘书处工作人员均不得寻求和接受任何政府或世贸组织以外组织的指示。

（六）争端解决机构和贸易政策审议机制

　　这两个机构直接隶属于部长会议或总理事会。

　　争端解决机构下设专家小组和上诉机构，负责处理各成员间基于各有关协定、协议所产生的贸易争端。

　　政策审议机制负责定期审议各成员方的贸易政策、法律与实践，并就此做出指导。

四、世界贸易组织成员及其决策方式

（一）世贸组织成员

1. 创始成员

《世界贸易组织协议》第十一条就创始成员资格作了规定，即原 1947 年关贸总协定缔约方，列入 1994 年关贸总协定承诺减让日程表的，列入对服务贸易总协定明确承担义务的谈判方，则应成为世贸组织创始成员。

2. 加入

（1）加入资格：任何国家或拥有完全自主权的独立关税区，可按它与世贸组织议定的条件，加入世贸组织。

（2）加入决定：新成员的加入申请由部长会议通过 2/3 多数表决做出决定。

3. 退出

任何成员均可退出世贸组织。退出从递交退出申请被总干事接受 6 个月后生效，权利和义务同时终止。

（二）世贸组织决策方式

世贸组织继续实行关贸总协定合意决策的做法。合意的含义是"在做出决定的会议上，如果任何一个与会的成员对拟通过的协议不正式提出反对"，就算达成合意。

当无法达成合意时，再以投票方式进行表决。每一个成员在部长级会议及总理事会均拥有一票投票权，欧盟的票数则和其成员在世贸组织的成员数相同。通常情况下，以多数票为准。但在下列情况下有特殊规定：对任何多边贸易协议的解释和决议，须经部长级会议和总理事会成员的 3/4 以上多数通过；对有关条款的修订，须经 2/3 多数票通过；豁免某一成员所应承担的义务，须经 3/4 以上多数通过。

五、世界贸易组织与中国

（一）中国与关贸总协定

中国是 1947 年成立的关贸总协定创始国之一。1947 年 4~10 月，中国参加了世界贸易和就业会议第二次筹备委员会会议。同年 10 月，包括中国在内的 23 个国家在日内瓦签订了关贸总协定，并签署了附有 123 个双边关税减让协议的最后议定书。1948 年 1 月 1 日，关贸总协定临时生效；4 月 21 日，中国签署了《关贸总协定临时适用议定书》，并于 5 月 21 日，正式成为关贸总协定创始缔约方之一。

1950 年 3 月 6 日台湾当局通过其"常驻联合国代表"，以"中华民国"的名义向联合国秘书长提出退出关贸总协定，中国从此中断了与关贸总协定的联系。中华人民共和国虽不承认台湾当局退出关贸总协定的合法性，但在其成立的 30 多年里，由于种种原因，一直没有参加关贸总协定的活动。直到 20 世纪 80 年代，中国认识到与关贸总协定联系的重要性，才恢复了与关贸总协定的联系。1984 年 4 月，中国取得了总协定观察员地位。出于对内改革、对外开放、建立社会主义市场经济体制及与国际接轨的需要，中国于 1986 年 7 月 11 日，正式提交了中国政府关于恢复中国在关贸总协定中缔约方席位的申请，同时，提出了恢复关贸总协定席位坚持三条原则：①中国进入关贸总协定是恢复缔约国地位，不是重新加入；②中国恢复缔约国地位是以关税减让为基础，而不是以承担进口增长为条件；③中国是发展中国家，应享受关贸总协定给予发展中国家的优惠待遇。

（二）由"复关"转为"入世"

1995 年 1 月 1 日，世界贸易组织正式成立，并在一年的过渡期后完全取代关贸总协定。同年 5 月，中断了近五个月的中国复关谈判在日内瓦恢复进行。1 月 11 日，世贸组织决定接纳中国为该组织的观察员。11 月，中国政府照会世贸组织总干事鲁杰罗，把中国复关工作组更名为中国"入世"工作组，中国"复关"谈判变成"入世"谈判。

"入世"谈判与"复关"谈判在程序上并没有区别，但由于世贸组织管辖的范围远比关贸总协定广泛，美国等谈判方更有理由扩大谈判范围，提出更高的要价。面对以美国为首的谈判阵营在谈判中对中国提出的不切实际的要价，中国提出了"入世"三原则：①坚持权利义务对等；②以发展中国家的身份"入世"；③以乌拉圭回合协议为基础，承担与其经济发展水平相适应的义务。在这三个原则的基础上，中国与以美国为首的谈判对手进行了艰苦的谈判，谈判多次陷入僵局。

1997 年 10 月 29 日，中美两国发表联合声明，中美两国认为中国全面加入世贸组织符合中美双方的利益，双方同意加紧谈判。

1998 年 4 月 18 日，世贸组织中国工作组第七次会议结束，中国提出的"一揽子"降低关税的方案得到了工作组成员的广泛欢迎，表明谈判取得了突破性进展。

1999 年 4 月 13~16 日，朱镕基总理访问美国，使中国加入世贸组织取得了巨大进展。访问期间，中美签署了《中美农业合作协议》，被认为是中国加入世贸组织的前奏。但由于美国不切实际的要价，最终没有达成全面协议。

1999 年 11 月，中美双方就中国加入世贸组织重新进行谈判。在双方的共同努力下，终于在 11 月 15 日，中美两国在北京就中国加入世贸组织达成了双边协议，从而为结束长达 13 年的复关/入世谈判铺平了道路。2000 年 5 月 19 日，中国和欧盟在布鲁塞尔也达成了双边协议。在中国与美、欧两个重要世贸成员达成双边协议的推动下，中国相继与其他世贸成员达成了双边协议。2001 年 6 月 9 日和 6 月 20 日，中国分别与美国、欧盟就中国加入世贸组织的所有遗留问题达成全面共识。

2001 年 11 月 10 日，在多哈举行的世贸组织第四次部长级会议审议并批准了中国加入世贸组织，我国随即递交了全国人大常委会批准中国加入世贸组织议定书的通知书。按照世贸组织的规则，30 天后，中国于 2001 年 12 月 11 日正式成为世贸组织成员。

（三）加入世贸组织对中国经济贸易发展的机遇与挑战

加入世贸组织有利于改善我国的对外经济贸易环境，为我国进一步发展对外经济贸易提供一个较好的机遇：第一，有利于中国经济与世界经济运行全面接轨，有利于国内改革；第二，可以使我国享受发展中国家的各种优惠待遇，有效地消除我国在国际贸易中遇到的歧视性待遇；第三，有利于我国利用世贸组织争端解决机制有效地解决贸易争端；第四，可以增强我国在国际贸易活动中的发言权和主动权；第五，有利于培养我国企业的竞争意识。

虽然，加入世贸组织为中国经济持续稳定发展带来了很多历史性机遇，但同时也为中国带来了一些严峻的挑战。随着关税的降低，国内商品的价格优势逐渐消失，同时由于技术与管理水平与发达国家存在巨大差距，也会对中国经济发展带来负面影响，主要有：第一，对我国部分行业造成强烈冲击；第二，影响中国的国际收支平衡；第三，世界经济周期波动更容易影响我国的经济发展。

本章小结

随着国际贸易的发展，各国与其他国家都签订了众多国际条约与协定，为自己的国际贸易发展创造良好的国际环境。贸易条约与协定是指两个或多个主权国家为了确定彼此在经济与贸易方面的权利和义务关系而缔结的书面协议，包括贸易条约、贸易协定、贸易议定书、支付协定和国际商品协定共五种类型。所依据的原则有最惠国待遇原则和互惠待遇原则。

"二战"后，为了解决金融、投资和贸易三大领域的问题，推动了关贸总协定的产生，它是一个临时性的组织，不具有法人地位。在它的主持下，举行了八轮多边贸易谈判，有力地推动了国际贸易的自由化。

乌拉圭回合是关贸总协定主持的最后一轮谈判，这一轮回合最大、最意外的成果是诞生了正式的世界贸易组织。

由于关贸总协定的诸多局限性，导致它不能适应新的世界经济的需要，世界贸易组织应运而生，并于1995年1月1日正式取代了关贸总协定。

世贸组织是一个正式的国际组织，有法人地位，有一套完整的工作机制和行之有效的基本原则，有效地解决了很多国际贸易争端，为世界贸易的顺利发展做出了很大的贡献。

中国自1986年7月10日开始"复关"和"入世"的谈判过程，直到2001年12月11日正式成为世界贸易组织的成员国。

复习思考题

【核心概念】

1. 贸易条约与协定
2. 关税贸易总协定
3. 世界贸易组织

【问答题】

1. 简述关贸总协定的作用与局限性。
2. 世界贸易组织与关贸总协定有何不同？
3. 世贸组织的宗旨和原则是什么？
4. 试述加入世贸组织对中国经济发展的利与弊及相应措施。

PART THREE | 下篇

国际贸易实务篇

第十四章　国际贸易术语与国际贸易惯例

[学习目的]

通过本章的学习，了解国际贸易术语与国际贸易惯例的产生和发展历程，掌握国际贸易术语与国际贸易惯例的基本概念和类型，为学习国际贸易术语与国际贸易惯例理论、实践部分作铺垫。

[重点难点]

◆ 掌握和区分国际贸易术语与国际贸易惯例的基本概念和特点
◆ 了解国际贸易术语与国际贸易惯例形成发展的原因
◆ 掌握国际贸易术语与国际贸易惯例的理论
◆ 掌握国际贸易术语与国际贸易惯例的实践

[引导案例]

FCA 条件下卖方的装货义务

新加坡卢记商业有限公司（以下简称 A 公司）与中国腾飞商贸公司（以下简称 C 公司）订立 CIF（上海）合同，销售白糖 500 吨，由 A 公司向保险公司投保以合同标的价格加 10% 为保险金额的一切险（包括仓至仓条款）。为联系货源，A 公司与马来西亚扎拜股份有限公司（以下简称 B 公司）订立 FCA 合同，购买 500 吨白糖，合同约定提货地为 B 公司所在地。2014 年 7 月 3 日，A 公司派代理人到 B 公司所在地提货，B 公司已将白糖装箱完毕并放置在临时敞篷中，A 公司代理人由于人手不够，要求 B 公司帮助装货，B 公司认为依国际惯例，货物已交 A 公司代理人照管，自己已履行完应尽的合同项下的义务，故拒绝帮助装货。A 公司代理人无奈返回。三日后 A 公司再次组织人手到 B 公司所在地提走货物。但是，在货物堆放的三天里，因遇湿热台风天气，货物部分受损，造成 10% 的脏包。A 公司将货物悉数交与承运人，承运人发现存在 10% 的脏包，欲出具不清洁提单，A 公司为了取得清洁提单以便顺利结汇，便出具保函，许诺承担承运人因签发清洁提单而产生的一切责任。承运人遂出具了清洁提单，A 公司得以顺利结汇，提单和保险单转移至 C 公司手中。7 月 21 日，货到上海港，C 公司检验出 10% 的脏包，遂申请上海海事法院扣留承运人的船舶并要求追究其签发不清洁提单的责任。当日货物被卸下，港口管理部门将货物存放在其所属的仓库中，C 公司开始委托他人办理排港、报关和提货的手续，从 7 月 21 日起至 7 月 24 日，已陆续将 300 吨白糖灌包运往各用户所在地。7 月 24 日晚，港口遭遇特大海潮，未提走的 200 吨白糖受到浸泡，全部损失。C 公司向保险公司办理理赔手续时被保险公司拒绝，理由是 C 公司已将提单转让，且港口仓库就是 C 公司在目的港的最后仓库，故保险责任已终止。

资料来源：http://china.findlaw.cn/hetongfa/shewaihetong/13669.html.

在国际贸易实务中，买卖双方通过确定国际贸易术语即可以确定由哪一方负责进出口报关、哪一方负责租船订舱及订立保险，进而确定贸易双方的权利和义务。什么是贸易术语？贸易术语起源于哪些贸易惯例？买卖双方应承担什么权利和义务？本章就以上问题做出回答。

第一节　国际贸易术语概述

在国际货物买卖过程中，其交易环境、交易条件、贸易做法及所涉及的问题，都比较复杂。交易双方责任、义务、风险、费用的划分，也十分复杂。国际贸易术语是交易双方关于货物价格、风险、费用等约定俗成的专门用语。因此，从事国际贸易的人员，必须了解和掌握国际贸易中现行的各种贸易术语及其他有关的国际贸易惯例，以便正确选择和使用各种贸易术语，开拓好国际市场。

一、国际贸易术语的含义

国际贸易具有线长、面广、中间环节多、风险大等特点，因此，国际贸易需要规范的专门用语来约束交易双方的行为。国际贸易术语就是用一简短的概念或英文缩写字母来反映商品的价格构成、交易地点、买卖双方的责任、费用、风险等问题的专门用语。它是进出口商品价格的一个重要的组成部分。综上所述，国际贸易术语可以划分为两个方面：一方面反映该商品的价格构成，是否包括成本以外的运费和保险费等；另一方面确定交货条件，反映买卖双方在交接货物时所承担的责任、费用和风险等。

国际贸易术语在国际贸易中运用很广泛。它明确了交易双方的责任，对进出口商品的运输、保险等各种手续由谁办理、费用由谁负担做出了规定；它明确了交易双方承担责任的大小；它明确了商品所有权转移的界限，从而避免了交易中的摩擦。

二、国际贸易术语的产生

国际贸易术语是国际贸易发展到一定历史阶段的产物。它的产生是同国际贸易相关的，国际运输中涉及装卸货物、投保货运险、报关、纳税等手续，并需支付运费、保险费、装卸费以及其他各项费用，同时货物在运输、装卸过程中，还可能遭遇自然灾害、意外事故和各种外来风险，有关这些事项由谁办理、费用由谁支付、风险由谁承担，买卖双方在磋商交易和订立合同时，必须明确予以规定。为了明确交易双方各自承担的责任、费用和风险，便采用专门的贸易术语来表示。随着国际贸易和交通运输与通信事业的发展，国际上采用的贸易术语也日渐增多，除传统的贸易术语外，近年来又出现了一些新的贸易术语。

三、国际贸易术语的性质

国际贸易术语是用来表示买卖双方各自承担义务的专门用语，每种贸易术语都有其特定的含义，采用某种专门的贸易术语，主要是为了确定交货条件，即说明买卖双方在交接货物方面彼此承担的责任、费用和风险的划分。同时，贸易术语也可用来表示价格构成因素，特别是货价中所包含的从属费用。不同的贸易术语，表明买卖双方各自承担不同的责任、费用和风险，而责任、费用和风险的大小，又影响成交商品的价格。所以，有些人便把它当作单纯表示价格的用语，而称其为"价格术语"或"价格条件"。

综上所述，足见贸易术语具有两重性，即一方面表示交货条件，另一方面表示成交价格的构成因素，我们必须从贸易术语的全部含义来理解它的性质，正是由于贸易术语具有这两方面性质，所以也有人称之为"价格—交货条件"。

四、国际贸易术语的作用

贸易术语在国际贸易中起着积极的作用，主要表现在下列几个方面：

（1）有利于买卖双方洽商交易和订立合同。由于每种贸易术语都有其特定的含义，而且一些国际组织对各种贸易术语也作了统一的解释与规定，这些解释与规定，在国际上被广为接受，并成为惯常奉行的做法或行为模式。因此，买卖双方只需商定按何种贸易术语成交，即可明确彼此在交接货物方面所应承担的责任、费用和风险，这就简化了交易手续，缩短了洽商交易的时间，从而有利于买卖双方迅速达成交易和订立合同。

（2）有利于买卖双方核算价格和成本。由于贸易术语表示价格构成因素，所以买卖双方确定成交价格时，必须要考虑采用的贸易术语包含哪些费用，如运费、保险费、装卸费、关税、增值税和其他费用，这就有利于买卖双方进行比价和加强成本核算。

（3）有利于解决履行当中的争议。买卖双方商订合同时，如对合同条款考虑欠周，使某些事项规定不明确或不完备，致使履约当中产生的争议不能依据合同的规定解决，在此情况下，可以援引有关贸易术语的一般解释来处理，因为，贸易术语的一般解释，已成为国际惯例，并被国际贸易从业人员和法律界人士所理解和接受，从而成为了国际贸易中公认的一种类似行为规范的准则。

第二节　国际贸易术语

2010 年 9 月 27 日，国际商会公布了《2010 年国际贸易术语解释通则》（下称《2010 年通则》），是国际商会根据国际货物贸易的发展，对《2000 年国际贸易术语解释通则》（下称《2000 年通则》）的修订，于 2011 年 1 月 1 日开始在全球实施。《2010 年通则》较《2000 年通则》更准确地标明了各方承担货物运输风险和费用的责任条款，令船舶管理公司更易理解货物买卖双方支付各种收费时的角色，有助于避免现时经常出现的码头处理费纠纷。此外，新通则也增加大量指导性贸易解释和图示，以及电子交易程序的适用方式。

虽然《2010 年通则》于 2011 年 1 月 1 日正式生效，但并非《2000 年通则》就自动作废。因为国际贸易惯例本身不是法律，对国际贸易当事人不产生必然的强制性约束力。国际贸易惯例在适用的时间效力上并不存在"新法取代旧法"的说法，即《2010 年通则》实施之后并非《2000 年通则》就自动废止，当事人在订立贸易合同时仍然可以选择适用《2000 年通则》甚至《1990 年通则》。

相对《2000 年通则》，《2010 年通则》主要有以下变化：①13 种贸易术语变为 11 种；②贸易术语分类由四级变为两类；③使用范围扩大至国内贸易合同；④电子通信方式被《2010 年通则》赋予完全等同的功效。

《2010 年通则》将 11 种术语分成了截然不同的两类。第一类适用于任何运输方式，包括多式运输的七种术语：EXW、FCA、CPT、CIP、DAT、DAP 和 DDP。这些术语可以用于没有海上运输的情形。但要谨记，这些术语能够用于船只作为运输的一部分的情形，只要在卖方交货点，或者货物运至买方的地点，或者两者兼备，风险转移。第二类适用于比较传统的海运或内河运输的四种术语。这类术语条件下，卖方交货点和货物运至买方的地点均是港口，所以"唯海运不可"就是这类术语标签。FAS、FOB、CFR、CIF 属于这类术语。

一、适用于任何运输方式

EXW、FCA、CPT、CIP、DAT、DAP 和 DDP 适用于任何运输方式。

（一）EXW——工厂交货（指定地点）

工厂交货是指当卖方在其所在地或其他指定的地点（如工场、工厂或仓库等）将货物交给买方处置时，即完成交货。卖方不需将货物装上任何运输工具，在需要办理出口清关手续时，卖方亦不必为货物办理出口清关手续。

EXW 是卖方承担责任最小的术语。它应遵守以下使用规则：卖方没有义务为买方装载货物，即使在实际中由卖方装载货物可能更方便。若由卖方装载货物，相关风险和费用亦由买方承担。如果卖方在装载货物中处于优势地位，则使用由卖方承担装载费用与风险的 FCA 术语通常更合适；买方在与卖方使用 EXW 术语时应注意，卖方仅在买方要求办理出口手续时负有协助的义务，但是，卖方并无义务主动办理出口清关手续。因此，如果买方不能直接或间接地办理出口清关手续，建议买方不要使用 EXW 术语；买方承担向卖方提供关于货物出口之信息的有限义务。

（二）FCA——货交承运人（指定地点）

货交承运人是指卖方于其所在地或其他指定地点将货物交付给承运人或买方指定人。当事人最好尽可能清楚地明确说明指定交货的具体点，风险将在此点转移至买方。若当事人意图在卖方所在地交付货物，则应当确定该所在地的地址，即指定交货地点。另外，若当事人意图在其他地点交付货物，则应当明确确定一个不同的具体交货地点。

FCA 要求卖方在需要时办理出口清关手续。但是，卖方没有办理进口清关手续的义务，也无须缴纳任何进口关税或者办理其他进口海关手续。

（三）CPT——运费付至（指定目的港）

运费付至指卖方在指定交货地向承运人或由其（卖方）指定的其他人交货并且其（卖方）须与承运人订立运输合同，载明并实际承担将货物运送至指定目的地的所产生的必要费用。此规则有两个关键点，因为风险和成本在不同的地方发生转移，买卖双方当事人应在买卖合同中尽可能准确地确定以下两个点：发生转移至买方的交货地点；在其须订立的运输合同中载明的指定目的地。如果使用多个承运人将货物运至指定目的地，且买卖双方并未对具体交货地点有所约定，则合同默认风险自货物由买方交给第一承运人时转移，卖方对这一交货地点的选取具有排除买方控制的绝对选择权。如果当事方希望风险转移推迟至稍后的地点发生（如某海港或机场），那么他们需要在买卖合同中明确约定这一点。

由于将货物运至指定目的地的费用由卖方承担，因而当事人应尽可能准确地确定目的地中的具体地点，且卖方须在运输合同中载明这一具体的交货地点。卖方基于其运输合同中在指定目的地卸货时，如果产生了相关费用，卖方无权向买方索要，除非双方有其他约定。CPT 贸易术语要求卖方在需要办理这些手续时，办理货物出口清关手续。但是，卖方没有义务办理货物进口清关手续、支付进口关税以及办理任何进口所需的任何海关手续。

（四）CIP——运费和保险费付至（指定目的地）

运费和保险费付至是指在约定的地方（如果该地在双方间达成一致），卖方向承运人或是卖方指定的另一个人发货，以及卖方必须签订合同和支付将货物运至目的地的运费。卖方还必须订立保险合同以防买方货物在运输途中灭失或损坏风险。买方应注意到 CIP 术语只要求卖方投保最低限度的保险别。如买方需要更多的保险保障，则需要与卖方明确地达成协议，或者自行做出额外的保险安排。

由于风险和费用因地点不同而转移，本规则有两个关键点。买卖双方最好在合同中尽可能精确地确认交货地点，风险转移至买方地，以及卖方必须订立运输合同所到达的指定目的地。若将货物运输至约定目的地用到若干承运人而买卖双方未就具体交货点达成一致，则默认为风险自货物于某一交货点被交付至第一承运人时转移，该交货点完全由卖方选择而买方无权控制。如果买卖双方希望风险在之后的某一阶段转移（如在一个海港或一个机场），则他们需要在其买卖合同中明确。将货物运输至具体交货地点的费用由卖方承担，因此双方最好尽可能明确在约定的目的地的具体交货地点。卖方最好制定与此次交易精确匹配的运输合同。如果卖方按照运输合同在指定的目的地卸货而支付费用，除非双方另有约定，卖方无权向买方追讨费用。

CIP 术语要求卖方在必要时办理货物出口清关手续。但是，卖方不承担办理货物进口清关手续，支付任何进口关税，或者履行任何进口报关手续的义务。

（五）DAT——终点站交货（指定目的港或目的地）

终点站交货是指卖方在指定的目的港或目的地的指定的终点站卸货后将货物交给买方处置即完成交货。"终点站"包括任何地方，无论约定或者不约定，包括码头、仓库、集装箱堆场或公路，铁路或空运货站。卖方应承担将货物运至指定的目的地和卸货所产生的一切风险和费用。

在必要的情况下，DAT 规则要求卖方办理货物出口清关手续。但是，卖方没有义务办理货物进口清关手续并支付任何进口税或办理任何进口报关手续。

（六）DAP——目的地交货（指定目的地）

DAP 是《国际贸易术语解释通则 2010》新添加的术语，取代了 DAF（边境交货）、DES（目的港船上交货）和 DDU（未完税交货）三个术语。目的地交货的意思是：卖方在指定的交货地点，将仍处于交货的运输工具上尚未卸下的货物交给买方处置即完成交货。卖方须承担货物运至指定目的地的一切风险。

尽管卖方承担货物到达目的地前的风险，该术语建议双方将合意交货目的地指定尽量明确。卖方应签订恰好匹配该种选择的运输合同。如果卖方按照运输合同承受了货物在目的地的卸货费用，那么除非双方达成一致，卖方无权向买方追讨该笔费用。

在需要办理海关手续时，DAP 要求应有卖方办理货物的出口清关手续，但卖方没有义务办理货物的进口清关手续，支付任何进口税或者办理任何进口海关手续，如果当事人希望卖方办理货物的进口清关手续，支付任何进口税和办理任何进口海关手续，则应适用 DDP 规则。

（七）DDP——完税后交货（指定目的地）

完税后交货是指卖方在指定的目的地，将货物交给买方处置，并办理进口清关手续，准备好将在交货运输工具上的货物卸下交与买方，完成交货。卖方承担将货物运至指定的目的地的一切风险和费用，并有义务办理出口清关手续与进口清关手续，对进出口活动负责，以及办理一切海关手续。

DDP 术语下卖方承担最大责任。因为到达指定地点过程中的费用和风险都由卖方承担，当事人尽可能明确地指定目的地，卖方在签订的运输合同中应符合上述选择的地点。如果卖方致使在目的地卸载货物的成本低于运输合同的约定，则卖方无权收回成本，当事人之间另有约定的除外。如果当事方希望买方承担进口的所有风险和费用，应使用 DAP 术语。

二、适用于海运或内河运输

（一）FAS——船边交货（指定装运港）

这项规则仅适用于海运和内河运输。

船边交货是指卖方在指定装运港将货物交到买方指定的船边（如码头上或驳船上），即完成交货。从那时起，货物灭失或损坏的风险发生转移，并且由买方承担所有费用。当事方应当尽可能明确地在指定装运港指定出装货地点，这是因为到这一地点的费用与风险由卖方承担，并且根据港口交付惯例，这些费用及相关的手续费可能会发生变化。

卖方在船边交付货物或者获得已经交付装运的货物。当货物通过集装箱运输时，卖方通常在终点站将货物交给承运人，而不是在船边。在这种情况下，船边交货术语不适用，而应当适用货交承运人术语。船边交货术语要求卖方在需要时办理货物出口清关手续。但是，卖方没有任何义务办理货物进口清关、支付任何进口税或者办理任何进口海关手续。

（二）FOB——船上交货（指定装运港）

船上交货是指卖方在指定的装运港，将货物交至买方指定的船只上，或者指（中间销售商）设法获取这样交付的货物。一旦装船，买方将承担货物灭失或损坏造成的所有风险。FOB 不适用于货物在装船前移交给承运人的情形。比如，货物通过集装箱运输，并通常在目的地交付。在这些情形下，适用 FCA 术语。

在使用 FOB 时，销售商负责办理货物出口清关手续。但销售商无义务办理货物进口清关手续、缴纳进口关税或是办理任何进口报关手续。

使用 FOB 需要注意：①卖方必须提供符合销售合同规定的货物和商业发票，以及合同可能要求的、证明货物符合合同规定的其他任何凭证。买方必须按照销售合同规定支付价款。②卖方没有义务为买方订立运输合同。但如果是根据买方要求或交易习惯且买方没有及时提出相反要求，由买方承担风险和费用的情况下，卖方可以按一般条款为买方订立运输合同。在上述任一种情况下，卖方有权拒绝为买方订立运输合同，如果卖方订立运输合同，应及时通知买方。卖方没有义务向买方提供保险合同。但是当买方要求的时候，卖方必须向买方提供买方获得保险时所需的信息，此时一切风险和费用（如果有的话）由买方承担。买方自己付费签订从指定装运港运输货物的合同，除非卖方已经按照规定制定了运输合同。买方没有义务向卖方提供保险合同。③卖方将货物运到买方所指定的船只上，若有的话，就送到买方的指定装运港或由中间商获取这样的货物。在这两种情况下，卖方必须按约定的日期或期限内按照该港习惯方式运输到港口。买方必须在卖方按规定交货时受领货物。④卖方要承担货物灭失或者损坏的全部风险，直至已经按照规定交付货物为止。自货物按照规定交付之时起，买方要承担货物灭失或损失的全部风险。⑤卖方应当支付：货物有关的一切费用，直到已经按照规定交货为止；需要办理海关手续时，货物出口需要办理的海关手续费用及出口时应缴纳的一切关税、税款和其他费用。买方应当支付：自按照规定交货之时起与货物有关的一切费用；办理海关手续时，货物进口应缴纳的一切关税、税款和其他费用，货物进口时办理海关手续的费用，以及货物从他国过境的费用。

（三）CFR——成本加运费付至（指定目的港）

成本加运费是指卖方交付货物于船舶之上或采购已如此交付的货物，而货物损毁或灭失的风险从货物转移至船舶之上起转移，卖方应当承担并支付必要的成本加运费以使货物运送至目的港。当使用 CPT、CIP、CFR 或 CIF 术语时，卖方在将货物交至已选定运输方式的运送者时，其义务即已履行，而非货物抵达目的地时方才履行。

本术语有两个关键点，因为风险转移地和运输成本的转移地是不同的。尽管合同中通常会确认一个目的港，而不一定确认却未必指定装运港，即风险转移给买方的地方。如果买方对装运港关乎买方的特殊利益（特别感兴趣），要求双方就此在合同中尽可能精确地加以确认。

成本加运费对于货物在装到船舶之上前即已交给（原为交付）承运人的情形可能不适用，例如通常在终点站（抵达港、卸货点）交付的集装箱货物。在这种情况下，宜使用 CPT 术语。成本加运费原则要求卖方办理出口清关手续。但是，卖方无义务为货物办理进口清关、支付进口关税或者完成任何进口地海关的报关手续。

使用 CFR 需要注意：

（1）卖方应当提供符合销售合同规定的货物和商业发票，以及其他任何合同可能要求的证明货物符合合同要求的凭证。买方应当依销售合同支付商品价款。

（2）卖方应当在运输合同中约定一个协商一致的交付地点，若有的话如在目的地的指定港口，或者经双方同意在港口的任意地点。卖方应当自付费用，按照通常条件订立运输合同，经由惯常航线，将货物通常用于供运输这类货物的船舶加以运输。卖方并无义务为买受人订立一份保险合同。但是，卖方应当按照买方的要求，在买方承担风险和费用的前提下为其提供投保所需的信息。买方无义务为卖方订立运输合同。买方无义务为卖方订立保险合同。但是根据卖方请求，买方须提供投保所需要的必要信息。

（3）卖方应当通过将货物装至船舶之上或促使货物以此种方式进行交付。买方必须在卖方按照规定交货时受领货物，并在指定目的港从承运人处收受货物。

（4）在货物按照规定交付之前，卖方承担一切货物毁损灭失的风险。买方必须承担货物按照规定交付后毁损灭失的一切风险。

（5）卖方必须支付：①所有在货物按照交付完成之前所产生的与之相关的费用。②货物运输费用及由运输合同而产生的一切其他费用，包括装载货物的费用，以及按照运输合同约定由卖方支付的在约定卸货港口卸货产生的费用。③因海关手续产生的一切费用，以及出口货物所需缴纳的一切关税、税负及其他应缴纳之费用，以及根据运输合同应由卖方承担的因穿过任何国家所产生的过境费用。买方必须支付：①从货物以规定的方式交付起与之有关的一切费用。②货物在运输途中直至到达目的港为止的一切费用，除非这些费用根据运输合同应由卖方支付。③卸货费用，包括驳船费和码头费，除非该成本和费用在运输合同中是由卖方支付的。④在需要办理海关手续时，货物进口应缴纳的一切关税、税款和其他费用，及办理海关手续的费用，以及需要时从他国过境的费用，除非这些费用已包括在运输合同中。

（四）CIF——成本、保险加运费付至（指定目的港）

成本、保险费加运费指卖方将货物装上船或指（中间销售商）设法获取这样交付的商品。货物灭失或损坏的风险在于货物装运港装船时转移向买方。卖方须自行订立运输合同，支付将货物装运至指定目的港所需的运费和费用。

卖方须订立货物在运输途中由买方承担的货物灭失或损坏风险的保险合同。买方须知晓在 CIF 术语下卖方有义务投保的险别仅是最低保险险别。如买方希望得到更为充分的保险保障，则需与卖方明确地达成协议或者自行做出额外的保险安排。当 CPT、CIP、CFR 或者 CIF 术语被适用时，卖方须在向承运方移交货物之时而非在货物抵达目的地时，履行已选择的术语相应规范的运输义务。CIF 术语并不适用于货物在装上船以前就转交给承运人的情况，例如通常运到终点站交货的集装箱货物。在这样的情况下，应当适用 CIP 术语。"成本、保险费加运费"术语要求卖方在适用的情况下办理货物出口清关手续。然而，卖方没有义务办理货物进口清关手续，缴纳任何进口关税或办理进口海关手续。

使用 CIF 需要注意：

（1）卖方必须提供符合销售合同的货物和商业发票，以及买卖合同可能要求的、证明货物符合合同规定的其他任何凭证。买方必须按照买卖合同规定支付价款。

（2）卖家须自行订立一个运输的合同，将货物从约定交付地（如果有）运输到目的地的指定港口（如果有约定）。运输合同需按照通常条件订立，由卖方支付费用，并规定货物由通常可供运输合同所指货物类型的船只经由惯常航线运输。卖家须自付费用，投保最低保险险别。买方无订立运输合同的义务，也无订立保险合同的义务。

（3）卖方必须将货物放装船运送或者（由承运人）获取已经运送的货物，在上述任一情况下，卖方必须在合意日期或者在达成合意的期限内依港口的习惯进行交付。买方在货物已经按规定的方式送达时受领货物，并必须在指定的目的港受领货物。

（4）卖方直到货物以规定的方式送达之前都要承担货物灭失或者损坏的风险。买方自货物按规定的方式送达后承担所有货物灭失或者损坏的风险。

（5）卖方必须支付：①与货物有关的一切费用，直至按规定交货为止。②办理海关手续时，货物出口需要办理的海关手续费以及出口应缴纳的一切关税、税款和其他费用，以及根据运输合同规定的由卖方支付的货物从他国过境的费用。买方应当支付：①照规定交货之时起与货物有关的一切费用。②运输至到达目的地港口过程中与货物有关的一切费用，运输合同中规定由卖方承担的除外。③运费和码头搬运费在内的卸货费用，运输合同中规定由卖方承担的除外。④办理海关手续时，货物进口应缴纳的一切关税、税款和其他费用，货物进口需要办理的海关手续费，以及从他国过境的费用，已包含在运输合同所规定的费用中的除外。

第三节 国际贸易惯例

在国际贸易业务实践中，因各国法律制度、贸易惯例和习惯做法不同，因此，国际上对各种贸易术语的理解与运作互有差异，从而容易引起贸易纠纷。为了避免各国在对贸易术语解释上出现分歧和引起争议，有些国际组织和商业团体便分别就某些贸易术语做出统一的解释与规定，其中影响较大的主要有：国际法协会制定的《1932年华沙——牛津规则》主要对CIF进行了解释；国际商会制定的《国际贸易术语解释通则》；美国一些商业团体制定的《1941年美国对外贸易定义修订本》。由于上述各项解释贸易术语的规则，在国际贸易中运用范围较广，从而形成一般的国际贸易惯例。这些解释贸易术语的国际惯例，在国际贸易发展的各个历史阶段中都起到了积极的重要作用。由于国际贸易惯例是国际贸易法的渊源之一，在当前各国都在积极谋求国际贸易法律统一化的过程中，国际贸易惯例的作用更为显著，尤其是通过国际商会对《国际贸易术语解释通则》的不断修订，有效地促进了国际贸易惯例的发展。

一、《2000年国际贸易术语解释通则》

《2000年国际贸易术语解释通则》下称《2000年通则》是在《1990年国际贸易术语解释通则》（下称《1990年通则》）的基础上修订公布的。《2000年通则》与《1990年通则》相比变化不大。《2000年通则》仍采用《1990年通则》的结构，共有13种贸易术语，分为4个基本不同类型。第一组为"E组"（EXW）；第二组为"F组"（DAF、FAS、FOB）；第三组为"C组"（CFR、CIF、CPT和CIP）；第四组为"D组"（DAF、DES、DEQ、DDU和DDP）。与《1990年通则》相同，在《2000年通则》中，13种术语项下买卖双方的义务均采用10个项目列出，但不采用原来卖方和买方的义务分别列出的规定，而是采用买卖双方义务合在同一标题下，即在卖方义务的每一个项目中"对应"买方在同一项目中的义务，这种规定使术语查阅更加方便，一目了然。

《2000年通则》在以下两个方面做了实质性的变更：

（1）在FAS和DEQ术语下，办理清关手续和缴纳关税的义务。《2000年通则》指出，清关手续由所在国的一方或其他代表办理，通常是可取的。因此，出口商应办理出口清关手续，进口商应办理进口清关手续。《1990年通则》中的FAS术语要求买方办理货物的出口清关手续，DEQ术语要求卖方办理货物的进口清关手续，这种办理进出口清关手续的规定与上述原则不一致。因此，《2000年通则》中的FAS和DEQ术语将办理出口和进口清关手续的义务分别改变为由卖方或买方办理。这种改变更为合理，办理更加方便。而表示卖方承担最小和最大义务的EXW和DDP两种术语未做改动，

EXW 术语仍规定由买方办理出口清关手续的义务，DDP 术语的字面含义为完税交货，采用该术语即表示由卖方办理进口清关手续并缴纳全部相关费用。

在《2000 年通则》中明确了"清关"的概念，"清关"是指无论何时，当卖方或买方承担将货物通过出口国或进口国海关时，不仅包括缴纳关税或其他费用，而且还包括履行一切与货物通过海关办理有关的行政事务的手续以及向当局提供必要的信息并缴纳相关费用。该通则还指出，现在有些地区，如欧盟内部或其他自由贸易区规定，对进出口货物不必办理报关手续，并全部或部分免征关税。为此，该通则在相关的条款中都加入"在需要办理海关手续时"的用语，据此，明确了对这些无关税区的进出口货物，在无须办理海关手续的情况下，即可免除买卖双方办理进出口清关手续，缴纳有关的关税、捐款和其他费用的义务。

（2）在 FCA 术语下，装货与卸货的义务。《2000 年通则》中的 FCA 术语删去了有关运输方式的区别以及集装箱货和非集装箱货的区别，规定 FCA 术语可适用于各种运输方式，包括多式联运。该通则指出，FCA 术语卖方对交货地点的选择，会影响在该地点装货和卸货的义务。如卖方在其货物所在地交货，卖方应负责装货；如卖方在任何其他地点交货，卖方不负责卸货，即当货物在卖方运输工具上，尚未卸货，而将货物交给买方指定或卖方选定的承运人或其他人支配，交货即算完成。

此外，《2000 年通则》还对"承运人"的含义作了解释，"承运人"是指在运输合同中，通过铁路、公路、空运、海运、内河运输或上述运输的联合方式承担履行运输或承担办理运输业务的任何人。可见，FCA 术语适用的范围很广，在国际贸易中将发挥越来越大的作用。

二、《2010 年国际贸易术语解释通则》

国际商会重新编写的《2010 年国际贸易术语解释通则》，是国际商会根据国际货物贸易的发展，对《2000 年通则》的修订，2010 年 9 月 27 日公布，于 2011 年 1 月 1 日开始在全球实施。

《2010 年通则》相比《2000 年通则》来说需要注意以下两点：①两种新的术语——DAT 和 DAP。②11 种贸易术语的分类。《2000 年通则》中的 13 种术语按术语缩写首字母分成四组，即 E 组（EXW）、F 组、C 组以及 D 组。《2010 年通则》将 11 种术语分成了两类：第一类包括那些适用于任何运输方式，包括多式运输的七种术语。第二类实际上包含了比较传统的只适用于海运或内河运输的 4 种术语。

本章小结

国际贸易术语是用来表示买卖双方各自承担义务的专门用语，每种贸易术语都有其特定的含义，采用某种专门的贸易术语，主要是为了确定交货条件，即说明买卖双方在交接货物方面彼此承担的责任、费用和风险的划分。贸易术语具有两重性，即一方面表示交货条件，另一方面表示成交价格的构成因素，我们必须从贸易术语的全部含义来理解它的性质，正是由于贸易术语具有这两方面性质，所以也有人称之为"价格—交货条件"。

在国际贸易业务实践中，因各国法律制度、贸易惯例和习惯做法不同，因此，国际上对各种贸易术语的理解与运作互有差异，从而容易引起贸易纠纷。为了避免各国在对贸易术语解释上出现分歧和引起争议，有些国际组织和商业团体便分别就某些贸易术语做出统一的解释与规定，这些解释与规定在国际贸易中运用范围较广，从而形成一般的国际贸易惯例。常见的国际贸易惯例有：《2000年国际贸易术语解释通则》和《2010年国际贸易术语解释通则》。

复习思考题

【核心概念】

1. 国际贸易术语
2. FOB
3. EXW
4. FCA
5. CPT
6. CIP
7. DAT
8. DAP
9. DDP
10. FAS
11. CFR
12. CIF
13. 国际贸易惯例

【问答题】

1. 简述国际贸易惯例的性质和对贸易实践的指导作用。
2. 为什么说在CFR术语成交的合同中，卖方及时发出装船通知是一项重要的责任？
3. CIF是到岸价吗？按CIF London条件成交，卖方是否要在伦敦交货？
4. 为什么说对出口商而言以CFR或CIF成交较好？对进口商而言以FOB成交较好？
5. 简述CIF与CIP贸易术语的主要区别。
6. 简述CPT与CFR贸易术语的主要区别。

第十五章　商品的品质、数量、包装和价格

[学习目的]

通过本章的学习，了解商品的品质、数量、包装和价格，掌握商品的品质、数量、包装和价格的基本概念和基本形式，为学习商品的品质、数量、包装和价格理论、实践部分作铺垫。

[重点难点]

◆ 掌握和区分商品的品质、数量、包装和价格的基本概念和特点
◆ 了解商品的品质、数量、包装和价格形成发展的原因
◆ 掌握商品的品质、数量、包装和价格的理论
◆ 掌握商品的品质、数量、包装和价格的实践

[引导案例]

合作合同质量责任保证条款案

2012 年以来，国内 A 公司与美国大型家电集团 B 一直保持良好的贸易往来（OEM）。2013 年，A 公司开始在北美市场扩张自主品牌贸易，且势头良好，对 B 集团的北美地区业务产生了一定冲击。同年 11 月，B 集团北美子公司以 A 公司交付之货物存在质量问题，在贸易合同履行中存在货物迟延出运为由，向 A 公司主张共计约 200 万美元的索赔，并将索赔金额直接从应支付给 A 公司的货款中扣除。A 公司与 B 公司经过多次会谈，未能达成一致，遂寻求中国出口信用保险公司（以下简称"中国信保"）的帮助。

中国信保接受 A 公司的委托后，开始协助 A 公司与 B 公司就货款支付和反索赔事宜与买方进行沟通。经审核双方签署的贸易合同，我们发现合同中明确约定了如下几点：①货物迟延出运情况下，买方可主张货款金额 5%/天的违约金；②对于包括质量问题在内的全部索赔事由，买方可随时发出索偿主张，如出口商在 30 日内不满足买方的索偿请求，买方即可直接扣减对出口商的应付货款。B 公司正是依据上述约定，向 A 公司提起反索赔和抵扣货款的要求。

经过中国信保的多轮协调和沟通，B 公司最终将反索赔金额降至 50 万美元，并通过退货返修等形式，解决质量纠纷的反索赔，同时一次性支付剩余货款。虽然本案得到了较好的解决，但上述合同条款引发的问题，值得中国出口企业深思。

需要注意：在贸易合同中，如何设定质量责任保证条款？①质量保证期；②质量异议期；③赔偿责任限制；④禁止直接扣款；⑤禁止无因退货。

资料来源：http://www.sinosure.com.cn/sinocredit/zyzl/alfx/96931.jsp.

在《国际贸易买卖合同》中，买卖双方就商品品质、商品数量、商品包装以及商品价格等问题会做出明确规定。那么，表示商品品质有哪些方法？多装少装商品如何处理？不同的商品采取什么包装形式？商品如何作价？佣金和折扣如何计算？本章就以上问题详加阐述。

第一节　商品的品质

一、品质的重要性

商品的品质是指商品的内在素质和外在形态的综合，前者包括商品的物理性能、机械性能、化学成分和生物的物性等自然属性，后者包括商品的外形、色泽、款式或者透明度等。

商品的品质具有十分重要的意义，因为品质的优劣直接影响商品的使用价值和价值。它是决定商品使用效能和影响商品价格的重要因素，在当前国际竞争空前激烈的条件下，许多国家都把提高商品的品质，力争以质取胜，作为非价格竞争的一个主要组成部分，它是加强对外竞销的重要手段之一。因此，在出口贸易中，不断改进和提高出口商品的品质，不仅可以增强出口竞争能力，扩大销路，提高销价，为国家和企业创造更多的外汇收入，而且还可以提高出口商品在国际市场的声誉，并反映出口国的科学技术和经济发展水平，在进口贸易中，严格把好进口商品质量关，使进口商品适应国内生产建设、科学研究和消费上的需要，是维护国家和人民利益，并确保提高企业经济效益的重要问题。

二、品质的表示方法

（一）以实物表示品质

以实物表示品质，包括凭成交商品的实际品质和凭样品两种表示方法。前者指看货买卖，后者指凭样品买卖。

1. 看货买卖

当买卖双方采用看货成交时，则买方或代理人通常先在卖方存放货物的场所验看货物，一旦达成交易，卖方就应按对方验看过的商品交货，只要卖方交付的是验看过的货物，买方就不得对品质提出异议。

在国际贸易中，由于交易双方远离两地，交易洽谈多靠函电方式进行，买方到卖方所在地验看货物有诸多不便，即使卖方有现货在手，买方也是由代理人代为验看货物，但看货时也无法逐件查验，所以采用看货成交的有限，这种做法，多用于寄售、拍卖和展卖业务中。

2. 凭样品买卖

样品通常是从一批商品中抽出来的或由生产、使用部门设计、加工出来的，足以反映和代表整批商品品质的少量实物。凡以样品表示商品品质并以此作为交货依据的，称为"凭样品买卖"。

在国际贸易中，按样品提供者的不同，可分为以下几种：①卖方样品。由卖方提供的样品称为"卖方样品"。凡卖方样品作为交货的品质依据者，称为"卖方样品买卖"，在此情况下，在买卖合同中应订明：品质以卖方样品为准。日后，卖方所交正货的品质，必须与提供的样品相同。②买方样品。买方为了使其订购的商品符合自身要求，有时提供样品交由卖方依样承制，如卖方同意按买方提供的样品成交，称为"凭买方样品买卖"。在这种场合，买卖合同中应订明：品质以买方样品为准。日后，卖方所交正货的品质，必须与买方样品相符。③对等样品。在国际贸易中，谨慎的卖方往往不愿意承接凭买方样品交货的交易，以免因交货品质与买方样品不符而招致买方索赔甚至退货的危险，在此情况下，卖方可根据买方提供的样品，加工复制出一个类似的样品交买方确认，这种经确认后的样品，称为"对等样品"或"回样"，也有人称之为"确认样品"。当对等样品被买方确认后，则日后卖方所交货物的品质，必须以对等样品为准。

此外，买卖双方为了发展贸易关系和增进彼此对商品的了解，往往采用互相寄送样品的做法，这种以介绍商品为目的而寄出的样品，最好标明"仅供参考"字样，以免与标准样品混淆。

（二）凭说明表示品质

所谓凭说明表示品质，即指用文字、图表、照片等方式来说明成交商品的品质，在这类表示品质方法中，可细分为如下几种：

1. 凭规格买卖

商品规格是指一些足以反映商品品质的主要指标，如化学成分、含纯度、性能、容量、长短粗细等。国际贸易中，买卖双方洽谈交易时，对于适于规格买卖的商品，应提供具体规格来说明商品的基本品质状况，并在合同中订明规格。买卖时，说明商品品质的指标因商品不同而异，即使是同一商品，也会因用途不同，而对于规格的要求也就有了差异。由于这种表示品质的方法，明确具体，简单易行，故在国际贸易中被广泛地运用。

2. 凭等级买卖

商品的等级是指同一类商品，按规格上的差异，分为品质优劣各不相同的若干等级。凭等级买卖时，由于不同等级的商品具有不同的规格，为了便于履行合同和避免争议，在品质条款列明等级的同时，最好一并规定每一等级的具体规格。

3. 凭标准买卖

商品的标准是指将商品的规格和等级予以标准化。商品的标准，有的由国家或有关政府主管部门规定，也有由同业公会、交易所或国际性的工商组织规定，有些商品习惯于标准买卖，人们往往使用某种标准作为说明和评定商品品质的依据。

在国际贸易中，对于某些品质变化较大而难以规定统一标准的农副产品，往往采用"良好平均品质"这一术语来表示其品质。所谓"良好平均品质"，是指一定时期内某地出口货物的平均品质水平，一般是指中等货而言。在我国实际业务中，用良好平均品质来说明品质，一般是指大路货而言，在标明大路货的同时，通常还约定具体规格作为品质依据。

4. 凭说明书和图样买卖

在国际贸易中，有些机器、电器和仪表等技术密集型产品，因结构复杂，对材料和设计的要求严格，用以说明性能的数据较多，很难用几个简单的指标来表明品质的全貌，而且有些产品，即使其名称相同，但由于所使用的材料、设计和制造技术的某些差别，也可能导致功能上的差异。因此，对这类商品的品质，通常以说明书并附以图样、照片、设计图纸、分析表及各种数据来说明具体性能和结构特点，按此方式进行交易，称为凭说明书和图样买卖。按这种表示品质的方法成交，卖方所交货物必须符合说明书和图样的要求，但由于对这类产品的技术要求较高，有时同说明书和图样相符的产品，在使用时不一定能发挥设计所要求的性能，买方为了维护自身的利益，往往要求在买卖合同中加订卖方品质保证条款和技术服务条款。

5. 商标或品牌买卖

商标是指生产者或商号用来识别所生产或出售的商品的标志，它可由一个或几个具有特色的单词、字母、数字、图形或图片等组成。品牌是指工商企业给制造或销售的商品所冠的名称，以便与其他企业的同类产品区别开来，一个品牌可用于一种产品，也可用于一个企业的所有产品。

当前，国际市场上行销的许多商品，尤其是日用消费品、加工食品、耐用消费品等都标有一定的商标或品牌，各种不同商标的商品都具有不同的特色。一些在国际上久负盛名的名牌产品，都因其品质优良稳定，具有一定的特色并能显示消费者的社会地位，故售价远远高出其他同类产品，这种现象特别是在消费水平较高，对品质要求严格的所谓"精致市场"，表现得尤为突出，而一些名牌产品的制造者为了维护商标的声誉，对产品都规定了严格的品质控制，以保证其产品品质达到一定的标准，因此，商标或品牌自身实际上是一种品质象征，人们在交易中就可以只凭商标或品牌进行买卖，无须对品质提出详细要求。但是，如果一种品牌的商品同时有许多种不同型号或规格，为了明确起见，就必须在规定品牌的同时，明确规定型号或规格。

6. 凭产地名称买卖

在国际货物买卖中，有些产品，因产区的自然条件、传统加工工艺等因素在品质上具有其他产区的产品所不具有的特色，对于这类产品，一般也可用产地名称来表示品质。

上述各种表示品质的方法，一般是单独使用，但有时也可酌情将其混合使用。

三、品质条款的规定

品质条款的内容及繁简，应视商品特性而定，规定品质条款，需要注意下列事项：

（一）对某些商品可规定一定的品质机动幅度

在国际贸易中，为了避免因交货品质与买卖合同稍有不符而造成违约，以保证合同的顺利履行，可以在合同品质条款中做出某些变通规定。常见的有下列一些变通规定办法：

（1）交货品质与样品大体相等或其他类似条款。

（2）品质公差。品质公差指国际上公认的产品品质的误差，为了明确起见，应在合同品质条款中订明一定幅度的公差。

（3）品质机动幅度。品质机动幅度有下列两种订法：①规定一定的范围，即对品质指标的规定允许有一定的差异范围。卖方交货，只要在此范围内都算合格。②规定一定的极限，指对所交货物的品质规格规定上下极限，即最大、最高、最多为多少，最小、最低、最少为多少，卖方交货只要没有超过规定的极限，买方就无权拒收。

为了体现按质论价，在使用品质机动幅度时，有些货物，也可根据交货行情调整价格，即所谓品质增减价款，即对约定的机动幅度内的品质差异，可按照实际交货品质规定予以增价减价。

（二）正确运用各种表示品质的方法

品质条款的内容必须涉及表示品质的方法，采用何种表示品质的方法，应视商品特点而定。一般来讲，凡能用科学的指标说明品质的商品，则适于规格、等级或标准买卖。有些难以规格化和标准化的商品，如工艺品，则适于凭样品买卖；某些性能复杂的机器、电器和仪表，则适于凭说明书和图样买卖。凡具有地方味道和特色的产品，则可凭产地名称买卖。上述这些表示品质的方法，不能随意滥用，而应当合理选择。

第二节　商品的数量

一、约定商品数量的意义

商品的数量是国际货物买卖合同中不可缺少的主要条件之一，按照某些国家的法律规定，卖方交货数量必须与合同规定相符，否则，买方有权提出索赔，甚至拒收货物。《联合国国际货物销售合同公约》也规定，按约定的数量交付货物是卖方的一项基本义务，如卖方交货数大于约定的数量，买方可以拒收多产的部分，也可收取多交部分中的一部分或全部，但应按合同价格付款，如卖方交货数少于约定的数量，卖方应在规定的交货期届满前补交，但不得使买方遭受不合理的不便或承担不合理的开支，即使如此，买方也有保留要求损害赔偿的权利。

由于交易双方约定的数量是交接货物的依据，因此，正确掌握成交数量和订好合同中的数量条款，具有十分重要的意义。买卖合同中的成交数量的确定，不仅关系到进出口任务的完成，而且还涉及对外政策和经营意图的贯彻，正确掌握成交数量，对促进交易的达成和争取有利的价格，也具有一定的作用。

二、计量单位和计量方法

在国际贸易中，由于商品的种类、特性和各国度量衡制度的不同，计量单位和计量方法也多种多样，了解各种度量衡制度，熟悉各种计量单位的特定含义和计量方法，是从事对外经贸人员所必须具备的基本常识和技能。

（一）计量单位

国际贸易中使用的计量单位很多，究竟采用何种计量单位，除主要取决于商品的种类和特点外，也取决于交易双方的意愿。

1. 按品种确定计量单位

国际贸易中的不同商品，需要采用不同的计量单位，通常使用的有下列几种：

（1）按重量计算。按重量计算是当今国际贸易中广为使用的一种。例如，许多农副产品、矿产品和工业制成品，都按重量计量，按重量计量的单位有公吨、长吨、短吨、公斤、克、盎司等。

（2）按数量计算。大多数工业制成品，尤其是日用消费品、轻工业品、机械产品以及一部土特产品，均习惯于按数量进行买卖，所使用的计量单位有件、双、套、打、卷、个、箱、桶、包等。

（3）按长度计算。在金属绳索、丝绸、布匹等类商品的交易中，通常采用米、英尺、码等长度单位来计量。

（4）按面积计算。在玻璃板、地毯等商品的交易中，一般习惯于以面积作为计量单位，常用的有平方米、平方尺、平方码等。

（5）按体积计算。按体积成交的商品有限，仅适于木材、天然气和化学气体等，属于这方面的计量单位有立方米、立方尺、立方码等。

（6）按容积计算。各类谷物和液体货物，往往按容积计量，其中，美国以蒲式耳作为各种谷物的计量单位，但蒲式耳所代表的重量则因谷物不同而有差异。例如，每蒲式耳亚麻籽为 56 磅，燕麦为 32 磅，大豆和小麦为 60 磅。公升、加仑则用于酒类、油类商品的计量。

2. 因各国度量衡制度不同而导致计量单位上的差异

由于世界各国的度量衡制度不同，以致造成同一计量单位所表示的数量不一。在国际贸易中，通常采用公制、英制、美制和国际标准计量组织在公制基础上颁布的国际单位制。根据《中华人民共和国计量法》规定："国家采用国际单位制。国际单位制计量单位和国家选定的计量单位为国家法定计量单位。"目前除了个别特殊领域外，一般不许再使用非法计量单位。我国出口商品，除照顾对方国家贸易习惯约定采用公制、英制或美制计量单位外，应使用我国法定计量单位。我国进口的机器设备和仪器等应要求使用我国法定计量单位，否则，一般不许进口，如确有特殊需要，也必须经有关标准计量管理部门批准。

为了解决由于各度量衡不一带来的弊端，国际标准计量组织在各国广为通用的公制的基础上采用国际单位制。国际单位制的实施和推广，标志着计量的日趋国际化和标准化。现在已有越来越多的国家采用国际单位制。

（二）计算重量的方法

在国际贸易中，按重量计量的商品很多，根据一般商业习惯，通常计算重量方法有下列几种：

（1）毛重。毛重是指商品本身的重量加包装物的重量，这种计重办法一般适用于低值商品。

（2）净重。净重是指商品本身的重量，作包装物后的商品实际重量。净重是国际贸易中最常见的计重办法，不过有些价值较低的农产品或其他商品，有时也采用"以毛作净"的办法计重。例如，蚕豆100吨，单层麻袋包装以毛作净。所谓"以毛作净"，实际上就是按毛重计算重量。

（3）公量。有些商品，如棉花、羊毛、生丝等有比较强的吸湿性，所含的水分受客观环境的影响较大，重量也就很不稳定。为了准确计算这类商品的重量，国际上通常采用按公量计算，其计算办法是以商品的干净重（烘干商品水分后的重量）加上国际公定回潮率与干净重的乘积所得出的重量，即为公量。

（4）理论重量。对于一些按固定规格生产和买卖的商品，只要重量一致，每件重量大体是相同的，所以一般可以从件数推算出总量。但是，这种计重方法是建立在每件货物重量相同的基础上的，重量如有变化，其实际重量也会发生差别，因此，只能作为计重时的参考。

（5）法定重量和实物净重。按照一些国家海关法的规定，在征收量税时，商品的重量是以法定重量计算的。所谓法定重量，是商品加上直接接触商品的包装物料，如销售包装等的重量，而除这部分重量所表示出来的纯商品的重量，则称为实物净重。

三、数量条款的规定

买卖合同中的数量条款，主要包括成交商品的数量和计量单位，按重量成交的商品，还需订明计算重量的方法。数量条款的内容及繁简，应视商品的特性而定，规定数量条款，需要注意下列事项：

（一）正确掌握成交数量

在洽商交易时，应正确掌握进口商品成交数量，防止心中无数，盲目交易。

1. 对出口商品数量的掌握

为了正确掌握出口商品的成交量，在商订具体数量时，应当考虑下列因素：①国外市场的供求状况；②国内货源的供应情况；③国际市场的价格动态；④国外客户的资信状况和经营能力。

2. 对进口商品数量的掌握

为了合理地确定进口商品的成交数量，一般考虑下列因素：①实际需要；②支付能力；③市场行情变化。

（二）数量条款应当明确具体

为了便于履行合同和避免引起争议，进出口合同中的数量条款应当明确具体。比如，在规定成交商品数量时，应一并规定该商品的计量单位。对按重量计算的商品，还应规定计算重量的具体方法，如"中国大米1000公吨，麻袋装，以毛作净"。某些商品，如需要规定数量机动幅度时，则数量机动幅度是多少，由谁来掌握这一机动幅度，以及溢短装部分如何作价，都应在条款中具体订明。

此外，合同中的成交一般不宜采用"大约""近似""左右"等带伸缩性的字眼来表示。

（三）合理规定数量机动幅度

在粮食、矿砂、化肥和食糖等大宗商品的交易中，由于受商品特性、货源变化、船舱容量、装载技术和包装等因素的影响，要求准确地按约定数量交货，有时存在一定困难。为了使交货数量具有一定范围内的灵活性和便于履行合同，买卖双方可在合同中合理规定数量机动幅度，只要卖方交货数量在约定的增减幅度范围内，就算按合同规定数量交货，买方就不得以交货数量不符为由而拒收货物或索赔。

为了订好数量机动幅度条款，即数量增减条款或溢短装条款，需要注意下列几点：①数量机动幅度的大小要适当。数量机动幅度的大小通常都以百分比表示，如3%或5%不等，究竟百分比多大合适，应视商品特性、行业或贸易习惯和运输方式等因素而定。②机动幅度选择权的规定要合理。在合同规定有机动幅度的条件下，应酌情确定由谁来行使这种机动幅度的选择权。如果采用海运，交货数量的机动幅度应由负责安排船舶运输的一方选择，也可规定由船长根据舱容和装载情况做出选择。此外，当成交商品价格波动激烈时，为了防止卖方或买方利用数量机动幅度条款，根据自身的利益故意增加或减少装船数量，也可在机动幅度条款中加订："此项机动幅度，只是为了适应船舶实际装载量的需要时，才能适用。"③溢短装数量的计价方法要公平合理。目前，对机动幅度范围内超出或低于合同数量的多装或少装部分，一般是按合同价格算，这是比较常见的做法。但是，为了防止有权选择多装或少装的一方当事人利用行市的变化，有意多装或少装以获取额外的好处，也可以在合同中规定多装或少装的部分，不按合同价格计价而按装船时或货到时的市价计算，以体现公平合理的原则。

第三节　商品的包装

一、包装的重要性

商品种类繁多，性质特点和形状各异，因而它们对包装的要求也各不相同，除少数商品难以包装、不值得包装或根本没有包装的必要，而采取裸装或散装外，其他绝大多数商品都需要有适当的包装。

商品包装是商品生产的继续，凡需要包装的商品，只有通过包装，才算完成生产过程，商品才能进入流通领域和消费领域，才能实现商品的使用价值和价值。这是因为，包装是保护商品在流通过程中完好和数量完整的重要措施，有些商品甚至根本离不开包装，它与包装成为不可分割的统一整体。经过适当包装的商品，不仅便于运输、装卸、搬运、储存、保管、清点、携带，而且不易丢失或被盗，为各方面提供了便利。

在当前国际市场竞争十分激烈的情况下，许多国家都把改进包装作为加强外销的重要手段之一。因为良好的包装，不仅可以保护商品，而且还能宣传美化商品，提高商品身价，吸引顾客，扩大销路，增加售价，并在一定程度上显示出口国家的科学、文化、艺术水平。

鉴于包装如此重要，所以生产企业和销售部门应共同搞好包装工作，使我国出口商品的包装符合科学、经济、牢固、美观、适销和多创汇的要求。

二、包装的分类

根据包装在流通过程中所起作用的不同，可分为运输包装（外包装）和销售包装（内包装）两种类型。前者的主要作用在于保护商品，防止出现货损，后者除起保护商品的作用外，还具有促销的功能。

（一）运输包装

1. 对运输包装的要求

国际贸易商品的运输包装比国内贸易商品的运输包装要求更高，应当体现下列要求：①必须适应商品的特性。②必须适应各种不同的运输方式的要求。③必须考虑有关国家的法律规定和客户的要求。④便于各环节有关人员进行操作。⑤在保证包装牢固的前提下节省费用。

2. 运输包装的分类

运输包装的方式和造型多种多样，用料和质地各不相同，包装程度也有差异，这就导致运输包装具有下列多样性：①按包装方式，可分为单件运输包装和集合运输包装。前者是指货物在运输过程中作为一个计件单位的包装，后者是指将若干单件运输包装组合成一件大包装，以利于更有效地保护商品，提高装卸效率和节省运输费用。

在国际贸易中，常见的集合运输包装有集装包和集装袋。②按包装型不同，可分为箱袋、桶和捆不同形状的包装。③按包装材料不同，可分为纸制包装、金属包装、木制包装、塑料包装、麻制品包装等。④按包装质地来分有软性包装、半硬性包装和硬性包装，究竟采用哪一种，须视商品的特性而定。⑤按包装程度不同，可分为全部包装和局部包装。

在国际贸易中，买卖双方究竟采用何种运输包装，应在合同中具体订明。

3. 运输包装的标志

运输包上的标志，按用途可分三种：

（1）运输标志。运输标志又称唛头，它通常是由一个简单的几何图形和一些字母、数字及简单的文字组成。其主要内容包括：①目的地的名称或代号。②收、发货人的代号。③件号、批号。

（2）指示性标志。指示性标志是提示人们在装卸、运输和保管过程中需要注意的事项，一般都是以简单、醒目的图形和文字在包装上标出，有人称其为注意标志。

（3）警告性标志。警告性标志又称危险货物包装标志，凡在运输包装内装有爆炸品、烯物品、有毒物品、腐蚀物品等危险货物时，都必须在运输包装上标明用于各种危险品的标志，以示警告，使装卸、运输和保管人员按货物特性采取相应的防护措施，以保护物资和人身的安全。

（二）销售包装

1. 对销售包装的要求

销售包装又称内包装，它是直接接触商品并随商品进入零售网点和消费者直接见面的包装，这类包装除必须具有保护商品的功能外，更应具有促销的功能。因此，对销售包装的造型、装潢画面和文字说明等方面，都有较高的要求。

为了使销售包装适应国际市场的需要，在设计和制作销售包装时，应体现下列要求：①便于陈列展销；②便于识别商品；③便于携带和使用；④要有艺术吸引力。

2. 销售包装的分类

销售包装可采用不同的包装材料和不同的造型结构与式样，这就导致销售包装的多样性，究竟采用何种销售包装，主要根据商品特性和形状而定，常见的销售包装有下列几种：①挂式包装；②堆叠式包装；③携带式包装；④易开包装；⑤喷雾包装；⑥配套包装；⑦礼品包装；⑧复用包装。

3. 销售包装的标示和说明

在销售包装上，一般都附有装潢画面和文字说明，有的还印有条形码的标志，在设计和制作销售包装时，应一并做好这几方面的工作：①包装的装潢画面。销售包装的装潢画面要美观大方，富有艺术上的吸引力，并突出商品特点，图案和色彩应适应有关国家的民族习惯和爱好。在设计装潢画面时，应投其所好，以利于扩大出口。②文字说明。在销售包装上应有必要的文字说明，如商标、品牌、品名、产地等。文字说明要同装潢画面紧密结合，互相衬托，彼此补充，以达到宣传和促销的目的。使用的文字必须简明扼要，并能让销售市场的顾客看懂，必要时也可以中外文同时并用。③条形码。商品包装上的条形码是由一组带有数字的黑白及粗细间隔不等的平行条纹所组成，这是利用光电扫描阅读设备为计算机输入数据的特殊代码语言。目前，世界许多国家都在商品包上使用条形码。

三、中性包装和定牌生产

采用中性包装和定牌生产，是国际贸易中常有的习惯做法。

（一）中性包装

中性包装是指既不标明生产国别、地名和厂商名称，也不标明商标或品牌的包装，也就是说，在出口商品包装的内外，都没有原产地和厂商的标记。中性包装包括无牌中性包装和定牌中性包装两种。前者是指包装上既无生产国别和厂商名称，又无商标或品牌。后者是指包装上仅有买方指定的商标或品牌，但无生产国别和厂商名称。

采用中性包装，是为了打破某些进口国家与地区的关税和非关税壁垒以及适应交易的特殊需要（如转口销售等）。它是出口国家厂商加强对外竞销和扩大出口的一种手段，为了把生意做活，我们对国际贸易中的这种习惯做法，也可酌情采用。

（二）定牌生产

定牌生产是指卖方按买方要求在其出售的商品或包装上标明买方指定的商标或牌号，这种做法叫定牌生产。当前，世界许多国家的超级市场、大百货公司和专业商店，其经营出售的商品，都要在商品上或包装上标有商店使用的商标或品牌，以扩大商店知名度和显示该商品的身价。许多国家的出口厂商，为了利用买主的经营能力及其商业信誉和品牌声誉，提高商品售价和扩大销路，也愿意接受定牌生产。

四、包装条款的规定

包装条款一般包括包装材料、包装方式、包装规格、包装标志等内容，为了订好包装条款，以利于合同的履行，在商订包装条款时，需要注意下列事项：第一，要考虑商品特点和不同运输方式的要求。第二，对包装的规定要明确具体，一般不宜采用"海运包装"和"习惯包装"之类的术语。第三，明确包装由谁供应和包装费由谁负担。包装由谁供应，通常有下列三种做法：①由卖方供应包装，包装连同商品一起交付买方。②由卖方供应包装，但交货后，卖方将原包装收回，关于原包装返回给卖方的运费由何方负担，应作具体规定。③由买方供应包装或包装物料，采用此种做法时，应明确规定买方提供包装或包装物料的时间，以及由于包装或包装物料未能及时提供而影响发货时买卖双方所负的责任。

第四节　商品的价格

一、商品价格的简述

（一）商品的价格表述

商品的价格，通常是指单位商品的价格，简称单价。进出口业务中使用的单价，比国内贸易中使用的单价要复杂一些。它的表述包括四项内容：货币名称、单价金额、计量单位、贸易术语。

（二）商品的作价原则

首先，国际货物买卖应按照国际市场价格水平作价。其次，在国际市场价格基础上，根据销售意图，高于或低于国际市场价格对外报价。最后，在参照国际市场价格水平的基础上，适当考虑国家地区政策，使外贸配合外交。

（三）掌握合理的差价

买卖双方在确定成交价格时，必须考虑下列影响价格的各种具体因素：①要考虑商品成交的质量和档次。②要考虑成交数量的大小。③要考虑运输距离的远近。④要考虑季节性需求的变化。⑤要考虑交货地点和交货条件。⑥要考虑支付条件和汇率变动的风险。⑦要考虑的其他因素。

二、商品的定价办法

（一）固定价格

固定价格是指交易双方在协商一致的基础上，对合同价格予以明确、具体的规定。常见做法是：在合同中明确规定具体的成交价格，在合同有效期内固定不变，即订约后买卖双方按此价格结算货款，任何一方不得变更约定价格。

（二）非固定价格

在国际货物贸易中，为了减少价格变动的风险，促成交易和提高履约率，在合同价格规定方面，往往采用一些灵活变通的做法，即非固定价格。在外贸业务中也叫"活价"。买卖双方在磋商交易时，先在合同中约定成交的品种、数量、交货期以及日后作价方法，暂不确定成交价格。

三、计价货币的选择

计价货币是指买卖双方约定用来计算价格的货币。如合同中的价格是用一种双方当事人约定的货币（如美元）来表示的，且没有约定用其他货币支付，则合同中规定的货币（美元）就是计价货币，也是支付货币。

计价货币与支付货币可以是同一种货币，也可以是不同货币。两种货币既可以是出口国货币和进口国货币，也可以是第三国货币。计价货币和支付货币应该是可自由兑换的货币。出口业务中，应尽可能争取使用硬币，即币值稳定或具有一定上浮趋势的货币。进口业务中，应尽可能争取使用软币（币值不够稳定且具有下浮趋势的货币）。

为了达成交易而不得不采用于己不利的货币成交，则可采用下述两种补救措施：①根据该种货币今后可能的变动幅度，相应调整对外报价。②在可能的条件下，争取订立保值条款。

四、贸易术语的选用

（一）FOB、CFR 和 CIF 的价格构成

在我国海运进出口业务中，最常用的贸易术语是 FOB、CFR 和 CIF 三种。这些贸易术语的价格构成包括进货成本、费用和净利润三方面内容。其中，费用的核算最为复杂，它包括国内费用和国外费用两部分。

计算公式：FOB 价＝进货成本价＋国内费用＋净利润

CFR 价＝进货成本价＋国内费用＋国外运费＋净利润

CIF 价＝进货成本价＋国内费用＋国外运费＋国外保险费＋净利润

（二）FCA、CPT 和 CIP 的价格构成

随着集装箱运输和国际多式联运的发展，国际商会制定的 FCA、CPT 和 CIP 三种贸易术语的适用范围比较广。它们与上述 FOB、CFR 和 CIF 三种贸易术语类似，其价格构成也包括进货成本、费用和利润三部分。由于这些贸易术语适用的运输方式不同，交货地点和交易方式也有别，故其产生的具体费用就不尽相同。

计算公式：FCA 价＝进货成本价＋国内费用＋净利润

CPT 价＝进货成本价＋国内费用＋国外运费＋净利润

CIP 价＝进货成本价＋国内费用＋国外运费＋国外保险费＋净利润

五、主要贸易术语的价格换算

（一）FOB、CFR 和 CIF 三种价格的换算

1. FOB 价换算为其他价

CFR 价＝FOB 价＋国外运费

CIF 价＝（FOB 价＋国外运费）/（1－投保加成×保险费率）

2. CFR 价换算为其他价

FOB 价＝CFR 价－国外运费

CIF 价＝CFR 价/（1－投保加成×保险费率）

3. CIF 价换算为其他价

FOB 价＝CIF 价×（1－投保加成×保险费率）－国外运费

CFR 价＝CIF 价×（1－投保加成×保险费率）

（二）FCA、CPT 和 CIP 三种价格的换算

1. FCA 价换算为其他价

CPT 价＝FCA 价＋国外运费

CIP 价＝（FCA 价＋国外运费）/（1－投保加成×保险费率）

2. CPT 价换算为其他价

FCA 价＝CPT 价－国外运费

CIP 价＝CPT 价/（1－投保加成×保险费率）

3. CIP 价换算为其他价

FCA 价＝CIP 价×（1－投保加成×保险费率）－国外运费

CPT 价＝CIP 价×（1－投保加成×保险费率）

六、佣金与折扣

在进出口合同的价格条款中，有时会涉及佣金与折扣的运用。价格条款中所规定的价格，可分为包含有佣金或折扣的价格和不包含这类因素的净价，包含有佣金的价格，在实际业务中，通常称为"含佣价"。

（一）佣金

1. 佣金的含义

在国际货物贸易中，有些交易是通过中间代理商进行的。中间代理商因介绍生意或代买代卖而需收取一定的酬金，此项酬金叫佣金，它具有劳务费的性质。正确运用佣金制度，有利于调动中间代理商的积极性和扩大交易。

2. 佣金的规定方法

根据佣金是否在价格条款中表明，可分为明佣和暗佣两种。佣金率，用 C 表示，例如：CFRC2%、CIFC2%，表示佣金率为 2%。

计算如下：

佣金率＝佣金÷含佣价

佣金＝计算佣金的价格×佣金率

含佣价＝净价/（1－佣金率）

净价＝含佣价－佣金＝含佣价－含佣价×佣金率＝含佣价×（1－佣金率）

（二）折扣

1. 折扣的含义

折扣是指卖方给予买方一定的价格减让。从性质上看，它是一种价格上的优惠。在我国对外贸易中，使用折扣主要是为了照顾老客户、确保销售渠道与扩大销售等。在实际业务中，应根据具体情况，针对不同客户，灵活运用各种折扣方法：为了扩大销售，使用数量折扣；为发展同客户的关系或为实现某种特殊目的而给予的特别折扣以及年终回扣等。

2. 折扣的规定办法

折扣的规定办法：①用文字明确表示给予折扣的比例。②用绝对数表示。③根据

折扣是否在价格条款中表明，折扣还可分为明扣和暗扣。凡在价格条款中明确规定折扣率的，称为"明扣"。凡交易双方就折扣问题已达成协议，而在价格条款中却不明示折扣率的，称为"暗扣"。

3. 折扣的计算

折扣通常是以成交额或发票金额为基础计算出来的。例如，CIF 伦敦，每公吨 2000 美元，折扣 2%，卖方的实际净收入为每公吨 1960 美元。其计算方法如下：

单位货物折扣额=原价（或含折扣价）×折扣率

卖方实际净收入=原价−单位货物折扣额

折扣一般是在买方支付货款时预先予以扣除。也有的折扣金额不直接从货价中扣除，而按暗中达成的协议另行支付给买方，这种做法通常在给"暗扣"或"回扣"时采用。

（三）计算实例

（1）某商品单价为 USD100 per carton CIFC3 London，则 CIF 净价为多少？

解： 净价=含佣价−佣金=含佣价×（1−佣金率）=100×（1−3%）=97 USD/CARTON

（2）某商品单价为 USD100 per carton CFR Hamburg net，则 CFRC5%为多少？

解： 含佣价=净价/（1−佣金率）=100/（1−5%）=105.26 USD/CARTON

（3）某商品单价为 USD100 per metric ton CFR Hamburg less 2% discount，则实际的单价为多少？

解： 折扣=发票金额×折扣率=100×2%=2 USD

实际单价为 100−2=98 USD/METRIC TON

七、价格条款的约定

在国际货物买卖中，商品价格的表述与国内贸易不同。进出口商品的单价，通常包括下列四个组成部分：计量单位、单位价格金额、计价货币、贸易术语。

本章小结

商品的品质是指商品的内在素质和外在形态的综合，前者包括商品的物理性能、机械性能、化学成分和生物的物性等自然属性，后者包括商品的外形、色泽、款式或者透明度等。品质的表示方法：实物表示品质；凭说明表示品质。

商品的数量是国际货物买卖合同中不可缺少的主要条件之一，按照某些国家的法律规定，卖方交货数量必须与合同规定相符，否则，买方有权提出索赔，甚至拒收货物。

商品包装是商品生产的继续，凡需要包装的商品，只有通过包装，才算完成生产过程，商品才能进入流通领域和消费领域，才能实现商品的使用价值和价值。根据包装在流通过程中所起作用的不同，可分为运输包装（外包装）和销售包装（内包装）两种类型。前者的主要作用在于保护商品，防止出现货损，后者除起保护商品的作用外，还具有促销的功能。

　　商品的价格，通常是指单位商品的价格，简称单价。进出口业务中使用的单价，比国内贸易中使用的单价要复杂一些。它的表述包括四项内容：货币名称、单价金额、计量单位、贸易术语。

复习思考题

【核心概念】

1. 凭样品买卖
2. 品质公差
3. 品质机动幅度
4. 净重
5. 理论重量
6. 运输包装
7. 销售包装
8. 中性包装
9. 定牌生产
10. 固定价格
11. 非固定价格
12. 良好平均品质
13. 对等样品

【问答题】

1. 简述凭样品买卖的基本类型？各自特点？
2. 什么是中性包装和定牌生产？使用这些方法时应注意哪些问题？
3. 说明"品质公差"与"品质机动幅度"的区别？
4. 什么是商品的品质？表示品质的方法有哪些？
5. 商品包装分哪几种？其各自的作用如何？
6. 商品计算重量的方法主要有哪几种？

【计算题】

1. 我国某商品对某国出口的 CFR 单价是美元，单价是 110 美元，外商要求我方改报 CIF 价，我方应如何报价？（按 110% 投保，保险费率为 0.5%）

2. 原报价每箱 100 美元净价 FOB SHANGHAI，如外商要求改报 FOBC5，为使我方净收入不变，我方对外报价应为多少？

3. 我方向西欧某客商推销某商品，发盘价格为每公斤豆子 1150 英镑，CFR 西欧某港口。对方复电要求改按 FOB 中国口岸定价，并给予 2% 佣金。查自中国口岸至西欧某港口的运费为每公吨 170 英镑，我方如要保持外汇收入不变，改按买方要求报价，应为何价？

第十六章 国际货物运输

[学习目的]

通过本章的学习，使学生了解国际货物运输的主要方式、各种货运单据以及合同中的装运条款，能够填制各种货运单据。

[重点难点]

◆ 了解国际货物运输的主要方式及特点

◆ 理解各种货运单据的性质、作用

◆ 掌握买卖双方交付货物的相关问题以及合同中的装运条款的内容及其规定方法

◆ 熟练运用和填制货运单据

[引导案例]

2009 年 8 月 21 日，郑州蓝天有限责任公司向英国哈伯有限责任公司提出建议：愿以每台 800 英镑的价格按照 CIF 上海价格条件购买笔记本电脑 500 台。8 月 22 日，哈伯有限责任公司接到蓝天有限责任公司发出的发盘后，立即电告接受对方的报价。8 月 31 日，哈伯有限责任公司将 500 台笔记本电脑交给美国库克运输公司装船运输。库克运输公司发现其中有 80 台笔记本电脑包装破损，准备签发不清洁提单。但哈伯公司为从库克运输公司处拿到清洁提单，以便结汇，于是向库克运输公司出具了承担赔偿责任的保函，承运人库克运输公司遂给哈伯有限责任公司签发了清洁提单。哈伯有限责任公司持清洁提单顺利结汇。蓝天有限责任公司于 11 月 1 日收到货物，发现 80 台笔记本电脑有严重质量问题，于是向承运人美国库克运输公司索赔。

资料来源：林俐. 国际贸易实务 [M]. 上海：立信会计出版社，2012.

此案例中承运人库克公司应否承担责任？如果蓝天有限责任公司向哈伯有限责任公司索赔，索赔能否成立？从案例中可以看出国际货物运输是一笔交易能否顺利完成的关键所在，类似案例中的情况在实际业务中时有发生，本章将就上述内容进行系统阐述。

第一节 运输方式

一、海洋运输（Ocean Transport）

海洋运输又称海洋货物运输，它是指使用船舶通过海上航道在不同国家和地区的港口之间运送货物的一种方式，在国际货物运输中使用最广泛，是国际贸易中最主要的运输方式，国际贸易总运量中的2/3以上要通过海洋运输。其特点如下：

（1）运力强：海洋运输借助天然航道进行，不受道路、轨道的限制，通过能力更强。

（2）运量大：随着国际航运业的发展，现代化的造船技术日益精湛，船舶日趋大型化。第六代集装箱船载箱量在7500~8500TEUS，巨型油轮可装60万吨以上。

（3）运费低：船舶运载量大、使用时间长、运输里程远，单位运输成本较低，为低值大宗货物的运输提供了有利条件。

（4）速度慢：由于船体大，水的阻力高，所以海洋运输速度慢，是各种运输工具中速度最慢的运输方式。

（5）风险大：海洋运输是在海上，受自然条件的影响比较大，如遇到台风、巨浪、雷击、海啸等容易出事故，另外还有诸如受到海盗的侵袭，风险也不小。

（一）班轮运输（Liner Transport）

国际海洋运输的经营方式主要有班轮运输和租船运输两种。班轮运输又称定期船运输，是指在固定的航线上，以既定的港口顺序，按照事先公布的船期表航行的水上运输方式。

1. 班轮运输的特点

（1）四固定：即固定航线、固定港口、固定船期和相对固定的费率。这是班轮运输的最基本特征。

（2）管装卸：班轮运价内包括装卸费用，即货物由承运人负责配载装卸，承托双方不计滞期费和速遣费。

（3）承运双方的权利义务和责任豁免以班轮提单上所载条款为依据，并受同一的国际公约制约。

2. 班轮运费

班轮运费由班轮运价表规定，包括基本运费和各种附加费。前者是指货物从装运港到卸货港所应收取的基本运费，是构成全程运费的主要部分；后者是指对一些需要特殊处理的货物，或者由于突然事件的发生或客观情况变化等原因而需另外加收的费用。

3. 班轮运费的计算步骤

（1）根据商品的英文名称从货物等级表中查出该商品的等级和计费标准（若按 W/M 计，则将单位重量折成公吨，单位体积折成立方米，择高计收）。

（2）据该等级和计费标准，在航线费率表中查出这种商品的基本费率。

（3）查询该商品的附加费、计收方法和费率。

（4）该商品的基本费率和附加费率（或单位附加费）之和即为每一运费吨的单位运价。

（5）根据运费计算公式计算运费，即总运费＝运费吨×基本运费×（1＋附加费率）。

某商品 500 箱，每箱体积为 0.25 立方米，毛重为 30 公斤，计收标准为 W/M，每吨运费为 450 元，另收燃油附加费 20%，港口附加费 10%，求总运费。

解：运费吨 W＝30 公斤＝0.03 吨；M＝0.25 运费吨

由于 W＞M，所以采用 W 计算。

运费＝运费吨×基本运费×（1＋附加费率）＝0.03×500×450×（1＋20%＋10%）＝8775（元）

答：该批商品的总运费为 8775 元。

（二）租船运输（Charter Transport）

租船运输又称不定期船运输（Tramp），与班轮运输的经营方式不同，是租船人向船东租赁船舶用于完成货物运输的一种海上运输方式。

1. 租船运输的特点

（1）无固定航线、港口、船期。船舶航线、所运货物以及航行时间需要货主和船公司通过协商按租船合同安排航行。

（2）无固定运价、租金及装卸费用。租船运价的高低受租船市场的供求制约，需要船货双方根据市场供求关系确定。一般来说，租船运价比班轮运价费用低。

（3）适合运输大宗低价货物。租船运输主要以运输价值较低的大宗货物为主，如粮食、矿砂、煤炭、石油、化肥等，通常都是整船装运。

2. 租船运输的方式

在国际海运业务中使用广泛的租船方式主要有定程租船、定期租船和光船租船三种。

（1）定程租船（Voyage Charter）。定程租船又称程租船或航次租船，是指船舶按照航程租赁，船方按照租船合同的规定提供船舶按时到装货港口装货，运往卸货港卸货，在指定港口之间进行一个航次或数个航次，承运指定货物的运输。就外贸企业来说，使用较多的租船方式是定程租船。

（2）定期租船（Time Charter）。定期租船又称期租船，是指船方向租船人提供约定的由船方配备船员的船舶，由租船人在约定的期限内按照约定的用途使用，负责船舶的调度和经营管理，并支付租金。

（3）光船租船（Bear Boat Charter）。光船租船又称净租船，船东不提供船员，光一条船交租船人使用，由租船人自行配备船员，负责船舶的经营管理和航行各项事宜。在租赁期间，租船人实际上对船舶有着支配权和占有权。租金按时间计算。由于雇员和管理船员工作复杂，船方一般不放心将船交给租船人支配，此方法很少使用，多半是在船方想卖船而买方又无力一次支付价款的情况下使用。

3. 定程租船与定期租船的主要区别

（1）船舶经营管理权不同。定程租船时租船人不负责船舶的经营管理；定期租船时租船人要负责船舶的经营管理。

（2）船舶调度权限不同。定程租船由船东掌握船舶的调度权，所以适用于货物单一、装卸港较少的大宗货物运输；定期租船由租船人掌握船舶的调度权，租船人可按需要选择任何航线停靠任何港口。

（3）费用负担不同。定程租船人只负担运费、滞期费等几项费用，其他大部分费用如航线所需的燃料费、港口费用及港口代理费等均由船东负担；定期租船租东只负担船舶营运费，其他大部分费用如航行所需燃料费、供水及港口捐税、港口费用、装卸费、平舱费和理舱费等均由租船人负担。

（4）租金计算不同。定程租船按装运货物的吨数计算租金，租金可直接表现为货物运输成本；定期租船是按月以载重吨或按每日租金额计算租金，租金不能表现为货物运输成本。

二、铁路运输（Rail Transportation）

铁路运输是一种仅次于海洋运输的主要货运方式，铁路运输与其他运输方式相比，具有运量较大、速度较快、运输成本低、不受气候条件影响等优点。我国的对外贸易货物运输中有国际铁路货物联运和国内铁路运输两种。

（1）国际铁路货物联运。国际铁路货物联运是指两个或两个以上国家之间进行铁路货物运输时只使用一份统一的国际联运票据，在由一国铁路向另一国铁路移交货物时，无须发货人和收货人参加，铁路负责全程运输。

采用国际铁路货物联运，当事国家实现必须有书面协定，目前国际货物联运通常依据"国际货约"和"国际货协"进行。"国际货约"是 1890 年欧洲各国在瑞士首都伯尔尼举行的各国铁路代表大会上制定的《国际铁路货物运送规则》，1938 年改称《国际铁路货物运送公约》，参加该公约的国家有德国、奥地利、比利时、丹麦、西班牙、芬兰、法国、希腊、意大利、卢森堡、挪威、瑞典、英国、土耳其等。"国际货协"是苏联与东欧七国签订的《国际铁路货物联运协定》的简称，我国于 1954 年 1 月加入了该协定，其成员国还有蒙古、朝鲜、越南、罗马尼亚、保加利亚、匈牙利、波兰、阿尔巴尼亚、捷克斯洛伐克等。在我国大陆凡可办理铁路货运的车站都可以接受国际铁路货物联运。

（2）国内铁路运输。国内铁路运输是指进出口货物在口岸和内地之间的集散，出口货物经铁路运至港口装船、进口货物卸船后经铁路运往各地以及供应港澳地区货物经铁路运往香港、九龙、澳门，都属于国内铁路运输的范围。下面主要介绍对港澳地区的铁路货物运输。

内地与澳门之间没有铁路直通，内地运往澳门的货物，由出口单位在发送地车站将货物运至广州，整车到广州南站新风码头 42 道专用线，零担到广州南站，危险品零担到广州吉山站，集装箱和快件到广州车站，收货人均为广东省外运公司，货到广州后由广东外运办理水路中转将货物运往澳门，货到澳门由南光集团的运输部负责接货并交付收货人。

三、航空运输（Air Transport）

航空运输是一种现代化的运输方式，与海洋运输、铁路运输相比，其具有运输速度快、货运质量高，且不受地面条件的限制等优点。因此，它最适宜运送急需物资、鲜活商品、精密仪器和贵重物品。航空运输的缺点在于运费较高，且运量有限。我国办理航空货物托运的代理是中国运输公司当地分公司。

（一）航空运输方式

航空运输服务有班机运输、包机运输、集中托运和航空快递服务等方式。

（1）班机运输（Airline Transport）。班机运输是指在固定航线上定期航行的航班，它有固定的始发站、目的站和途经站。一般航空公司都使用客货混合型飞机，一些大型的航空公司在某些航线上有全货机航班运输。

（2）包机运输（Charted Carrier Transport）。包机运输是指包租整架飞机或者由几个发货人联合包租一架飞机来运输货物。这种方式适合于运输数量较大的货物或有多个发货人但目的地相同的货物的运输。

（3）集中托运（Consolidation Transport）。集中托运是指航空货运代理公司把若干单独发送的货物组成一整批向航空公司集中托运，用一份总运单整批发运到目的地，由航空货运代理公司在目的地的代理人负责收货、报关，并将货物分交给各个实际收货人。由于航空运输按不同重量标准确定不同运费率，运量越大，费率越低，发货人采用这种运输方式的运费比国际航空运输协会公布的班机运价低 7%~10%，所以集中托运在业务中采用得比较多。

（4）航空快递服务（Air Express Service）。航空快递服务是目前国际航空运输中最快捷的运输方式。它是由专门经营这项业务的公司与航空公司合作，设专人用最快的速度在货主、机场、用户之间进行传递。特别适用于急需的药品、贵重物品、货样及单证等传送，被称为"桌到桌运输"（Desk to Desk Service）。

（二）航空运输承运人

航空运输承运人包括以下两类：

（1）航空运输公司。航空运输公司负责从一个机场将货物运至另一个机场，是航空运输业务中的实际承运人。

（2）航空货运代理公司（空代）。航空货运代理公司可以是货主的代理，也可以是航空运输公司的代理，负责办理航空货物运输的揽货、接货、报关、订舱以及在到达机场提货并将货物交付收货人等业务。

（三）航空运输费用

航空货物运输的运价是指从启运机场至目的机场的运价，不包括如进出口报关、提货、交接、仓储费用等其他额外费用。航空公司规定，在货物体积小，重量大时，按实际重量计算；在货物体积大，重量小时，按体积计算。在集中托运时，一批货物由几件不同的货物组成，有轻泡货也有重货。其计费重量则采用整批货物的总毛重或总的体积重量，按两者之中较高的一个计算。

四、集装箱运输与国际多式联运

（一）集装箱运输

1. 集装箱运输的特点

集装箱（Container）又称货柜、货箱。集装箱运输（Container Transport），是以集装箱作为运输单位进行货物运输的一种现代化运输方式。

集装箱运输作为一种现代化的先进运输方式具有装卸效率高、装卸费用省、船舶周转使用快、营运成本低等特点，广泛应用于海运、陆运，尤其适用于国际多式联运与大陆桥运输。空运中有时也采用集装箱。国际上通用的集装箱共有 13 种，其中应用最广的有两种，即 $8 \times 8 \times 40$（英尺）和 $8 \times 8 \times 20$（英尺），载重量分别为 24.5 公吨和 17.5 公吨，容积分别为 67 立方米和 30 立方米。

2. 集装箱装箱方式

根据集装箱货物装箱数量和方式可以分为整箱货和拼箱货两种：

（1）整箱货（Full Container Load，FCL）。是指货方自行将货物装满整箱以后，以箱为单位托运的集装箱。这种情况在货主有足够货源装载一个或数个整箱时通常采用，除有些大的货主自己置备有集装箱外，一般都是向承运人或集装箱租赁公司租用一定的集装箱。空箱运到工厂或仓库后，在海关人员的监管下，货主把货装入箱内、加锁、铝封后交承运人并取得站场收据，最后凭收据换取提单或运单。

（2）拼箱货（Less Than Container Load，LCL）。是指承运人（或代理人）接受货主托运的数量不足整箱的小票货运后，根据货类性质和目的地进行分类整理。把去同一目的地的货，集中到一定数量拼装入箱。由于一个箱内有不同货主的货拼装在一起，所以叫拼箱货。这种情况在货主托运数量不足装满整箱时采用。拼箱货的分类、整理、集中、装箱（拆箱）、交货等工作均在承运人码头集装箱货运站或内陆集装箱转运站进行。

3. 集装箱运输机构

（1）集装箱堆场。集装箱堆场（Container Yard，CY）是指办理集装箱重箱或空箱装卸、转运、保管、交接的场所，也是整箱货（Full Container Load，FCL）办理交接的地方，一般设在港口的装卸区内。堆场签发场站收据（Dock Receipt，D/R），办理集装箱的装卸并编制集装箱的装船配载计划，签发设备交接单和收、发空箱，办理货柜存储、保管、维修、清扫、熏蒸和出租。

（2）集装箱货运站。集装箱货运站（Container Freight Station，CFS）是为拼箱货装箱和拆箱的船、货双方办理交接的场所。它办理拼箱货的交接，配载积载后，将箱子送往集装箱堆场，并接受集装箱堆场交来的进口货箱，进行拆箱、理货、保管，最后拨给各收货人。

4. 集装箱交接方式

集装箱运输可以从发货人仓库到收货人仓库，实现门到门（Door to Door）服务。根据交接地点的不同，集装箱交接方式可以分为以下几种：

（1）FCL-FCL（整箱交，整箱收），适用于 CY-CY、Door-Door、CY-Door、Door-CY。

（2）FCL-LCL（整箱交，拆箱收），适用于 CY-CFS、Door-CFS。

（3）LCL-FCL（拼箱交，整箱收），适用于 CFS-CY、CFS-Door。

（4）LCL-LCL（拼箱交，拆箱收），适用于 CFS-CFS（很少使用）。其中 CY-Door、Door-Door、CFS-Door 目的港至收货人仓库这段路运费很难掌握，故一般不接受。

5. 集装箱运输费用

集装箱运费包括内陆运费、拼箱费、堆场服务费、海运运费、集装箱及其设备使用费等。集装箱运费计收方法基本上有两种：以每运费吨（Freight Ton）为计算单位（按件杂货费率）；以每个集装箱为计费单位（按包箱费率）。包箱费率将逐步取代件杂货费率。

（二）国际多式联运

国际多式联运（International Multimodal Transport）简称多式联运，是在集装箱运输的基础上产生和发展起来的，是指按照多式联运合同，以至少两种不同的运输方式，由多式联运经营人将货物从一国境内的接管地点运至另一国境内指定交付地点的货物运输。国际多式联运适用于水路、公路、铁路和航空多种运输方式。在国际贸易中，由于 85%~90% 的货物是通过海运完成的，故海运在国际多式联运中占据主导地位。

国际多式联运的主要特点是：由多式联运经营人对托运人签订一个运输合同，统一组织全程运输，实行运输全程一次托运、一单到底、一次收费、统一理赔和全程负责。

五、陆桥运输（Land Bridge Service）

陆桥运输指利用横跨大陆的铁路作为中间桥梁，把大陆两端的海洋连接起来组成一个"海—陆—海"的连贯运输方式。陆桥运输有大陆桥运输、小陆桥运输和微型陆桥运输之分。

（1）大陆桥运输（Land Bridge Transport）。大陆桥运输是指利用横贯大陆的铁路（公路）运输系统，作为中间桥梁，把大陆两端的海洋连接起来的集装箱连贯运输方式。简言之，就是两边是海运，中间是陆运，大陆把海洋连接起来，形成海—陆联运，而大陆起到了桥的作用，所以称为陆桥。而海—陆联运中的大陆运输部分就称为大陆桥运输。

大陆桥运输一般以集装箱为媒介，且具备多式联运的优点，大陆桥运输能够利用成熟的海、陆运输条件形成合理的运输线路，缩短运输路程，降低运营成本。

目前广泛使用的大陆桥有西伯利亚大陆桥、新亚欧大陆桥和美国大陆桥。

（2）小陆桥运输（Mini-Land Bridge）。小陆桥运输比大陆桥的海/陆/海运输缩短一段海上运输，成为海/陆或陆/海形式。如远东至美国东部大西洋沿岸或美国南部墨西哥湾沿岸的货运，可由远东装船运至美国西海岸，转装铁路（公路）专列运至东部大西洋或南部墨西哥湾沿岸，然后换装内陆运输运至目的地。

（3）微型陆桥运输（Micro-Land Bridge）。微型陆桥运输比小陆桥更缩短一段，它只用了部分陆桥，故又称半陆桥（Semi-Land Bridge）运输。如远东至美国内陆城市的货物，改用微型陆桥运输，则货物装船运至美国西部太平洋岸，换装铁路（公路）集装箱专列可直接运至美国内陆城市。微型陆桥比小陆桥优越性更大，既缩短了时间，又节省了运费。微型陆桥近年来发展非常迅速，我国也已开始采用。

（4）OCP 运输（Overland Common Points）。OCP（Overland Common Points）称为内陆公共点或陆上公共点。OCP 运输是指使用两种运输方式将卸至美国西海岸港口的货物通过铁路转运抵美国的内陆公共点地区，并享有优惠运价。所谓内陆公共点只限于美国的中部和东部各州，它以落基山脉为界，在其之东的各州均为 OCP 地区，在其之西的各州均为非 OCP 地区。从远东至美国西岸港口，而后再向东运往 OCP 地区的货物，不仅其海运运费可享受优惠的 OCP Rate（每吨运费约低 3~4 美元），而且进口方在支付从西岸至最终目的地的铁路（或公路）运费也较其本地运输费率低 3%~5%。

六、公路运输、内河运输、邮政运输、管道运输

（1）公路运输（Highway Transport）。公路运输是在公路上运送旅客和货物的运输方式，是交通运输系统的组成部分之一。公路运输机动灵活，简洁方便，在地势崎岖、人烟稀少、铁路和水运不发达的边远和经济落后地区，公路为主要运输方式，起着运输干线作用。在国际货物运输中，公路运输适于同周边国家的货物输送，以及我国内地同港、澳地区的部分货物运输。但公路运输载货量有限、运输成本较高、运输风险也比较大。

（2）内河运输（Inland Water Transportation）。内河运输是指使用船舶通过国际内江湖河川等天然或人工水道运送货物和旅客的一种运输方式。它是水上运输的一个重要组成部分，是内陆腹地和沿海地区的纽带，也是边疆地区与邻国边境河流的连接线，在国际货物的运输和集散中起着重要的辅助作用。

（3）邮政运输（Parcel Post Transport）。邮政运输是指通过邮局寄交货物的运输方式。国际邮政运输（International Parcel Post Transport）是国际间最广泛的一种运输方

式，具有国际多式联运和门到门运输的性质。一件国际邮件一般要经过两个或两个以上国家的邮政局和两种或两种以上不同运输方式的联合作业方可完成。对于托运人来说，只需要按邮局章程办理一次托运、一次付清足额邮资、取得一张邮政包裹收据，全部手续即告完备。邮件的运送、交接、保管等一系列手续由各国的邮政局负责办理。邮件到达目的地后，收件人可凭邮政局到件通知提取邮件。邮政运输的局限性是量小费用高，通常适宜精密仪器、金银首饰、贸易样品、工程图纸等重量轻、体积小的物品的运输。

（4）管道运输（Pipeline Transport）。管道运输是一种特殊的运输方式。它是用管道作为运输工具借助高压气泵的压力长距离输送液体、气体和粉状固体等物资的方式。管道运输的优点是运输量大、连续、迅速、经济、安全、可靠、平稳以及投资少、占地少、费用低，并可实现自动控制。

第二节　国际货物买卖合同中的装运条款

所谓装运条款，就是合同中关于卖方应如何交货以及何时交货等问题的规定。在合同中正确地规定装运条款，是合同顺利履行的重要前提。合同中的装运条款因采用的国际贸易术语和运输方式的不同而不同，由于国际贸易中大多数的货物都是由海洋运输完成的，买卖合同中的装运条款通常包括装运时间、装运港、目的港、装卸时间、分批装运、是否允许分批或转运等内容。

一、装运时间

装运时间又称交货期或装运期，是卖方将货物装上运输工具或交给承运人的期限。它是根据买方的需要和卖方的供应情况来安排的。一般买方都希望严格按照合同规定的装运期交货，因为早装了会积压买方资金，迟装了又会导致市场脱销或停工待料。因此，装运时间的制定要协调合理，适时妥当。

在国际贸易中，合同双方在货物装运过程中所承担的责任是根据所使用的贸易术语决定的。F组和C组术语属于象征性交货，装运时间与交货时间的解释相同，区别只是卖方向买方交货的标志是运输单据的转让，卖方转让运输单据的时间比货物装运的时间稍晚一些。E组和D组术语属于实际交货，装运时间与交货时间的解释完全不一样。比如在EXW术语下，卖方在其所在地将准备好的货物交付给买方就完成了其交货的义务，买方承担自卖方所在地将货物运至目的地的全部费用和风险，如果采用的是D组术语，卖方装运货物并不代表交付货物。比如在DDP术语下，卖方将货物交付至进口国指定地点，并办理进口国的清关手续，缴纳有关税费，才算其完成交货义务。

在国际货物买卖合同中，对于装运时间一般有以下几种规定方法：

（1）明确规定装运期，但不确定在某一日期上，而是规定在一段时间内。

1）规定某月或几个月内装运。

Shipment during May 2010

Shipment during July and August 2010

Shipment on/Before the End of March 2010

2）规定某月或某日之前装运。

Shipment on/Before May 20，2010

3）规定跨月、跨季度装运。

Shipment during Jan，Feb/March，2010

（2）规定收到信用证或预付款（定金）后若干天内装运。采用这种方法规定装运时间，应在合同中规定信用证的开到日期，并规定买方如不按时开证，卖方有权提出索赔。

Shipment within 30 Days after Receipt of Irrelevant L/C

Shipment within 30 Days after Receipt of Subsist

（3）笼统规定近期装运，不规定具体的期限。比如使用"立即装运"（Immediate Shipment）、"即刻装运"（Prompt Shipment）等词语表示。由于这类词语在国际上并无统一的解释，为避免不必要的争议，应尽量避免使用。

二、装运港和目的港

装运港（Port of Shipment）是指货物起始装运的港口。通常装运港选择靠近商品生产地，由卖方选择，经进口方同意后确定。目的港（Port of Destination）是指最终卸货的港口。目的港通常由卖方提议，经出口方同意后确定。装运港和目的港的确定，不仅关系到卖方履行交货义务和货物风险何时转移，而且关系到运费、保险费甚至成本和售价的计算等问题，因此必须在合同中具体规定。

（1）装运港和目的港的规定方法。在买卖合同中，装运港和目的港的规定方法一般有以下几种：

1）规定一个装运港，一个目的港，例如"装运港：秦皇岛；目的港：伦敦"。

2）规定两个或两个以上的装运港和目的港，例如"装运港：大连/烟台；目的港：东京/大阪"。

3）规定采用选择港。在进行交易磋商时，如果明确规定装运港或目的港有困难，可以采用选择港的方法。例如"装运港：伦敦/利物浦/曼彻斯特；目的港：神户/大阪"。

当采用选择港时，所选择的港口应在同一条航线上，而且选择港的数目不能超过三个，选港增加的运费、附加费由买方承担；买方必须在开证同时告知最后目的港。

（2）规定目的港和装运港时的注意事项：

1）对国外装运港或目的港的规定，应力求具体准确。如"欧洲主要港口"，因对主要港口的概念无统一解释，易引起纠纷，应避免使用。

2）通常不接受内陆城市为装运港或目的港的条件。对内陆国家出口，应选择距离该国目的地最近的港口为目的港。

3）应注意装卸港的具体条件。如有无直达班轮航线、港口和装卸条件、运费和附加费、码头泊位的深度等。

4）应注意国外港口有无重名的问题。为了避免错发错运，应明确目的港所在国和地区。

三、分批装运和转船

在国际贸易中，对于交易数量比较大，或者由于备货、运输条件、市场或资金的限制，有必要进行分期分批交货时，可以在合同中规定分批装运条款。对于没有直达船舶运输需要通过中途转运的，可以在合同中规定允许转船。

（1）分批装运。分批装运（Partial Shipment）又称分期装运（Shipment by Install-ments），是指一笔成交的货物，分若干批次在不同航次、车次、班次装运。同一船只、同一航次中多次装运货物，即使提单装船日期不同，装货港口不同，也不能按分批装运论处。分批装运的规定方法一般有两种：

1）只注明允许分批装运，未具体规定如何分批。这种方法对卖方来说灵活性比较大。例如"Partial Shipment is Allowed"。

2）具体规定分批的期限和数量。这种规定方法对卖方的约束性较大。例如"Shipment during July/August/Sep 1500m/t Monthly"。买卖合同中有限批、限时、限量等条款的规定，卖方必须严格履行约定，如果其中任何一批没有按时、按量装运，就可视为违反合同，银行对改期及以后各期均有权拒付货款。

（2）转船装运。货物装运后，需要通过中途港转运的称为转船（Transshipment），买卖双方可以在合同中商定"允许转船"（Transshipment to Be Allowed）条款。货物在中途转运，难免会发生不必要的货损货差，而且会增加费用支出，延迟到达目的地时间。所以，转船一般在无直达运输工具或航班稀少的情况下采用。

（3）分批装运和转船的有关规定。在信用证业务中，除非信用证明确规定不允许分批装运和转船装运，卖方有权分批装运和转船。为了方便卖方备货装船，一般都规定允许分批装运和转船。

四、装运通知

装运通知（Shipping Advice），是指卖方向买方发出的货物已经装船的通知。不同贸易术语，其装运通知的规定也不同。

在 FOB 术语下，卖方在货备妥后，一般是装运期开始前的 30~45 天，向买方发通知，以便买方及时派船接货。买方在联系好运输事项后，按约定时间，告知卖方船名、船期等，以便卖方做好装船的准备工作。当货物装船后，卖方应发一份已装船通知单电告买方有关合同号、货物名称、装船数量、重量、装船日期、发票金额等，以便买方办理保险并做好进口报关、接货等准备工作。

在 CFR 和 CIF 术语下，卖方应在货物装船后及时向买方发一份已装船通知单，以便买方做好接货的准备。在 CFR 术语下，发装运通知也是为了买方及时办理保险，以免迟保而发生不必要的损失。

五、滞期、速遣条款

在国际贸易中，大宗货物多数采用程租船运输。由于装卸时间直接关系到船方的经济效益，负责租船的买方或卖方，为了按时完成装卸作业，必须在买卖合同中对装卸时间、装卸率、滞期和速遣等条款有明确规定。

（1）装卸时间。装卸时间（Lay Time）是指对大宗交易的货物在使用定程租船运输时，对完成装货和卸货任务所需要的时间和定额的规定。装卸时间的规定方法一般有四种：

1）按连续日（或时）（Running Consecutive Days/Hours）。从午夜零时到次日午夜零时，24 小时为一个工作日，没有任何扣除，有一天算一天，即按自然日计算。一般适用于运输矿石、石油等使用油管、传送带装卸不受天气影响的货物，这种规定方法对租船人不利，对船东有利。

2）按工作日（Working Days）。按照港口习惯规定，属于正常工作的日子，星期日和节假日除外。由于世界各港口工作日的时间不同，因此这种规定方法不确切，容易引起争议，在合同中使用较少。

3）按好天气工作日（Weather Working Days）。按照正常工作日计算，星期天和节假日以及因坏天气不能进行装卸作业的不计算在工作日内。

4）按连续 24 小时好天气工作日（Weather Working Days of 24 Consecutive Hours）。连续工作 24 个小时为一个工作日，但星期天、节假日和因坏天气不能进行装卸作业的应扣除。这种规定方法适合昼夜作业的港口，在国际上采用的也比较多，我国一般也采用这种规定方法。

（2）装卸率。装卸率（Load/Discharge Rate）是指每日装卸货物的数量。装卸率的高低关系到装卸任务的完成时间和运费水平。装卸率的规定一般应按照港口习惯的正常装卸速度，本着实事求是的原则，具体规定。

（3）滞期费和速遣费。滞期费（Demurrage）是指租船方在租船合同所规定的时间未完成装卸货的任务，延误了船期，给船方造成经济损失，为弥补船方因此造成的损失，应向船方支付一定的罚金。速遣费（Dispatch Money）是指租船方用于装卸货物的时间少于租船合同中所规定的时间而使船方可以加速船只的周转，使船方节省了在港口的费用，租方可以向船方领取一种奖金。按照惯例，速遣费一般为滞期费的一半。

六、国际货物买卖合同中的装运条款实例

（1）2010 年 4/5 月份分三批平均装运，允许转船。

Shipment during Apr/ May 2010 in three about equal lots, transshipment allowed.

（2）3/4/5 月份装运，允许分批和转船。

Shipment during Mar/ Apr/ May with partial shipment and transshipment allowed.

（3）5 月份装运，自上海到纽约。卖方应于装运月份前 30 天将备妥货物可供装船的时间通知买方。允许分批装运和转运。

Shipment during May from shanghai to New York. The seller shall advise the buyer 30 days before the month of shipment of the time the goods will be ready for shipment. Partial shipment and transshipment allowed.

第三节　运输单据

运输单据（Transport Documents）是承运人收到承运货物后签发给托运人的证明文件，它集中体现了货物运输各关系人的各项权利和义务，是交接货物、处理索赔与理赔以及出口结汇的重要单据。在国际货物运输中，运输单据的种类很多，不同的运输方式有不同的运输单据，如海运提单、铁路运单、航空运单、邮包收据和多式联运单据等。其中最重要的是海运提单。

一、海洋运输单据

海上货物运输的单据主要是海运提单，其次是海上货运单。

（一）海运提单

1. 海运提单的性质和作用

海运提单（Ocean Bill of Lading）简称提单（B/L），是由船方或其代理人签发的，证明已收到货物，允诺将货物运至目的地，并交付给收货人的书面凭证。海运提单也是收货人在目的港据以向船公司或其代理人提取货物的凭证。海运提单的性质和作用主要有三个：

（1）货物收据。提单是承运前发给托运人的收据，确认承运人已收到提单所列货物并已装船，或者承运人已接管了货物，已代装船。

（2）运输合同的证明。提单是托运人与承运人的运输合同的证明。承运人之所以为托运人承运有关货物，是因为承运人和托运人之间存在一定的权利义务关系，双方权利义务关系以提单作为运输合同的凭证，也是处理运输方面争议的依据。

（3）物权凭证。提单是货物所有权的凭证。谁持有提单，谁就有权要求承运人交付货物，并且享有占有和处理货物的权利，提单代表了其所载明的货物。提单的合法持有人可以把提单用作抵押，也可以通过背书将提单转让给其他人。

2. 海运提单的种类

海运提单可以从不同的角度予以分类，主要有以下几种：

（1）根据货物是否已经装船，分为已装船提单（On Board B/L）和备运提单（Received for Shipment B/L）。

已装船提单是承运人在货物已经装上指定船舶后所签发的提单。已装船提单必须以文字表明货物已装上或已装运于某具名船只，提单签发日期即为装船日期。

备运提单又称收讫待运提单，是指承运人在收到货物后等待装船时向托运人签发的提单。这种提单上没有装船日期和具体船名，在实际国际贸易业务中，通常买方不愿意接受这种提单。

（2）根据提单上对货物外表状况有无不良批注，分为清洁提单（Clean B/L）和不清洁提单（Unclean B/L，Foul B/L）。

清洁提单是指货物在装船时"表面状况良好"，承运人在签发提单时未加注任何有关货物残损、包装不良等批注的提单。

不清洁提单是指承运人在签发的提单上带有明确宣布货物已存在残损、包装不良或其他有碍结汇的批注的提单。

按国际贸易惯例，除非另有约定，卖方有义务提交清洁提单。清洁提单也是提单转让时必须具备的基本条件之一。

（3）根据运输方式不同，分为直达提单（Direct B/L）、转船提单（Transshipment B/L）和联运提单（Through B/L）。

直达提单是指货物从装运港直抵目的地，途中不许转船的提单。

转船提单是指在装运港装货后，不直接驶往目的港，而需在中途换装另外船舶所签发地的提单。在这种提单上要注明"转船"或"在××港转船"的字样。

联运提单（Through B/L）：是指经过海运和其他运输方式联合运输时由第一程海运承运人签发的包括全程运输在内并能在目的港或目的地凭以提货的提单。这种提单虽然包括全程运输，但一般来讲，第一承运人会在提单中声明只对本程运输负责。联运提单包括转船提单，但转船提单不包括联运提单。

（4）根据抬头（收货人）不同，分为记名提单（Straight B/L）、不记名提单（Bearer B/L）和指示提单（Order B/L）。

记名提单又称收货人抬头提单，是指提单上的收货人栏内具体写明特定收货人名称的提单。记名提单只能由该特定收货人用以提货，而不能通过背书的方式转让给第三者，所以在国际贸易中只在特定情况下使用。根据某些国家的惯例，收货人可以不凭正本提单而只需证明自己的收货人身份即可提货。因此，记名提单不能作为物权凭证，仅仅是一份货物收据和运输合同的证明，一般用于买方预付货款情况。

不记名提单是指收货人栏内不需列任何收货人，只写明"货交提单持有人"（To Bearer），或不填写任何内容的提单。谁持有提单，谁就可凭以提货，船方交货时凭单不凭人。不记名提单不需要背书即可以转让，流通性极强，因此风险较大，在国际贸易中很少使用。

指示提单是指提单收货人栏内只填写"凭指定"（To Order）或"凭某某人指示"（To the Order of）字样的一种提单。这种提单可以经过背书后转让给其他人提货。背书的方法有"空白背书"和"记名背书"两种，前者是指背书人仅在提单背面签字转让，而不注明背书人名称；后者则必须注明被背书人名称，而且要有转让人签章。在实际业务中，采用最多的是"凭指定"并经空白背书的提单，即"空白抬头，空白背书"提单。

（5）根据内容繁简不同来划分，可分为全式提单（Long Term B/L）和简式提单（Short Term B/L）。

全式提单是指提单背面列有承运人和托运人权利、义务的详细提单。

简式提单又称略式提单，是指省略提单背面条款，只列出提单正面必须记载事项的提单。

（6）根据提单使用效力的不同，分为正本提单（Original B/L）和副本提单（Non-negotiable or Copy B/L）。

正本提单是指提单上有承运人、船长或其代理人签名盖章的提单。这种提单上必须标明"正本"字样，它在法律上和商业上都公认有效。收货人在目的港提货必须使用正本提单。

副本提单是指提单上没有承运人、船长或其代理人签名盖章的提单。副本提单一般都表明"Copy"或者"Non-negotiable"字样，仅供工作上参考使用。

（7）根据船舶营运方式的不同来划分，可分为班轮提单（Liner B/L）和租船提单（Charter Party B/L）。

班轮提单是指由班轮公司承运货物后签发给承运人的提单。

租船提单是指承运人根据租船合同所签发的提单。这种提单受租船合同条款的约束。

（8）其他特殊性质提单。在国际贸易中，除了上述几类提单之外，还有一些性质特殊的提单。

1）舱面提单（On Deck B/L）。舱面提单是指表明货物装在船舶甲板上的提单。有些货物如危险品、活动物等，只能装在甲板上，或者有些货物体积过大或舱位不够而装在舱面（甲板）上，所以亦称"甲板货提单"。除非在提单中明确订明，承运人对场面货的损失或灭失不负责任，所以进口商一般不接受舱面提单。

2）过期提单（Stale B/L）。过期提单是指提单签发后超过信用证规定期限才交到银行的提单，或者银行按正常邮程寄单，收货人不能在船到目的港之前收到的提单。过期提单的原意是指晚于货物到达目的港的提单。前者期限为21天，即提单签发日后21天才向银行提交，银行可拒收；后者是在近洋运输时，货物先到单据后到，为解决这一问题，可以在买卖合同或信用证中规定"过期提单也可接受"（Stale B/L Is Acceptable）。

3）倒签提单（Ante-dated B/L）。倒签提单是指承运人应托运人的要求在货物装船后，提单签发的日期早于实际装船完毕日期的提单。倒签提单是一种违法提单。

4）预借提单（Advanced B/L）。预借提单是指信用证规定的装运期或交单结汇期已到，而货物尚未装船或尚未装船完毕，承运人应托运人的要求在货物实际装船之前签发给托运人的已装船清洁提单。这也被认为是一种不合法的提单，而且风险极大，应避免使用。

3. 海运提单的格式和内容

海运提单的内容很广泛，涉及承运人、托运人、收货人以及提单持有人等当事人的责任和权益，每个船公司都有自己的提单格式和具体条款，但其基本内容都是依据1924 年《统一提单的若干法律规则的国际条款》（简称《海牙条款》）的规定，一般包括提单正面的记载事项和提单背面印就的运输条款。海运提单如表 16-1 所示。

表 16-1　海运提单

		BILL OF LADING　　　　B/L No.：①	
Shipper ②			
Consignee ③			
Notify Party ④			
*Pre-carriage by ⑤	*Place of Receipt ⑥	**COSCO**　中国远洋运输公司　CHINA OCEAN SHIPPING COMPANY　ORIGINAL	
Ocean Vessel Voy. No.⑦	Port of Loading ⑧		
Port of Discharge ⑨	*Final Destination ⑩	Freight Payable at ⑪	Number of Original Bs/L ⑫
Marks and Numbers ⑬	Number and Kind of Packages；Description ⑭	Gross Weight ⑮	Measurement m³ ⑯

TOTAL PACKAGES（IN WORDS）⑰

Freight and Charges ⑱

		Place and Date of Issue ⑲
		Signed for the Carrier ⑳

*Applicable only when document used as a Through Bill of Loading ㉑

（1）海运提单的正面内容：

①提单号码（B/L No）：注明承运人及其代理人规定的提单号码，以便核查。

②托运人（Shipper）：通常是买卖合同中的卖方或信用证的受益人。

③收货人或指示（Consignee）：通常所说的抬头人。

④被通知人（Notify Party）：传到目的港后承运人的直接联系人。

⑤前程运输（Pre-carriage by）：如货物需要转运，则填写第一程船的船名，如果货物不需要转运，则此栏不必填写。

⑥收货地（Place of Receipt）：在运用集装箱运输方式时，目前使用"联合运输提单"（Combined Transport B/L），提单上除列明装货港、卸货港外，还要列明"收货地"（Place of Receipt），"交货地"（Place of Delivery）以及"第一程运输工具"（Pre-carriage by），"海运船名和航次"（Ocean Vessel，Voy. No.）。

⑦船名（Ocean Vessel Voy. No.）：按实际装船的船名、航次填写。如需转运，填写第二程船的船名。

⑧装运港（Port of Loading）：填写装运港名称，而且要与信用证规定一致。

⑨卸货港（Port of Discharge）：填写卸货港，如未转船，填写目的港。

⑩最后目的地（Final Destination）：按信用证规定的目的地填写。如果货物的最后目的地为卸货港时，这一栏可空白。

⑪运费支付地（Freight Payable at）：填写运费的支付地点，在 FOB 条件下，则应该在卸货港。

⑫正本提单份数（Number of Original Bs/L）：用大写数字填写。一般是 1~3 份。来证如对提单正本份数有规定，则与信用证一致。

⑬集装箱号或唛头号（Marks and Numbers）：集装箱运输时填写集装箱号码。若非集装箱运输，唛头按实际运输标志填写，如果既没有集装箱号码也没有唛头，则填 N/M。

⑭货物的件数、包装种类和货物的描述（Number and Kind of Packages；Description）：按货物实际装船的情况填写总外包装件数、包装种类，货物的描述填写货物的总名称即可。

⑮毛重（Gross Weight）：填写包括货品包装在内的毛重，毛重以千克为单位，小数保留三位。

⑯尺码（Measurement m^3）：与装箱单上货物的总尺码一致，用立方米表示，小数保留三位。

⑰大写合计包装件数（Total Packages（in Words））：提单上的包装件数必须用大小写形式同时表示，且大小写必须一致，不能涂改。

⑱运费和费用（Freight and Charges）：只填写运费支付情况，不填写运费具体数额及计算，但信用证明确规定除外。注意与所用贸易术语一致，采用 CIF 或 CFR 条件，加注"运费预付"（Freight Prepaid）；采用 FOB 条件，加注"运费到付"（Freight to Collect 或 Freight Payable at Destination）。

⑲签单地点和日期（Place and Date of Issue）：提单签发地点为实际装运港的港口和接受监管的地点。海运提单签发日期应为装完货的日期，提单日期不得迟于信用证规定的最迟装运期，已装船提单的出单日期即被视为提单装运日期。

⑳承运人或船长的签名（Signed for the Carrier）：每张正本提单有承运人或其代理人签章才能生效。

㉑适用条款：此文被用作提单时适用。

（2）海运提单的背面内容。在海运提单的背面，通常都有印就的运输条款，这些条款是确定承运人与托运人、收货人、提单持有人之间权利和义务的主要依据。国际上为统一提单背面条款内容，先后签署了三个有关提单的国际公约：1924 年签署的《关于统一提单的若干法律规则的国际公约》，简称《海牙规则》；1968 年签署的《布鲁塞尔议定书》，简称《维斯比规则》；1978 年签署的《联合国海上货物运输公约》，简称《汉堡规则》。

（二）海上货运单

海上货运单（Sea Waybill）简称海运单，是证明海上货物运输合同和货物由承运人接管或装船，以及承运人保证据以将货物交付给单证所载明的收货人的一种不可流通的单证，因此又称不可转让海运单（Non-negotiable Sea Waybill）。海运单只是货物收据和运输契约证明，不具有物权凭证的性质，不能凭单交货，也不能流通转让。这与象征性交货中完全代表货物的海运提单不同，也与实际交货中作为货物附属的货运单据不同。严格地讲，海运单是一种介于象征性交货和实际交货之间的适应新形式的交货方式，能方便买方提货，可以减少假提单诈骗现象。

二、铁路运输单据

铁路运输分为国际铁路联运和通往港澳的国内铁路运输，分别使用国际铁路货物联运单和承运货物收据。

（1）国际铁路货物联运单。国际铁路货物联运所使用的运单是铁路与货主间缔结的运输契约的证明。此运单正本从始发站随同货物附送至终点站并交给收货人，是铁路同货主之间交接货物、核收运杂费用和处理索赔与理赔的依据。国际铁路联运运单一式五联。其中，第一联为运单正本，随货同行，到达终点站时连同第五联到达通知及货物一并交收货人；第二联为运行保单，随货同行，是铁路交接货物、结算费用的依据；第三联为运单副本，在铁路加盖承运日期戳记后，发还给发货人作为卖方凭此向银行结算货款的主要证件；第四联为货物交付单，交到铁路部门。铁路运单不是物权凭证，不能通过背书转让和抵押融通资金。

（2）承运货物收据（Cargo Receipt）。承运货物收据是在特定运输方式下所使用的一种运输单据，它既是承运人出具的货物收据，也是承运人与托运人签订的运输契约。我国内地通过铁路运往港澳地区的出口货物，一般多委托中国对外贸易运输公司承办。当出口货物装车发运后，对外贸易运输公司即签发一份承运货物收据给托运人，以作为对外办理结汇的凭证。承运货物收据相当于海运提单或国际联运运单副本，它既代表货物所有权，又是港澳地区收货人的提货凭证。

三、航空运单

航空运单（Airway Bill）是承运人与托运人之间签订的运输契约，也是承运人或其代理人签发的货物收据。航空运单还可作为核收运费的依据和海关查验放行的基本单据。但航空运单不是物权凭证，不能通过背书进行转让，只可凭此向银行办理结汇。货物到达目的地后，收货人提货不是凭航空运单，而是凭航空公司的提货通知单。航空运单的正本一式三份，每份都印有背面条款，其中第一份交发货人，是承运人或其代理人接收货物的依据；第二份由承运人留存，作为记账凭证；第三份随货同行，在货物到达目的地，交付给收货人时作为核收货物的依据。

四、邮包收据

邮包收据（Parcel Post Receipt）是邮包运输的主要单据，它既是邮局收到寄件人的邮包后所签发的凭证，也是收件人凭以提取邮件的凭证，当邮包发生损坏或丢失时，它还可以作为索赔和理赔的依据。但邮包收据不是物权凭证。

五、多式联运单据

多式联运单据（Multi-modal Transport Documents，MTD）是指证明国际多式联运合同成立及证明多式联运经营人接管货物，并负责按照多式联运合同条款支付货物的单据。多式联运单据由承运人或其代理人签发，其作用与海运提单相似，既是货物收据也是运输契约的证明，在单据作成指示抬头或不记名抬头时，可作为物权凭证，经背书可以转让。

本章小结

国际货物运输是国际贸易中一个重要的环节，国际货物运输可使用的运输方式有很多种，每种运输方式都有其各自的特点和经营方式。海洋运输是运用最广泛的一种运输方式，其经营方式有班轮运输和租船运输两种。国际贸易中常用的其他运输方式还包括铁路运输、航空货物运输、集装箱运输、国际多式联运、邮包运输以及公路、内河、大陆桥、邮政和管道运输等。运输单据是承运人收到承运货物签发给出口商的证明文件，它是交接货物、处理索赔与理赔以及向银行结算货款或进行议付的重要单据。不同的运输方式使用的运输单据也各有不同，主要有海运提单、海运单、铁路运单、邮政收据、航空运单和多式联运单据等。国际货物买卖合同中的装运条款主要包括装运时间、装运港、目的港、装卸时间、是否允许分批装运和转运、滞期和速遣等。

复习思考题

【核心概念】

1. 班轮运输

2. 指示提单

3. 空白背书

4. 记名背书

5. 国际多式联运

6. 海运提单

7. 定期租船

8. 定程租船

【问答题】

1. 班轮运输的特点有哪些?

2. 海运提单的性质和作用是什么?

3. 国际多式联运应具备哪些条件?

4. 合同的装运条款主要包括哪些?

5. 在国际贸易中有哪些运输方式?

第十七章　国际货物运输保险

[学习目的]

通过本章学习，使学生了解国际货物保险的基本情况，了解国际货运保险的相关概念和种类，能够熟练拟定合同中的保险条款。

[重点难点]

- ◆ 海上货物运输保险的承保范围
- ◆ 正确区分实际全损与推定全损、共同海损与单独海损
- ◆ 掌握平安险、水渍险和一切险承保责任范围
- ◆ 掌握保险金额的确定和保险费的计算

[引导案例]

2010 年 5 月，新西兰汇通贸易有限公司向我国郑州蓝天有限责任公司订购小麦 10000 公吨。货船在深圳装船以后直接驶向奥克兰。途中船舶货舱起火，大火蔓延到机舱。船长为了船货的共同安全，命令采取紧急措施，往舱中灌水灭火。火虽然被扑灭，但由于主机受损，无法继续航行。为使货轮继续航行，船长发出求救信号，船被拖至就近的惠灵顿港口修理，检修后重新将货物运往奥克兰港。事后经过统计，事故总共造成如下损失：①2500 吨小麦被火烧毁；②1300 吨小麦由于灌水不能食用；③主机和部分甲板被火烧坏；④雇用拖船支付费用若干；⑤因为船舶维修，延误船期，额外增加了船员工资以及船舶的燃料。

资料来源：改编自国际货物运输案例，豆丁网，网址：http://www.docin.com/p-1610976637.html。

此案例中哪些属于单独海损？哪些属于共同海损？在投保了平安险的情况下，被保险人有权向保险公司提出哪些赔偿要求？为什么？从案例中可以看出，国际货物买卖中，保险也是重要的一环，本章将就国际货物买卖中必须办理的国际货物运输保险事宜、保险内容以及保险条款等进行系统阐述。

第一节　海上货物运输保险

一、海洋货物运输保险承保的范围

货物在海洋运输过程中可能遇到的风险很多，海上货物运输保险仅对保险条款中列明的风险所造成的损失负赔偿责任。海运货物运输保险承保的范围包括海上风险、海上损失、海上费用以及外来风险所引起的损失。

（一）海上风险

海上风险（Perils of the Sea）又称海难，是指那些由自然灾害和意外事故造成的风险。自然灾害是指由于自然界本身变异所引起的破坏力量造成的伤害，主要包括恶劣气候、地震、雷电、海啸、洪水或火山爆发以及其他人力不可抗拒的灾害。海上意外事故指的是由于不可抗力的原因所造成的事故，主要包括船只搁浅、触礁、沉没、碰撞、爆炸、火灾、与冰流或其他物体碰撞、船舶失踪或其他类似事故。

（二）海上损失

海上损失（Marine Losses）又称海损，是指被保险货物在海洋运输途中遭受海上风险所造成的损害或灭失。根据国际惯例，与海运相连接的陆运或内河运输过程中发生的损失或灭失，也属于海上损失的范围。根据海上损失的程度不同，可分为全部损失和部分损失。

（1）全部损失。全部损失（Total Loss）是指货物遇到海上风险后完全灭失或完全失去本身的价值，不值得进行修复。全部损失按其损失的情况不同又可分为实际全损和推定全损两种。

1）实际全损。实际全损（Actual Total Loss）是指被保险货物完全灭失或完全变质，或者货物实际上已不可能归还保险人。例如，船员、货物遇难沉没，船只被劫或扣押，货物丧失原有的性质和用途，船舶失踪达到一定期限（6个月）杳无音信等。如发生实际全损，被保险人能够获得对被保险货物全部损失的赔偿。

2）推定全损。推定全损（Constructive Total Loss）是指货物发生保险事故后，实际全损已经不可避免，或者为避免发生实际全损所需支付的救助或恢复费用与继续将货物运抵目的地的费用之和超过货物本身价值，称为推定全损。发生推定全损时，被保险人可以要求保险公司按部分损失赔偿，也可以要求按推定全损赔付。若要求按推定全损赔付，必须发出委付通知，把被保险货物委付给保险公司，如果没有发出委付通知，只能按照部分损失赔偿。

（2）部分损失。部分损失（Partial Loss）是指被保险货物的损失没有达到全部损失的程度。部分海损按其损失性质的不同，分为共同海损和单独海损两种。

1）共同海损（General Average）。共同海损是指载货的船舶在海上遭到灾害、事故，威胁到船、货等各方的共同安全，为了解除这种威胁，船方有意识地、合理地采取措施，所造成的特殊牺牲或支出的额外费用。这部分损失和费用叫共同海损。由于共同海损牺牲和费用都是为了使船、货免于遭受损失而支出的，因而应该由相关获救收益方按最后获救价值共同按比例分摊，称为共同海损的分摊（G/A Contribution）。

共同海损必须具备以下条件：①载货船只确实遇到了威胁船、货和各利益方安全的风险。②船方为共同安全所采取的措施必须是有意识而且是合理的。③共同海损的牺牲必须是自愿的、有意识做出的。④共同海损所做的牺牲必须是特殊性质的，支出的费用必须是额外的。⑤共同海损行为必须是成功挽救了船、货各方，没有获益就不存在共同海损的分摊。

2）单独海损（Particular Average）。单独海损是指不属于共同海损的货物损失，是由承保范围内的风险所直接导致的船舶或货物的部分损失。该损失由受损者单独负担。如果投保了这种类型的保险，受损方可以根据保险单规定的险别向保险公司要求赔偿。单独海损与共同海损的区别有三点：①造成海损的原因不同。单独海损是风险直接导致的损失，共同海损是为了解除或减轻风险而人为造成的损失。②损失的承担责任不同。单独海损由受损方自行承担；共同海损则由各受益方按照受益大小的比例共同分摊。③单独海损一般是被保险的货物的损失；共同海损的损失，除了被保险货物的损失外，还包括支出的特殊费用。

（三）海上费用

海上费用是指为营救被保险货物所支出的费用，保险人对此也承担赔偿责任。保险公司所赔偿的海上费用包括施救费和救助费两种。

（1）施救费用（Sue and Labor Charges）。施救费用是指在被保险货物遭遇承保范围内的风险时，被保险人或其代理人或其受雇人等为抢救被保险货物，以防止损失扩大所支出的费用。保险人对这种合理的施救费用仍负责赔偿。

（2）救助费用（Salvage Charge）。救助费用是指被保险货物遭遇承保范围内的风险时，由保险人和被保险人以外的第三者实施救助行为并获成功，而向其支付的费用。保险人向第三方支付费用的原则是"无效果，无报酬"。

（3）施救费用与救助费用的区别。

1）采取行为的主体不同。施救是被保险人或其代理人采取的行为，救助是保险人和被保险人之外的第三方采取的行为。

2）给付报酬的原则不同。保险人对施救费用不论有无效果都予以赔付。救助费用赔付的前提是必须救助成功。

3）保险人的赔偿责任不同。施救费用可在被保险物保额之外再赔偿一个保额，即共负责两个保额。保险人对救助费用的赔偿以被救财产的价值为限，即保险人常常是将标的损失、共同海损分摊和救助费用等加总在一起，在保险金额限度内赔偿。

（四）外来风险

外来风险（Extraneous Risks）是指由于自然灾害和意外事故以外的其他外来原因

造成的风险，但不包括货物的自然损耗和本质缺陷。它包括一般外来风险和特殊外来风险。

（1）一般外来风险。一般外来风险是指由于一般外来原因所造成的风险，主要包括偷窃、雨淋、短量、玷污、渗漏、破碎、串味、受潮、受热、锈损和钩损等。

（2）特殊外来风险。特殊外来风险是指由于军事、政治、国家政策法令和行政措施等以及其他特殊外来原因所造成的风险，如战争、罢工、交货不到、被拒绝进口或没收等。

二、我国海洋货物运输保险的险别

保险险别是指保险人对风险和损失的承保责任范围，也是确定保险人所承担责任大小及应交保费多少的依据，而各种险别的承保责任又是通过不同的保险条款加以规定的。我国进出口货物运输主要通过中国人民保险公司进行保险。中国人民保险公司所使用的保险规则称《中国保险条款》（CIC）。其中关于海洋货物运输保险的规则是《海洋运输货物保险条款》《海洋运输货物战争险条款》以及其他专门条款。

海洋货物运输保险分为三种基本险和两种附加险。基本险是保险业务的主要内容，投保人应从基本险中选择一种进行投保。附加险是投保人在选择一种基本险之后根据具体情况加保的一种险别，不能单独投保。

（一）基本险别

中国人民保险公司规定的基本险别包括平安险、水渍险和一切险。

（1）平安险（Free from Particular Average，FPA）。平安险的承保责任范围包括：

1）被保险货物在运输过程中，由于恶劣气候、雷电、海啸、地震、洪水等自然灾害造成整批货物的全部损失；由于海上意外事故给货物造成的全部损失或部分损失。

2）由于运输工具遭受搁浅、触礁、沉没、碰撞以及失火、爆炸等意外事故所造成的保险货物的全部或部分损失。

3）在运输工具发生搁浅、触礁、沉没、焚毁等意外事故的情况下，货物在此前后又在海上遭受恶劣气候、雷电、海啸等自然灾害所造成的部分损失。

4）在装卸或转船时由于一件或数件甚至整批货物落海所造成的全部或部分损失。

5）被保险人对遭受承保责任内危险的货物采取抢救、防止或减少货损的措施而支付的合理费用，但以不超过该批被救货物的保险金额为限。

6）运输工具遭遇海难后，在中途港或避难港因卸货、存仓、装货以及运送货物所产生的特殊费用。

7）共同海损所造成的牺牲、分摊和救助费用。

8）运输条款中如订有"船舶互撞条款"，则根据该条款规定应由货方偿还船方的损失。

由此可见，在平安险项下，保险人对于单纯的自然灾害造成的单独海损不负赔偿责任，所以又叫单独海损不赔险。

（2）水渍险（With Average or With Particular Average，WA or WPA）。水渍险又称单独海损赔偿险。水渍险的承保范围包括：

1）平安险的各项责任。

2）被保险货物由于恶劣气候、雷电、海啸、地震、洪水等自然灾害造成的部分损失。

由此可见，水渍险承保的责任范围较大，它并不只是承保由于水渍引起的损失，但对被保险货物因某些外部因素所致的损失，如淡水雨淋、碰损、锈损、破碎等不予承保。

（3）一切险（All Risks）。一切险的承保范围包括：

1）水渍险的责任范围。

2）一般外来风险造成的全损或部分损失。

由此可见，一切险的保险责任范围最大，除了包括平安险和水渍险的各项责任外，还负责被保险货物在运输途中由于一般外来风险所造成的全部损失和部分损失。但一切险并不是指保险公司承保了一切的风险，如海运中的特殊外来原因引起的损失并不包含在内。此外，投保了一切险后不必再投保一般附加险，因为已包含在内，以免增加不必要的保险费的支付。

（二）附加险

附加险是基本险的扩大和补充。投保人只有在投保基本险的基础上才可以加保一种或数种附加险。附加险分为一般附加险和特殊附加险。

（1）一般附加险（General Additional Risk）。一般附加险承保的是由于一般外来风险所造成的全部或部分损失，共有11种险别：

1）偷窃、提货不着险（Theft，Pilferage and Non-Delivery，TPND）。

2）淡水雨淋险（Fresh Water Rain Damage，FWRD）。

3）短量险（Risk of Shortage）。

4）渗漏险（Risk of Leakage）。

5）混杂、玷污险（Risk of Intermixture and Contamination）。

6）碰损、破碎险（Risk of Clash and Breakage）。

7）串味险（Risk of Odor）。

8）受热受潮险（Sweating and Heating Risks）。

9）钩损险（Hook Damage）。

10）包装破裂险（Loss or Damage Caused by Breaking of Packing）。

11）锈损险（Risk of Rust）。

由于一切险的承保责任范围已经包括了一般附加险的承保责任范围，所以投保人如投保了一切险，就不需要再加保一般附加险。

（2）特殊附加险（Special Additional Risk）。特殊附加险承保的是进出口货物在运输途中受到特殊外来原因所造成的全部损失或部分损失，共8种险别：

1）海运战争险（Ocean Marine Cargo War Risk）。

2）拒收险（Rejection Risk）。

3）交货不到险（Failure to Delivery）。

4）进口关税险（Import Duty Risk）。

5）黄曲霉素险（Aflatoxin Risk）。

6）罢工险（Strikes Risk）。

7）舱面险（On Deck Risk）。

8）货物出口到港、澳地区存仓期间的火险责任扩展条款（Fire Risk Extension Clause，FREC）。

（三）海洋货物运输保险承保责任的起讫期限

（1）基本险的责任起讫期限。根据中国海洋运输货物保险条款规定，基本险承保责任的起讫，均采用国际保险业中惯用的仓至仓条款（Warehouse to Warehouse Clause，W/W Clause）规定的办法处理。仓至仓条款规定保险公司所承担的保险责任，是从被保险货物运离保险单所载明的起运港（地）发货人仓库开始，一直到货物达到在保险单所载明的目的港（地）收货人的仓库时为止。当货物一进入收货人仓库，保险责任即行终止。但是，当货物从目的港卸离海轮时起满 60 天，不论保险货物有没有进入收货人的仓库，保险责任均告终止。基本险的索赔时效从被保险货物在最后卸货港全部卸离轮船后开始算起，最多不超过两年。被保险人向保险人索赔时，必须提供保险单正本、相关的发票、提单、装箱单、磅码单、货损货差证明、检验报告以及索赔清单等。

（2）特殊附加险的责任起讫期限。战争险的责任起讫与基本险的责任起讫不同，它不采用仓至仓条款，而是以水上危险为限，即货物自保险单所载明的装运港装上轮船或驳船时开始，直至保险单所载明的目的港卸离轮船或驳船为止。如果货物不卸离轮船或驳船，则保险责任最长延至货物到目的港之当日午夜起算 15 天为止。如在中途港转船，则不论货物在当地卸载与否，保险责任以海轮到达该港或卸货地点的当日午夜起算满 15 天为止，待再装上续运的轮船时，保险人仍继续负责。

罢工险的承保责任起讫期限与其他海运货物保险险别一样，采取仓至仓的原则，即保险责任自卖方仓库开始直至买方仓库为止。

（四）除外责任

除外责任是由保险公司明确规定不予承保的损失和费用。根据中国人民保险公司海洋货物运输条款的规定，保险公司对于下列损失不予赔偿：①被保险人的故意行为、过失所造成的损失；②属于发货人责任所引起的损失；③在保险责任开始前，被保险货物已存在的品质不良或数量短差所造成的损失；④被保险货物的自然损耗、本质缺陷、特性以及市场跌落、运输延迟所引起的损失和费用；⑤战争险和罢工险条款规定的责任及其除外责任。

三、英国伦敦保险业协会海运货物保险条款

在国际保险市场上，英国所制定的各种保险规章制度，其中包括海运保险单格式和保险条款，对世界各国有着广泛的影响。目前，世界上有很多国家在海上保险业务中直接采用英国伦敦保险协会所制定的协会货物条款（Institute Cargo Clause，ICC），或者在制定本国保险条款时参考或部分地采用上述条款。目前实行的是 1983 年 4 月修订的条款，主要有六种险别：①协会货物条款（A）（Institute Cargo Clauses）（A），ICC（A）；②协会货物条款（B）（Institute Cargo Clauses）（B），ICC（B）；③协会货物条款（C）（Institute Cargo Clauses）（C），ICC（C）；④协会战争险条款（Institute War Clauses Cargo）；⑤协会罢工险条款（货物）（Institute Strikes Clauses Cargo）；⑥恶意损害险条款（Malicious Damage Clauses）。

上述六种险别中除恶意损害险之外，其他五种险别都可以单独投保。另外，（A）险包括恶意损害险，但在投保（B）险或（C）险时，应另行投保恶意损害险。

（1）协会货物险条款（A）承保风险与除外责任。ICC（A）大体相当于中国人民保险公司所规定的一切险，其责任范围最广，不便把所有承保的风险一一列出。协会对 ICC（A）采用一切风险减除外责任的办法，即除了除外责任项下所列风险保险人不予负责外，其他风险均予负责。

（2）协会货物险条款（B）承保风险与除外责任。ICC（B）大体相当于中国人民保险公司所规定的水渍险，它比 ICC（A）责任范围小，故采用列明风险的方法，即在条款的首部把保险人所有承保的风险一一列出，凡属承保范围内的损失，无论是全部损失还是部分损失，保险公司按损失程度均负责赔偿。

（3）协会货物险条款（C）承保风险与除外责任。ICC（C）和 ICC（B）一样，也采用列明风险的方式把承保的风险一一列举，但承保风险比 ICC（A）和 ICC（B）要小得多，它只承保重大意外事故，而不承保自然灾害及非重大意外事故。

（4）协会货物战争险条款承保风险与除外责任。ICC 协会货物战争险条款承保的风险有：

1）战争、内战、革命、叛乱、造反或由此引起的内乱，或交战国或针对交战国的任何敌对行为。

2）捕获、拘留、扣留、禁制或扣押，以及这些行动的后果或这方面的企图。

ICC 战争险条款的除外责任与 ICC（A）险的一般除外责任及不适航、不适货除外责任大致相同。

（5）协会货物罢工险条款承保风险与除外责任。ICC 协会货物罢工险条款承保的风险有：

1）罢工者、被迫停工工人或参与工潮、暴动或民变人员造成的损失和费用。

2）罢工、被迫停工、工潮、暴动或民变造成的损失和费用。

3）任何恐怖主义者或任何人出于政治目的采取的行动所造成的损失和费用。

罢工险除外责任也与 ICC（A）险中的"一般除外责任"及"不适航、不适货除外责任"大致相同。

除上述五种主要险别外，还有一种附加险别，即恶意损害险。它所承保的是被保险人以外的其他人（如船长、船员等）的故意破坏行动所致被保险货物的灭失或损害。这种风险仅在 ICC（A）险中被列为承保风险的范畴，而在 ICC（B）险和 ICC（C）险中均列为除外责任。因此，如被保险人需要对此风险取得保险保障，在其投保 ICC（B）险或 ICC（C）险时，就需另行加保恶意损害险。

ICC 货物保险条款承保责任范围与中国保险条款（CIC）的承保责任范围相似。ICC（A）类似一切险；ICC（B）类似水渍险，但责任范围略大；ICC（C）比平安险的责任范围小，仅对重大事故所致损失负责赔偿，对非重大意外事故和自然灾害所致损失均不负责赔偿。所以在按照 CIF 或 CIP 贸易术语签订合同的时候，外贸企业也可以接受外商按 ICC 货物保险条款投保的要求。

第二节　其他运输方式的货物保险

海洋货物运输是国际贸易中最主要的运输方式，近年来，随着国际贸易的不断发展，其他国际货物运输方式获得了充分发展，陆运、空运货物与邮包运输保险在海运货物保险的基础上也逐渐发展起来，并成为独立的保险险别。

一、国际陆运货物保险

（一）陆运风险与损失

货物在陆运过程中，可能遭受各种自然灾害和意外事故。常见的风险有：车辆碰撞、倾覆和出轨、路基坍塌、桥梁折断和道路损坏，以及火灾和爆炸等意外事故；雷电、洪水、地震、火山爆发、暴风雨以及霜雪冰雹等自然灾害；战争、罢工、偷窃、货物残损、短少、渗漏等外来原因所造成的风险。这些风险会使运输途中的货物造成损失。

（二）陆运货物保险的险别

陆上货物运输保险是针对以汽车或火车等陆上交通工具运送的国际贸易货物的保险。根据中国人民保险公司制定的《陆上运输货物保险条款》（Overland Transportation Cargo Insurance Clauses）的规定，陆运货物保险的基本险别有陆运险和陆运一切险两种。此外，还有陆上运输货物冷藏险，它也具有基本险性质。

（1）陆运险（Overland Transportation Risks）。陆运险的承保责任范围同海运水渍险相似。陆运险的承保范围包括货物在运输途中遭受暴风、雷电、洪水、地震等自然灾害，或由于运输工具遭受碰撞、倾覆、出轨，或在驳运过程中因驳运工具遭受搁浅、触礁、沉没、碰撞，或由于遭受隧道坍塌、崖崩或失火、爆炸等意外事故所造成的全部或部分损失。对救助遭受承保范围内风险的货物而支付的合理费用，保险公司也负责赔偿，但以该批被救货物的保险金额为最高限额。

陆运险的责任起讫采用"仓至仓"条款的规定。保险人的责任自被保险货物运离保险单所载明的起运地仓库或储存处所时开始生效，包括正常运输过程中的陆上和与陆上有关的水上驳运在内，直至该项货物运达保险单所载明的目的地收货人的最后仓库和储存处所，或被保险人用作分配、分派的其他储存处所为止。如未运抵上述仓库或储存处所，则以被保险货物运抵最后卸载车站满 60 天为止。其索赔时效是从被保险货物在最后目的地车站全部卸离车辆后算起，最多不超过 2 年。

（2）陆运一切险（Overland Transportation All Risks）。陆运一切险的承保责任范围与海上运输货物保险条款中的一切险相似。陆运一切险的承保范围除了承保陆运险的风险之外，还对货物在运输途中由于一般外来原因所造成的全部或部分损失负责赔偿。

陆运一切险的责任起讫期限和陆运险一样，也采用"仓至仓"条款。

（3）陆上运输货物冷藏险（Overland Transportation Insurance-Frozen Products）。陆上运输冷藏险是陆上运输货物险中的一种专门险。其承保范围除了陆运险所列举的自然灾害或意外事故所造成的全部或部分损失外，还包括由于冷藏机器或隔温设备在运输途中损坏所造成的被保险货物解冻融化而腐败的损失。其除外责任主要是由于战争、罢工或运输延迟而造成的被保险货物的腐败或损失以及被保险冷藏货物在保险责任开始时未能保持良好状态，整理包扎不妥或冷冻不合规格所造成的损失。

陆上运输货物冷藏险的责任起讫是从被保险货物运离保险单所载明的起运地点的冷藏仓库装入运送工具开始运输时开始生效，包括正常陆运和与陆运有关的水上驳运在内，直至货物到达目的地收货人仓库为止。与陆运险、陆运一切险不同的是，陆上运输冷藏货物保险的保险责任的有效期限是以被保险货物到达目的地车站后 10 天为限。

陆运货物在投保上述基本险之一的基础上可以加保附加险。如投保陆运险，则可加保一般附加险和战争险等特殊附加险，如投保陆运一切险，就只能加保战争险，而不能再加保一般附加险。陆运货物在加保战争险的前提下，再加保罢工险，不另收保险费。

二、国际空运货物保险

（一）空运风险与损失

货物在空运过程中，可能遭遇因自然灾害、意外事故和各种外来风险而导致货物全部或部分损失。常见的风险有雷电，火灾，爆炸，飞机遭受碰撞倾覆、坠落、失踪，战争破坏以及被保险货物由于飞机遇到恶劣气候或其他危难事故而被抛弃等。

（二）空运货物保险的险别

根据中国人民保险公司制定的《航空运输货物保险条款》（Air Transportation Cargo Insurance Clause）规定，空运货物保险的基本险别有航空运输险和航空运输一切险。此外，还有航空运输货物战争险等附加险。

（1）航空运输险（Air Transportation Risks）。航空运输险的承保责任范围与海洋货物运输保险条款中的水渍险相似，保险公司承保范围包括被保险货物在运输途中遭受雷电、火灾、爆炸或由于飞机遭受恶劣气候或其他危难事故而被抛弃，或由于飞机遭受碰撞、倾覆、坠落或失踪等自然灾害和意外事故所造成的全部或部分损失。

航空货物运输保险责任起讫期限也采用"仓至仓"条款，不同的是如果货物运达保险单所载明的目的地而未运抵保险单所载明收货人仓库或储存处所，则以被保险货物在最后卸载地卸离飞机后满 30 天，保险责任即告终止。如在 30 天内被保险货物转送到非保险单所载明的目的地时，保险责任以该项货物开始转运时终止。

（2）航空运输一切险（Air Transportation All Risks）。航空运输一切险的承保责任范围与海洋运输保险条款中的"一切险"相似，除了承担航空运输险的全部责任外，还包括被保险货物由于一般外来原因所造成的全部或部分损失。

航空货物运输一切险保险责任起讫期限和航空运输险一样，也采用"仓至仓"条款。

空运货物在投保上述基本险之一的基础上，经投保人与保险公司协商可以加保战争险等附加险。加保时须另付保险费。在加保战争险前提下，再加保罢工险，则不另收保险费。

三、国际邮包运输险

（一）邮包运输风险与损失

邮包运输通常须经海、陆、空辗转运送，实际上属于"门到门"运输，在长途运送过程中可能遭遇自然灾害、意外事故以及各种外来风险而导致货物全部或部分损失。

（二）国际邮包运输险的险别

根据中国人民保险公司制定的《邮包保险条款》（Parcel Post Insurance Clause）规定，邮包运输保险的基本险包括邮包险和邮包一切险两种。此外，还有邮包战争险等附加险。

（1）邮包险（Parcel Post Risks）。邮包险的承保责任范围是保险公司赔偿被保险邮包在运输途中由于自然灾害或意外事故所造成的全部或部分损失。对于救助遭受承包范围内风险的货物支出的费用，保险公司也负责赔偿，但以不超过货物保险金额为限。

（2）邮包一切险（Parcel Post All risks）。邮包一切险的承保范围除了包括邮包险的责任外，还包括被保险邮包在运输途中由于一般外来原因所致的全部或部分损失。

邮包一切险和邮包险责任的起讫期限都是自被保险邮包离开保险单所载起运地点寄件人的处所运往邮局时开始生效，直至被保险邮包运达保险单所载明的目的地邮局发出通知书给收件人当日午夜起算为止，但在此期限内，邮包一经递交至收件人处所时，保险责任即告终止。

在投保邮包运输基本险之一的基础上，经投保人与保险公司协商可以加保邮包战争险等附加险。加保战争险须另加保险费。在加保战争险的基础上，如加保罢工险不另收费。邮包战争险承保责任的起讫期限是自被保险邮包经邮政机构收讫后自储存处所开始运送时生效，直至该项邮包运达保险单所载明的目的地邮政机构送交收件人为止。

第三节 国际货物买卖合同中的保险条款

一、国际货物买卖合同中的保险条款

保险条款是国际货物买卖合同的重要组成部分之一，它涉及买卖双方的利益。一般来说，保险条款所涉及的内容有投保险别、保险金额、保险费、保险单证和保险适用条款等。

(一) 投保险别的选择

保险公司承担的保险责任是根据投保的险别确定的，由于不同的险别保险公司承担的责任单位不同，所以对被保险货物的风险损失的保障程度就不同，保险费率也不同。投保人在投保时，应根据具体情况选择既能节省保险费支出，又能获得足够经济保障的险别。选择保险险别时应考虑的因素主要有：①货物的性质和特点；②货物的包装状况；③运输路线和船舶停靠港口的情况；④运输季节的影响。

按 CIF 或 CIP 术语成交时，运输途中的风险本应由买方承担，但一般保险费则约定由卖方负担，通常买卖双方约定的险别为平安险、水渍险、一切险三种基本险别中的一种。但有时也可根据货物特性和实际情况加保一种或若干种附加险。如在买卖合同中未规定投保的具体险别，卖方只需投保一个最低保险人承担责任范围最小的险别，如 CIC 的平安险或 ICC（C）即可。另外，在 CIF 或 CIP 货价中，一般不包括加保战争险等特殊附加险的费用，如买方要求加保时，费用由买方负担。

(二) 保险金额的确定与保险费的计算

（1）保险金额。保险金额是指保险公司承担赔偿或给付保险金责任的最高限额，即投保人对保险标的的实际投保金额；同时又是保险公司收取保险费的计算基础。投保人可自行决定投保金额，如买卖合同中未规定投保金额，按国际惯例，卖方应按照 CIF 价格或 CIP 价格加成 10% 计算，即从 CIF 价格或 CIP 价格的 110% 投保。如买方要求保险加成率过高，则卖方应与保险公司商妥后方可接受，但由此而增加的保险费原则上由卖方支付。

出口货物的保险金额＝CIF（CIP）×（1＋加成率）

由于保险金额一般是以 CIF 或 CIP 价格为基础加成确定的，因此，以 CFR 或 FOB 价格成交的进口货物，卖方代买方办理投保，应先把 CFR 或 FOB 价格转化为 CIF 价格再计算保险金额。例如：

郑州蓝天有限责任公司出口一批商品到荷兰鹿特丹港，CIF 价总金额为 1000 美元，投保一切险，保险费加成率为 10%，试计算该批货物的保险金额。

那么，保险金额＝CIF 价×(1＋投保加成率)

$$= 1000 \times (1 + 10\%)$$

$$= 1100 \text{ （美元）}$$

（2）保险费。保险费是指投保人按合同约定向保险公司支付费用，投保人按约定方式缴纳保险费是保险合同生效的条件。保险费是保险公司经营业务的基本收入，也是被保险人为了获得损失赔偿的代价。保险费率是保险公司根据一定时期、不同货物、不同险别、不同目的地确定的。保险费的计算公式是：

保险费＝保险金额×保险费率

如按 CIF 价格或 CIP 价格加成投保，则上述公式应改为：

保险费＝CIF（或 CIP）价格×(1＋投保加成率)×保险费率

又如，郑州蓝天有限责任公司出口方巾 7000 打，原报价为 CFR 阿姆斯特丹，每打为 0.512 美元，现外商要求改报为 CIF 价格，按加一成投保一切险，保险费率为 0.8%。试计算该批货物的保险费。

那么，CIF 价格＝CFR 价格/[1－(1＋投保加成率)×保险费率]

$$= 0.512 / [1 - (1 + 10\%) \times 0.8\%]$$

$$= 0.517 \text{ （美元/打）}$$

保险金额＝1.1CIF×7000＝1.1×0.517×7000＝3981（美元）

保险费＝保险金额×保险费率＝1.1CIF×7000×0.8%＝3980.9×0.8%＝31.85（美元）

（三）保险单据

保险单据是保险人与被保险人之间订立的保险合同的证明。在保险标的受损后，保险单是被保险人行使索赔权、保险人履行赔偿义务的依据。按 CIF 或 CIP 术语成交时，卖方投保时，通常还规定卖方应向买方提供保险单，如被保险的货物发生承保范围内的风险损失，买方可凭保险单向保险公司索赔。保险单也是权利的凭证，可以通过背书进行转让。在进出口业务中，常用的保险单据主要有以下三种：

（1）保险单（Insurance Policy）。保险单俗称大保单，是使用最广泛的一种正规的保险合同，除载明被保险人的名称、被保险货物的名称、数量或重量、唛头、运输工具、保险的起讫地点、承保险别、保险金额、出单日期等项目外，还在保险单的背面列有保险人的责任范围，以及保险人与被保险人各自的权利、义务等方面的详细条款，它是最完整的保险单据。保险单可由被保险人背书，随物权的转移而转让，它是一份独立的保险单据。

（2）保险凭证（Insurance Certificate）。保险凭证俗称小保单，它有保险单正面的基本内容，但它没有保险单反面的保险人与被保险人双方的权利和义务等保险条款，是一种简化的保险合同。一般情况下，各国的信用证都规定保险单和保险凭证均可接受，但信用证规定提交保险单时，就不能提供保险凭证。

（3）预约保险单（Open Policy）。预约保险单又称预约保险合同，它是一种长期性的货物保险合同。预约保险单上载明保险货物的范围、险别、保险费率、每批运输货物的最高保险金额以及保险费的结付、赔款处理等项目，凡属于此保险单范围内的进出口货物，一经起运，即自动按保险单所列条件承保。但被保险人在获悉每批保险货物起运时，应立即将货物装船详细情况，包括货物名称、数量、保险金额、运输工具种类和名称、航程起讫地点、开船日期等情况通知保险公司和进口商。

（四）保险适用条款

目前，国际上最权威的是伦敦保险协会海运货物保险条款（ICC），其特点是承保责任范围较广。而中国人民保险公司根据我国保险工作的实际情况，参照国际保险市场的习惯做法，制定了中国人民保险公司货物保险条款（CIC）。两个条款的基本险别在保险人的承保责任范围方面差别不大，保险公司均予以承保，因此，外贸企业在买卖合同中也可以接受买方以 ICC 条款投保的要求。

（五）国际货物买卖合同中的保险条款实例

（1）按 FOB、FCA、CFR、CPT 条件成交，保险由买方办理。

Insurance：To be covered by the Buyers.

（2）按 CIF/CIP 条件成交，如"保险由卖方按发票金额的110%。投保一切险和战争险，以 1981 年 1 月 1 日中国人民保险公司海洋运输货物保险条款为准"。

Insurance：To be effected by the Sellers for 110% of invoice value against All Risks and War Risk as per China Ocean Marine Cargo Clauses of PICC，dated Jan 1，1981.

二、国际货物保险实务

在国际货物买卖中，由哪一方来办理保险，应根据买卖双方商定的贸易术语来确定。比如按 FOB 或 CFR 术语成交，保险应由买方来办理；如按 CIF 术语成交，保险就应由卖方办理，办理货运保险的一般程序是：

（一）确定投保金额

投保金额是计算保险费的依据，也是计算被保险人能够获得保险公司赔偿金额的依据。国际货物运输保险一般是以发票价值为基础确定的，各国保险法及国际惯例一般都规定：进出口货物运输的保险金额可在 CIF 货价基础上加成 10% 投保，但并非一成不变。加成率可由保险双方根据货物、地区、价格、预期利润的不同约定不同的投保加成率。

向中国人民保险公司办理进出口货物运输保险，可按两种办法进行：

（1）逐笔投保。投保人在接到出口方的发货通知后，向保险公司索取进口货物国际运输起运通知书，填写后交保险公司签章，即完成了该笔货物的投保手续。逐笔投保的方式适用于临时办理进口货物运输保险的单位。

（2）按签订预约保险总合同办理。进口企业与中国的保险公司签订预约保险合同（Open Policy），作为办理预约保险的依据。预约保险合同规定总的保险范围、保险期限、保险种类、总保险限额、航程区域、运输工具、保险条件、保险费率、适用条款及赔偿的结算支付办法等。只要属于预保合同规定的承保范围内的货物，投保单位在接到国外出口商的装船通知后，应立即填写"进口货物装船通知"送交保险公司，保险公司即开始承保。预约保险的方式办理保险，可简化投保手续，免去逐笔投保的麻烦，还可防止漏保。

（二）填写投保单

投保单是投保人向保险人提出投保的书面申请，其主要内容包括被保险人的姓名、被保险货物的品名、标记、数量及包装、保险金额、运输工具名称、开航日期及起讫地点、投保险别、投保日期及签章等。

（三）支付保险费，取得保险单

保险费根据投保险别的保险费率计算。保险费率是根据不同的险别、不同的商品、不同的运输方式、不同的目的地，并参照国际上的费率水平而制定的。保险费率有两种：

（1）一般货物费率。一般货物费率表适用于所有海运出口的货物。凡投保基本险别的所有海运出口货物，均需按照一般货物费率表所列标准核收保险费。

（2）指明货物加费费率。指明货物加费费率是针对某些易损货物加收的一种附加费率。由于这些货物在运输途中极易因外来风险引起损失，所以将它们的担负列出，即为指明货物。凡指明货物在投保一切险时，均应在一般货物费率表的基础上按指明货物加费费率加收保险费。

交付保险费后，投保人即可取得保险单。保险单是保险公司与被保险人之间的保险契约，是保险公司与被保险人之间的承保证明。在发生保险范围内的损失或灭失时，投保人可凭保险单要求赔偿。

（四）索赔

被保险货物在抵达目的地后，如果发生承保责任范围内的损失，被保险人可按照保险单有关条款的规定向保险公司提出索赔。索赔主要程序如下：

（1）损失通知：被保险人获悉货损后，应立即通知保险公司或保险单上指明的代理人。后者接到损失通知后应立即采取相应的措施，如检验损失、提出施救意见、确定保险责任和签发检验报告等。

（2）向承运人等有关方面提出索赔，被保险人除向保险公司报损外，还应向承运人及有关责任方（如海关、理货公司等）索取货损货差证明，如系属承运人等方面责任的，应及时以书面方式提出索赔。

（3）采取合理的施救、整理措施，被保险人应采取必要的措施以防止损失的扩大，保险公司对此提出处理意见的，应按保险公司的要求办理。所支出的费用可由保险公司负责，但以与理赔金额之和不超过该批货物的保险金额为限。

提出索赔要求时，除提供正式的索赔函以外，还必须提供其他单证，通常包括保险单证、运输单据、发票，以及检验报告、货损货差证明等。

保险索赔的时效一般为两年，索赔应当在保险有效期内提出并办理，否则保险公司可以不予办理。

本章小结

在国际贸易中，货物长途运输途中可能会遭遇各种不同的自然灾害和意外事故，从而造成货物全部损失或部分损失。为了使货物可能遭受的损失得到补偿，货物的卖方或买方就需要按照合同规定向保险公司办理保险手续。投保人同保险公司订立保险合同，并向保险公司缴纳保险费，从而将货物运输的风险转移给保险公司承担。国际货物运输保险包括海上货物运输保险、陆运货物运输保险、空运货物运输保险、邮包货物运输保险等多种形式。为了明确买卖双方在货运保险方面的责任，应在合同中订立保险条款。在海运货物保险中，我国一般采用中国人民保险公司的《海洋货物运输保险条款》（CIC）。大多数国家都制定有货物运输保险条款，其中英国伦敦保险协会制定的《协会货物保险条款》（ICC）对世界各国影响最广泛。

复习思考题

【核心概念】

1. 单独海损
2. 共同海损
3. 推定全损
4. 实际全损
5. FPA
6. WPA
7. All Risks
8. 附加险

【问答题】

1. 海上货物运输保险承保的范围是什么？
2. 构成共同海损的条件是什么？
3. 共同海损与单独海损有什么区别？
4. 中国人民保险公司的《海洋货物运输保险条款》主要有哪几种？
5. 国际货物买卖合同中保险条款的内容有哪些？

第十八章　国际贸易货款的收付

[学习目的]

通过本章学习，了解货币与票据，识记汇票、本票、支票的含义、种类，汇票、本票、支票的异同，理解票据行为和汇票的使用程序；识记汇付、托收、信用证的含义、分类、性质、特点、当事人、业务流程；掌握支付条款的基本内容。

[重点难点]

◆ 比较汇票、本票、支票，熟悉汇票的票据行为
◆ 掌握汇付与托收的特点、种类及程序，熟悉信用证的含义、特点、分类及程序
◆ 能够简单拟定支付条款

[引导案例]

2016 年 9 月 30 日（华盛顿时间），国际货币基金组织（IMF）宣布纳入人民币的特别提款权（SDR）新货币篮子于 10 月 1 日正式生效，拉加德总裁发表声明称，这反映了人民币在国际货币体系中不断上升的地位，有利于建立一个更强劲的国际货币金融体系。中国人民银行对人民币正式纳入 SDR 以及拉加德总裁的声明表示欢迎。

新的 SDR 货币篮子包含美元、欧元、人民币、日元和英镑 5 种货币，权重分别为 41.73%、30.93%、10.92%、8.33%和 8.09%，对应的货币数量分别为 0.58252、0.38671、1.0174、11.900、0.085946。IMF 每周计算 SDR 利率，并将于 10 月 7 日公布首次使用人民币代表性利率，即 3 个月国债收益率计算的新 SDR 利率。有关汇率的计算方法详见附件《人民币纳入特别提款权（SDR）背景问题》。

人民币纳入 SDR 是人民币国际化的里程碑，是对中国经济发展成就和金融业改革开放成果的肯定，有助于增强 SDR 的代表性、稳定性和吸引力，也有利于国际货币体系改革向前推进。中方将以人民币入篮为契机，进一步深化金融改革，扩大金融开放，为促进全球经济增长、维护全球金融稳定和完善全球经济治理作出积极贡献。

资料来源：中国人民银行网站，http://www.pbc.gov.cn/goutongjiaoliu/113456/113469/3154426/index.html，2016-10-01。

国际贸易线长、面广，采用何种付款方式是买卖双方都十分关心的问题。国际贸易货款用什么货币，主要有哪些支付工具？采用何种支付方式？当前最常用的支付工具和支付方式是什么？本章就以上问题进行系统阐述。

第一节　国际贸易支付工具

在国际贸易中，按约定的条件支付货款是买方的基本义务。因此，支付条款是买卖合同中的重要条款。支付条款中主要涉及支付工具和支付方式。支付工具又称支付手段，货币和票据均可作为支付工具。

一、货币

货币是从商品中分离出来固定地充当一般等价物的商品，狭义的货币即现金。支付手段是货币的基本职能之一。国际贸易中使用的货币属于外汇的范畴，一般有三种情况：使用进口国货币、出口国货币或第三国货币。

在决定采用哪国货币进行交易时，必须充分考虑货币本身的兑换性和稳定性，充分考虑到发行国的货币政策，充分考虑货币发行国的政治经济现状，这就要求我们要做好调查研究，了解各国外汇的管理情况和币值变动趋势，货币的选择是一个复杂而又细致的工作，灵活选择兑换比较方便、市值又相对稳定的货币，以尽量减少由于外汇汇值的变动可能造成的损失，有利于国家外汇的调度和使用。

虽然，货币是最为常见的交易支付工具，然而在国际贸易中，用货币直接进行货款支付的情况却很少见。大多数国际贸易使用非现金结算，即使用代替现金作为流通手段和支付手段的信用工具、金融票据来结算国际贸易。

二、票据

国际贸易结算基本上是非现金结算。以支付金钱为目的并且可以流通转让的债权凭证，即票据，是主要的结算工具。

(一) 票据的概念与特性

票据是按照一定形式制成、写明有付出一定货币金额义务的证件，是出纳或运送货物的凭证。广义的票据泛指各种有价证券，如债券、股票、提单等。狭义的票据仅指以支付金钱为目的的有价证券，即出票人根据票据法签发的、由自己无条件支付确定金额或委托他人无条件支付确定金额给收款人或持票人的有价证券。

根据国际上票据立法的惯例，我国的票据法所规范的对象仅为狭义的票据，即汇票、本票和支票三种票据。它们的共同特点是：在票据规定的期限内，持票人或收款人可向出票人或指定付款人无条件地支取确定金额的货币；它们都属于反映一定债权债务关系的、可流通的、代表一定数量货币请求权的有价证券。

票据是具有一定权力的凭证，具有付款请求权、追索权；票据的权利与义务是不存在任何原因的，只要持票人拿到票据后，就已经取得票据所赋予的全部权力；各国的票据法都要求对票据的形式和内容保持标准化和规范化；此外，票据是可流通的证券，除了票据本身的限制外，票据可以凭背书和交付而转让。

（二）票据的基本性质

票据作为一种有价凭证，基本性质有两点：

第一，票据是代表一定数量货币请求权的有价证券，即货币证券。有价证券是一种代表财产所有权或债权的，以一定金额来记载的证书。有价证券可分为物权证券、货币证券、资本证券等，其中，货币证券是代表一定数量货币请求权的有价证券，可以在法定的范围和条件下流通。但是，货币证券并不是货币本身，它不具有由法律所规定的货币强制通用效力，它只是在法定的特殊范围和条件下才可以发挥其作用。票据正是因为属于货币证券，代表了一定数量的货币请求权，并具有流通作用，所以，它才可能发挥它的汇兑、支付、结算和信用等基本功能。所以，货币证券是票据的基本性质之一。

第二，票据是反映债权债务关系的书面凭证。票据是在市场交换和流通中发生的，反映了当事人之间的债权债务关系。具体地说，在财产（商品、货币及其他财产权利）交换中，双方当事人各自享有财产方面的一定的权利和义务，即发生了债权债务关系，这就要求以书面形式确定和表现出来，以保障双方实现各自的权利和义务。票据正是在这个基础上产生的。没有真实的债权债务关系，就没有票据。所以，反映债权债务关系的书面凭证，也是票据的基本性质之一。

（三）票据行为的基本特点

票据行为有广义和狭义两种。广义的票据行为是指以发生、变更或消灭票据的权利义务关系为目的的法律行为，包括出票、背书、涂改、禁止背书、付款、保证、承兑、参加承兑、划线、保付等。狭义的票据行为是票据当事人以负担票据债务为目的的法律行为，包括出票、背书、承兑、参加承兑、保证、保付六种。

票据行为与一般法律行为相比，具有四个特征：①要式性。即票据行为必须依照票据法的规定在票据上载明法定事项并交付。②无因性。指票据行为不因票据的基础关系无效或有瑕疵而受影响。③文义性。指票据行为的内容完全依据票据上记载的文义而定，即使其与实质关系的内容不一致，仍按票据上的记载而产生效力。④独立性。指票据上的各个票据行为各自独立发生效力，不因其他票据行为的无效或有瑕疵而受影响。

三、汇票、本票、支票

在国际贸易中，最常见的票据支付工具主要有汇票、本票和支票。

（一）汇票

1. 汇票的定义

汇票（Bill of Exchange/Draft）是由出票人签发的，要求付款人在见票时或在一定期限内，向收款人或持票人无条件支付一定款项的票据。

《英国票据法》规定：汇票是由一人签发给另一人的无条件书面命令，要求受票人见票时或于未来某一规定的或可以确定的时间，将一定金额的款项支付给某一特定的人或其指定的人或持票人。

汇票是票据中最常见的形式之一（见图 18-1），我国《票据法》第十九条规定："汇票是出票人签发的，委托付款人在见票时，或者在指定日期无条件支付确定的金额给收款人或者持票人的票据。汇票分为银行汇票和商业汇票。"

图 18-1 汇票示样

根据我国《票据法》规定，汇票必须记载下列事项：

①标明"汇票"的字样，方便使用者清晰辨认，同时防止伪造汇票；

②无条件支付的委托，汇票上不能记载支付条件，支付必须是一次性支付，而不能分期支付；

③确定的金额，汇票上必须明确表示确定的金额，否则汇票无效，同时，汇票上记载确定金额的大小写数字必须是一致的；

④付款人名称，又称受票人，接受支付命令付款的人，在国际贸易中，通常是进口方或其指定银行；

⑤收款人名称，又称受票人，受领汇票所规定金额的人，在国际贸易中，通常是出口方或其指定银行；

⑥出票日期，在签发的日期和汇票转移支付的日期不一致的，应该以汇票签发日期为准；

⑦出票人签章，可以是签名、盖章，或者是签名加盖章。

《票据法》规定，汇票的要项必须齐全、完整，汇票上未记载规定事项之一的，汇票无效。

实际业务中汇票还需要列明：付款日期，若汇票上未记载付款日期，视为见票即付；付款地点，汇票上未记载付款地的，付款人的营业场所、住所或者经常居住地为付款地；出票地点，汇票上未记载出票地的，出票人的营业场所、住所或者经常居住地为出票地。

2. 汇票的当事人

从以上定义可知，汇票是一种无条件支付的委托，有三个当事人：出票人（the Drawer）、付款人（the Drawee）和收款人（the Payee）。

①出票人（Drawer）：是开立票据并将其交付给他人的法人、其他组织或者个人，即签发汇票的人。出票人对收款人及正当持票人承担票据在提示付款或承兑时必须付款或者承兑的保证责任。

②付款人（Drawee/Payer）：是指接受支付命令的人，即汇票的付款人。进出口业务中，通常为进口人或银行。在托收支付方式下，付款人一般为买方或债务人；在信用证支付方式下，一般为开证行或其指定的银行。

③收款人（Payee）：是指受领汇票所规定的金额的人，也称抬头人。进出口业务中，一般填写出票人提交单据的银行。

除了这三个主要的汇票当事人外，还有三个汇票当事人：

①背书人（Endorser）：收款人或持票人在汇票背面签字，将收款权力转让他人的人。

②承兑人（Acceptor）：远期汇票付款人办理了承兑手续，即成为了承兑人。在实际业务中，承兑人通常是开证申请人、开证行或其指定的付款银行。

③持票人（Holder）：指持有汇票、有权收款的人，是汇票的合法持有者，是善意地支付了全部金额的对价，取得一张表面完整、合格的、不过期的票据的持票人。

3. 汇票的种类

汇票主要按以下几种方式分类：

（1）按出票人的不同——银行汇票、商业汇票。

①银行汇票（Banker's Draft）：出票人和受票人都是银行的汇票。

②商业汇票（Commercial Draft）：出票人为外贸公司、外商投资企业或者个人，付款人为其他商号、个人或者银行的汇票。

（2）按有无附属单据——光票汇票、跟单汇票。

①光票（Clean Bill）：汇票本身不随附任何货运单据，银行汇票多为光票。

②跟单汇票（Documentary Bill）：又称信用汇票、押汇汇票，是需要随附货运的单据（提单、仓单、保险单、装箱单、商业发票等），才能进行付款的汇票。商业汇票多为跟单汇票，在国际贸易中大多使用跟单汇票。

（3）按付款时间——即期汇票、远期汇票。

①即期汇票（Sight Bill，Demand Bill）：指持票人向付款人提示后，要求对方立即付款，又称见票即付。

②远期汇票（Time Bill，Usance Bill）：指在出票一定期限后或特定日期付款。在远期汇票中，记载一定的日期为到期日，于到期日付款的，为定期汇票；记载于出票日后一定期间付款的，为计期汇票；记载于见票后一定期间付款的，为注期汇票；将票面金额划为几份，并分别指定到期日的，为分期付款汇票。

（4）按承兑人——商业承兑汇票、银行承兑汇票。

①商业承兑汇票（Commercial Acceptance Bill）：以工商企业为付款人的远期汇票，经付款人承兑后，即为商业承兑汇票。

②银行承兑汇票（Banker's Acceptance Bill）：以银行为付款人的远期汇票，经付款银行承兑后，即为银行承兑汇票。

4. 汇票的票据行为

（1）出票（Issue）。出票是出票人签发汇票并交付给收款人的行为，也就是出票人在汇票上填写付款人、付款金额、付款日期、付款地点以及收款人等项目并签字后，把汇票交给受票人的行为。出票后，出票人即承担汇票承兑和付款的责任。如汇票遭到拒付，出票人应接受持票人的追索，清偿汇票金额、利息。出票是主票据行为，其他行为都是以出票所开立的票据为基础。汇票上的收款人又称抬头，出票时有三种方式规定收款人：

①限制性抬头（Restrictive Payee），这种汇票通常会标注 "pay *** Co., Ltd. only" 或 "pay *** Co., Ltd. not negotiable"，这种汇票不得流通转让。

②指示性抬头（To Order）汇票常标有 "pay *** Co., Ltd. or Order" 或者 "pay to the order of *** Co., Ltd."。

③持票人或者来人抬头（To Bearer）常标注有 "pay to bearer" 或者 "pay to *** Co., Ltd. or bearer"。

（2）提示（Presentation）。提示是收款人或持票人将汇票提交给受票人要求承兑或付款的行为，提示包括付款提示（Presentation for Payment）和承兑提示（Presentation for Acceptance）。付款提示是指汇票的持票人向付款人或承兑人出示汇票要求付款的行为；承兑提示是指远期汇票的持票人向付款人出示汇票，要求付款人承诺到期付款的行为。

（3）承兑（Acceptance）。承兑是对远期汇票而言的，即期汇票没有承兑。是指经持票人提示，受票人承诺按照出票人的指示在远期汇票到期日支付汇票金额的票据行为。承兑包含两个动作。一是付款人在汇票正面写明 "承兑"（Accepted）字样并签字，注明承兑日期；二是指将承兑的汇票交还持票人。付款人一旦对汇票做承兑，即成为承兑人并以主债务人的地位承担汇票到期时付款的法律责任。

（4）背书（Endorsement）。背书是指汇票的收款人或持票人在票据的背面记载有关的事项并签字的行为，是转让汇票权利的一种法定手续。背书是把票据的权力转让给他人的行为，是记名汇票转让时的必要手续。背书包含两个动作：一是在汇票背面背书，二是把汇票交给被背书人。背书有三种形式：空白背书、记名背书、限制性背书。

1）空白背书（Blank Endorsement）。又称为不记名背书，背书人只在汇票背面签字，但不记载被背书人的名称。经过空白背书后，受让人可以不需背书，仅凭交付再继续转让汇票。这是最常见的背书方式。

2）记名背书（Special Endorsement）。这是特别背书的一种，背书人先作被背书人的记载，再签字。经过记名背书的汇票，被背书人可以再作背书，转让给他人。

3）限制性背书（Restrictive Endorsement）。是指背书人在票据背面对支付给被背书人的指示中带有限制性词语，如"仅付给某银行"（Pay to ** Bank only）。此背书方式因没有流通性，在国际贸易结算中较少使用。

（5）付款（Payment）。付款是指即期汇票的受票人和远期汇票的承兑人在接到付款提示时，向提示汇票的合法持票人足额付款。付款后，汇票所代表的债务债权关系即告终止。在付款时要注意两点：①付款必须是善意的；②付款人必须确认背书是连续的，只有连续的背书才能证明持票人的票据权利是合法的。

（6）拒付（Disnonor）。在汇票提示付款和提示承兑时，付款人拒绝付款或拒绝承兑的行为，均称拒付，也称为退票。此外，付款人避而不见、逃匿、死亡或宣告破产，以致持票人无法实现提示，也称拒付。

（7）追索（Recourse）。汇票遭到拒付后，持票人有追索权，即有权向其前手（背书人、出票人）要求偿付汇票金额、利息和其他费用的权利。在追索前，通常必须按规定做成拒绝证书和发出拒付通知，拒付证书是用以证明持票已进行提示而未获结果，由付款地公证机构出具，或由付款人自行出具的退票理由书，或有关的司法文书。拒付通知是用以通知前手关于拒付的事实，使其准备偿付并进行再追索。

行使追索权的三个条件是：必须在法定期限内提示汇票；必须在法定期限内发出退票通知；国外汇票遭到退票，必须在法定期限内做成拒绝证书。

（8）保证（Guarantee）。为了增加票据的信用，汇票责任当事人以外的第三者对汇票的部分或全部金额保证付款。通常包括"保证"字样、保证人签名、被保证人姓名、保证日期等。

（二）本票

1. 本票的定义

本票（Promissory Note）是出票人对收款人承诺无条件支付一定金额的票据。

我国《票据法》中的本票是银行本票，该法第73条对本票的定义是：出票人签发的，承诺自己在见票时无条件支付确定金额给收款人或者持票人的票据。

《英国票据法》规定：本票是一个人向另一个人签发的，保证见票时或定期或在可以确定的将来的时间，对某人或其指定人或持票人支付一定金额的无条件的书面承诺。

国外票据法允许企业和个人签发本票，称为一般本票。但在国际贸易中使用的本票，均为银行本票。

本票是票据的一种，具有一切票据所共有的性质，是一种自付证券，由出票人自己对收款人支付并承担绝对付款责任的票据。这是本票和汇票、支票最重要的区别。在本票法律关系中，基本当事人只有出票人和收款人，债权债务关系相对简单。本票在很多方面可以适用汇票法律制度。但是由于本票是由出票人本人承担付款责任，无须委托他人付款，所以，本票无须承兑就能保证付款。本票示样如图18-2所示。

图 18-2　本票示样

本票必须记载下列事项：①标明"本票"字样；②无条件支付承诺；③确定的金额；④收款人姓名；⑤出票日期和地点；⑥出票人签字。

2. 本票的当事人

本票的基本当事人只有出票人和收款人。本票通过流通，可派生出背书人、持票人。本票的付款人就是出票人本人。根据我国《票据法》，在持票人提示见票时，本票的出票人必须承担付款责任。

3. 本票的种类

根据签发人的不同，可分为商业本票（或称一般本票）和银行本票；根据付款时间的不同，可分为即期本票和远期本票。在国际贸易货款支付中使用的本票，大都是银行本票，银行本票则都是即期的，见票即付。商业本票有即期和远期之分，目前，我国不允许发行商业本票。因为银行本票是建立在银行信用基础上的，所以，银行本票在国际货款支付中被广泛使用。

4. 本票的票据行为

本票的出票、背书、付款等与汇票相似，但根据我国《票据法》，本票只能由中国人民银行审定的银行或其他金融机构签发；出票人必须具有支付本票金额的可靠资金来源；本票自出票之日起，付款期限最长不得超过 2 个月。

5. 本票与汇票的异同

本票的收款人与汇票的收款人相同，本票的出票人相当于汇票的承兑人，作为支付工具，都属于票据范畴，但二者还是有区别的：①基本当事人不同，本票有两个基本当事人，即出票人和收款人；汇票有三个基本当事人，即出票人、付款人、收款人。②付款方式不同，本票的出票人自己出票自己付款，汇票是出票人要求对汇票已承兑的付款人无条件地付款给收款人。③本票在任何情况下，出票人都是绝对的主债务人，而汇票的出票人在承兑前是主债务人，在承兑后，出票人处于从债务人地位，承兑人是主债务人。

（三）支票

1. 支票的定义

支票（Cheque，Check）是出票人签发，委托办理支票存款业务的银行或者其他金融机构在见票时无条件支付确定的金额给收款人或持票人的票据。支票的示样如图18-3所示。

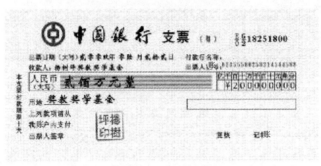

图18-3 支票示样

《英国票据法》规定：支票是以银行为付款人的即期汇票，即存款人对银行的无条件支付一定金额的委托或命令。

根据我国《票据法》第85条规定，支票的必要项目包括：①写明其为"支票"字样；②无条件支付命令；③付款人名称；④确定的金额；⑤出票日期和地点；⑥出票人签字。

2. 支票的当事人

支票的基本当事人和汇票相同：出票人、付款人、收款人。出票人是支票的签发人，出票人在签发支票前，必须向银行申请开立支票账户，与银行之间存有资金关系。未经许可不得签发空头支票。如存款不足，支票持有人在向付款银行提示支票要求付款时，就会遭到拒付，这种支票就叫做空头支票。签发空头支票出票人将承担一切责任。法律禁止签发空头支票。

付款人是出票人的开户银行，可以在支票上注明，也可以不注明。我国《票据法》规定，出票人必须按照签发的支票金额承担保证向该持票人付款的责任。出票人在付款人处的存款足以支付支票金额时，付款人应当在当时足额付款。

3. 支票的种类

支票大致可以分为以下几种：

（1）记名支票（Check Payable to Order），限制性抬头，是在支票的收款人一栏，写明收款人姓名，如"限付**"（Pay ** Only）或"指定人"（Pay Order），取款时须由收款人签章，方可支取。

（2）不记名支票（Check Payable to Bearer），来人抬头，又称空白支票，支票上不记载收款人姓名，只写"付来人"（Pay Bearer）。取款时持票人无须在支票背后签章，即可支取。

（3）划线支票（Crossed Check），是指正面划两道平行线的支票。划线支票与一般支票不同，一般支票可由银行收款入账，也可由持票人自行提取现金。划线支票则必须委托银行代收票款入账。使用划线支票的目的是为了在支票遗失或被人冒领时，还有可能通过银行代收的线索追回票款。

（4）保付支票（Certified Check），是指由付款银行在支票上加盖"保付"戳记并签字的支票。付款银行应收款人或持票人要求在支票上签字或加盖"保付"戳记，支票经保付后，不再受提示期限约束，银行承担付款责任，是主债务人，出票人或背书人均可免于追索。保付成立后，付款人应从出票人账户中提存支票金额在专门账户中以备付款。保付支票具有更好的信誉，可靠性增强，更有利于流通。

（5）银行支票（Banker's Check）是由银行签发，并由银行付款的支票，也是银行即期汇票。银行代顾客办理票汇汇款时，可以开立银行支票。

（6）旅行支票（Traveler's Check）是银行或旅行社为旅游者发行的一种固定金额的支付工具，是旅游者从出票机构用现金购买的一种支付手段。

4. 支票的票据行为

支票的票据行为有出票、背书、付款、追索，使用《票据法》中对汇票的相应行为和权利的规定，但也有特殊规定。我国《票据法》规定，支票的持票人应当在出票日起10日内提示付款，异地使用的支票，其提示付款的期限由中国人民银行另行规定。超过提示付款期限的，付款人可以不予以付款；付款人不予付款的，出票人仍应当对持票人承担票据责任。

（四）汇票、本票、支票的区别

汇票、本票、支票同属票据范畴，其构成要素大致相同，都具有出票、背书、付款这些流通证券的基本条件，都是可以转让的流通工具。它们之间的主要区别是：

（1）基本当事人的区别：汇票和支票有三个基本当事人，即出票人、付款人、收款人；本票只有出票人（付款人和出票人为同一个人）和收款人两个基本当事人。

（2）是否存在资金关系的区别：支票的出票人与付款人之间必须先有资金关系，才能签发支票；汇票的出票人与付款人之间不必先有资金关系；本票的出票人与付款人为同一个人，不存在所谓的资金关系。

（3）性质上的区别：汇票和支票都属于无条件支付命令；本票则属于无条件支付承诺。

（4）主债务人的区别：支票和本票的主债务人是出票人；而汇票的主债务人，即期汇票的主债务人是出票人，远期汇票的主债务人在承兑前是出票人，在承兑后是承兑人。

（5）付款责任的区别：汇票的出票人担保承兑付款，若另有承兑人，由承兑人担保付款；支票出票人担保支票付款；本票的出票人自负付款责任。

（6）追索权的区别：汇票持有人在票据的有效期内，对出票人、背书人、承兑人都有追索权；支票、本票持有人只对出票人有追索权。

第二节　国际贸易支付方式

国际贸易支付方式是指国际间因商品交换而发生的、以货款为主要内容的债权债务的清算方式。不同的支付方式包含着不同的支付时间、支付地点和支付方法。在国际贸易中，主要的支付方式有三种：汇付、托收和信用证。

一、汇付

（一）汇付概述

1. 汇付的含义

汇付（Remittance），又称汇款，是指付款人主动将货款通过银行或其他途径汇交收款人的一种结算方式。也就是说某一银行（汇出行）应其客户的委托，将一定货币金额转移至其海外分行或代理行（解付行），指示其付款给某一指定人或公司（收款人或受益人）。汇付主要是用于贸易中的货款、预付款、赊销等业务，是支付货款最简便的方式。

2. 汇付的当事人

汇付的当事人有四个：

（1）汇款人（Remitter）即付款人，在国际贸易结算中通常是进口人、买卖合同的买方或其他经贸往来中的债务人。

（2）收款人（Payee）通常是出口人、买卖合同中的卖方或其他经贸往来中的债权人。

（3）汇出行（Remitting Bank）是接受汇款人的委托或申请，汇出款项的银行，通常是进口人所在地的银行。

（4）汇入行（Receiving Bank），又称解付行（Paying Bank），是接受汇出行的委托解付款项的银行，在对外贸易中，通常是出口地银行。

办理汇付业务时，汇款人委托汇出行办理汇款，应向汇出行出具汇款申请书，此申请书是汇款人和汇出行之间的一种契约。汇出行一经接受申请，就有义务按申请书的指示，用电汇、信汇或票汇的方式通知汇入行，汇入行则按双方银行事先订立的代理合约的规定，向收款人解付汇款。

（二）汇付的种类及基本业务程序

汇付根据所使用的结算工具不同，可分为信汇、电汇、票汇。

1. 信汇

信汇（Mail Transfer，M/T），是指汇出行应汇款人的申请，用信函格式开立汇款通知书邮寄给汇入行，通知汇入行授权解付一定金额的款项给收款人的方式。

信汇方式的优点是费用低廉，但缺点在于速度慢，收款人收到款项的时间比较晚，此外，还需要核对印鉴真伪，应用不太广泛。

信汇业务流程如图 18-4 所示。

信汇业务流程可描述为：汇款人填写信汇申请书，并交款付费给汇出行，取得信汇回执。汇出行把信汇委托书邮寄汇入行，委托汇入行解付汇款，汇入行凭以通知收款人取款。收款人持信汇通知书到汇入行取款时，须在"收款人收据"上签字或盖章，

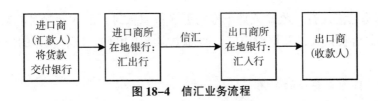

图 18-4　信汇业务流程

交给汇入行。汇入行凭以解付汇款，然后把付讫借记通知书寄给汇出行，以使双方的债权债务得到结算。

2. 电汇

电汇（Telegraphic Transfer，T/T），是经汇款人申请，由汇出行通过拍发加押电报（TEST/KEY）或电传（TELEX）或环球银行间金融交易 SWIFT 电文给在另一国家的分行或代理行（汇入行）指示解付一定金额给收款人的一种汇款方式。

电汇方式的优点在于速度快，收款人可以迅速收到货款，快速准确，且安全系数高，是目前使用较多的一种方式，但其费用较高。电汇业务流程如图 18-5 所示。

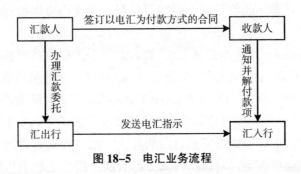

图 18-5　电汇业务流程

电汇业务流程可描述为：汇款人向汇出行递交电汇申请书，并交款、付费，汇出行发给汇款人电汇回执，汇出行发出电报或电传，汇入行缮制电汇通知书，通知收款人取款，收款人持通知书一式两联向汇入行取款，并在收款收据上签章，汇入行解付汇款，向汇出行寄送付讫借记通知书并索偿。

3. 票汇

票汇（Remittance by Banker's Demand Draft，D/D），是指汇出行应汇款人的申请，代汇款人开立以其分行或代理行为解付行的银行即期汇票，列明收款人名称、金额等，交由汇款人自行寄交给收款人，并支付一定金额给收款人的汇款方式。

票汇的优点是费用最低，但收款速度最慢，应用不太广泛。

票汇与电汇、信汇的不同之处在于，票汇的汇入行无须通知收款人取款，而由收款人持票登门取款，这种汇票除有限制流通的规定外，经收款人背书，可以转让流通，而电汇、信汇的收款人则不能将收款权转让。

票汇业务的一般流程为：债务人为清偿债务，把款项以票汇方式汇给债权人。首先，汇款人填写票汇申请书，并交款付费给汇出行。汇出行开立银行即期汇票交给汇款人，由汇款人自行邮寄给收款人。同时汇出行将汇票通知书或称票根（Advice of

Drawing）邮寄给汇入行。收款人持汇票向汇入行取款时，汇入行验对汇票与票根无误后，解付票款给收款人，并把付讫借记通知书寄给汇出行，以利双方的债权/债务得以结清。

4. 汇付在国际贸易中的应用

不论采用以上哪一种方式，在国际贸易中，汇付都可以分为预付货款和货到付款两种。

预付货款（Payment in Advance）是指买方（进口商）先将货款的全部或者一部分通过银行汇交卖方（出口方），卖方收到货款后，根据买卖双方事先约定好的合同规定，在一定时间内或立即将货物发运给进口商。如订货时汇付、交货前汇付。预付货款对出口商较为有利，因为进口商先履行了付款义务，对于出口商来说，货物未发出，已经收到一笔货款，等于利用他人的款项，或者等于得到无息贷款。收款后再发货，预收的货款成为货物担保，降低了出口商货财两空的风险，如果进口商毁约，出口商至少可以得到部分损失赔偿；反过来，预付货款对进口商是不利的，未收到货物，已垫付了货款，如果货物不能收到或不能如期收到，或收到的货物有问题时，将遭受损失和承担风险。

货到付款（Payment after Arrival of the Goods），是出口商在没有收到货款的情况下先发货，进口商后付款的结算方式。如交货付现，就是较为典型的货到付款方式。这种方式实际上是属于赊账业务（Open Account Transaction）或者延期付款性质。显然，这种方式对进出口商产生了同预付货款截然相反的效果。它有利于进口商而不利于出口商。

在国际贸易中，进口商偏好货到付款的方式，出口商则偏好预付货款的方式。在实际操作中，如能运用得当，对进出口双方都有利。因为，从出口商角度讲，若进口商信誉良好，或与出口商有密切的贸易往来关系，采用汇付方式，有利于扩大出口；从进口商角度讲，先取得代表货物的装运单或货物再付款，有利于资金的周转。

5. 汇付的特点

汇付的特点主要包括：①属于商业信用，风险大。虽然在汇付流程中，银行参与其中，但银行在此过程中仅承担收付委托款项的责任，对双方是否按合同履行了义务不提供任何担保。能否收货或收款，完全依赖双方的商业信用。②资金负担不平衡。无论是采用预付货款的方式还是货到付款的方式，总是存在着一方要承受资金负担，冒着占压资金、损失利益、财货两空的风险。所以，汇付方式不适合大额货款的支付。③手续简便，费用少。汇付的手续较简单，银行收取的手续费也相对低廉，对于买卖双方有着良好商业信誉的贸易伙伴，均可采用汇付的方式。

二、托收

（一）托收概述

1. 托收的含义

托收（Collection），"委托收款"的简称，是出口商为向国外进口商收取货款，开具汇票委托出口地银行通过其在进口地的联行或代理行向进口商收款的结算方式。其基本做法是出口方先行发货,然后备妥包括运输单据(通常是海运提单)在内的货运单据并开出汇票,把全套跟单汇票交出口地银行(托收行),委托其通过进口地的分行或代理行(代收行)向进口方收取货款。

国际商会第 522 号出版物《托收统一规则》(Uniform Rules for Collections,URC)第二条对"托收"的正式定义是:托收意指银行按照从出口商那里收到的指示办理:①获得金融单据的付款或承兑,或者②凭付款或承兑交出单据,或者③以其他条款和条件交出单据。

托收属于商业信用,银行办理托收业务时,既没有检查货运单据正确与否或是否完整的义务,也没有承担付款人必须付款的责任。托收虽然是通过银行办理,但银行只是作为出口人的受托人行事,并没有承担付款的责任,进口人不付款与银行无关。出口人向进口人收取货款靠的仍是进口人的商业信用。

2. 托收当事人

托收方式主要涉及的当事人有:

(1)委托人(Principal/Consignor):委托银行办理托收业务的人。通常是出口商、卖方、出票人或托运人。委托人要据合同的规定交付货物,这是出口商最基本的义务,也是跟单托收的前提条件。委托人必须提交符合合同规定的单据,进口商提货前必须取得单据,单据代表货物所有权。托收申请书由委托人填写并开立汇票,并将托收申请书和汇票连同商业单据一起交给托收行。

(2)托收行(Remitting Bank):接受出口商委托办理托收业务的银行,又称寄单行,它通常是出口地银行。托收行要根据托收申请书的内容缮制托收指示,并将托收指示和单据寄给国外的代理行,指示其向付款人收款。此外,托收行还要审核实收单据的名称和份数是否与申请书填写相同。

根据 URC522,托收行应遵守信用并谨慎行事,应对因为自己疏忽而造成的损失承担责任,如托收行将单据寄给代收行,但地址填错,托收行应负责任。

(3)代收行(Collecting Bank):接受托收行委托,向付款人收取票款的进口地银行,通常是托收银行的国外分行或代理行。代收行有义务核对单据的份数和名称,如有不符立即通知托收行,代收行在未经托收行同意之前不得变更委托书上的任何条件,否则责任自负。此外,代收行在进口商按规定付款或承兑之前不可以将单据交给进口商;付款人拒付,代收行应该立即通知托收行。

(4)提示行(Presenting Bank):是向付款人提示汇票和单据的银行,通常就是代收行本身,或是委托一家与付款人有资金业务往来的银行。代收行将汇票单据交给提示行,由提示行向付款人提示,如果付款人没有要求,则无提示行,代收行自动办理提示业务。

(5)付款人(Drawee):是根据托收指示,向其提示单据的人,通常是进口人,如果使用汇票,则是汇票的受票人。当汇票提示给付款人时,即期汇票,应见票即付;

远期汇票，应承兑汇票，并于到期日付款。

3. 托收申请书（Collection Application）

托收申请书是委托人与托收银行之间关于该笔托收业务的契约性文件，也是银行进行该笔托收业务的依据。主要内容有：①托收的交单条件。②票款收妥后代收行汇交托收款的方式：信汇（M/T）或电汇（T/T）。③关于远期付款交单是否委托国外代收行代为存仓、保险。④银行费用如何处理，一般是贸易双方各自负担本国银行的费用。⑤如果付款人拒绝付款或承兑，是否要做成拒绝证书。⑥明确在付款交单条件下，遇拒付时，对于货物的处理办法。⑦付款时间的附加规定，如付款人延迟付款是否加收利息等。⑧关于指定代收行的意见。

4. 托收委托书/托收指示（Collection Order）

托收委托书，是托收行根据托收申请书缮制的、授权代收行处理单据的完全和准确的条款，是约束委托人与托收行之间权利与义务的法律文件。按照国际商会《托收统一规则》的规定，所有托收业务都必须有托收委托书。

托收委托书的内容必须与托收申请书的内容严格一致，包括以下内容：①托收行、委托人、付款人、提示行的情况。包括全称、邮政地址、电传、电话和传真号码等；②托收的金额和货币种类；③单据清单和每项单据的份数；④取得付款或承兑的条款和条件；⑤要求收取的费用，以及是否可以放弃；⑥要求收取的利息，以及是否可以放弃；⑦付款的方式和付款通知书的形式；⑧发生不付款、不承兑或未执行其他批示情况时的指示。

（二）托收的种类及基本业务程序

根据委托人签发的汇票是否随附提单、保险单、装箱单等商业单据，托收分为光票托收和跟单托收两种。

1. 光票托收（Clean Collection）

光票托收是指委托人仅签收金融单据不附有商业单据的托收，是一种金融单据托收，不伴随商业单据的结算方式。常见的光票有银行汇票、本票、支票等金融单据。在国际贸易中，光票托收，一般用于收取货物尾款、代垫费用、佣金、样品费或其他贸易从属费用等小额款项。光票托收的票据由收款人做成空白背书，托收行做成记名背书给代收行，并制作托收指示，随汇票邮寄代收行代收票款。

光票托收的基本程序：①由委托人填写托收申请，开具托收汇票一并交与托收行。②托收行依据托收申请制作托收指示，一并航寄代收行。③对于即期汇票，代收行收到汇票后应立即向付款人提示付款，付款人如无拒付理由，应立即付款。付款人付款后代收行将汇票交与付款人入账。④对于远期汇票，代收行接到汇票后，应立即向付款人提示承兑，付款人如无拒绝承兑的理由，应立即承兑。承兑后，代收行持有承兑汇票，到期再作付款提示，此时付款人应付款。⑤如遇付款人拒付，除非托收指示另有规定，代收行应在法定期限内作成拒绝证书，并及时将拒付情况通知托收行。

2. 跟单托收（Documentary Collection）

跟单托收是指委托人签发的金融单据中附有商业单据或不附有金融单据的商业单据的托收。跟单托收所附的商业单据包括提单、保险单、装箱单等。

跟单托收有开具汇票的托收，也有不使用汇票的情况。金融票据随商业单据的托收，这种托收是凭汇票付款，其他单据是汇票的附件，起支持汇票的作用；另一种是不使用汇票，商业单据不附金融单据的托收，在某些国家，如日本、德国，对汇票征收印花税，为了减免税收负担，信誉和信任程度较高的公司之间往往采用这种托收。

根据交单条件的不同，跟单托收又分为付款交单和承兑交单。

（1）付款交单（Documents against Payment，D/P）。是指出口人的交单以进口人的付款为条件，也就是说出口人发货后，取得装运单据，委托银行办理托收。只有在进口方付清货款后才能把货运单据交给进口方。

付款交单按付款时间的不同，又可分为即期付款交单（Documents against Payment at sight，D/P at sight）和远期付款交单（Documents against Payment after sight，D/P after sight）

1）即期付款交单是指出口人发货后开具即期汇票，连同商业单据，通过银行向进口人提示，进口人见票后立即付款，进口人在付清货款后向银行领取商业单据。即当跟单汇票寄达进口方所在国的代收行后，由代收行向进口方提示，经后者审单无误即付款赎单，货款与商业单据易手，此项业务即告完成。

如：Upon first presentation the Buyer shall pay against documentary draft drawn by the Sellers at sight. The shipping documents are to be delivered against payment only.

即期付款交单的基本程序如图18-6所示。

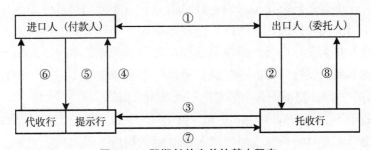

图18-6　即期付款交单的基本程序

①签订贸易合同，约定D/P即期付款，并发货；②委托人填写托收委托书，开具即期汇票，连同商业单据交托收行；③托收行受理托收后，根据托收委托书缮制托收指示，连同汇票等单据交代收行；④付款提示；⑤审单后付款赎单；⑥交单；⑦通知托收行，汇交代收货款；⑧货款结清。

即期付款交单，开出的汇票是即期汇票，进口商见票，只有付完货款，才能拿到商业单据。

2）远期付款交单是指出口人发货后开具远期汇票连同商业单据，通过银行向进口人提示，进口人审核无误后即在汇票上进行承兑，于汇票到期日付清货款后再领取商业单据。也就是说，当代收行向进口方提示跟单汇票时，后者无须立刻付款，只需要对远期汇票承兑，做出在付款到期日保证付款的承诺，并在汇票到期日付款，付款后交单。

如：The Buyer shall duly accept the documentary draft drawn by the Sellers at ×× days sight upon first presentation and make due payment on its maturity. The shipping documents are to be delivered against payment.

远期付款交单的基本程序如图 18-7 所示。

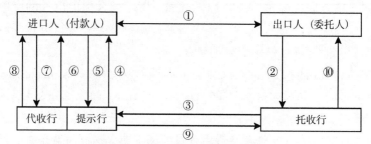

图 18-7 远期付款交单的基本程序

①签订贸易合同，约定 D/P 远期付款，并发货；②委托人填写托收委托书，开具远期汇票，连同商业单据交托收行；③托收行受理后，根据托收委托书缮制托收指示，连同远期汇票和商业单据交代收行；④承兑提示；⑤承兑；⑥付款提示；⑦审单无误后付款；⑧交单；⑨通知托收行，汇交代收货款；⑩货款结清。

这种远期付款交单，进口人作为汇票付款人虽已承兑了汇票，但是仍然不能取得代表物权的商业单据，只有在付款到期日付清货款后才能获得商业单据，而在付款之前，商业单据仍由代收行保管，所以，这种远期付款交单方式对出口人具有一定的保障，但对进口人并无实际意义，即使对远期汇票做了承兑，承担了到期日一定付款的责任，也不能拿到代表物权的商业单据，所以，在实务中较少应用。但如果付款日和实际到货日基本一致，则不失为一种对进口人的资金融通。

（2）承兑交单（Documents against Acceptance，D/A）。承兑交单是指以进口人在汇票上承兑为出口人交单的条件，即出口人在装运货物后开具远期汇票，连同商业单据交代收行，当代收行向进口方提示跟单汇票时，只要进口人对汇票承兑确认到期付款的责任，即能拿到代表物权的商业单据，也就是说，先拿到货，然后待汇票到期付款之日再履行付款责任。

如：The Buyer shall duly accept the documentary draft drawn by the Sellers at ×× days sight upon first presentation and make due payment on its maturity. The shipping documents are to be delivered against acceptance.

承兑交单是在进口人承兑汇票后，就可以取得商业单据，并提货，这种交单条件无疑对进口人十分有利，对出口人来说，物权凭证已经交出，收款的保障只能依赖于进口人的商业信用，所以，出口人承担了一定风险，如果不是信誉特别好的客户，出口人一般不会轻易采用承兑交单的方式，一旦进口人到期不付款，出口人就将面临财货两空的损失。

承兑交单的基本程序如图 18-8 所示。

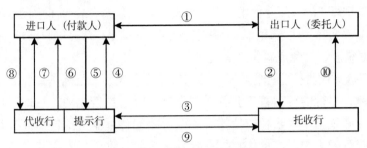

图 18-8　承兑交单的基本程序

①签订贸易合同，约定 D/A 付款，并发货；②委托人填写托收委托书，开具远期汇票，连同商业单据交托收行；③托收行受理委托后，根据托收委托书缮制托收指示，连同汇票和商业单据交代收行；④承兑提示；⑤承兑；⑥交单；⑦付款提示；⑧审单无误后付款；⑨通知托收行，汇交代收货款；⑩货款结清。

（三）托收的特点

托收的特点如下：

（1）托收属于商业信用，银行办理托收业务时，既没有检查货运单据正确与否或是否完整的义务，也没有承担付款人必须付款的责任。托收虽然是通过银行办理，但银行只是作为出口人的受托人行事，并没有承担付款的责任，进口人不付款与银行无关。出口人向进口人收取货款靠的仍是进口人的商业信用。如果遭到进口人拒绝付款，除非另外有规定，银行没有代管货物的义务，出口人仍然应该关心货物的安全，直到对方付清货款为止。

（2）托收对出口人的风险较大，D/A 比 D/P 的风险更大。跟单托收方式是出口人先发货，后收取货款，因此对出口人来说风险较大。进口人付款靠的是他的商业信誉，如果进口人破产倒闭，丧失付款能力，或因为行市下跌，或进口人事先没有领到进口许可证、没有申请到外汇等借故拒不付款，出口人不但无法按时收回货款，还可能蒙受货款两空的损失。如果货物已经到达进口地，进口人借故不付款，出口人还要承担货物在目的地的提货、存仓、保险费用和可能变质、短量、短重的风险，以及转手他地可能产生的数量与价格上的损失。如果货物转售不出去，出口人还要承担货物运回本国的费用以及承担可能因为存储时间过长被当地政府贱卖的损失等。虽然，上述损失出口人有权向进口人索赔，但在实践中，进口人可能早已破产或逃之夭夭，出口人很难弥补全部损失。

（3）托收对进口人比较有利，但也不是一点风险都没有。如由于付款交单强调了货物单据的重要性，进口人付款后才取得货运单据、领取货物，如果发现货物与合同规定不符，或是伪造、劣质产品，也会因此而蒙受损失。

（四）托收具体应用中的注意事项

在进出口贸易中，需要根据不同国家、不同贸易对象、不同商品适当谨慎选择托收这种支付方式，在使用此方式时，要注意以下事项：

（1）认真考察进口人商业信用、资信状况、经营规模，根据了解的情况确定成交金额，尽量以小额交易为主。出口方要建立健全管理制度，及时催收清理，如发现问题，迅速采取应对措施，避免或减少损失的发生。

（2）谨慎选择代收行。托收项下，出口商是在装运货物后备齐单据，委托银行向进口商收取货款，银行的行为直接会关系到出口商收汇是否成功。在即期付款交单的情况下，托收行必须指示代收行在货款收妥以后才能将单据交给进口商，否则，单据仍然控制在代收行的手中，如果代收行在收妥货款前，将单据先交给进口商，进口商拒付的风险要由代收行承担，代收行要为自己的过失承担责任。

（3）不宜接受 D/A 付款方式。由于 D/A 风险太大，出口商一般不会接受 D/A，如采用，应采取一定的风险控制措施，比如和银行保函相结合，以转嫁风险。

（4）特别注意不同国家对托收的习惯做法，如远期付款交单在有些国家往往被视为承兑交单。

三、信用证

国际贸易中常会出现进出口商互不信任的现象，进口商害怕付了货款却收不到货，而出口商则担心发了货收不到款。信用证在这种背景下应运而生，是随着国际贸易、航运、保险、金融等的迅速发展而逐渐发展起来的一种支付方式，它最大的特点是用银行信用取代了商业信用，由进口地银行向出口商提供付款保障，降低了出口商无法收回货款的风险。出口商必须提供信用证要求的代表物权凭证的单据后才能得到付款，这样，也就保障了进口商的利益。因此，信用证支付方式已经成为国际贸易中一种主要的支付方式被普遍采用。

（一）信用证概述

1. 信用证的含义

按照国际商会 2007 年修订本《跟单信用证统一惯例》国际商会第 600 号出版物（Uniform Customs and Practice for Documentary Credits, 2007 Revision, ICC Publication No.600；UCP600）的定义：信用证（Letter of Credit, L/C），意指一项不可撤销的安排，不论其如何命名或描述，该项安排构成开证行对相符交单予以承付的确定承诺。（Credit means any arrangement, however named or described, that is irrevocable and thereby constitutes a definite undertaking of the issuing bank to honour a complying presentation.）

简言之，信用证是一种由银行开立的凭装运单据承诺付款的书面承诺，是银行依照进口商的要求和指示，对出口商发出的、授权出口商签发以银行或进口商为付款人的汇票，保证在交来符合信用证条款规定的汇票和单据时，必定承兑和付款的保证文件。

2. 信用证当事人

信用证所涉及的当事人较多，除了开证申请人、开证行、通知行、受益人四个主要当事人外，还包括议付行、付款行、保兑行、承兑行和偿付行等。

（1）开证申请人（Applicant），又称为开证人，按照 UCP600 的定义，是指要求开立信用证的一方，一般是指进口商，但也可由开证行以自身名义开证。

（2）开证行（Issuing Bank），按照 UCP600 的定义，是指应开证申请人的要求或代表自己开出信用的银行。开证行一般是进口地的银行，开证申请人与开证行的权利义务以开证申请书为依据，开证行承担保证付款的责任。信用证开立后，开证行要对信用证独立负责，承担第一性付款责任，不能因进口商拒绝赎单而拒绝承担付款责任。

（3）通知行（Advising Bank），按照 UCP600 的定义，是指应开证行要求通知信用证的银行。通知行一般是出口地银行，是受开证银行委托，将信用证转交给出口商的银行，通知行的责任是传递信用证和审核信用证的真伪。根据 UCP600 的规定，通知行通知信用证或修改的行为，即表明其认为信用证或修改的表面真实性得到满足，且其通知准确地反映了所收到的信用证或修改的条款。

（4）受益人（Beneficiary），按照 UCP600 的定义，受益人是指有权使用信用证的人。是接受信用证并享受其利益的一方，一般是出口商或实际供货人。

（5）议付行（Negotiating Bank），按照 UCP600 的定义，议付意指被授权议付的银行对汇票及/或单据给付对价，仅仅审核单据未给付对价不构成议付。故议付行是指愿意买入或贴现受益人跟单汇票或单据的银行，它可以是开证行指定的银行，也可以是非指定的银行，视信用证条款的规定而定。

需要注意的是，UCP600 对议付的定义做出了较大修改。按照 UCP600 的新规定，议付是指议付行在相符交单下，在其应获偿付的银行工作日当天或之前向受益人预付或同意预付款项，从而购买汇票/单据的行为。此外，汇票的付款人必须是银行，但不能做成以议付行为付款人。

（6）付款行（Paying Bank/Drawee Bank），也称代付行，是信用证上规定承担付款义务的银行。如果信用证未指定付款银行，开证行即为付款行。付款行一经接受开证行的代付委托，其审单付款责任与开证行一样，属于终局性的。

（7）保兑行（Confirming Bank），按照 UCP600 的定义，保兑行是指根据开证行的授权或要求在信用证上加具保兑的银行。应开证行或信用证受益人的请求，在开证行的付款保证之外对信用证进行保证付款的银行。一经保兑，保兑行就要承担与开证行相同的承诺和独立的付款责任。

（8）承兑行（Accepting Bank），是指在汇票正面签字承诺到期付款的银行。在承兑项下，承兑行可以是开证行本身，也可以是信用证所指定的其他银行。

（9）偿付行（Reimbursing Bank），又称清算行，意指开证行指定的议付行、承兑行或付款行清偿垫款的银行。

3. 信用证的特点

（1）信用证是一种银行信用。信用证支付方式是由开证行以自己的信用做保证，所以，信用证是一种以银行信用做承诺的支付方式。UCP600 第 2 条明确规定："信用证是指任何安排，不论其如何命名或描述，该安排是不可撤销的，从而构成开证行承付相符交单的确定承诺。"由此可见，开证行是信用证的首要付款人，出口人可凭信用证直接向开证行或其指定银行凭单取款，而无须先找进口人。在信用证业务中，只要受益人提交的单据完全符合信用证的规定要求，开证行必须对其或其指定人付款，而不是等进口商付款后再转交款项。可见，与汇款、托收方式不同，信用证方式依靠的是银行信用，是由开证行而不是进口商负第一性的付款责任。开证行对受益人的付款责任不仅是第一性的，而且是独立的、终局的责任。

（2）信用证是一种自足文件。信用证是根据买卖合同开立的，但信用证一经开出，就成为独立于买卖合同以外的一种契约，信用证的各当事人的权利和责任完全以信用证中所列条款为依据，不受买卖合同的约束。开证银行和参与信用证业务的其他银行只按信用证的规定办事，不受买卖合同的约束。基于信用证与合同的相对独立性，信用证条款的改变并不代表合同条款有类似的修改。出口人提交的单据即使符合买卖合同要求，但若与信用证条款不一致，仍会遭银行拒付。UCP600 第 4 条明确规定："信用证按其性质是一项与凭此开立信用证的销售合同或其他合同不相连的交易。即使信用证援引这类合同，银行也与之毫无关系并不受其约束。"

（3）信用证是一种单据买卖。银行处理信用证业务时，只凭单据，不管货物，即只审查受益人所提交的单据是否与信用证条款相符，以决定其是否履行付款责任。UCP600 第五条明确规定："银行所处理的是单据，而不是可能与单据有关的货物、服务及（或）履约。"在信用证业务中，银行只审查受益人所提交的单据是否与信用证条款相符，以决定其是否履行付款责任。只要受益人提交符合信用证条款规定的单据，开证行就应承担付款责任。进口人也应接受单据并向开证行付款赎单。具体货物是否符合合同规定，是否完好，则与银行无关。进口方可凭有关的单据和合同向责任方提出损害赔偿的要求。所以，信用证业务是一种纯粹的单据业务。

信用证支付方式也有其不足之处，主要是手续繁、费用多、出口商容易用假单据欺诈等，这主要是因为 UCP600 第 34 条的规定，"银行对任何单据的形式、完整性、准确性、真实性、伪造或法律效力，或单据中规定的或附加的一般及/或特殊条件概不负责"。

4. 信用证的作用

信用证是一种银行对出口人的有条件的付款承诺。对出口人来说，其取得了银行信用，只要做到与信用证规定相符，"单单一致，单证一致"，银行就保证支付货款。对进口商来说，它可以通过信用证上所列条款的要求，在一定程度上确保出口人按时、按量交付货物。对银行来说，开证行只承担保证付款的责任，它贷出的只是信用而非资金，在对出口人或议付行交来的跟单汇票偿付前已掌握了代表货物物权凭证的单据，加上开证申请人的押金，也无多大风险。采用信用证在很大程度上规避了交易各方的风险，具体作用如下：

（1）对进口商的作用。第一，保证进口商取得代表货物的单据。进口商所填写开证申请书的主要内容就是将买卖合同条款转化为对出口商所要提交单据的要求。第二，可以保证进口商按时、按质、按量收到货物。信用证中的条款可以有效地约束出口商交货的时间、交货的品质和数量，如在信用证中规定最迟的装运期限以及要求出口商提交由信誉良好的公证机构出具的品质、数量或重量证书等，以保证进口商按时、按质、按量收到货物。第三，提供资金融通。进口商在申请开证时，通常要缴纳一定的开证押金，进口商可凭自己的资信及开证行对自己的信任，少交或免交部分押金，从而取得资金融通。如果采用远期信用证，进口商还可以凭信托收据向银行借单，先行提货、转售，到期再付款，这就为进口商提供了资金融通的便利。

（2）对出口商的作用。第一，保证出口商凭与信用证规定相符的单据取得货款。信用证支付的要件是单证相符，出口商交货后所提交的单据，只要做到与信用证条款相符，银行就会履行支付货款的义务。在信用证支付方式下，出口商交货后不必担心进口商拒付款，因为付款责任是由银行承担的，这种银行信用要比商业信用可靠。因此，信用证支付为出口商收取货款提供了较为安全的保障。第二，出口商可以按时收汇。在外汇管制严格的国家，进口商只有在本国得到外汇使用审批后，才能向银行申请开立信用证。如果出口商能按时收到信用证，说明进口商已得到本国外汇管理当局使用外汇的批准，因而可以保证出口商履约交货后，按时收取外汇。第三，出口商可凭信用证通过打包贷款或押汇取得资金融通。出口商在交货前，可凭进口商开来的信用证做抵押，向出口地银行借取打包贷款（Packing Credit），用以收购、加工、生产出口货物和打包装船；或出口商在收到信用证后，按规定办理货物出运，并提交汇票和信用证规定的各种单据，用作出口押汇取得贷款。这是出口地银行对出口商提供的资金融通，有利于资金周转，扩大出口。

（3）对银行的作用。第一，银行可利用进口商在申请开证时交的押金或担保品为银行利用资金提供便利。开证行接受进口商的开证申请，会要求进口商交付一定比例的开证押金或担保品，这就为银行利用资金提供了便利。第二，在信用证业务中，银行每项服务均可取得各种收益，如开证费、通知费、议付费、保兑费、修改费等各种费用。因此，承办信用证业务是各银行的业务项目之一。在国际贸易中，信誉良好、作风正派的银行可以用高质量的服务，促进信用证业务的发展。

（二）信用证的主要内容和基本流程

信用证虽然是国际贸易中的一种主要支付方式，但它并无统一的格式。不过其主要内容基本上是相同的，大体包括以下几个方面：

（1）对信用证本身的说明：①信用证的种类（FORM OF L/C）；②信用证号码（L/C NO.）；③开证日期（ISSUING DATE）；④开证申请人（APPLICANT），一般为进口商；⑤受益人（BENEFICIARY），一般为出口商；⑥到期地点和日期（EXPIRY DATE AND

PLACE）；⑦开证银行（ISSUING/OPENING BANK）；⑧通知银行（ADVISING/NOTIFY-ING BANK）；⑨信用证金额（L/C AMOUNT）；⑩单据提交期限（DOCUMENTS PRE-SENTATION PERIOD）。

（2）对货物的要求：①名称（NAME OF COMMODITY）；②规格（SPECIFICA-TION）；③数量（QUANTITY）；④包装（PACKING）；⑤价格条件和单价（TRADE TERMS & UNIT PRICE）。

（3）对运输的要求：①装运港或起运地（PORT OF LOADING OR SHIPMENT FROM）；②卸货港或目的港（PORT OF DISCHARGE OF DESTINATION）；③装运期（TIME OF SHIPMENT）；④可否分批装运（PARTIAL SHIPMENT ALLOWED OR NOT ALLOWED）；⑤可否转运（TRANSSHIPMENT ALLOWED OR NOT ALLOWED）；⑥运输方式（MODE OF SHIPMENT）。

（4）对单据的要求：①货物单据，以商业发票（COMMERCIAL INVOICE）为中心，包括装箱单（PACKING LIST）、重量单（CERTIFICATE OF WEIGHT）、原产地证书（CERTIFICATE OF ORIGIN）、商检证明书（INSPECTION CERTIFICATE）等；②运输单据（TRANSPORT DOCUMENTS）；③保险单据（INSURANCE DOCUMENTS）；④其他单据。

（5）对汇票的要求：①出票人（DRAWER），一般是受益人；②付款人（DRAWEE/PAYER）；③受款人（PAYEE），一般为议付银行；④付款期限（TENOR）；⑤出票条款（DRAWN CLAUSE）；⑥出票日期（DATE OF DRAFT）。

（6）其他事项：①附加条款或特别条款（ADDITIONAL CONDITIONS OR SPECIAL CONDITIONS）；②开证行对议付行的指示（INSTRUCTIONS TO NEGOTIATING BANK）；③背书议付金额条款（ENDORSEMENT CLAUSE）；④索汇方法（METHOD OF DISPATCHING DOCUMENTS）；⑤寄单方法（METHOD OF DISPATCHING DOCU-MENTS）；⑥开证银行付款保证条款（ENGAGEMENT/UNDERTAKING CLAUSE）；⑦惯例适用条款（SUBJECT TO UCP CLAUSE）。

信用证的种类虽很多，但其基本业务程序是相同的，现以议付信用证为例，对信用证的基本流程介绍如图18-9所示。

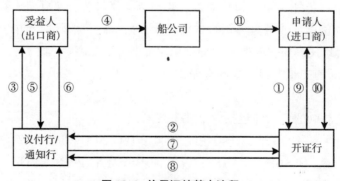

图18-9 信用证的基本流程

①进口商根据买卖合同规定，填写开证申请书，向开证行申请开立信用证。②开证行接受进口商开证申请，收受开证押金后，依据开证申请书内容开出信用证，并发送至出口商所在地通知行。③通知行确定信用证表面真实性后通知受益人，即出口商。④出口商审核信用证与买卖合同条款相符后，按信用证规定装运货物。⑤备齐各种装运单据并开立汇票，在信用证规定的交单期和有效期内送交出口地的议付行进行议付。⑥议付行按信用证条款审核单证相符后，按汇票金额扣除有关利息和手续费，将余额垫付给出口商。议付后，议付行应在信用证背面做有关议付事项的必要记录，称为"背批"，主要是为了防止超额和重复议付。⑦议付行将汇票和装运单据分次寄给开证行索偿，以防邮递过程中发生单据遗失现象。⑧开证行对照信用证审核单据无误后，将款项偿付给议付行。⑨开证行通知进口商付款赎单。⑩进口商付款赎单。如果进口商验单时，发现单证不符，有权拒绝付款赎单，这样会造成开证行的损失，并且，开证行不能以验单时未发现单据不符为理由向议付行索偿。⑪进口商付款赎单后，在海运方式下，凭海运提单在目的港提货。

（三）信用证的种类

（1）以信用证项下的汇票是否附有货运单据划分为：跟单信用证及光票信用证。

1）跟单信用证（Documentary Credit）是凭跟单汇票或仅凭单据付款的信用证。此处的单据指代表货物所有权的单据（如海运提单等），或证明货物已交运的单据（如铁路运单、航空运单、邮包收据）。

2）光票信用证（Clean Credit）是凭不随附货运单据的光票（Clean Draft）付款的信用证。银行凭光票信用证付款，也可要求受益人附交一些非货运单据，如发票、垫款清单等。

在国际贸易的货款结算中，绝大部分使用跟单信用证。

（2）以开证行所负的责任为标准可以划分为：不可撤销信用证和可撤销信用证。

1）不可撤销信用证（Irrevocable L/C）。指信用证一经开出，在有效期内，未经受益人及有关当事人的同意，开证行不能片面修改和撤销，只要受益人提供的单据符合信用证规定，开证行必须履行付款义务。

2）可撤销信用证（Revocable L/C）。指开证行不必征得受益人或有关当事人同意有权随时撤销的信用证，应在信用证上注明"可撤销"字样。UCP500规定：只要受益人依信用证条款规定已得到了议付、承兑或延期付款保证时，该信用证即不能被撤销或修改。它还规定，如信用证中未注明是否可撤销，应视为不可撤销信用证。但在最新的UCP600中，由于可撤销信用证在实际业务中使用极少，故将有关可撤销信用证的概念及其相关规定等都已删除。

（3）以有无另一银行加以保证兑付为依据，可以分为保兑信用证和不保兑信用证。

1）保兑信用证（Confirmed L/C）。指开证行开出的信用证，由另一银行保证对符合信用证条款规定的单据履行付款义务。凡在信用证上载文，愿意承担保兑者称保兑银行（Confirming Bank），保兑银行通常是由通知银行担任。UCP对保兑信用证列有如下规定，若开证银行授权或委请另一家银行对不可撤销信用证予以保兑，凡同意对信用证加以保兑者应承担对受益人签发的即期、远期汇票的议付、承兑或付款的责任。

保兑银行为另一家银行开具的信用证加保，必须收取保证金和银行费用。若开证银行不提供保证金，保兑银行可要求开证银行提供对等的保兑义务作为条件，方可承担保兑的责任。

2）不保兑信用证（Unconfirmed L/C）。开证行开出的信用证没有经另一家银行保兑。即便开证行要求另一家银行加保，如果该银行不愿意在信用证上加具保兑，则被通知的信用证仍然只是一份未加保的不可撤销信用证。当开证银行资信良好和成交金额不大时，一般使用不保兑的信用证。不保兑信用证的特点是：只有开证行具有确定的付款责任。

（4）根据兑付方式不同，可以分为即期付款信用证、延期付款信用证、承兑信用证、议付信用证。

1）即期付款信用证（Sight L/C）。指开证行或付款行收到符合信用证条款的跟单汇票或装运单据后，立即履行付款义务的信用证。此信用证一般不需要汇票，也不需要领款收据，付款行或开证行只凭货运单据付款。证中一般列有"当受益人提交规定单据时，即行付款"的保证文句。即期付款信用证的付款行通常由指定通知行兼任。其到期日，一般也是以受益人向付款行交单要求付款的日期。

2）延期付款信用证（Deferred Payment Letter of Credit）是指信用证规定货物装船后若干天付款，或开证行见单后若干天付款的信用证。延期付款信用证一般不需要汇票。

3）承兑信用证（Credit Available by Acceptance or Acceptance Credit）是指信用证指定的付款行在收到信用证规定的远期汇票和单据，审单无误后，先在该远期汇票上履行承兑手续，等到该远期汇票到期，付款行才进行付款的信用证。由于这种信用证规定的远期汇票是由银行承兑的，所以，也称为"银行承兑信用证"（Banker's Acceptance Credit）。因此，这种信用证业务除了要遵循有关信用证的国际惯例外，还要遵守有关国家的票据法的各项规定。即采用此种信用证时，指定银行应承兑信托受益人向其开具的远期汇票，并于汇票到期日履行付款义务。

4）议付信用证（Negotiation L/C）是指开证行承诺延伸至第三当事人，即议付行，其拥有议付或购买受益人提交信用证规定的汇票/单据权利行为的信用证。如果信用证不限制某银行议付，可由受益人（出口商）选择任何愿意议付的银行，提交汇票、单据给所选银行请求议付的信用证称为自由议付信用证，反之为限制性议付信用证。我国出口业务中，大多使用议付信用证，也有少量使用付款信用证和保兑信用证的。

对议付信用证，除非通知行已对信用证加以保兑，否则它是有追索权的。从票据关系来看，在议付信用证下，汇票是一种在法律意义上与信用证相分离的票据。如付款人拒绝付款，持票人可向背书人行使追索权，但未保兑信用证的议付行不承担向受益人履行支付的义务，受益人不得直接迫使议付行议付汇票。如是自由议付信用证，议付行与开证行之间根本不存在协议，而仅仅有开证行向所有银行授予的一般议付权利。

（5）根据受益人对信用证的权利可否转让，可分为可转让信用证和不可转让信用证。

1）可转让信用证（Transferable L/C）。指信用证的受益人（第一受益人）可以要求授权付款、承担延期付款责任，承兑或议付的银行（统称"转让行"），或当信用证是自由议付时，可以要求信用证中特别授权的转让银行，将信用证全部或部分转让给一个或数个受益人（第二受益人）使用的信用证。开证行在信用证中要明确注明"可转让"（Transferable），且只能转让一次。

2）不可转让信用证。指受益人不能将信用证的权利转让给他人的信用证。凡信用证中未注明"可转让"，即是不可转让信用证。

（6）循环信用证（Revolving L/C），是指信用证被全部或部分使用后，其金额又恢复到原金额，可再次使用，直至达到规定的次数或规定的总金额为止。它通常在分批均匀交货情况下使用。在按金额循环的信用证条件下，恢复到原金额的具体做法有：

1）自动式循环。每期用完一定金额，不需等待开证行的通知，即可自动恢复到原金额。

2）非自动循环。每期用完一定金额后，必须等待开证行通知到达，信用证才能恢复到原金额使用。

3）半自动循环。即每次用完一定金额后若干天内，开证行未提出停止循环使用的通知，自第×天起即可自动恢复至原金额。

（7）对开信用证（Reciprocal L/C），是指两张信用证申请人互以对方为受益人而开立的信用证。两张信用证的金额相等或大体相等，可同时互开，也可先后开立。它多用于易货贸易或来料加工和补偿贸易业务。对开信用证的特点是：第一张信用证的受益人就是第二张信用证的开证人，第一张信用证的开证人就是第二张信用证的受益人；这两张信用证的金额可以相等或大体相等；可以分别生效，即先开证先生效，也可以同时生效，即第一张信用证虽然先开立，但暂且不生效，须待对方开来第二张回头信用证时，两证才同时生效。

（8）背对背信用证（Back to Back L/C），又称转开信用证，指受益人要求原证的通知行或其他银行以原证为基础，另开一张内容相似的新信用证，背对背信用证的开证行只能根据不可撤销信用证来开立。背对背信用证的开立通常是中间商转售他人货物，或两国不能直接办理进出口贸易时，通过第三者以此种办法来沟通贸易。原信用证的金额（单价）应高于背对背信用证的金额（单价），背对背信用证的装运期应早于原信用证的规定。

背对背信用证项下的修改或单据与信用证不符，由于受原证的约束，背对背信用证的开证银行要征得原信用证开证银行同意后方能同意修改或接受不符。在实践中，背对背信用证的开证银行为了减少自身风险或避免麻烦，在其不能确保原证开证行兑付之前，对该证受益人提示的单据总是竭尽其能，挑出不符点以首先拒付，所以背对背信用证的受益人在实务处理中要格外谨慎，不能有任何疏忽。因为在信用证业务中，信用证中各方所遵循的是《跟单信用证统一惯例》，按照上述惯例的规定，各有关当事人所处理的只是单据，而不是单据所涉及的货物、服务或其他行为。信用证规定的付款责任在于开证行而不在于进口商或中间商，而开证行付款的依据是受益人提示的与信用证条款严格相符的单据，所以在这个过程中有很大的风险。

（9）预支信用证/打包信用证（Anticipatory Credit/Packing Credit），是指开证行授权代付行（通知行）向受益人预付信用证金额的全部或一部分，由开证行保证偿还并负担利息，即开证行付款在前，受益人交单在后，与远期信用证相反。预支信用证凭出口人的光票付款，也有要求受益人附一份负责补交信用证规定单据的说明书，当货运单据交到后，付款行在付给剩余货款时，将扣除预支货款的利息。

（10）备用信用证（Standby Credit），又称商业票据信用证（Commercial Paper Credit）、担保信用证。指开证行根据开证申请人的请求对受益人开立的承诺承担某项义务的凭证。即开证行保证在开证申请人未能履行其义务时，受益人只要凭备用信用证的规定并提交开证人违约证明，即可取得开证行的偿付。它是银行信用——对受益人来说是备用于开证人违约时——取得补偿的一种方式。

（四）有关信用证国际惯例

国际商会为明确信用证有关当事人的权利、责任、付款的定义和术语，减少因解释不同而引起各有关当事人之间的争议和纠纷，调和各有关当事人之间的矛盾，于1930年拟订一套《商业跟单信用证统一惯例》（Uniform Customs and Practice for Commercial Documentary Credits），并于1933年正式公布。

随着国际贸易变化，国际商会分别在1951年、1962年、1974年、1978年、1983年、1993年、2007年进行了多次修订，称为《跟单信用证统一惯例》（Uniform Customs and Practice for Documentary Credits），被各国银行和贸易界所广泛采用，已成为信用证业务的国际惯例，但其本身不是一个国际性的法律规章。其中，1993年版被简称为UCP500，使用时间最长，现行的是2007年版本，称为国际商会第600号出版物（简称UCP600），并于2007年7月1日起实行。UCP600共有39个条款，比UCP500减少10条，但却比UCP500更准确、清晰；更易读、易掌握、易操作。它将一个环节涉及的问题归集在一个条款中；将L/C业务涉及的关系方及其重要行为进行了定义。

（五）信用证开立的形式

信用证开立的形式，主要有信开本和电开本两种。

（1）信开本（To open by Airmail）：开证银行采用印就的信函格式的信用证，开证后以航空邮寄送通知行。目前，通过这种形式开立的信用证已经很少。

（2）电开本（To open by Cable）：开证银行使用电传、传真、SWIFT等各种电讯方法将信用证条款传达给通知行。主要包括简电本、全电本和SWIFT信用证。

1）简电本（Brief Cable）：开证银行只通知已经开证，将信用证的主要内容预先告知通知行，详细条款将另邮航寄通知行。即开证行只是通知已经开证，并将如信用证号码、受益人名称、地址、开证人名称、金额、货物名称、数量、价格、装运期以及

信用证有效期等内容预先通告通知行，详细条款将另外航寄通知行。简电本有时注明
"详情后告"（Full Details to Follow）等类似词语。简电本在法律上是无效的，不能作为
交单议付的依据。

2）全电本（Full cable）：开证银行以电讯方式开证，把信用证全部条款传达给通
知行。全电本信用证是一个内容完整的信用证，可以作为交单议付的依据。

3）SWIFT 信用证：SWIFT 是"全球金融银行电讯协会"的英文简称。该协会于
1973 年在比利时布鲁塞尔成立，该组织设有自动化的国际金融电讯网，该协会的成员
银行可以通过该电讯网办理信用证业务。目前已有 1000 多家银行加入该组织，凡成员
银行均可以使用 SWIFT 办理信用证业务。凡是通过 SWIFT 开立或通知的信用证称为
SWIFT 信用证，也有的称为"全银电协信用证"。采用 SWIFT 信用证后，信用证更加具
有标准化、固定化和统一化的特性，并且传递速度快，成本也较低。目前 SWIFT 信用
证已经被许多国家和地区的银行广泛使用，我国银行的信用证业务中，SWIFT 信用证
已占有很大比重。

第三节 国际货物买卖合同中的支付条款

支付条款是在国际贸易合同中，规定付款方式及时间的款项。它是买卖合同中不
可或缺的重要组成部分。在国际贸易中，货款的收付直接影响双方的资金周转和融通，
以及各种金融风险和费用的负担，它关系到买卖双方的利益和得失。因此，买卖双方
在交易磋商时，都力争约定对自己有利的支付条件。

支付条款是对货款支付的货币、金额、方式、支付时间的规定。按照合同规定支
付货款，是买方对卖方承担的基本义务。

支付条款主要包括：①支付货币，在大多数情况下，支付货币就是计价货币，但
也有计价货币与支付货币不相一致的情况。对支付货币要妥善选择，并在合同中明确
规定两者的比价，必要时还应规定外汇保值条款。②支付金额，通常支付金额就是合
同规定的总金额。但是在履行合同过程中，支付金额和合同规定的总金额有时不一致。
例如分批交货、分批支付的合同，每批支付的金额只是合同总金额的一部分；当合同
规定有品质增减价条款、数量溢短装条款时，支付金额就应按实际交货的品质和数量
确定；再如价格条款中规定采用非固定作价方法或订有保值条款时，就须按最后确定
的价格支付一定金额。③支付方式和时间，支付方式和时间是支付条款的重要内容，
如前文所述，国际贸易中常见的支付方式有三种，包括汇付、托收和信用证，所以，
对支付方式和时间的条款约定也要根据不同支付方式来制定。

一、汇付方式的支付条款

在使用汇付时应明确规定汇付的时间、具体的汇付方式和汇付金额等内容。

例如：

（1）买方应不迟于 2 月 1 日将 100%的货款用票汇预付并抵达卖方。

The buyers shall pay 100% of the sales proceeds in advance by Demand Draft to reach the seller not later than Feb.1th.

（2）买方应不迟于 6 月 25 日将 100%的货款用票汇预付至卖方。

The buyers shall pay 100% of the sales proceeds in advance by Demand Draft to reach the sellers not later than June 25.

（3）买方应于 4 月 20 日前将 30%货款电汇至卖方，其余货款收到正本提单传单后 5 日内支付。

The buyers shall pay 30% of the sales proceeds by telegraphic transfer. The remaining part will be paid to the sellers within 5 days after receipt of the fax concerning original B/L by the buyers.

二、托收方式的支付条款

使用托收方式支付，应在买卖合同中明确规定交单条件、买方付款和/或承兑责任以及付款期限等。采用不同的托收方式，在合同的条款规定有所不同，在磋商和订立合同条款时，要将具体情况规定清楚。

例如：

（1）买方对卖方开具的见票后 30 天付款的跟单汇票，于第一次提示时即予承兑，并应于汇票到期日给予付款，付款后交单。

The buyers shall duly accept the documentary draft drawn by the Sellers at 30 days sight upon first presentation and make payment on its maturity. The shipping documents are to be delivered against payment only.

（2）买方凭卖方开具的即期跟单汇票，于见票时立即付款，付款后交单。

Upon first presentation the Buyers shall pay against documentary draft drawn by the Sellers at sight. The shipping documents are to be delivered against payment only.

（3）买方凭卖方开具的跟单汇票，于见票日后××天付款，付款后交单。

The buyers shall pay against documentary draft drawn by the Sellers at × × days sight, the shipping documents are to be delivered against payment only.

（4）买方对卖方开具的见票后××天付款的跟单汇票，于提示时承兑，并于汇票到期日即予付款，承兑后交单。

The buyers shall duly accept the documentary draft drawn by the sellers at × × days sight upon first presentation and make payment on it's maturity, the shipping documents are to be delivered against acceptance after it has been made.

（5）买方根据卖方开具的见票后 90 天付款的跟单汇票，于提示时承兑并于汇票到期日付款，承兑后交单。

The Buyers shall duly accept the documentary draft drawn by the Sellers at 90 days sight upon first presentation and make payments on its maturity. The shipping documents are to be delivered against acceptance.

三、信用证方式的支付条款

在国际贸易中若买卖双方同意以信用证方式支付，则必须将所开信用证的有关事项在合同中加以明确。一般应在国际贸易买卖合同中，就开证时间、开证银行，信用证的受益人、种类、金额、装运期、到期日等作出明确规定。

信用证条款具体内容：信用证开证行（Issuing Bank）的资信、信用证开证日期（Issuing Date）、信用证有效期限（Expiry Date）和有效地点（Expiry Place）、信用证申请人（Applicant）、信用证受益人（Beneficiary）、信用证号码（Documentary Credit Number）、信用证币别和金额（Currency Code Amount）、信用证货物描述（Description of Goods and/or Services）、信用证单据条款（Documents Required Clause）、信用证价格条款（Price Terms）、信用证装运期限（Shipment Date）、信用证交单期限（Period for Presentation of Documents）、信用证偿付行（Reimbursing Bank）、信用证偿付条款（Reimbursement Clause）、信用证银行费用条款（Banking Charges Clause）、信用证生效性条款（Valid Conditions Clause）、信用证特别条款（Special Conditions）。

如针对开证时间，可在合同中加以如下规定：

（1）签约后××天开证（to be opened within ×× days after the conclusion of the contract）。

（2）在装运月份前××天到卖方（to be opened to reach the sellers ×× days before the month of shipment）。

（3）不迟于×月×日开到卖方（to be opened to reach the sellers not later than ××）。

（4）接到卖方货已备妥的通知后××天内开证（to be opened within ×× days after receipt of the sellers advice that the goods are ready for shipment）。

信用证支付方式的支付条款范例：

（1）买方应通过为卖方所接受的银行于装运月份前××天开立不可撤销即期信用证并送达卖方，有效至装运月份后第 15 天在中国议付。

The buyers shall open through a bank acceptable to the Sellers an Irrevocable Sight Letter of Credit to reach the Sellers ×× days before the month of shipment, valid for negotiation in China until the 15th days after the month of shipment.

（2）以不可撤销信用证，凭卖方开具的见票后××天的跟单汇票议付，有效期限为装运期后 15 天，在中国到期，该信用证须于合同规定的装运月份前 30 天到达卖方。

By irrevocable L/C available by Seller's documentary draft at ×× days after sight, to be valid for negotiation in China until the 15th day after date of shipment.The L/C must reach the Sellers 30 days before the contracted month of shipment.

（3）买方通过卖方接受的银行，于装船月份前 20 天开立不可撤销即期信用证并送达卖方，规定 50%发票金额凭即期光票支付，其余 50%金额用即期跟单托收方式付款交单。全套货运单据附于托收项下，在买方付清发票的全部金额后交单。如买方不能付清全部发票金额，则货运单据须由开证行掌握，凭卖方指示处理。

The buyers shall open through a bank acceptable to the Sellers an irrevocable sight letter of credit to reach the Sellers 20 days before the month of shipment, stipulating that 50% of the invoice value available against clean draft at sight while the remaining 50% on documents against payment at sight on collection basis. The full set of shipping documents shall accompany the collection draft and shall only be released after full payment of the full invoice value, the shipping documents shall be held by the issuing bank at the Sellers disposal.

四、支付条款中支付方式的结合使用

选择和运用各种不同的支付方式，应在贯彻我国外贸方针政策的前提下，从保障外汇资金安全、加速资金周转、扩大贸易往来等因素来考虑。为了适应我国外贸发展的需要，必须在认真研究国际市场各种惯用的支付方式的基础上，灵活地加以运用。在出口业务中，在一般情况下，采用即期信用证，收汇比较迅速、安全。如果需要采用远期信用证，计算价格时，应将利息因素考虑在内。为了促进某些商品出口，可针对有些地区的特点，对某些资信较好的客户，采用付款交单（D/P）作为竞争的手段，但采用承兑交单（D/A）应慎重从事。

在实践中，有时为了促成交易，在双方未能就某一支付方式达成协议时，也可以采用两种或多种方式结合使用的方式，常见的有：

（1）信用证与汇付相结合。指部分货款用信用证支付，余数用汇付方式结算。例如，对于矿砂等初级产品的交易，双方约定：信用证规定凭装运单据先付发票金额的若干成，余数待货到目的地后，根据检验的结果，按实际品质或重量计算出确切的金额，另用汇付方式支付。

（2）信用证与托收相结合。指部分货款用信用证支付，余数用托收方式结算。一般做法是，信用证规定出口人开立两张汇票，属于信用证部分的货款凭光票付款，而全套单据附在托收部分汇票项下，按即期或远期付款交单方式托收，但信用证上必须订明"在发票金额全部付清后才可交单"的条款，以策安全。其合同中的支付条款通常如下订立："货款××%应开立不可撤销即期信用证，其余××%见票立即（或见票后××天）付款交单。全套单据随附于托收部分，在到期时发票金额全数付清后方予交单。如××%托收金额被拒付时，开证行应掌握单据，听凭卖方处理。"

（3）汇付、托收、信用证三者相结合。在成套设备、大型机械产品和交通工具的交易中，因为成交金额较大，产品生产周期较长，一般采取按工程进度和交货进度分若干期付清货款，即分期付款和延期付款的方法，一般采用汇付、托收和信用证相结合的方式。

本章小结

本章首先对汇票、本票、支票三种基本支付工具的概念、特点等进行了介绍；进而分析了国际贸易支付中最主要的三种方式：汇付、托收和信用证，对这三种支付方式的含义、涉及的当事人、基本种类、基本业务流程做了详述。这三种常用的支付方式中，汇付结算方式完全是建立在商业信用基础上的结算方式。交易双方根据合同或经济事项预付货款或货到付款，预付货款进口商有收不到商品的风险；货到付款则出口商有收不到货款的风险。由于汇付结算方式的风险较大，这种结算方式只有在进出口双方高度信任的基础上才适用。托收同样采用的是商业信用，必须在双方具有良好商业资质、信誉可靠的情况下，或小额交易的情况下使用。信用证支付是银行向卖方作出付款保证的支付方式，采用银行信用，克服了汇付方式和托收方式使用商业信用的巨大风险。银行严格的审单、审证及对进出口商资信的调查，使买卖双方的货、款得到进一步的保障。因此信用证支付方式得到最广泛的应用。最后，本章介绍了三种支付方式在合同中的支付条款应用。

复习思考题

【核心概念】

1. 汇票

2. 本票

3. 支票

4. 汇付

5. 托收

6. 付款交单

7. 承兑交单

8. 信用证

9. 不可撤销信用证

10. 议付信用证

【问答题】

1. 汇票、本票和支票的异同点是什么？

2. 汇付有哪几种类型？汇付的特点是什么？

3. 托收有何利弊？采用这种方式时，应注意哪些问题？

4. 远期汇票的付款期限有几种规定方法？

5. 信用证有哪些特点？

6. 信用证的主要内容是什么？

7. 信用证的基本业务流程是什么？

第十九章　国际货物检验及争议的预防和处理

[学习目的]

通过本章的学习，掌握国际货物检验的主要内容及商品报检程序，掌握产生国际贸易纠纷的解决方法，为以后的实际业务操作奠定基础。

[重点难点]

◆ 掌握进出口商品检验的含义、内容、商品检验的时间和地点及商品检验证书的种类等

◆ 掌握索赔的含义及对合同中索赔条款的规定

◆ 掌握不可抗力的含义、范围及规定不可抗力条款时应注意的问题

◆ 掌握仲裁的含义、特点、程序

[引导案例]

中国企业遭遇贸易纠纷明显减少

中国商务部的统计显示，2015年上半年中国遭遇的贸易摩擦案件数量和涉案金额都出现大幅下降。海外专家认为，这很大程度上得益于政府层面的协调沟通，中国企业法律意识和维权能力的提升，以及中国经济的转型升级。不过，在总体贸易摩擦烈度下降的同时，中国和部分发展中经济体摩擦加剧也值得关注。

商务部的统计显示，上半年中国企业遭遇的贸易摩擦案为37起，涉案金额35亿美元，同比分别下降30%和34%。

国内专家对新华社记者说，经过多年锻炼，中资企业的法律观念、自我保护意识普遍增强，如今已懂得运用法律武器和贸易规则为自己的经营保驾护航。美国福特汉姆大学法学院教授尚撷福也认为，中国企业做好充足的法律准备是成功应对贸易摩擦的关键。

除了企业层面之外，来自政府层面的协调和沟通也至关重要。例如，在中欧领导人积极推动下，旷日持久的中欧太阳能光伏产业贸易纠纷得到妥善解决。德国中国商会干事长段炜说，自此之后，中德两国之间贸易纠纷案件开始明显下降。贸易

摩擦减少"与两国就反对任何形式的贸易保护主义达成共识有关"。

此外，中国产业结构的转型升级在减少贸易摩擦方面也功不可没。中国商务部发言人沈丹阳表示，贸易摩擦减少的一个重要原因是"中国始终注重提升产品质量和附加值，产业转型升级和经济结构调整也发挥了较大正面效应"。

段炜指出，中国正进行产业转型升级，一味生产廉价产品的时代一去不复返。在此过程中，中国需要像德国这样掌握高科技的合作伙伴；另外，中国是世界上发展最快、最大的消费市场，对德国企业具有十足吸引力。这种经济合作黏性也降低了贸易冲突的烈度。

资料来源：新华网，http://news.xinhuanet.com/world/2015-07-28/c_1116065168.htm。

商品检验与检疫是国际贸易业务中的一个重要环节，国际贸易也不是一帆风顺的，出现争议是诉诸法律还是进行仲裁？出现问题如何进行索赔？什么情况下属于不可抗力而必须履行合同？本章就以上问题加以系统阐述。

第一节　商品的检验

一、商品检验的概念、作用

（一）商品检验的概念及其发展的必要性

国际货物买卖中的商品检验（Commodity Inspection），简称商检，是指商品检验机构对卖方拟交付货物或已交付货物的品质、数（重）量、包装、安全性能、卫生指标、残损情况、货物装运技术条件等方面进行检验、鉴定和管理，并出具检验证书，从而确定货物的各项指标是否符合合同规定，是否符合交易双方国家的有关规定。

商品检验是随着国际货物买卖的发展而产生和发展起来的，它在国际货物买卖中占有十分重要的地位。由于商品检验直接关系到买卖双方在货物交接方面的权利与义务，特别是某些进出口商品的检验工作还直接关系到本国的国民经济能否顺利协调发展、生态环境能否保持平衡、人民的健康和动植物的生长能否得到保证，以及能否促进本国出口商品质量的提高和出口贸易的发展，因此，许多国家的法律和国际公约都对商品的检验问题作了明确规定。

（二）商品检验的作用

商品检验的作用是为了鉴定商品的品质、数量和包装是否符合合同规定的要求，借以检查卖方是否已按合同履行了他的交货义务，并在发现卖方所交货物与合同要求不符时，给予买方以拒收货物或提出索赔的权利。因此，商品检验对保护买方的利益是十分重要的。在磋商交易中，如何订定检验条款，往往是买卖双方争论较多的问题之一。

简言之，商品检验的作用如下：

(1) 商品检验机构以第三方的身份出现，公正地对货物的各方面进行检验和鉴定；

(2) 商品检验关系到出口国能否保持良好的信誉，使本国出口贸易持续发展；

(3) 商品检验关系到进口国的社会福利；

(4) 商品检验关系到交易双方的经济利益。

二、商品检验的时间、地点

国际贸易中，在什么时间、地点对进出口商品进行检验，是涉及买卖双方由谁来行使检验权和复检权的重要问题。检验时间、地点的确定主要是依据各国法律的规定、国际贸易惯例和买卖双方的约定。

(一) 国际贸易惯例的做法

在国际贸易中，有关买卖合同对检验时间和地点的规定，通常有三种惯例做法：

(1) 以离岸质量、重量为准。这种做法由卖方在货物装运前申请检验鉴定机构，对出口商品的质量和数量进行检验鉴定后出具检验证书，作为最后的依据。买方在货物到达目的港后，虽然可以自行委托检验机构对货物进行检验，但无权对交货的质量、数量等向卖方提出任何异议，从而否定了买方对货物的复验权。

(2) 以到岸质量、重量为准。这种做法是货到目的港后，由买方申请目的港检验鉴定机构，对货物的质量、数量等进行检验鉴定后出具证书，作为最后的依据。这是由买方行使检验权，如检验后发现货物的质量和数量与合同规定不符，并确属卖方的责任，买方因此提出索赔，卖方应予理赔。

(3) 以装运港的检验证书作为议付货款的依据，在货物到达目的港后，允许买方有复验权。这种做法是，货物在装船前必须进行检验鉴定，但装运港的检验证书不是交货质量和数量的最后依据，而只是作为卖方要求银行议付货款的一种单据。货物到达目的港后，在约定的时间内买方有复验权。如经复验发现货物的质量或数量与合同不符，买方可根据复验结果，向卖方提出索赔。这种做法兼顾买卖双方的权益。我国对外贸易合同的检验条款中，多采用这种做法。

(二) 检验时间和地点

1. 检验的时间规定

出口商品的检验时间，一般是在合同或信用证交货截止期内，货物装运前进行。一般商品应在报关前 10 天提出申请，某些特定的商品须在打包前申请。

进口商品检验的时间，是在合同规定的索赔有效期、检验日期、质量保证期内进行。索赔有效期一般在合同中有明确规定。因残损、短少而提出索赔，有效期一般为 30 天、60 天、90 天等，因品质、规格不符提出索赔的有效期一般为一年。

2. 检验的地点规定

检验地点的规定分出口和进口商品。

出口商品的检验地点：

（1）在装运港检验鉴定的有散装商品的装船取样，散装商品的质量、重量的鉴定；易腐烂变质商品的质量检验鉴定。

（2）在内地进行检验鉴定的有质量相对稳定的轻纺、机电、金属材料、畜产品等的检验；包装商品和成件商品的重量鉴定，出口食品卫生检验，集装箱的整箱货物检验等。

进口商品检验地点：

（1）在装运口岸进行检验鉴定的有散货物的重量或残损货物的计重；经保留鉴定残损货物的口岸验残；依照合同规定"到岸品质""到岸重量"和凭卸货口岸商检机构的检验证书办理最终结算的质量、重量的检验。

（2）在内地检验鉴定的有：成套设备完好箱件的开箱检验。

（三）商品复验的时间、地点

1. 复验的时间

复验的时间，实际上就是品质数量索赔的期限。买方只有在合同规定的时间内进行复验，并取得适当的检验证书，其复验的结果才能作为提出索赔的有效依据。如果超过规定的期限复验和提出索赔，卖方就有权拒赔。因此，复验期限是一个十分重要的问题，必须在合同中做出明确的规定。

按照某些国家法律的规定，如果合同中对复验时间没有做出明确的规定，就表示买方可以在"合理时间"（Reasonable Time）内进行复验。至于何谓"合理时间"，是一个富有伸缩性的概念，一旦发生争议，须由资本主义国家的法院或仲裁机构根据具体案情进行解释，这往往是对卖方不利的。

目前，我国各进出口公司在签订进口合同时，对复验时间的计算有两种办法：一种是规定在货物到达目的港后若干天内（如 60 天）进行复验；另一种是规定在目的港卸货后若干天内（如 60 天）进行复验。虽然两者规定的复验期限相同（都是 60 天），但由于前者是从货到目的港时起算，不包括卸货时间，而后者则从卸货完毕后起算。因此，实际执行结果，两者在时间上可能会有很大差别。根据我国当前港口的实际情况，在确定进口商品的复验时间时，一般以采用后一种方法为妥。

2. 复验的地点

复验地点也是检验条款的一项主要内容，按照国际贸易的惯例，在 FOB、CFR、CIF 合同中，除双方当事人另有协议以外，检验地点一般不是在货物的装运地点，而是在到货的目的地。有些资本主义国家的判例还认为，目的地的卸货码头和关栈都不是进行检验的适当地点，而应以买方的营业处所作为适当的检验地点。如果到货的目的地不是港口而是在内地，则检验地点还可以延展到到货的最后目的地。对于这种解释，我们也应加以注意，我们在对外签订合同时，必须对检验地点做出明确的规定，以免引起误解。目前我国各进出口公司在进出口合同中，一般都规定以目的口岸作为买方进行复验的地点。对有些商品（如机器设备），则规定以最后目的地作为复验地点。

3. 复验权

复验权问题，对买卖双方尤其是对买方来说是一个利害攸关的问题，历来为买卖双方所重视，有些资本主义国家还在法律上对这个问题做出明文规定，如英国货物买卖法规定："当卖方交货时，除另有协议外，买方有权要求有合理的机会检验货物，以便确定其是否与合同的规定相符。"并规定："凡是事先未对货物进行检验的买方，都不能认为是已经接受了货物，因而并未丧失其拒收货物的权利。"按照英国法律的解释，如果合同中没有排除买方的复验权，买方就可以依法享有复验权。因此，我们在对外签订合同时，对于买方是否享有复验权，必须做出明确的规定，以免引起误解。

签订进出口合同，必须明确规定进口方是否有复验权，如有，则应同时明确复验的时间和地点。复验时间的长短直接关系到品质、数量等索赔的期限。超出规定期限提出索赔，卖方有权拒赔。复验期限长短主要根据商品的特性和检验时间的长短不同而定。对复验时间要有一个充分的估计，不然超过了合同规定的复验时间，就会丧失对外索赔的权利。复验地点选择同时间密切相关，地点选择不当，实际检验时间就得不到保障。

三、商品检验的内容

对进出口商品实施检验项目，主要取决于各国法律的规定与买卖双方合同的规定。主要包括以下内容：

（1）品质检验。包括内在质量、外在质量及规格的检验。它是判断是否符合合同规定的品质条款，决定商品是否合格的检验。

（2）数量和重量检验。这是对买卖双方成交商品的基本计量和计价单位的检验。

（3）包装检验。包括对进出口商品的内外包装所进行的检验。检验进出口商品的包装标志、包装材料、包装方法等是否符合合同规定的要求。包装是否牢固、清洁、干燥、完整，是否适合长途运输的要求。

（4）安全检验。是对进出口商品涉及安全、卫生、劳动保护和环境保护等社会公益方面而进行的检验，其检验的标准是各国对涉"安全"的进出口商品制定的有关规定和标准。

四、商品检验的方法、标准

检验方法和检验标准涉及检验工作中许多复杂的技术问题。同一商品，如用不同的检验方法和标准进行检验，其结果也会不同。因此，在对外签订合同时，应注意确定适当的检验标准和检验方法。

在出口方面，我国的出口商品一般应按我国有关标准规定的方法进行检验。如对方要求按对方或第三国的标准进行检验时，应和商检部门研究，征得有关部门同意后再定。但不宜接受与我国不进行贸易的国家的标准进行检验或复验。

在进口方面，对进口商品的检验一般可按下列原则办理：

（1）按生产国的标准进行检验。

（2）按买卖双方协商同意的标准和方法进行检验，但原则上不能接受在合同中规定与我国不进行贸易的国家的标准进行检验。

（3）按国际标准或国际习惯进行检验。如合同规定需按国外标准进行检验，而我国又没有该项商品的有关标准时，应及时向对方索取合同规定的标准，以利于检验工作的进行。同时，应在合同中规定我方有取样的权利，因为取样不同，检验结果也往往有所差异。

此外，无论是出口商品或是进口商品的检验方法或标准，在合同中均应订明以一种标准或方法检验，不要采用"某种或某种均可"这类带有选择性的条款，以免发生差异时，双方在选用何种标准或方法上引起不必要的纠纷。

五、商品检验的程序

商检机构对进出口商品检验一般按下列程序进行：

（1）接受报验。这是指对外贸易关系人向商检机构报请检验，填写"检验申请单"，写明申请检验、鉴定的工作项目和要求，同时提交对外所签订的合同，呈交小样及其他资料。一般最迟在报关或装运前10天进行，个别商品检验周期较长时还应提前，鲜货在装运前3~7天报检。

（2）抽样。商检机构接受检验申请之后，及时派员到货物堆存地点，按照一定的技术标准和操作规程，从整批商品中抽取部分具有代表性的样品。

（3）检验。确定检验内容后，审核合同对品质、规格、包装的规定，弄清检验依据，确定检验标准方法，然后对样本进行检验。检验的依据是法律、行政法规规定的强制性标准或者其他必须执行的检验标准（如进口国政策法令、法规规定）或对外贸易合同约定的检验标准。

（4）签发证书。仅指商检机构按规定对经过检验的商品发放商检单证。出口商品经商检机构检验合格后签发放行单（或在"出口货物报关单"上加盖放行章）。进口商品经检验后，签发"检验情况通知单"或"检验证书"，供对外结算或索赔用。

在对外贸易中，对于法定检验以外的进出口商品，亦进行检验，这叫公证检验，它不是强制性的，是商检机构接受办理对外关系人（买方、卖方、承运人、托运人、保险人）的申请、对实施法定检验范围以外的进出口商品的检验与鉴定业务。如品质检验、重（数）量鉴定、载损鉴定、残损鉴定、船舶鉴定、监督装卸、载货衡量等。并提供检验数据，作为履约和处理争议的有效证件。

六、商品检验机构

在国际贸易中，从事商品检验的机构大致有以下三类：①由国家设立的商品检验机构；②由私人或同业公会、协会开设的公证行或公证人；③由生产、制造厂商或使用单位进行检验。

在我国，进出口商品检验、鉴定工作是统一由国家设立的中国进出口商品检验局办理的。目前，除中国台湾外，各省、市、自治区、经济特区都设有商检局及其分支机构，在重要的进出口商品生产地和集散地还设有商检处。我国开展进出口商品检验工作的依据，是 1989 年 2 月 21 日第七届全国人大常委会第六次会议通过的《中华人民共和国商品检验法》。该法规定："国务院设立进出口商品检验部门，主管全国进出口商品检验工作"，以及国务院于 1992 年 10 月 7 日批准的，由国家商检局颁布的《商检法实施条例》。《商检法》是我国关于进出口商检工作的基本法，属于涉外经济行政法。该法共 6 章 32 条，包括总则、进出口商品检验、法律管理和附则。该法明确规定，我国进出口商品检验工作的宗旨是：保证进出口商品质量，维护对外贸易各方的合法权益，促进对外贸易关系的发展。

在资本主义国家，除了官方设立的检验机构外，还有大量由私人或同业公会、协会开设的公证行。它们都接受买卖双方的委托，对商品的品质、数量和包装进行检验和衡量。应当指出，某些资本主义国家的检验机构所出具的证书，并不完全是那么公平可靠，对此我们应当注意。

在具体业务中，有时经买卖双方同意，也可采用由出口方的生产制造厂商，或由进口方的使用部门检验出证的办法。在订定检验条款时，对检验机构必须做出明确的规定。如在我国检验，应订明"由中国进出口商品检验局进行检验"。在出口合同中，如允许国外买方有复验权，最好争取在合同中规定，"须以买卖双方同意的检验机构出具的检验报告作为索赔的依据"。这样规定的好处是，对方在委托办理检验的机构时，必须征得我方的同意，如发现对方所委托的检验机构在政治上对我不友好，或在业务上缺乏应有的能力，或有偏袒对方的行为时，我方有权提出异议，要求另行委托其他比较合适的检验机构进行复验，以维护我方的正当权益。

七、检验条款的规定

进出口双方商定货物检验条款时应把货物检验工作与所进出口货物本身的特点、各国的有关法律规定以及国际贸易惯例结合起来，综合确定。

（一）出口合同检验条款的规定

在我国出口贸易中，一般实行在出口国检验、进口国复验的办法。这种规定即货物在装船前由我国口岸质检局进行检验，并签发检验证书，作为我国出口商向银行议付货款的凭证；货到目的港后允许进口商有复验权，并以目的港检验机构检验后出具的检验证明作为其索赔的依据。这种检验条款的具体规定如下：

"双方同意以装运港国家出入境检验检疫机构签发的品质和数量（重量）检验证书作为信用证项下议付所提交单据的一部分，买方有权对货物的品质、数量（重量）进行复验。复验费用由买方负担，如发现品质或数量（重量）与合同规定不符，买方有权向卖方索赔，并提交经卖方同意的公正机构出具的检验报告。索赔期限为货到目的港××天内。"

（二）进口合同检验条款的规定

进口合同检验条款的订立应在贯彻平等互利原则基础上，采取慎重的态度，力求在业务上做到明确、清楚，经济上避免承担损失。进口合同检验条款常见的规定方法如下：

"双方同意以检验机构出具的品质及数量（重量）检验证书作为在信用证项下付款的单据之一，但货物品质及数量（重量）的检验按下列规定办理。"

"货物到达目的港××天内经国家出入境检验检疫机构复验，如发现品质及数量（重量）与本合同不符的，除属于保险公司或船舶公司责任外，买方可凭中国进出口商品检验局出具的检验证书，向卖方提出索赔或退货。所有因索赔或退货引起的一切费用（包括检验费）及损失，均由卖方承担。在此情况下，凡货物适用抽样的，买方可应卖方的要求，将货物的样品寄交卖方。"

八、检验条款制定的注意事项

（1）必须明确规定商品检验的时间和地点。在国际货物买卖合同中一般采用出口国检验、进口国复验的办法，由于买方只有在复验期限内复验并取得证书，才能作为提出索赔的依据，所以，要对复验的期限予以明确。

（2）必须明确检验标准和方法。对我国的出口商品，合同无规定或规定不明确的，按国家标准检验，无国家标准的按部颁标准检验，无部颁标准的按企业标准检验。

（3）检验条款应明确具体，并避免与信用证的规定相冲突而单证不符。

（4）必须确认有把握取得进口国规定的质量认证。有的国家规定，生产企业只有取得某项质量认证（如 CE 认证、ISO 认证等）后，其生产的产品方允许进口。出口商应确认出口产品是否需要认证，能否办到。

第二节　索　赔

一、索赔与理赔的区别

索赔（Claim）是指在进出口交易中，因一方违反合同规定直接或间接给另一方造成损失，受损方向违约方提出赔偿请求，以弥补其所受损失。当违约的一方受理对方提出的赔偿要求即为理赔（Settlement）。索赔与理赔是一个问题的两个方面，即对守约方而言是索赔，对违约方而言是理赔。

在实际业务中，索赔通常发生在交货期、交货质量、数量或包装与买卖合同规定不符等违约情况中，因此，一般来说，买方向卖方提出的索赔较为多见。

二、索赔的内容

索赔情况时有发生，特别是在市场剧烈动荡和价格瞬息万变的时候，更是频繁出现。为了便于处理这类问题，买卖双方在合同中，一般都应订立索赔条款。索赔条款有两种规定方式：一种是异议与索赔条款（Discrepancy Claim Clause），另一种是罚金条款（Penalty Clause）。

（一）异议与索赔条款

在一般货物买卖合同中，多数只订异议与索赔条款，该条款的内容，除规定一方如违反合同，另一方有权索赔外，还包括索赔依据、索赔期限和索赔办法等。

1. 索赔的依据

在索赔条款中，一般都规定提出索赔应出具的证据和出证机构。如双方约定：货到目的港卸货后，若发现品质、数量或重量与合同规定不符，除应由保险公司或船公司负责外，买方于货到目的港卸货后若干天内凭双方约定的某商检机构出具的检验证明向卖方提出索赔。

2. 索赔的期限

守约方向违约方提出索赔的时限，应在合同中订明，如超过约定时限索赔，违约方可不予受理。因此，索赔期限的长短应当规定合适。在规定索赔期限时，应考虑不同商品的特性和检验条件。对于有质量保证期限的商品，合同中还应加订保证期。一般货物规定为货物到达目的地后 30 天或 40 天，对机、电、器一般定为货物到达目的港或目的地后 60 天或 90 天，最长一般不超过 180 天，但对有质量保证期的机械设备的索赔期可长达 1 年或 1 年以上。索赔期的规定在进口合同中不宜过短，防止超过索赔期而遭拒赔，可在合同中规定："如在有效期内，因检验手续和发证手续办理不及时，可先电告对方延长索赔期若干天。"

此外，在规定索赔期限时，还应对索赔期限的起算时间一并做出具体规定，通常有下列几种起算方法：

（1）货到目的港后××天起算；

（2）货到目的港卸离海轮后××天起算；

（3）货到买方营业处所或用户所在地后××天起算；

（4）货物检验后××天起算。

3. 索赔的办法

异议索赔条款对合同双方当事人都有约束力，不论何方违约，受损害方都有权提出索赔。鉴于索赔是一项复杂而又重要的工作，故处理索赔时，应弄清事实，分清责任，并区别不同情况，有理有据地提出索赔。至于索赔金额因订约时难以预卜，只能事后本着实事求是的原则酌情处理，故在合同中一般不作具体规定。

（二）罚金条款

此条款是指合同中规定如由于一方未履约或未完成履约，应向对方支付一定数量预先约定的金额。这项条款适用于延期交货或延期接货以及无理拒收货物或拒付货款等违约行为。它的特点是合同中预先约定赔偿金额或赔偿幅度。例如，有的合同规定"如卖方不能按期交货，在卖方同意由付款行从议付款中扣除罚金的条件下，买方可同意延长交货。但是因延期交货的罚金不得超过货物总金额的 5%，罚金每 7 天收取 0.5%，不足 7 天按 7 天计算。如卖方未按合同规定的装运期交货，延长 10 周时，买方有权撤销合同，并要求卖方支付上述延期交货罚金"。

罚金的支付，并不能解除违约方履行合同的义务。如违约方根本不履行合同义务时，仍要承担因此而给受损方造成的损失。罚金的规定应适当，金额不宜过大，一般规定累计罚金不超过合同金额的 5%。

三、索赔的对象

对于索赔应该负责的对象主要有卖方、买方、船公司（或承运人）和保险公司。他们所负的责任根据造成损失的原因和有关合同的规定而有所不同：

（一）属于卖方的责任

①货物品质规格不符；②原装货物数量短少；③包装不善致使货物受损；④延期交货；⑤卖方不符合合同条款规定的其他行为致使买方受到损失。

（二）属于买方的责任

①付款不及时；②订舱或配船不及时（指按 FOB 条款成交的合同）或延迟接货；③买方不符合合同条款规定的其他行为致使卖方受到损失。

（三）属于船公司（或承运人）的责任

①数量少于提单载明的数量；②收款人持有清洁提单而货物发生残损短缺。

（四）属于保险公司的责任

①在承保范围以内的货物损失；②船公司（或承运人）不予赔偿的损失或赔偿额不足以补偿货物的损失而又属承保范围以内的。

以上是各个索赔对象应负的单独责任。如果损失的发生牵涉到几方面，例如保险的货物到达目的港后发生短卸，由于船公司对每件货物的赔偿金额有一定的限制，往往不能赔足，其不足部分就应由保险公司负责。这里涉及船公司和保险公司两方面，因此收货人应向船公司和保险公司同时提出索赔。

四、索赔与理赔时的注意事项

买卖双方在办理索赔时，应注意以下几点：

（1）认真对照原贸易合同及其各项条款，所提索赔有无依据。

（2）是否在有效的索赔期内。

（3）要研究对方提出索赔的事实，并对所提供的证据是否齐全，出证机构是否符合规定等问题进行确认。如证据不全、理由不足、事实不清楚、出证机构不符合规定等，均应拒赔或遭到拒赔。

（4）如果违约的行为确实成立，由于各国法律规定不一，要进一步研究此违约的法律性质，以及违约人应负的法律责任。

（5）在计算赔偿金额时应防止索赔时宁多勿少，理赔时宁少勿多。要掌握计算损失的正确标准和方法，一般原则是违约人应承担的赔款额与受损方的损失额，包括预期利润、利息等。

（6）由于索赔动机不同，在正常索赔外，还有的一方当事人由于国际市场或国内市场其他情况变化出现不利于自己的因素，而有意对另一方当事人进行挑剔，即"恶意索赔"（Market Claim），对此则应据理力争，拒绝对方的不合理要求。

五、索赔条款制定的注意事项

（一）明确索赔的对象

根据损失的原因和责任的不同，索赔有三种不同的情况。凡属合同当事人的责任造成的损失，可向责任方提出索赔；如是承保范围内的货物损失，应向保险公司索赔；如是承运人的责任造成的货物损失，则应向承运人索赔。

（二）索赔期限的确定要适当

索赔期限是指受损害一方有权向违约方提出索赔的期限。不同的商品应规定不同的索赔期限，按照法律和国际惯例，受损害一方只能在索赔的期限内提出索赔，否则即丧失索赔权。

第三节　不可抗力

一、不可抗力的定义

不可抗力（Force Majeure）或称人力不可抗拒，是指在合同签订以后，不是由于当事人的过失或疏忽，发生了当事人所不能预见的、无法预防的意外事故，以致不能履行合同或不能如期履行合同。遭受意外事故的一方可以据此免除履行合同的责任或延迟履行合同，对方无权要求损害赔偿。

不可抗力事件有其特定的含义，并不是任何一种意外事件都可作为不可抗力事件。其范围较广，通常包括两种情况：①自然原因引起的，如水灾、旱灾、飓风、暴雨、大雪、地震等自然灾害；②社会原因引起的，如战争行为、政府封锁、禁运等。但不可抗力事件目前在国际上还没有统一的、确切的解释。对于哪些意外事故应订入合同的不可抗力条款，买卖双方可自行商定。但不是所有意外事故都可以构成人力不可抗拒事故的，例如，合同签订后，物价的涨落，货币的升值、贬值等，这些是交易中常见的现象，除买卖双方另有约定外，不属于不可抗力的范围。

二、不可抗力的规定

不可抗力条款对买卖双方都是同样适用的。在进出口合同中订立了不可抗力条款，一旦发生意外事故影响到合同的履行时就可根据合同规定确定发生的意外事故是否属于不可抗力，防止对方任意扩大或缩小对不可抗力的解释。这对于维护买卖双方正当利益是有好处的。不可抗力条款的内容一般有：不可抗力事故的范围；不可抗力事故发生后，通知对方的期限；出具证明文件的机构；不可抗力事故的后果。

不可抗力条款的订法常见的有三种：

（1）概括式规定，即在合同中不具体规定不可抗力事故的种类而是作笼统的规定。例如："由于公认的不可抗力原因而不履行合同规定义务的一方可不负责任，但应于若干天内通知对方并提供有关的证明文件。"

（2）列举式规定，即逐一证明不可抗力事故的种类。例如："由于战争、洪水、水灾、地震、暴风、大雪的原因而不能履行合同规定义务的一方可不负责任。"

（3）综合式规定，即将概括式和列举式合并在一起的方式。例如我国在订购成套设备的进口合同中规定："由于战争、地震，严重的风灾、雪灾、水灾、火灾以及双方同意的其他人力不可抗拒事故，致使任何一方不能履行合同时，遇有上述不可抗力事故的一方，应立即将影响履行合同的不可抗力事故的情况以电报通知对方，并应在 15 天内，以航空挂号信提供事故的详细情况及影响合同履行的程度的证明文件。此项文件如由卖方提出时，应由发生不可抗力事故地区的商会出具；如由买方提出时，应由中国国际贸易促进委员会出具。"

上述概括式规定比较笼统，容易产生纠纷。列举式规定虽然明确，但不可抗力的事故举不胜举，如发生了没有列举的事故，就无法引用不可抗力条款。综合性规定则弥补了前两种方式的不足，因此，使用比较广泛。

三、不可抗力的处理

发生不可抗力事件后，应按约定的处理原则和办法及时进行处理。不可抗力的后果有两种：一是解除合同，包括全部解除合同和部分解除合同；二是延期履行合同。究竟如何处理，应视事故的原因、性质、规模及其对履行合同所产生的实际影响程度而定，即取决于不可抗力是持续相当一个时期还是暂时的、对合同履行的影响程度如何、合同的标的是金钱交付还是货物交付。一般而言，没有任何意外事故可以解除当事人金钱债务的义务。如提交的货物是特定物，发生灭失可以解除合同，如是种类物，而在客观上不是不能够提供这种货物时，即使发生不可抗力也不能解除卖方的履约义务。

此外，在考虑免除遭受不可抗力一方责任时，还要看意外事故与当事人未履行或不能按期履行合同之间是否存在因果关系。

四、不可抗力的注意事项

（1）任何一方在遭受到不可抗力事故后，应立即按照合同规定通知对方，并提供有关机构的证明。出证机构如合同未予规定，在我国可由中国国际贸易促进委员会出证，在国外一般由当地的商会或合法的公证机构出证。

（2）一方接到不可抗力事故通知和证明后，应及时研究所发生的事故是否属于不可抗力条款所包括的范围。如合同中已经列举了事故的种类，但发生的事故不属列举范围，一般就不能按不可抗力处理。如合同中附有"双方当事人所同意的其他意外事故"规定的，则必须经买卖双方协商同意才能作为不可抗力事故处理。如一方不同意即不能列入不可抗力事故。但不论同意与否，都应及时答复对方。

（3）对于不可抗力事故成立后，处理问题应按合同规定办理。如果合同没有规定，买卖双方应本着实事求是的精神根据事故发生的原因和情况与对方协商决定，是否解除合同或延迟履行合同。

第四节 仲 裁

在国际贸易中，买卖双方分处不同的国家或地区，发生争议后的解决方式有友好协商、调解、仲裁和诉讼等。采用友好协商的方法或第三者调解的方式，气氛比较友好，可以节省仲裁或诉讼的费用，有利于双方贸易的开展。这是买卖双方解决争议所常用的两种方法。如果这两种方式不能解决时，才采用仲裁或诉讼的方式。

仲裁（Arbitration）是指双方当事人自愿将他们之间发生的争议提交给仲裁机构进行裁决，该裁决对双方当事人均具有约束力，以求最终解决争议。国际经济贸易仲裁，或称国际商事仲裁，涉及的领域包括投资、技术转让、国际货物买卖、保险、运费支付结算以及海事等方面。

一、仲裁协议的形式、作用

凡采用仲裁方式处理争议时，双方当事人必须订有仲裁协议（Arbitration Agreement）。仲裁协议是双方当事人表示愿意将他们之间的争议交付仲裁解决的一种书面协议。它是仲裁机构受理争议案件的依据，仲裁协议可在争议发生前订立，一般是包括在买卖合同的仲裁条款（Arbitration Clause）中的，但也可在争议发生后由双方达成。

（一）仲裁协议的形式

1. 仲裁条款

仲裁条款（Arbitration Clause）是指在合同中订立的仲裁协议。它是双方当事人在争议发生之前订立的，表示愿意将未来可能发生的争议提交仲裁的条款，除了个别国家以外，合同中的仲裁条款被认为是一种有效的书面仲裁协议形式。

2. 提交仲裁的协议

提交仲裁的协议（Submission Agreement）是双方当事人在争议发生之后，将争议提交仲裁之前专门订立的书面协议。它是独立于合同之外单独的协议，包括双方当事人同意将争议提交仲裁的来往信件、电报、电传等。

（二）仲裁协议的作用

按照大多数国家的仲裁法的规定，仲裁协议（包括仲裁条款，下同）的作用，主要有以下几个方面：

（1）双方当事人均须受仲裁协议的约束，如果发生争议，应以仲裁方式解决，不向法院提起诉讼；

（2）仲裁员和仲裁庭取得对有关争议案件的管辖权；

（3）排除法院对有关争议案件的管辖权。

上述三个方面的作用是相互联系不可分割的。其中，最重要的一点是排除法院的管辖权。这就是说，只要双方当事人订立了仲裁协议，他们就不能把有关争议案件提交法院处理，如果任何一方违反仲裁协议，把他们之间的争议向法院提起诉讼，对方可根据仲裁协议要求法院停止司法诉讼程序，把有关争议案件提交仲裁庭或仲裁员审理。

二、仲裁条款的内容

仲裁条款一般应包括仲裁地点、仲裁机构、仲裁程序和仲裁裁决的效力四个方面的内容。

（一）仲裁地点

仲裁地点是仲裁条款的主要内容。在国际贸易中，交易双方一般都力争在本国进行仲裁，这是因为一方面当事人对自己所在国家的法律和仲裁法比较了解和信任，另一方面是仲裁地点与仲裁的适用程序法以及实体法都有密切关系。因此，在商定仲裁条款时，仲裁地点往往成为双方当事人争论的焦点。为了避免在这一问题上的僵持，影响双方的签约和交易，有个别国际仲裁机构在制定标准仲裁条款格式时，把这个问题放在产生争议之后由仲裁员根据具体情况予以确定。

国际上对仲裁地点的选择一般有以下几种情况：在买方国家，在第三国，在被诉方国家或原诉方国家，在货物所在地仲裁。我国各进出口公司在规定仲裁地点时主要有三种方式：在我国仲裁；在被诉方所在国仲裁；在双方所同意的第三国仲裁。一般来说，首先应当争取在我国进行仲裁，其次才考虑在被诉方所在国仲裁，或在第三国进行仲裁。在选择第三国仲裁时，应注意所选择的国家必须在政治上对我方友好，仲裁机构有一定的业务能力，审理公平合理，我方对该国仲裁程序有所了解。

（二）仲裁机构

国际贸易仲裁机构都是民间性质的，有临时机构和常设机构两种。常设仲裁机构有负责组织和管理有关事项的人员，为仲裁提供方便，因此在仲裁条款中通常都选用适当的常设机构。

（1）临时仲裁机构是为了解决特定的争议而组成的仲裁庭。争议处理完毕，临时仲裁庭即告解散。

（2）常设仲裁机构又可分为两种：一种是国际性和全国性的特设机构。国际性的如国际商会仲裁院、亚洲及远东经济委员会商事仲裁中心等；全国性的如英国伦敦仲裁院、英国仲裁协会、美国仲裁协会、瑞典斯德哥尔摩商会仲裁院、瑞士苏黎世商会仲裁院、日本国际商事仲裁协会等。中国国际贸易促进委员会附设的对外经济贸易仲裁委员会，也属于全国性的常设仲裁机构。另一种是附设在特定的行业组织之内的专业性仲裁机构，如伦敦谷物商业协会等。

（三）仲裁程序

仲裁程序规则主要是规定如何进行仲裁的程序和做法，包括仲裁的申请、仲裁员的指定、仲裁条件的审理、仲裁裁决的效力和仲裁费用的支付等内容。仲裁规则的作用主要是为当事人和仲裁员提供一套进行仲裁的行为准则，以便在仲裁时有所遵循。仲裁规则与仲裁机构是有密切联系的。一般来说，仲裁条款规定在哪个仲裁机构仲裁，就按哪个机构制定的仲裁规则处理。我国各进出口公司的通常做法是规定在哪个国家的仲裁机构仲裁，就规定按哪个仲裁机构的仲裁规则办理。在资本主义国家，采用哪个仲裁规则，则可由双方当事人自由选择。

（四）仲裁裁决的效力

仲裁裁决的效力主要是指裁决是否具有终局性，对双方当事人有无约束力，能否再向法院提起上诉的问题。

各国法律对仲裁裁决的上诉程序都有一定的限制。有些国家原则上不允许对仲裁裁决提起上诉，有些国家虽然允许当事人上诉，但法院一般只审查程序，不审查实体，即只审查仲裁裁决在法律手续上是否完备，而不审查仲裁裁决在认定事实或适用法律方面是否正确。有些国家的仲裁法规定，如法院发现有下列情况之一种，有权撤销仲裁裁决：①仲裁裁决缺乏有效的仲裁协议作为依据；②仲裁员行为不当或越权做出裁决；③交付仲裁裁决的事项是属于法律不得提交仲裁处理的问题；④仲裁裁决违反该国的公共秩序；⑤仲裁程序不当或仲裁裁决不符合法定的要求。

三、仲裁条款的格式

我国对外贸易合同中的仲裁条款常用的有下列三种：

（一）规定在我国仲裁的条款

"凡因执行本合同所发生的或与本合同有关的一切争议，双方应通过友好协商解决；如果协商不能解决，应提交中国国际贸易促进委员会对外经济贸易仲裁委员会根据该会的《仲裁程序暂行规则》进行仲裁，仲裁的裁决是终局的，对双方都有约束力。"

（二）规定在被诉方所在国仲裁的条款

"凡因执行本合同所发生的或与本合同有关的一切争议，双方应通过友好协商解决；如果协商不能解决，应提交仲裁。仲裁在被诉人所在国进行，如在中国，由中国国际贸易促进委员会对外经济贸易仲裁委员会根据该会《仲裁程序暂行规则》进行仲裁。如在某国（被诉人所在国家名称），由某仲裁机构（被诉人所在国家的仲裁机构的名称）根据该机构的仲裁程序规则进行仲裁。仲裁裁决是终局的，对双方都有约束力。"

（三）规定在第三国仲裁的条款

"凡因执行本合同所发生的或与本合同有关的一切争议，双方应通过友好协商解决；如果协商不能解决，应提交某国（第三国名称）某仲裁机构（第三国某地的仲裁机构的名称）根据该仲裁机构的仲裁规定进行仲裁。仲裁裁决是终局的，对双方都有约束力。"

本章小结

在国际贸易买卖合同中，检验条款和品质、数量条款是有密切联系的。进出口商品的检验是指对卖方交付商品的品质和数量进行鉴定，以确定交货的品质、数量和包装是否与合同的规定一致。如有品质、数量方面的索赔，应当在合同规定的时间内提出，逾期提出索赔，卖方可不予受理。但是如果是由于不可抗力事件的发生而造成违约，可以免除违约方的违约责任。

为了防止争议的产生，或者出现争议时能够得到妥善和圆满的解决，买卖双方在磋商交易时就应明确各方的责任和义务，特别是对于容易产生争议的条款都应做出明确和详细的规定。除此之外，还要在合同中对于违约后的补救，如索赔、罚金和仲裁以及不可抗力等问题作为合同条款予以详细规定。

复习思考题

【核心概念】

1. 商品检验

2. 索赔与理赔

3. 不可抗力

4. 仲裁

【问答题】

1. 为什么要进行进出口商品检验？

2. 法定检验的范围和意义是什么？

3. 办理索赔事件应注意些什么？

4. 不可抗力性质和范围是如何界定的？

5. 国际贸易合同中的仲裁条款一般包括哪些内容？

第二十章 国际贸易合同的签订与履行

[学习目的]

通过本章的学习，熟练掌握国际贸易合同商订和履行程序的具体操作，了解国际贸易合同订立和履行时应注意的问题，将理论与实践相结合，为以后从事国际贸易工作铺路。

[重点难点]

◆ 掌握国际贸易洽商的形式、内容

◆ 掌握进出口合同的基本履行程序及其做法

◆ 掌握合同违约后的处理规则

◆ 掌握进出口业务的单证处理及报关程序

[引导案例]

签订外贸合同需谨慎

昨日，记者从金华市检验检疫局永康办事处了解到，上个月永康某企业向金华市检验检疫局永康办事处报检一批出口苏丹的剪式千斤顶，在检验中发现产品存在多处不规范，最终检验人员判定该批产品不合格，不准出境。

记者了解到，此次报检的这批出口苏丹的剪式千斤顶共 500 台，货值为 19960 美元，在报检资料中附有欧盟 CE 证书，依据标准为 EN1494:2000+A1:2000。经现场检验，产品存在多处不符合 EN1494:2000+A1:2000 标准的情况，一是使用手册缺少相关应用范围限制，不符合标准 7.1.1 条 "概述" 规定；二是产品无相关生产信息，不符合标准 7.1.4 条 "最少标识" 规定；三是产品无起重垫配置，不符合标准 5.9 条 "起重垫" 规定。经询问，该批产品实际并未按照欧盟标准生产，而是按照收货人的要求生产，配置及相关使用说明、警示标贴等都为客户要求。生产企业与发货人进行了沟通协调，由于发货人不允许更改相关配置说明，最终检验人员判定该批产品不合格，不准出境。

业内人士告诉记者，输非产品装运前检验是中国政府与非洲及中东部分国家签署的政府间协议，目的是帮助进口国把好产品质量关，防止假冒伪劣、以次充好产

290

品出口，维护中国制造形象。2013 年签署的《中苏谅解备忘录》规定，中国出口苏丹工业产品合格判定依据依次适用苏丹标准计量组织发布的适用于该产品的标准、对外贸易合同约定的标准、中国国家标准或国际标准，因此，在无苏丹标准也无合同约定的情况下，检验人员采用企业提供的欧盟标准进行检验，由于欧盟标准要求高，而输非产品因货值低，往往达不到标准要求，导致不合格情况屡有发生。在本案例中，由于收货人对配置、说明、警示标贴等都有单独要求，并未要求生产企业按照欧盟标准组织生产，因而生产企业与收货人签署合同时应在合同中注明相关要求并随附检验合格证明，并不需要提供与实际不符的欧盟 CE 证书。因此，检验人员可以按照《中苏谅解备忘录》中规定，以对外贸易合同约定进行检验，避免不合格项的发生，而生产企业可以规避贸易风险。另外，在产生纠纷的情况下，生产企业可依合同进行维权。

资料来源：摘自《金华日报》，http://epaper.jhnews.com.cn/site1/jhrb/html/2016-04/13/content_1694106.htm。

从以上资料可以看出，国际贸易合同签订是需要慎之又慎的，那么国际贸易合同签订需要经过哪些环节？贸易合同有哪些形式？进口合同和出口合同如何履行？发生违约如何进行处理？这些问题将在本章作出回答。

第一节　国际贸易合同及其签订

国际贸易合同是交易中一种非常正式的货物买卖协议。它的内容比较全面、详细，除了交易的主要条件如品名、品质、数量、包装、价格、总值、交货、支付方式，还包括保险、商品检验、索赔、不可抗力、仲裁等合同的一般条件；此外，还对双方的权利和义务及发生争议的处理均有详细规定。由卖方根据磋商结果草拟的合同称为"销售合同"（Sales Contract）；由买方根据协商条件拟定的合同称为"购货合同"（Purchase Contract）。合同适宜大宗交易或金额较大的交易。

一、交易前的准备

（一）出口交易前的准备

1. 做好国际市场的调查研究

对某一个国家或地区的同贸易有关的情况做调查研究，选择适宜的市场，为我国对外贸易的进行创造条件。

（1）经济调研。包括该国或地区的财政货币政策、失业情况、自然资源等。

（2）目标市场调研。包括对目标市场的供求关系、销售价格、对产品的质量要求、外汇管制如何以及相关的法律法规、贸易壁垒等的调研。

（3）客户调研。包括客户的注册资本、营业额、客户的经营能力、经营范围、经营作风、商业信誉、资产负债状况等。

2. 制定出口经营方案

出口商品经营方案即对其所经营的出口商品做出一种业务计划安排，一般包括：商品的国内货源情况、国外市场情况、确定出口地区和客户、经营历史情况、经营计划安排和措施落实。

通过对出口经营方案的制定，为对外贸易磋商交易、推销商品和安排出口业务提供依据，同时可以落实企业人员的义务和责任。

3. 选定客户

企业选择客户时必须在对客户的资金、信誉、经营商品的品种及地区范围，从业人员的人数、技术水平及拥有的业务设施、经营管理水平、提供售后服务和市场情报的能力等进行综合分析判断后，选择具有法律资格、资信好、经营作风好、经营能力强、经济实力强、对我方态度友好的客户作为我方的基本客户并与之建立业务关系。

（二）进口交易前的准备

在进口交易前，同样必须做好准备工作。一方面，必须进行调查研究，如对所欲订购的商品的调研、对产品的国际市场价格的调研、对国际市场供应情况的调研，以及对供应商资信情况的调研。另一方面，进口商品有许多必要的手续需要办理，如进口商品的审批、进口许可证的申领等。

1. 调查研究

为了保质、保量地得到进口采购的商品，正确分析进口商品的经济效益，做好进口货物的成本核算，在进行进口交易前，必须对国内外市场进行调查，弄清主要生产国和主要生产厂的供应情况、商品的价格趋势及供应商的资信情况。

2. 管理进口货物

为了规范货物进口管理，维护货物进口秩序，国家对货物进口的管理分为四类：禁止进口的货物、限制进口的货物、自由进口的货物和关税配额管理的货物。各进口企业在经营进口业务时，必须严格遵守国家的有关规定，对属于禁止进口的货物，坚决拒绝进口；对其他类型的货物，按规定办理相关的手续并缴纳相关的关税。

3. 核算进口成本

企业进口货物，不论在国内销售，或自身使用、加工，都必须核算进口成本，以便进行经济效益的分析，做到进口合理化并最大限度地降低进口成本，节约外汇支出，或在一定的外汇数量下，增加实际进口量，从而提高企业的经济效益。

进口成本即供应商报价加各项进口费用，也就是进口合同价加各项进口费用。用公式表示如下：

货物进口价格＝进口合同价格＋进口费用

进口合同价格在进口合同成立之前是一种估价，是买卖双方通过磋商可以取得一致意见的合同价格，有时也是进口商争取以此为基础达成交易的价格。进口费用包括很多内容，就每一笔具体的进口业务而言，由于成交条件的不同，进口商所承担的费用不同。

4. 申领进口许可证

进口许可证（Import License）是国家管理货物进口的法律凭证。进口企业如经营许可证管理的货物，应在向外订货前先向有关发证机构申领进口许可证。进口企业在申领进口许可证时，应根据进口货物的情况，向发证机构提交规定的进口批准文件及相关材料。相关材料包括《进出口企业资格证书》《经营资格核准文件》《配额证明》《进口核准单》《进口批复单》等各类进口批准文件。

二、交易磋商

交易磋商是进出口贸易中不可或缺的重要环节，磋商的结果如何直接关系到交易的成败以及交易双方的企业利益。

（一）交易磋商的形式

交易磋商从形式上可以分为面谈和书面磋商两种。

1. 面谈

面谈也可称为口头磋商，是指在谈判桌上面对面地谈判，在进行面谈前应结合客户的情况，假定几种谈判中可能出现的情况，并制定相应的解决方案以保证谈判的顺利进行。这种磋商方式适用于初次合作或交易金额较大的业务。

2. 书面磋商

书面磋商是指业务洽谈通过信件、电话、E-mail等方式进行的间接谈判。一般是在有潜在交易对象、已有过业务往来或是寻求新的交易对象时采用。狭义而言，书面磋商就是运用外贸函电进行谈判，是目前国际贸易中普遍使用的方式。

（二）交易磋商的内容

交易磋商的内容是围绕合同的各项条款进行的，包括商品的品名、品质、数量、包装、价格、运输、保险、支付、商检、索赔、仲裁、不可抗力以及贸易条件等。只有双方对所磋商的内容都无异议，合同才能签订。

（三）交易磋商的程序

在国际货物买卖合同商订过程中，一般包括询盘（Inquiry）、发盘（Offer）、还盘（Counter Offer）和接受（Acceptance）四个环节，其中发盘和接受是达成交易、合同成立不可缺少的两个基本环节和必经的法律步骤。

1. 询盘（Inquiry）

询盘是买方为了购买或卖方为了销售商品向潜在的供货人或买主探询该商品的成交条件或交易可能性的业务行为，它不具有法律上的约束力。询盘的内容可以涉及某种商品的品质、规格、数量、包装、价格和装运等成交条件，也可以索取样品，其中多数是询问成交价格，因此在实际业务中，也有人把询盘称作询价。

在国际贸易业务中，发出询盘的目的，除了探询价格或有关交易条件外，有时还表达了与对方进行交易的愿望，希望对方接到询盘后及时做出发盘，以便考虑接受与否。这种询盘实际上属于邀请发盘。邀请发盘是当事人订立合同的准备行为，其目的在于使对方发盘，询盘本身并不构成发盘。

询盘不是每笔交易必经的程序，如交易双方彼此都了解情况，不需要向对方探询成交条件或交易的可能性，则不必使用询盘，可直接向对方做出发盘。

2. 发盘（Offer）

发盘又称发价或报价，在法律上称为要约。根据《联合国国际货物销售合同公约》（下称《公约》）第 14 条第 1 款的规定："凡向一个或一个以上的特定的人提出的订立合同的建议，如果其内容十分确定并且表明发盘人有在其发盘一旦得到接受就受其约束的意思，即构成发盘。"发盘既可由卖方提出，也可由买方提出，因此，有卖方发盘和买方发盘之分。后者习惯上称为递盘（Bid）。我国有时使用"实盘"表示发盘，用"虚盘"表示发盘邀请。

（1）构成发盘的有效条件。

1）应向一个或一个以上特定的人（Specific Persons）提出。这里所谓的"特定人"是指受发盘人必须为特定人，即在发盘时必须要指明收受该盘的公司、企业或个人的名称或姓名。提出此项要求的目的在于，把发盘同普通商业广告及向广大公众散发的商品目录、价目单等行为区别开来。

2）发盘的内容必须十分确定。根据《联合国国际货物销售合同公约》第 14 条规定，发盘的内容必须十分确定（Sufficiently Definite）。一项关于合同订立的建议必须包含以下三项：首先标明货物的名称；其次应该明示或默示地规定货物的数量或规定确定数量的方法；最后应明示或默示地规定货物的价格或规定确定价格的方法。

根据我国的贸易实践，一项交易条件完整的发盘应包括品名、品质、数量、包装、价格、交货和支付七项内容。

3）表明发盘人有其发盘一旦被受盘人接受即受约束的意思。一方当事人是否向对方表明在发盘被接受时就承受的意旨，是判别一项发盘的基本标准。一项发盘必须清楚地表明发盘人愿意同对方达成交易、订立合同的意旨，即订约意旨。承受约束的意旨是指发盘人在发盘中明示或默示地表明，发盘一旦得到受盘人接受，发盘人即按发盘条件订立合同。但是，发盘人如果在订约建议中加注了一些保留或限制性条件，如"以发盘人最后确认为准""以领到进口许可证为准""以货物未出售为准"或"交易条件仅供参考"等，这就表明，即便对方表示接受，提出建议的一方也不承受约束。这样的订约建议就不是发盘，而只能视为邀请对方发盘。

（2）发盘的生效时间。

"发盘在送达受盘人时生效"，这是《公约》和各国法律普遍的要求。我国《合同法》还规定：采用数据电文形式订立合同，收件人指定特定系统接收数据电文的，该数据电文进入该特定系统的时间，视为到达时间；未指定特定系统的，该数据电文进入收件人任何系统的首次时间，视为到达时间。

（3）发盘的有效期。

发盘的有效期（Duration of Offer）是指作为发盘人受约束的期限和受盘人接受的有效时限。在通常情况下，发盘都具体规定一个有效期，超过发盘规定的时限，发盘人即不受约束；当发盘未具体列明有效期时，受盘人应在合理时间内接受才能有效。何谓"合理时间"，需根据具体情况而定。在我国的贸易实践中，发盘人一般都明确规定发盘的有效期，其规定方法有以下两种：

1）规定最迟接受的期限。发盘人在发盘中明确规定受盘人表示接受的最迟期限。例如："限6月6日复"或"限6月6日复到此地"。当规定限6月6日复时，按有些国家的法律解释，受盘人只要在当地时间6月6日24点以前将表示接受的通知发出即可。但在国际贸易中，由于交易双方所在地的时间大多存在差异，所以发盘人往往采取以接受通知送达发盘人为准的规定方法。按此规定，受盘人的接受通知不得迟于6月6日内送达发盘人。

2）规定一段接受的期间。如"该盘5月31日前有效""该盘有效3天"等。采用这种规定方法存在一个如何计算"一段接受期间"的起止问题。在计算一段接受时间时，这段期间内的正式假日或非营业日应计算在内，如果由于时限的最后一天在发盘人营业地是正式假日或非营业日，则应顺延至下一个营业日。

3. 还盘（Counter Offer）

又称还价，在法律上称为反要约，是指受盘人对发盘内容不同意或不完全同意而提出修改意见的表示，是对发盘中的条件进行添加、限制或其他更改的答复，不仅可以对商品价格，也可以对交易等其他条件提出意见。

发盘经对方还盘后即失去效力，除非得到原发盘人的同意，受盘人不得在还盘后反悔，再接受原发盘。受盘人的答复如果在实质上变更了发盘条件，就构成对发盘的拒绝，其法律后果是否定了原发盘，原发盘即告失效，原发盘人就不再受其约束。

一笔交易有时不经过还盘即可达成，有时要经过还盘甚至是往返多次的还盘才能达成。在还盘时，对双方已经同意的条件一般无须重复列出。与发盘一样，还盘也有实盘和虚盘之分。实还盘应该清楚、完整和具有终局性，同实盘一样对还盘的发出者具有约束力。

4. 接受（Acceptance）

接受，法律上称为承诺，是指交易的一方无条件地同意对方在发盘（或还盘）中提出的各项交易条件，并愿意按照这些条件订立合同的表示。发盘（或换盘）一经接受合同即成立，对交易双方都产生了法律上的约束。接受可以由出口方做出，也可以由进口方做出。

（1）构成接受的有效条件。

1）接受必须由受盘人做出。发盘必须向特定的人发出，表示发盘人愿意按照发盘中的条件与对方订立合同，但这并不意味着他愿意按这些条件与任何人订立合同。因此，接受只能由受盘人做出才具有效力。第三人做出的接受只能被看作是对发盘人的一项新发盘。

2）接受的内容须与发盘的内容相一致。《联合国国际货物销售合同公约》第 19 条第 2 款规定："对发盘表示接受但载有添加或更改内容的答复，应视为对发盘的拒绝，并构成新发盘；但如接受所载的内容实质上并没有变更该项发盘的条件，则除发盘人在不过分延迟的时期内提出反对外，仍可构成接受。"接受是无条件地同意发盘人所提出的各项条件，因此，接受的内容应当与发盘的内容相一致。

3）接受必须在发盘的有效期内做出并送达发盘人。发盘中通常规定有效期，受盘人只有在发盘规定的时间内做出接受才有法律效力。若在发盘中未规定有效期则应在"合理时间"内做出接受才有效。对于"合理时间"，各地规定不一，为了避免争议，最好在发盘中规定有效期。

但在国际贸易实践中，由于各种原因，经常会出现受盘人的接受通知晚于发盘人规定的有效期到达的情况，在法律上称为"逾期接受"，逾期接受是否有效取决于看发盘人如何表态。

4）接受必须采取明示或行为的方式。接受的表示方式一般应采用与发盘相同的传递方式，但如果接收人采用的方式比发盘人更快，也视为有效。表示的方式可以是口头声明、书面声明，也可以是发盘中规定或双方已形成的某些习惯做法或行为。

（2）接受的生效时间。

接受在什么情况下生效，各国的法律有不同的规定。英美法系采用"投邮生效"的原则，即接受通知一经投邮或交电报局发出，发出的时间只要在有效期内，则立即生效；大陆法系采用"到达生效"的原则，即接受通知必须送达发盘人时才能生效。

（3）接受的撤回。

根据《公约》第 22 条规定："接受可以撤回，如果撤回通知于接受原发盘应生效之前或同时送达发盘人，接受得予撤回。"也就是说，接受与发盘一样，在发出后可以撤回，但必须在生效前，如果接受生效，合同即成立，受盘人则不能撤回其接受。但是在英美法系中，对于接受的生效时间采用的是"投邮生效"原则，因而不存在撤回的问题。需要指出的是，在当前通信设施非常发达和各国普遍采用现代化通信的条件下，当发现接受中存在问题而想撤回或修改时，往往已来不及了。为了防止出现差错和避免发生不必要的损失，在实际业务中，应当审慎行事。

三、国际贸易合同的订立

（一）国际贸易合同的形式

合同的形式是合同当事人内在意思的外在表现形式。在国际贸易中，交易双方订立合同有下列几种形式：

1. 书面形式

书面形式包括合同书、信件以及数据电文（如电报、电传、传真、电子数据交换和电子邮件）等可以有形地表现所载内容的形式。采用书面形式订立的合同，既可以作为合同成立的证据，也可以作为履行合同的依据，还有利于加强合同当事人的责任心，使其依约行事，即使履约中发生纠纷，也便于举证和分清责任，故书面合同成为合同的一种主要形式。鉴于采用书面形式订立合同有许多好处，故有些国家的法律或行政法规甚至明文规定必须采用书面形式。

2. 口头形式

采用口头形式订立的合同，又称口头合同或对话合同，即指当事人之间通过当面谈判或通过电话方式达成协议而订立的合同。采用口头形式订立合同，有利于节省时间、简便行事，对加速成交起着重要作用。但是，因无文字依据，空口无凭，一旦发生争议，往往造成举证困难，不易分清责任。这是导致有些国家的法律、行政法规强调必须采取书面合同的最主要的原因。

3. 其他形式

这是指上述两种形式之外的订立合同的形式，即以行为方式表示接受而订立的合同。例如，根据当事人之间长期交往中形成的习惯做法，或发盘人在发盘中已经表明受盘人无须发出接受通知，可直接以行为做出接受而订立的合同，均属此种形式。

（二）国际贸易合同的结构

书面合同不论采取何种格式，其基本内容通常包括约首、基本条款和约尾三个组成部分。

1. 约首部分

约首是合同的开头部分，一般包括合同名称、合同编号、缔约双方名称和地址、联系方式（如固定电话号、传真号码、电子邮件）等项内容。

2. 基本条款

这是合同的主要部分，其中包括品名、品质规格、数量或重量、包装、价格、交货条件、运输、保险、支付、检验、索赔、不可抗力和仲裁等项内容。商订合同，主要是就这些基本条款如何规定进行磋商，达成一致意见。

3. 约尾部分

约尾部分一般包括订约日期、订约时间和地点、合同的份数和双方当事人签字等项内容。订约时间和地点也可列入约首部分。

为了提高履约率，在规定合同内容时应考虑周全，力求使合同中的条款明确、具体、严密和相互衔接，且与磋商的内容一致，以利于合同的履行。

（三）国际贸易合同有效成立的条件

买卖双方就各项交易条件达成协议后，并不意味着此项合同一定有效。它必须符合有关法律规范才能构成有效的合同，才能得到法律上的保护。各国合同法规定的有效成立条件尽管不尽相同，但归纳起来，主要有以下几方面：

1. 合同买卖双方当事人必须具有签约的行为能力

签订买卖合同的当事人主要为自然人或法人，其必须具备法律行为资格和能力。我国《合同法》第9条规定："当事人订立合同，应当具有相应的民事权利能力和民事行为能力。"按各国法律的一般规定,"自然人"是指精神正常的成年人,未成年人、精神病人及醉汉在神志不清时所签订的合同无效;"法人"则应是企业的全权代表,若不是全权代表则应有全权代表的委托书、授权书等类似文件。由此可见,在订立合同时,注意当事人的缔约能力和主体资格问题十分重要。

2. 合同的内容必须是合法的

各国法律都有此项限制。我国《合同法》第 7 条规定:"当事人订立、履行合同应当依照法律、行政法规,尊重社会公德,不得扰乱社会经济秩序,损害社会公共利益。"

"合同的内容必须合法",从广义上讲一般包括三项内容:第一,合同的内容不得违反有关国家法律法规;第二,合同内容的确定应遵循公平原则;第三,合同内容不得违反公共秩序或损害公众利益。凡是违反上述规定的合同一律视为无效合同。

3. 合同的形式必须符合法律规定

各国对有效成立的合同形式有不同的规定,有的国家允许使用口头形式,有的国家则规定必须使用书面形式,《联合国国际货物销售合同公约》则允许采用书面形式、口头形式和其他形式。

我国《合同法》第 10 条规定:"当事人订立合同,有书面形式、口头形式和其他形式。法律、行政法规规定采用书面形式的,应当采用书面形式。当事人约定采用书面形式的,应当采用书面形式。"

4. 合同双方当事人达成一致协议的基础必须是自愿和真实

合同的订立必须是双方当事人自愿地承诺履行合同所规定的责任和义务,若一方在受到强制、威胁或暴力的情况下签订合同,则订立的合同无效。同样,各国法律都认为,合同当事人的意思表示必须是真实的,这样其所签订的合同才能成为一项有约束力的合同,否则合同无效。

5. 合同必须有对价或约因

"对价"或"约因"是对有偿交换的不同称呼,英美法系称有偿交换为"对价",法国法称"约因",都是指合同中一方所享有的权利以另一方所负有的义务为前提,如果双方违反了对价或约因,不按合同交货或付款,则都负有赔偿对方损失的责任。而无对价或约因的合同为无效合同。

有效的合同具有法律效力,受到法律的保护,因此,在国际贸易实践中,我们必须了解上述五方面的基本条件,依法行事。

(四) 国际贸易合同有效成立的时间

合同成立是指双方当事人达成协议建立了合同关系。《联合国国际货物销售合同公约》规定:"合同成立的时间为接受生效的时间,而接受生效的时间又以接受通知到达发盘人或按交易习惯或发盘要求做出接受的行为为准。"因此,有效接受的通知到达发盘人的时间或者受盘人做出接受行为的时间,都可以作为判断合同是否成立的时间。

合同成立和合同生效是两个不同的概念。在大多数情况下,合同成立时即具备了生效条件,因而,其成立和生效时间是一致的。但是,合同成立并不等于合同生效。

依据中国《合同法》，合同生效时间可分为以下几种情形：

（1）依法成立的合同，自成立时合同生效，即合同成立时间为合同生效的时间；

（2）法律、法规规定应当办理批准、登记手续的合同，合同生效时间为办理完毕批准、登记手续的时间；

（3）附条件的合同，合同生效的时间为条件成就时间；

（4）附期限的合同，合同生效的时间为合同约定的生效时间，如规定"本合同自签字之日起 15 天生效"。

（五）订立国际贸易合同的注意事项

（1）要遵循平等互利、互通有无的对外贸易政策；不可盛气凌人，也不可奴颜婢膝，要不卑不亢。

（2）要符合合同有效成立的条件，即双方当事人的意思表达一定要一致且真实；当事人都有订约的行为能力；合同标的、内容一定要合法。

（3）合同的内容必须和磋商达成的协议内容严格一致，在条款的规定上必须严密，责任和权利一定要明确。

（4）合同各条款之间要协调一致，不能互相矛盾。

第二节　出口合同的履行

通过交易磋商达成交易，签订了具体的交易合同，下一步就进入履行合同过程。在履行出口合同过程中，工作环节较多，涉及面较广，手续也较繁杂。各进出口企业为圆满履行合同义务，必须十分注意加强同各有关单位的协作和配合，把各项工作做到精确细致，尽量避免工作脱节、延误装运期限以及影响安全、迅速收汇等事故的发生。"重合同、守信用"是我国社会主义对外贸易的重要原则，是我们在进出口业务中具体贯彻"平等、互利"的对外贸易政策的要求，在我国出口业务中，要严格遵守这个原则，按时、按质、按量履行合同，维护国家信誉。

我国出口合同，多属 CIF 或 CFR 价格条件和即期信用证支付方式的合同。因此，在履行这类合同时，必须切实做好备货、催证、审证、改证、租船订舱、报检、报关、投保、装船和制单结汇等环节的工作，在这些环节中，以货（备货、报验）、证（催证、审证和改证）、船（租船订舱）、款（制单结汇）四个环节的工作最为重要。货、证、船、款四个环节的工作之间是有紧密的不可分割的内在联系的。因此，在进行每个环节的工作时，都必须同其他环节的工作相互配合，保持一致，防止"有货无证、有证无货"或"有货无船、有船无货"或"单证不符"等现象发生。

一、备货、报检

备货工作是卖方根据买卖合同规定的品质、包装、数量和交货时间的要求，进行货物的准备工作，需要进行检验的出口商品，还应及时做好申请报检和领证工作。

（一）备货

备货工作一般在合同签订后进行，国际贸易公司应先与生产部门或供应商联系，安排生产或催交货物，并要求后者按照国际货物买卖合同或国内购销合同的内容对货物进行加工、整理、刷制唛头，再由国际贸易公司对货物进行核实、验收，以便货物提前验收入仓。

（二）报检

针对不同商品的情况和合同的规定对出口货物进行检验，也是备货工作的重要内容。只有取得商检局发给的合格的检验证书，海关才准放行；经检验不合格的货物，一律不得出口。凡属国家规定法检的商品，或合同规定必须经中国进出口商品检验检疫局检验出证的商品，出口商在货物备齐后，应向出入境检验检疫机构申请检验。

货物经检验合格，即由商检机构发给检验证书，出口公司应在检验证书规定的有效期内将货物出运。如超过有效期装运出口，应向商检机构申请展期，并由商检机构进行复验，经复验合格货物才能出口。

二、落实信用证

针对信用证付款的合同，在履行过程中，对信用证的掌握、管理和使用，直接关系到出口商能否安全、顺利地结汇。落实信用证主要包括催证、审证和改证三项内容，这些都是与履行合同有关的重要工作。

（一）催证

催证是指当买方未按合同规定时间开来信用证，或卖方根据货源和运输情况可能提前装运时，通过电子邮件、电传或其他方式催促进口人迅速开来信用证。在出口合同中，买卖双方如约定采用信用证方式付款，买方则应严格按照合同的规定按时开立信用证。国际贸易买卖合同的有效履行，一方面决定于卖方按照合同规定交货，另一方面还决定于买方按照合同规定及时办理开立信用证或付款手续。我国对外出口业务中，由于国外买方大多是资本主义商人，他们具有唯利是图的本质，遇到资金短缺或市场变化等原因，有时可能拖延开证。对此，我们应催促对方遵守合同的规定及时办理开证手续，并针对不同情况加以解决。特别是针对大宗商品交易或应买方要求而特制的商品交易，更应结合备货情况及时进行催证。必要时，也可请驻外机构、有关银行或代理商协助代为催证。

（二）审证

审证是指卖方对买方通过开证银行开来的信用证内容进行全面审查，以确定是否接受或向买方提出需要其修改某些内容。信用证是依据买卖合同开立的，信用证内容应该与买卖合同条款保持一致。但在实际工作中，由于各种原因（如工作的疏忽、电文传递的错误、贸易习惯的不同、市场行情的变化或买方有意利用开证的主动权加列对其有利的条款），往往会出现开立的信用证条款与合同规定不符；或者在信用证中加列一些出口商看似无所谓但实际是无法满足的信用证付款条件（在业务中也被称为"软条款"）等，使出口商根本就无法按该信用证收取货款。为确保收汇安全和合同顺利执行，防止给我方造成不应有的损失，我们应该在国家对外政策的指导下，对不同国家、不同地区以及不同银行的来证，依据合同进行认真的核对与审查。

在实际业务中，审核信用证是银行和进出口公司的共同责任。银行与出口企业的分工不同，银行着重审核该信用证的真实性、开证行的政治背景、资信能力、付款责任和索汇路线等方面的条款和规定；出口企业则着重审核信用证的条款与买卖合同的规定是否一致。但为了安全起见，出口商也应尽量根据自身能力对信用证的内容进行包括信用证基本内容和基本因素的全面审核或复核性审查。信用证基本内容包括信用证是可撤销的还是不可撤销的，信用证的到期日、到期地点、金额、要求受益人提交的单据、所使用的贸易术语、装运地点、装运日期等；信用证的基本因素包括信用证及所有相关单据英文书写，双方签订的合同号、开证行的名称和银行参考号应清楚地注明在信用证上，支付货币和金额应描写清楚，信用证的受益人应至少有 21 天的交单时间等。

核对和审查信用证是一项十分重要的工作，做好这项工作，对于贯彻我国对外贸易的方针政策，履行货物装运任务，按约交付货运单据，及时、安全地收取货款等方面都具有重要意义。

（三）改证

对信用证进行了全面、细致的审核后，如果发现我们不能接受的条款，应根据合同规定及时要求国外客户修改。凡属于不符合我国对外政策的，影响合同执行和安全收汇的情况，应坚决要求对方修改，并坚持在收到银行修改信用证通知后才能装运，以免发生货物装出后而修改通知书未到的情况，造成我方工作上的被动和经济上的损失。

在办理改证工作中，要注意的是对于一张信用证中的问题，凡需要修改的各项内容，应做到一次向国外客户提出，尽量避免由于我方考虑不周而多次提出修改要求。否则，不仅会增加双方的手续和费用，而且改证过多也会引起不良的政治影响。因此，对改证应慎重，除了非改不可之外，对于可改可不改的应酌情处理尽量不改。

修改信用证的流程是：卖方审证—函电要求买方修改—买方通知开证银行改证—开证行改证并转交通知行—通知行再将改证转交卖方。

三、租船订舱

在 CIF 与 CFR 价格条件下成交的出口合同中，出口商须负责租船订舱。我国出口公司大多委托中国对外贸易运输公司（外运公司）代为办理。除了数量较大、需整船运输的货物需要租船外，一般都是由外运公司代为租订部分舱位。订舱及装船的简单程序为：

（1）出口公司根据国外来证和合同内有关运输条款，以及货物的性质、数量等向外运公司提出"订舱委托书"；

（2）外运公司在收到委托书后，会同外轮代理公司，根据配载原则，结合船期、货物性质、货运数量、目的口岸等具体安排船只和舱位；

（3）经外轮代理公司安排好船只和舱位，并签发"装货单"（Shipping Order），命令船长装船；

（4）船方在装船后，由大副或船方其他负责人根据装船货物的实际情况在"大副收据"（Mates Receipt）即装货单的第二联上签字，交由发货人凭以向轮船公司（或中国外轮代理公司）调换提单；

（5）出口公司收到提单后，便向国外商人发出装船通知。需要特别注意的是，在CFR合同下保险由买方办理，买方办理保险的依据就是装船通知，若出口方未及时发出装船通知耽误了买方办理保险，出口方要对由此给买方造成的损失承担责任。

在货、证备齐以后，出口企业应立即向外运机构办理托运手续。托运时除须缮制托运单据外，尚需附交与本批货物有关的各项证、单，如提货单、商业发票、出口货物明细单（装箱单）、出口货物报关单、出口收汇核销单等，有的商品还需提供出口许可证、配额许可证的海关联、商品检验合格证件等有关证书，以供海关核查放行之用。

四、报关、报检和投保

出口货物在装船前，还要办理报关、报检和投保手续。凡是出口货物，都必须按照规定手续，向海关申报，经海关核验放行后，才能装船；凡属国家规定的法定检验的商品和出口合同规定应由出口方商品检验机构进行检验并出具检验证明的商品，在装船前必须申请商检机构进行检验，并取得有关检验证明；凡属CIF价格条件成交的出口货物，在装船前均须由卖方向保险公司办理投保手续。

（一）报关

报关是指进出口货物出运前向海关申报的手续。按照《中华人民共和国海关法》规定："凡是进出国境的货物，必须经由设有海关的港口、车站、国际航空站进出，并由货物的所有人或其代理人向海关如实申报。经过海关查验放行后，货物才可提取或者装运出口。"在出口货物的发货人缴清税款或提供担保后，经海关签印放行，称为清关或通关。在报关时，报关人必须填写出口货物报关单，并提交其他必要的单据（如合同副本、商业发票、装箱单、商品检验证书等）。目前，我国出口企业在办理报关时，可以自行办理报关手续，也可以通过专业的报关经纪行或国际货运代理公司来办理。

（二）报检

国家对进出口商品实施检验的目的是为了加强进出口商品的质量管理，维护国家的政治经济利益。进出口商品检验分为法定检验和非法定检验两部分。法定检验又称为强制性检验，是指按国家法律、法令的规定，依法对部分进出口商品进行强制性检验，未经检验的商品不准进口或出口。非法定检验商品主要指法定检验以外的进出口商品。对这类进出口商品，商检机构可凭对外贸易合同的约定或依有关当事人的申请进行检验，也可由收货人、发货人自行检验。对出口需要法定检验的商品，非经检验合格并未签发检验单证的，海关一律不予放行；对进口需法定检验的商品，海关凭商检部门在报关单上加盖的印章放行。

（三）投保

在 CIF 价格下成交的出口合同，卖方需办理保险，因此，卖方在租船订舱完成后、装船出运前，须按照合同和信用证的规定及时向保险公司办理投保手续，填制投保单取得约定的保险单据。

以 CFR 价格成交的出口合同，出口方要特别注意及时发出装船通知，以便对方能按时办理投保。否则，由于卖方未及时或未发出装船通知，对方未能办理保险，一旦货物遭受损失，卖方将承担责任。

出口商品的投保手续一般都是逐笔办理的。投保人在投保时，应将投保人名称、货物名称、保额、运输路线、运输工具、运输唛头、开航日期、投保险别、赔款地点等列明，保险公司据此考虑是否承保。保险公司接受投保后即签发保险单或保险凭证。

五、制单结汇

目前，国际贸易中信用证是最常用的结算方式，因此，货物装船出运后，出口企业应按照信用证的规定，正确缮制各种单据并在信用证规定的交单到期日当日或之前将各种单据送交指定的银行办理结汇手续。制单时要注意单据与信用证规定相符，单据与单据之间一致，做到"单证相符""单单一致"。

在我国的出口业务中，议付信用证使用的比较多。在此类信用证付款条件下，出口商在银行可以办理出口结汇的方式主要有收妥结汇、出口押汇和定期结汇三种。

1. 收妥结汇

收妥结汇又称先收后结，是指出口地银行在审查进出口公司交来信用证项下的各种单据无误后，立即将汇票和单据寄到国外的开证行或开证行所指定的付款行索取货款。只有待出口地银行收到国外银行汇来的货款后，即付款行将外汇划给出口地银行账户后，才将所得外汇再按当日的外汇牌价，折成人民币记入该出口公司的账户。这是过去常用的主要方式。

2. 出口押汇

出口押汇又称买单结汇，是指出口地的议付行在审单无误的情况下，按信用证的条款买入信用证项下受益人的汇票和单据，按照汇票扣除从议付日到估计收到之日的利息，将净数按议付日外汇牌价折成人民币记入有关进出口公司的账户。这种方式是国际上通行的做法，也是我国改革开放以后采用的主要方式。议付行向受益人垫付资金、买入跟单汇票后，即成为汇票持有人，可凭票向付款行索取票款。

银行之所以做出口押汇，是为了给出口企业提供资金融通的便利，这有利于加速出口企业的资金周转。按照国际上一般解释，议付行买单付款后，无权向受益人追索。我国银行保留追索权，如国外付款行审单发现不符合而拒付时，议付行可以再将已付给受益人的款项追索回来，这实际是议付行将付款行拒付的风险转嫁给受益人。

3. 定期结汇

定期结汇是指议付行在收到受益人提交的单据经审核无误后，根据向国外付款行索偿所需时间，预先确定一个固定的结汇期限，并于自交单日起在事先规定期限到期时，无论是否已经收到国外付款行的货款，都主动将货款金额折成人民币交付出口企业。

不同的银行，其具体的结汇方式不一样。即使是同一个银行，针对不同的客户信誉，以及不同的交易金额等情况，所采用的结汇方式也有所不同。因此，在办理结汇时，要根据实际情况而定。

第三节　进口合同的履行

合同签订后，买卖双方都要根据"重合同、守信用"的原则如约履行合同。我国进口大多数采用 FOB 价格成交，只有少量商品使用 CIF 或 CFR 价格成交，支付绝大多数采用信用证方式。因此，所谓进口合同的履行，是指买方按合同规定，及时开立信用证、安排运输和保险、审单和付款、报关和接货、商品检验、进口索赔。

一、开立信用证

进口合同签订后，开证申请人应按合同规定填写开证申请书并向银行办理开证手续。信用证的内容应与合同条款一致。开证申请书的内容必须完整明确，为了防止混淆和误解，开证申请书中不应罗列过多的细节。信用证的开证时间，应按合同规定办理。

二、安排运输和保险

我国进口大多数采用 FOB 价格成交，因此，履行 FOB 交货条件下的进口合同，应由买方负责到对方口岸接运货物和办理保险。

（一）租船、订舱和催装

目前，我国进口货物的租船订舱工作统一委托外运公司办理。租船订舱的时间应严格按照合同规定，并应在运输机构规定的时间内提交订舱单，以保证及时配船。进口企业在办妥租船订舱手续，接到运输机构的配船通知后，应按规定期限将船名及预计到港日期通知卖方，以便卖方准备装货。

同时，我们还应随时了解和掌握卖方备货和装前的准备工作情况，注意催促对方按时装运。对数量大的物资进口，如有必要亦可请我驻外机构就近了解，督促对方按时、按质、按量履行交货义务，或派员前往出口地点监督装运。

国外装船后，卖方应及时向买方发出装船通知，以便于买方及时办理保险和做好接货等项工作。

（二）保险

FOB、FCA、CFR 和 CPT 价格条件下的进口合同，由进口企业负责向保险公司办理货物的运输保险。办理保险时有两种做法：一是主笔投保方式；二是预约保险方式。

我国大部分外贸企业都和保险公司签订海运、空运和陆运货物的预约保险合同。这种保险方式，手续简便，对外贸企业进口的货物的投保险别、保险费率、适用的保险条款、保险费及赔偿的支付方法等都作了明确的规定。因此，每批进口货物，在收到国外装船通知后，将船名、提单号、开船日期、商品名称、数量、装运港、目的港等项内容通知保险公司，即作为已办妥保险手续。

三、审单和付款

国内银行接到国外寄来的汇票及单据后，对照信用证的规定，核对单据的份数和内容。如内容无误，则国内银行对国外付款。同时进口公司用人民币按照国家规定的有关折算的牌价向国内银行买汇赎单。进出口公司凭国内银行出具的"付款通知书"向用货部门进行结算。

审核国外单据发现单、证不符时，要立即处理，要求国外改单，或停止对外付款。开证行、保兑行（如有的话）或代表它们的指定银行应各有一段合理时间审核单据，即不超过收到单据次日起的七个银行工作日，审核和决定接受或拒绝接受单据，并相应地通知交单方。

在审核国外单据发现单、证不符时，可做出适当处理，处理办法很多，例如：停止对外付款；相符部分付款、不符部分拒付；货到检验合格后再付款；凭卖方或议付行出具担保付款；要求国外改正单据；在付款的同时，提出保留索赔权等。

四、报检和报关

（一）报检

我国规定，一切进口商品都必须经过检验，对于法定检验的商品，到货后，收货单位（包括订舱单位）或外运公司应当立即向到达口岸或到达站的商检机构报验，由商检机构进行法定检验。对于非法定商品到货后，收用货单位应当向所在地区商检机构申报后自行检验，或者委托指定的单位检验，经检验合格，凭检验结果向商检机构销案，如发现问题，应当保留现场，并及时申请商检机构复验。

（二）报关

进口货物到货后，由进出口公司或委托外运公司根据进口单据填写"进口货物报关单"向海关申报，并随附发票、提单、装箱单、保险单、许可证及审批文件、进口合同、产地证和所需的其他证件。如属法定检验的进口商品，还需随附商品检验证书。货、证经海关查验无误，才能放行。海关在查验进口商品时，收货人或其代理人应当到场，并于查验后在包装上加封，海关应做好查验记录备查。

同时，海关按照《中华人民共和国海关进口税则》的规定，对进口货物计征进口税。货物在进口环节由海关征收（包括代征）的税种有：关税、产品税、增值税、工商统一税及地方附加税、盐税、进口调节税等。

五、验收和交货

进口货物运达港口卸货时，港务局要进行核对。如发现短缺，应及时填制"短卸报告"交由船方签认，并根据短缺情况向船方提出索赔权的书面声明。卸货时如发现残损，货物应存放于海关指定仓库，待保险公司会同商检局检验后做出处理。经商检局进行检验后，若确定残损短缺，凭商检局出具的证书对外索赔。一旦发生索赔，有关的单证，如国外发票、装箱单、重量明细单、品质证明书、使用说明书、产品图纸等技术资料、理货残损单、溢短单、商务记录等都可以作为重要的参考依据。

在办完上述手续后，由外贸经营单位委托外运公司提取货物并拨交给订货单位。外运公司以"进口物资代运发货通知书"通知用货单位在目的地办理收货手续。如订货或用货单位在卸货港所在地，则就近转交货物；如订货或用货单位不在卸货地区，则委托货运代理将货物转运内地并转交给订货或用货单位。关于进口关税和运往内地的费用，由货运代理向进出口公司结算后，进出口公司再向订货部门结算。

第四节 违约处理

合同订立以后，双方应按合同履行义务。如果一方不履行义务或不适当地履行义务，即是违反合同的行为，或称为违约行为。买方的违约行为主要有无理由拒收货物、拒不履行付款手续、不付款等；卖方的违约行为主要有不交货、延迟交货或所交货物与合同不符、不提交有关的单证等。

为了进一步分析违约的情况和处理违约救济的问题，各国法律对违约都有不同的规定，有的法律对如何构成违约作了规定，有的法律将违约在性质或形式上作了划分。无论如何规定，各国法律均规定：如果合同一方当事人违反合同规定，另一方当事人有权采取相应的救济方法。

一、违约的基本救济方法

综观各国法律，其法律规定的基本救济方法可概括为三种：损害赔偿、实际履行和解除合同。

（一）损害赔偿

损害赔偿（Damages）是指违约方用金钱来补偿另一方由于其违约所遭受到的损失。各国法律均认为损害赔偿是一种比较重要的救济方法。在国际货物买卖中，它是使用最广泛的一种救济方法。

1. 损害赔偿的一般原则

《联合国国际货物销售合同公约》（以下简称《公约》）第74条规定了在受损一方当事人有权获得损害赔偿的情况下适用于各种情况的一般规则，它的适用并不只限于宣告合同无效。损害赔偿的一般原则主要有：①损害赔偿请求权不因当事人采取其他补救办法受影响；②责任构成采用"无过错责任"原则；③损害赔偿额的确定采用补偿原则。

2. 损害赔偿额的确定

综观各国法律，损害赔偿的方法有两种：恢复原状和金钱赔偿。所谓恢复原状，是指用实物赔偿损失，使恢复到损害发生前的原状。所谓金钱赔偿，就是用支付一定金额的货币来弥补对方所遭到的损害。各国法律对各种损害赔偿的方法都予以考虑，但对以哪种方法为主却有不同的规定：德国法是以"恢复原状"为损害赔偿的原则，以"金钱赔偿"为例外；法国法以"金钱赔偿"为原则，以"恢复原状"为例外；英美法则采用"金钱上的恢复原状"原则。

损害赔偿的金额应包括哪些方面、按什么原则来确定，具体情况千差万别。在法律上，对损害赔偿额的规定有两种情况：一是约定的损害赔偿，即由当事人自行约定损害赔偿的金额或计算原则；二是法定的损害赔偿，即在当事人没有约定的情况下，由法律予以确定损害赔偿的金额。

3. 我国《合同法》关于损害赔偿的规定

我国《合同法》第7章第113条对一方违约，另一方当事人请求损害赔偿作了一般性规定，即"当事人一方不履行合同义务或者履行合同义务不符合约定，给对方造成损失的，损失赔偿额应当相当于因违约所造成的损失，包括合同履行后可以获得的利益，但不得超过违反合同一方订立合同时预见到或者应当预见到的因违反合同可能造成的损失"。可以看出，我国《合同法》不再区分国内国外合同，实施严格责任、全额补偿原则，并以可预见性对损害赔偿加以限制，与《公约》规定基本一致。

（二）实际履行

实际履行（Specific Performance），是指合同一方当事人违约时，另一方当事人可以要求违约方按照合同规定履行义务。其有两重含义：一是指一方当事人未履行合同义务，另一方当事人有权要求其按合同规定完整地履行合同义务，而不能用其他的补偿手段（如金钱）来代替；二是指一方当事人未履行合同义务，另一方当事人有权向法院提起实际履行之诉，由法院强制违约当事人按照合同规定履行他的义务。

各国法律对实际履行作为一种救济方法都有规定，但是差异较大。大陆法和英美法关于实际履行的规定有很大的不同：大陆法把实际履行作为违反合同的一种主要救济方法，当债务人不履行合同时，债权人有权要求债务人实际履行义务；英美法上的补救方法只有金钱赔偿，没有实际履行。只有当金钱赔偿不足以弥补受损方的损失时，才可以诉诸衡平法上的实际履行。

就目前的司法实践来看，无论是英美法系国家还是大陆法系国家的法院，对于国际货物买卖合同纠纷极少做出实际履行的判决。其原因在于：按实际履行投诉，原告要负举证责任，被告则竭力抗辩和推脱，通常要两三年，耗时费力。而且，合同的标的物一般都是非特定的，大多数情形下买方都可以买到替代物。如果买方在购买替代物的同时要求损害赔偿金，通常更容易得到及时而充分的损害赔偿。

（三）解除合同

解除合同（Rescission）指合同当事人免除或终止履行合同义务的行为。各国法律均认为解除合同是一种法律救济方法。

1. 解除合同的条件

合同当事人在对方违约情况下是否可以解除合同呢？各国法律对构成解除合同的条件有着不同的规定：

（1）大陆法认为，只要合同一方当事人不履行其合同义务时，对方就有权解除合同。

（2）英国法认为，一方违约构成违反涉及合同本质的那些条款时，对方才可要求解除合同，如果一方仅仅是违反担保，对方只能请求损害赔偿，而不能要求解除合同。

（3）美国法认为，只有一方违约构成重大违约时，对方才可以要求解除合同，如果是轻微的违约，只能请求损害赔偿，不能要求解除合同。

（4）《联合国国际货物销售合同公约》认为，合同一方不履行义务构成根本性违约时，另一方有权解除合同。然而，解除合同必须向对方发出通知。对于一些很难判断是否属于根本性违约的情况（如延迟交货或货物存在瑕疵），《公约》规定：可以规定一段合理的额外时限，让违约方履行义务，如果在这一段时间内，违约方仍未履行合同，那么守约方可以根据违约情况，宣告合同无效。

2. 解除合同的生效

对于解除合同的生效，各国法律也做出具体的规定。《公约》第26条规定：宣告合同无效的声明，必须向另一方当事人发出通知，方始生效；英美法和德国法均认为，只要把解除合同的通知送交对方，即可以使合同丧失效力；法国法则规定，除某些特殊情况下，债权人必须向法院申请解除合同的命令，经法院认可才使合同的效力解除。

这样的规定既可以使违约方及时知道合同所处的状态，同时采取措施减少不必要的损失，又可以避免受害方利用对方根本违约的机会视市场行情涨落取得不公平利益。需要注意的是：《公约》规定的通知是采取"投邮生效"原则，即只要宣告解除合同方一发出通知，合同即宣告解除，传递上的耽搁或错误风险由违约方承担。

但是，解除合同并不意味着就丧失了可以采取其他的救济方法。宣告合同无效解除了双方在合同中的义务，但应负责的任何赔偿仍应负责（这摒弃了德国法关于解除合同和损害赔偿只能选择一种使用的规定），宣告合同无效不影响合同中关于解决争议的任何规定，也不影响合同中关于双方在宣告合同无效后权利和义务的任何规定。

总之，由于各国法律体系不同，在违约救济方面的规定差异较大，特别是英美法与大陆法之间更是如此。《联合国国际货物销售合同公约》为了调和两大法系的矛盾，对各项法律原则作了比较具体的规定。为了更好地处理国际货物买卖中引起的各种争议，我们有必要再就货物买卖中的具体问题作进一步的说明。

二、卖方违约的救济方法

实际业务中，卖方违约的情况通常表现为不交货、延迟交货以及交货与合同规定不相符合、不交付有关货物的单据等。对于在卖方违约的情况下，买方可以采取的救济方法除了上述基本救济方法外，还可采取以下救济方法：

(一) 给予履行宽限期

这是《公约》专门针对卖方延迟交货而规定的一种救济方法，对于交货不符不适用这种方法。

《公约》第47条规定：买方可以规定一段合理时限的额外时间让卖方履行其义务，除非买方收到卖方的通知，声称其将不在规定的时间内履行义务，买方在这段时间内不得违反合同采取任何补救方法。由于延迟交货往往对买方造成一定的损失，所以《公约》又规定买方并不丧失损害赔偿的任何权利。

(二) 接受卖方的主动补救

这种补救方法事实上是卖方主动进行实际履行。《公约》第48条规定：除非买方已经宣布解除合同，卖方即使在交货日期之后，仍可自付费用对任何不履行义务做出补救；卖方如拟进行补救，应事先将此意图通知对方，卖方发出的通知只有在买方收到后才能生效，买方有义务对通知进行答复，若未在合理时间内做出答复，卖方即可按通知中所提出的时间期限进行补救，买方不得在该时间内采取与卖方履行义务相抵触的任何补救方法；卖方主动补救不得造成不合理的延迟，也不得使买方遭受不合理的不便。

(三) 修理、退换、降价

如果卖方所交的货物与合同不符时，可根据实际情况采取解除合同、修理、退换、降价、拒收等救济方法。

(1) 部分交货不符时，如果买方对货物不符不想采取解除合同或要求修理、退还时，可以选择降低价格作为救济方法。降价的计算公式如下：

降低后的价格＝原合同总价－原合同总价×不符货物交货时的价格/符合合约货物交货时的价格。

(2) 如果卖方提前、超量交货造成与合同不符时，买方可以收取货物，也可以拒收货物。但是，拒收提前交付的货物不是解除合同，卖方可以在合同规定的日期再次提交货物；对于卖方交付的大于合同规定的数量，如买方收取了多交货物的全部或一部分，则必须按合同价格付款。

三、买方违约的救济方法

在国际货物买卖合同中，买方的基本义务就是要按合同的规定受领货物和支付货款。实际业务中，买方违约的情况通常表现为不付款、延迟付款、不收取货物或延迟收取货物等。同样，对于在买方违约的情况下，卖方除了可以采取基本救济方法外，还可采取以下救济方法：

（一）给予宽限期

与买方可以采取的救济方法相对应，《公约》第 63 条规定：如果买方违约，卖方可以规定一段额外的合理时间让买方履行其合同义务。如果买方在这段时间内仍不履行其义务，卖方可以解除合同。

同样，除非卖方收到买方的通知，声称他将不在宽限期内履行义务，卖方在这段时间内不得再采取其他的救济方法，但卖方并不因此而丧失可能享有的其他权利（如解除合同或请求损害赔偿等）。

（二）扣交货物

如果买卖合同规定买方在交货前或交货时支付货款，而买方却未能在规定的日期内付款或无理拒收货物，此时出售的货物仍在卖方控制之下，则无论货物的所有权是否已经转移给买方，未收货款的卖方有权对货物行使留置权，即将货物扣留下来，作为买方支付价金的担保，到买方支付价金为止。如 FOB 合同下装船期已到，买方仍未按合同向卖方开出信用证，货物在未装船前卖方对货物拥有控制权，即可扣留货物。

（三）停运货物

卖方已丧失对货物的控制权，买方无力清偿货款，而货物仍在运输途中时，卖方可以阻止占有货物的承运人或其他货物保管人向买方交付货物，收回货物的占有权，并保留货物直到买方偿付货款为止。

需要注意的是，卖方并不因其已将货物交由买方指定的承运人进行运输，或因提单已制成买方的抬头或因已把以买方为抬头的提单交给了买方而失去停运权。但如果取得提单的买方已经将提单通过背书转让给了善意的、支付了对价的第三者，则卖方就丧失了行使停运权的权利。

（四）转售货物

未收货款的卖方在占有货物或在行使了扣留权或停运权后，还有权对收回和重新占有的货物另行出售。通常在下列情况下，卖方可行使转售货物的权利：

（1）如果是易腐烂的货物，则卖方无须事先通知买方，即可将货物另行出售；

（2）如果不是易腐烂的货物，卖方事先须通知买方欲转售货物。如果买方仍未在合理的时间内付清货款，卖方可另行出售货物；

（3）如果卖方在买卖合同中保留了另行出售货物的权利，则在买方不付款时，卖方即可将货物另行出售，无须通知买方。

第五节　主要进出口单据和货物报关手续

在国际贸易中，一笔业务涉及货物买卖合同、运输单据、商业单据、金融单据、保险单据及官方单据等多类单据，同样也涉及海关、银行、保险公司、外汇局及检验机构等部门。本节将分别列出在 CIF、L/C 方式下，进出口贸易中所需的主要单据，并重点介绍货物报关如何办理。

一、主要进出口单据

(一) 合同

国际货物买卖合同一般金额大、内容繁杂、有效期长，因此许多国家的法律要求采用书面形式。合同抬头应醒目注明 SALES CONTRACT 或 SALES CONFIRMATION 等字样。一般来说出口合同的格式都是由出口公司事先印制好的，因此有时在 SALES CONFIRMATION 之前加上出口公司名称或是公司的标志等（我国外贸公司进口时也习惯由我方印制进口合同）。交易成立后，寄交买方签署（Countersign），作为交易成立的书面凭据。

(二) 信用证

在国际贸易活动中，买卖双方可能互不信任，买方担心预付款后，卖方不按合同要求发货；卖方也担心在发货或提交货运单据后买方不付款。因此需要两家银行作为买卖双方的保证人，代为收款交单，以银行信用代替商业信用。银行在这一活动中所使用的工具就是信用证。因此，信用证（Letter of Credit，L/C）就是指开证银行应申请人的要求并按其指示向第三方开立的载有一定金额的，在一定的期限内凭符合规定的单据付款的书面保证文件。信用证是国际贸易中最主要、最常用的支付方式。

(三) 货物出运委托书

一般说来，从出口业务人员的角度来看，出口托运是从租船订舱或是委托出运开始的。首先，外贸业务人员应根据信用证规定的最迟装运期及货源和船源情况安排委托出运。一般情况应提前 5 天左右或更长，以便留出机动时间应付意外情况发生。其次，填具货物出运委托书或是其他类似单据，办理委托代理租船订舱事宜。货物出运委托书的填写和托运单的有关栏目相同，填写时中英文结合，个别栏目依出口货物不同而异。因此，各公司在印制自己使用的此类单据时，稍有变化，但大体内容基本一致。

(四) 报检单

报检单也称检验申请单，是指根据我国《商检法》规定，针对法定检验的进出口货物向指定商检机关填制和申报货物检验的申请单。其内容一般包括：品名、规格、数量（或重量）、包装、产地等项。如需有外文译文时，应注意使中、外文内容一致。报检单也是检验检疫机构对出入境货物实施检验检疫、启动检验检疫程序的依据。

(五) 商业发票

又称为发票，是出口贸易结算单据中最重要的单据之一，所有其他单据都应以它为中心来缮制。因此，在制单顺序上，往往首先缮制商业发票。商业发票是卖方对装运货物的全面情况（包括品质、数量、价格，有时还有包装）详细列述的一种货款价目的清单。它常常是卖方陈述、申明、证明和提示某些事宜的书面文件；另外，商业发票也是作为进口国确定征收进口关税的基本资料。

一般来说，发票无正副本之分。来证要求几份，制单时在此基础上多制一份供议付行使用。如需正本，加打"ORIGIN"。

不同发票的名称表示不同用途，要严格根据信用证的规定制作发票名称。一般发票都印有"INVOICE"字样，前面不加修饰语，如信用证规定用"COMMERCIAL INVOICE"、"SHIPPING INVOICE"、"TRADE INVOICE"或"INVOICE"，均可作商业发票理解。

（六）装箱单

装箱单是发票的补充单据，它列明了信用证（或合同）中买卖双方约定的有关包装事宜的细节，便于国外买方在货物到达目的港时供海关检查和核对货物，通常可以将其有关内容加列在商业发票上，但是在信用证有明确要求时，就必须严格按信用证约定制作。类似的单据还有重量单、规格单、尺码单等。其中重量单是用来列明每件货物的毛、净重；规格单是用来列明包装的规格；尺码单用于列明货物每件尺码和总尺码，或用来列明每批货物的逐件花色搭配。

装箱单名称应按照信用证规定使用。通常用"PACKING LIST"、"PACKING SPECI-FICATION"或"DETAILED PACKING LIST"。如果来证要求用"中性包装单"（NEU-TRAL PACKING），则包装单名称打"PACKING LIST"，但包装单内不打卖方名称，不能签章。

（七）报关单

报关单是向海关申报进出口货物，供海关验关估税和放行的法定单据，也是海关对进出口货物统计的原始资料。根据货物进出口的情况，又分为《出口货物报关单》和《进口货物报关单》。

1. 出口货物报关单

出口货物报关单是出口商向海关申报出口的重要单据，也是海关直接监督出口行为、核准货物放行及对出口货物汇总统计的原始资料，直接决定了出口外销活动的合法性。出口货物报关单由中华人民共和国海关统一印制。其内容包括：预录入编号、海关编号、出口口岸、备案号、出口日期、申报日期、经营单位、运输方式、运输工具名称、提运单号、发货单位、贸易方式、征免性质、结汇方式、运抵国（地区）、指运港、境内货源地、成交方式、运费、保费、杂费、合同协议号、件数、包装种类、毛重（公斤）、净重（公斤）、随附单据、生产厂家、标记唛码及备注、商品编号、海关编码、商品名称、规格型号、数量及单位、单价、总价、征免、申报单位、报关员、单位地址、邮编、电话等多项内容。

2. 进口货物报关单

进口货物报关单是进口单位向海关提供审核是否合法进口货物的凭据，也是海关据以征税的主要凭证，同时还作为国家法定统计资料的重要来源。所以，进口单位要如实填写，不得虚报、瞒报、拒报和迟报，更不得伪造、篡改。进口货物报关单的主要内容和出口货物报关单的内容基本一致，在此就不再重复，需要注意的是：

（1）一般贸易货物进口时，应填写《进口货物报关单》一式两份，并随附报关行预录入打印的报关单一份。

（2）来料加工、进料加工贸易进口货物应按照不同的贸易性质填写绿色或粉红色的进口报关单，并随附报关行预录入打印的报关单一份。

（3）合资企业进口货物，一律使用合资企业专用报关单（蓝色），一式两份。

（八）货物运输保险投保单和保险单

1. 投保单

投保单是进出口企业向保险公司对运输货物进行投保的申请书，也是保险公司据以出立保险单的凭证，保险公司在收到投保单后即缮制保险单。

凡按 CIF 和 CIP 条件成交的出口货物，由出口企业向当地保险公司逐笔办理投保手续。在办理时应注意：应根据出口合同或信用证规定，在备妥货物并已确定装运日期和运输工具后，按约定的保险险别和保险金额，向保险公司投保。投保时应填制投保单并支付保险费（保险费＝保险金额×保险费率），保险公司凭以出具保险单或保险凭证。

投保的日期应不迟于货物装船的日期。投保金额若合同没有明示规定，应按 CIF 或 CIP 价格加成 10%，如买方要求提高加成比率，一般情况下可以接受。但增加的保险费应由买方负担。

2. 保险单

保险单是保险人接受被保险人的申请，并缴纳保险费后而订立的保险契约，是保险人和被保险人之间权利义务的说明，是当事人处理理赔和索赔的重要依据，是出口商在 CIF 条件下向银行办理结汇所必须提交的单据。

保险单就是一份保险合同，在保险单的正面，是特定的一笔保险交易，同时，该笔保险交易的当事人，保险标的物、保险金额险别、费率等应一一列出。在单据的背面，详细地列出了投保人、保险人、保险受益人的权利、义务以及各自的免责条款。

保险单的被保险人应是信用证上的受益人，并加空白背书，便于办理保险单转让。保险险别和保险金额应与信用证规定一致。在单据的表面上对 CIF 和 CIP 的金额能够被确定时，保险单必须标明投保最低金额。该项金额应为货物的 CIF 或 CIP 的金额加10%，否则，银行接受的最低投保金额，应为根据信用证要求而付款、承兑或议付金额的 110%，或发票金额的 110%，以两者之中较高者为准。保险单所表明的货币，应与信用证规定的货币相符。保险单的签发日期应当合理，在保险单上，除非标明保险责任最迟于货物装船或发运或接受监督之日起生效外，银行将拒受出单日期迟于装船或发运或接受监管时间的保险单。

（九）装船通知

又称 Declaration of Shipment 或 Notice of Shipment，系出口商向进口商发出货物已于某月某日或将于某月某日装运某船的通知。装运通知的作用在于方便买方购买保险或准备提货手续，其内容通常包括货名、装运数量、船名、装船日期、契约或信用证号码等，这项通知，大多以电报方式为之，然也有用航邮方式的。装运通知的作用在于方便买方保险、准备提货手续或转售；出口商作此项通知时，有时尚附上或另行寄上货运单据副本，以便进口商明了装货内容，并防货运单据正本迟到时，可及时办理担保提货（Delivery Against Letter of Guarantee）。

（十）海运提单

海运提单是船方或其代理人在收到其承运的货物时签发给托运人的货物收据，也是承运人与托运人之间的运输契约的证明，在法律上它具有物权凭证的作用。收货人在目的港提取货物时，必须提交正本提单。

提单的格式很多，每个船公司都有自己的提单格式，但基本内容大致相同，一般包括提单正面的记载事项和提单背面印就的运输条款。提单正面的内容通常包括：托运人、收货人、被通知人、收货地或装货港、目的地或卸货港、船名及航次、唛头及件号、货名及件数、重量和体积、运费预付或运费到付、正本提单的张数、船公司或其代理人的签章、签发提单的地点及日期；提单背面条款的内容由各船公司自行确定，其内容不尽一致，但大致相近，在这里就不做叙述。

（十一）普惠制产地证明书

又称 G.S.P 证书、FORMA 证书。普惠制产地证明书是发展中国家向发达国家出口货物，按照联合国贸发会议规定的统一格式而填制的一种证明货物原产地的文件，也是给惠国（进口国）给予优惠关税待遇或免税的凭证。凡享受普惠制规定的关税减免者，必须提供普惠制产地证明书。

FORMA 要向各地检验机构购买，需用时由出口公司缮打，连同一份申请书和商业发票送商检局，经商检局核对签章后即成为有效单据。一套 FORMA 中有一份正本、两份副本，副本仅供寄单参考和留存之用，正本是可以议付的单据。

（十二）核销单

1. 出口核销

（1）出口收汇核销单。简称核销单，系指由国家外汇管理局制发、出口单位和受托行及解付行填写，海关凭以受理报关，外汇管理部门凭以核销收汇的有顺序编号的凭证。

出口单位应到当地外汇管理部门申领经外汇管理部门加盖"监督收汇"章的核销单。在货物报关时，出口单位必须向海关出示有关核销单，凭有核销单编号的报关单办理报关手续，否则海关不予受理报关。货物报关后，海关在核销单和有核销单编号的报关单上加盖"放行"章。

（2）出口收汇核销单送审登记表。这份表格是退税单位在办理核销手续时填写交外汇局的，一般都是退税单位自制的格式。但是主要内容基本相同，包含出口单位、核销单、发票编号、商品大类、国别地区、贸易方式、结算方式、货款、收汇核销金额等。

2. 进口付汇到货核销表

根据《进口付汇核销监管暂行办法》规定，进口单位应当在有关货物进口报关后一个月内向外汇局办理核销报审手续。

在办理核销报审时，对已到货的，进口单位应当如实填写《贸易进口付汇到货核销表》；对未到货的，填写《贸易进口付汇未到货核销表》。在办理到货报审手续时，必须提供进口付汇到货核销表（一式两份，均为打印件并加盖公司章）。

（十三）检验证书

各种检验证书分别用以证明货物的品质、数量、重量和卫生条件。在我国，这类证书一般由国家出入境检验检疫局出具，如合同或信用证无特别规定，也可以分不同情况，由进出口公司或生产企业出具，但应注意证书的名称及所列项目或检验结果应与合同及信用证规定相同。

二、货物报关手续

报关是指货物、行李等在进出关境或国境时由所有人或其代理人向海关申报，交验规定的单据和证件，请求海关办理进出口的有关手续。

（一）货物报关程序

货物报关的程序一般来说，可以分为申报、查验、征税、放行四个环节，具体如下：

1. 货物的申报

货物的申报是指货物在进出口时，应按照海关规定的格式填写进出口货物报关单，并随附海关规定的交验单据文件，向海关申报，请求办理进出口手续的过程。

海关接受申报的方式有三种：口头申报、书面申报和电子数据交换申报，其中，后两种是常用的申报方式。

2. 货物的查验

海关以报关单、许可证等为依据，对进出口货物进行实际的核对和检查，一方面是为确保货物合法进出口，另一方面是通过确定货物的性质、规格、用途等，以便依法计征关税和分类统计。在查验时，进出口货物的发货人（收货人）或其代理人应在场并负责货物搬移、开拆和重封货物的包装。

3. 货物的征税

关税是保护和促进国民经济发展的重要手段，对于保护国内工农业生产十分重要。为了鼓励出口，我国对相当部分产品的出口都不征税。在进口环节，海关征收（包括代征）的税费有进口货物关税、增值税、消费税、进口调节税等。

海关征税的步骤为：确定税则分类→确定适用税率→确定完税价格→计算税额→缴纳关税。

4. 货物的放行

海关对进出口货物监管的最后一个环节是海关放行，即结关。进出口货物在办完向海关申报、接受查验和缴纳税款等手续以后，由海关在货运单据上签印放行，发货人才能发运出口货物，收货人才能提取进口货物。

但是在进口业务中，对于担保放行货物、保税货物、暂时进口货物和海关给予减免税进口的货物来说，放行并不等于办理结关手续，还要在办理核销、结案或者补办进出口和纳税手续后，才能结关。

（二）货物报关的注意事项

（1）报关单的填写必须真实、准确、齐全、清楚，要做到两个相符：单证相符和单货相符。

（2）凡不同合同项下货物，不能填报在同一份报关单上，必须是一份合同对应一份报关单；不同批文的货物、同一合同不同贸易方式的货物以及不同运输方式的货物都应分别填报。

（3）发货人应在发货 24 小时之前申报，集装箱还需提前 3 天申报；收货人或其代理人应自运输工具申报进境之日起 14 日内向海关申报。

（4）为实现报关自动化，申报单位除了填写报关单上有关项目外，还应填上有关项目的代码。电脑预录入时，其内容必须与原始报关单完全一致。

本章小结

本章讲述了国际贸易交易磋商和合同订立、进出口合同履行的相关步骤和注意事项，以及违约的处理和进出口的主要单据。交易磋商的效果决定了交易的成败和合同质量的高低，而合同条款是双方权利和义务的具体体现，因此，在订立合同时，应注意合同的形式、内容要符合法律和交易的要求，有效的合同才能得到法律的保护且最大限度地避免贸易纠纷。即使出现了某一方不履行合同，也可按照法律规定采取一定的违约救济。

进出口合同的履行是我们进行对外贸易至关重要的环节，特别是在履行出口合同时，要特别注意货、证、船、款四个环节的工作。此外，进出口业务中的单证制作也要熟练掌握其相应的技巧。

复习思考题

【核心概念】

1. 交易磋商
2. 实际履行
3. 损害赔偿
4. 进出口报关
5. 进出口报检

【问答题】

1. 出口交易磋商有哪几个环节？达成一笔交易有哪些磋商环节是不可缺少的？为什么？

2. 构成发盘的条件有哪些？

3. 买方违约时，卖方可采取的救济方法有哪些？

4. 进出口贸易中的主要单据有哪些？

【案例分析题】

A 商向 B 商发盘，发盘中表示：可供应飞鸽牌电动车，每辆 CIF 伦敦 120 美元，不可撤销信用证付款，收到信用证后两个月内交货，请电复。B 商先做还盘，要求降价 3%，而 A 商未作答复。B 商未见答复又在有效期内对 A 商的发盘表示无条件接受。请问：此合同是否成立？为什么？

第二十一章 国际贸易交易方式

[学习目的]

通过本章的学习，了解国际贸易交易的方式，掌握各种交易方式的性质和特点，以便在以后的实际业务操作中，根据不同的商品、不同的市场，灵活选择不同的贸易方式。

[重点难点]

◆ 掌握一般贸易的优势、特点

◆ 掌握加工贸易的形式、特点

◆ 掌握电子商务的性质、特点

[引导案例]

一般贸易逆势增长

我国外贸发展的核心战略发生了转移。加工贸易是改革开放之初我国出台的一项特殊政策。加工贸易对我国引入外资和先进技术、增加外汇收入曾起到了重要作用。如今，我国开始转变外贸发展方式、调整外贸发展结构、提升我国一般贸易产品的国际市场竞争力。因此，一般贸易取得了快速发展，导致加工贸易在外贸中的占比相对下降。

外贸结构调整越早的地方，发展后劲越足；转型升级越快的企业，抗风险能力越强。上海外贸结构调整、转型升级取得成效，数据显示，今年上半年，一般贸易逆势增长。一般贸易进出口 6746 亿元，增长 6.6%，在全市货物进出口总额中的比重首次超过 50%，达到 51.5%，较上年同期提高了 3.8 个百分点。其中，尽管一般贸易出口同比下降了 0.1%，但占本市出口比重提升至 45.4%，提高了 1.8 个百分点；加工贸易出口同比下降了 12.3%，占比 38.5%，下降了 4.2 个百分点。

一般贸易是与加工贸易相对应的一种贸易，加工贸易主要是指给国外的厂家、品牌进行来料加工和进料加工的一种贸易方式，知识产权还是归人家所有。一般贸易是从研发、设计、生产制造一直到知识产权以及品牌的拥有都是中国企业自己独创的一种出口贸易方式。一般贸易的增长不仅说明本市的产业升级正在进一步起效，也意味着我国产业的竞争力在国际市场上逐步增强。

资料来源：http://mt.sohu.com/20160802/n462268853.shtml。

从以上案例可以看出，长期以来我国以加工贸易作为主要的贸易方式，随着我国外贸的发展，贸易方式也开始发生转变。国际贸易有哪些交易方式？各有什么优势和特点？如何利用新的贸易方式来带动对外贸易的发展？本章就这些问题加以系统阐述。

第一节　一般贸易

一般贸易是我国利用自己的原材料和技术生产的产品出口以及进口其他国家利用其自身原材料和生产能力生产的商品的贸易方式。

一、一般贸易的方式

一般贸易是相对于加工贸易而言的，指我国境内有进出口经营权的企业单边进口或单边出口的贸易。包括：按正常方式成交的进出口货物；易货贸易（边境地方易货贸易除外）；从保税仓库提取在我国境内销售的货物；货款援助的进出口货物；暂时进出口（不再复运、出口）的物品；外商投资企业用国产材料加工成品出口以及进口属于旅游饭店用的食品等货物。下文主要介绍以下两种可以纳入一般贸易统计的方式：

（一）自营进出口

自营进出口也就是内资企业具有进出口经营权的企事业单位。

在日常税收管理中，大部分企业采用自营出口或委托外贸公司出口的形式，也有部分企业是把货物销售给外贸公司出口，由外贸公司办理出口退税的形式。这两种形式由于在退税方面采用不同的退税方式，由此也会产生不同的结果。

（二）易货贸易

易货贸易是指在换货的基础上，把等值的出口货物和进口货物直接结合起来的贸易方式。传统的易货贸易，一般是买卖双方各以等值的货物进行交换，不涉及货币的支付，也没有第三者介入，易货双方签订一份包括相互交换抵偿货物的合同，把有关事项加以确定。

在国际贸易中，使用较多的是通过对开信用证的方式进行易货，即由交易双方先订易货合同，规定各自的出口商品均按约定价格以信用证方式付款。根据协定规定，任何一方的进口或出口，由双方政府的指定银行将货值记账，在一定时期内互相抵冲结算，其差额有的规定结转下一年度，有的规定以现汇支付超过约定摆动额部分的差额。

易货在国际贸易实践中主要表现为直接易货和综合易货两种形式。

二、一般贸易与其他贸易的区别

一般贸易指正常进出口、正常缴纳各种进出口税费的贸易；其他贸易一般指的是加工贸易、服务贸易、境外工程承包贸易、转口贸易和过境贸易等。下文将重点介绍一般贸易与几种其他贸易方式的区别。

(一) 一般贸易与加工贸易的区别

众所周知，一般贸易是相对于加工贸易而言的，两者之间的区别主要有：

(1) 从参与贸易的货物来源角度分析，一般贸易货物主要是来自本国的要素资源，符合本国的原产地规则；加工贸易的货物主要来自国外的要素资源，不符合我国的原产地规则，只是在我国进行了加工或装配。

(2) 从参与贸易的企业收益分析，从事一般贸易的企业获得的收益主要来自生产成本或收购成本与国际市场价格之间的差价；从事加工贸易的企业实质上只收取了加工费。

(3) 从税收的角度分析，一般贸易的进口要缴纳进口环节税，出口时在征收增值税后退还部分税收；加工贸易进口料件不征收进口环节税，而实行海关监管保税，出口时也不再征收增值税。

(二) 一般贸易与补偿贸易的区别

补偿贸易是指国外厂商提供或利用国外进出口信贷进口生产技术和设备，由我方企业进行生产，以返销其产品的方式分期偿还对方技术、设备价款或信贷本息的贸易方式。补偿贸易与一般贸易有以下区别：

(1) 一般贸易通常是以货币为支付手段；补偿贸易实质上是用商品来支付的。

(2) 一般贸易通常不以信贷为条件，补偿贸易往往离不开信贷，信贷往往是这种贸易的组成部分。

(3) 一般贸易，一方为买方，另一方为卖方，交易手续简便；补偿贸易双方，既是买方，又是卖方，具有两重身份，有时供货或销售的义务还可让给第三方，交易手续比较复杂。

(三) 一般贸易与转口贸易的区别

一般贸易是指单边输入关境或单边输出关境的进出口贸易方式，其交易的货物是企业单边售定的正常贸易的进出口货物，是在生产国和消费国之间直接进行的单边贸易；转口贸易是指国际贸易中进出口货物的买卖，不是在生产国与消费国之间直接进行，而是通过第三国转手进行的贸易。这种贸易对中转国来说就是转口贸易。交易的货物可以由出口国运往第三国，在第三国不经过加工（改换包装、分类、挑选、整理等不作为加工论）再销往消费国；也可以不通过第三国而直接由生产国运往消费国，但生产国与消费国之间并不发生交易关系，而是由中转国分别同生产国和消费国发生交易。转口贸易有货物集散地、仓库、堆栈之意，它属于再出口贸易和过境贸易中间接过境的一部分。

第二节　加工贸易

20世纪90年代以来，我国加工贸易迅速发展，受到广泛关注。尽管"加工贸易"一词已经广为人知，但是，在学术界尚未形成统一和权威的解释。我国在《加工贸易审批管理办法》中规定：加工贸易是指从境外保税进口全部或部分原辅材料、零部件、元器件、包装物料（或进口料件）经境内企业加工或装配后，制成品复出口的经营活动，包括来料加工和进料加工。我国海关统计中使用的加工贸易概念包括来料加工和进料加工两种方式。除此之外，20世纪90年代末期我国企业在海外投资中开展的境外加工贸易方式，也应看作是加工贸易的新形式。

一、加工贸易的形式

（一）对外加工装配

对外加工装配是来料加工、来件装配的统称，特点是外商提供原材料，我国企业利用自有设备和劳动力按照外商的要求加工，并收取加工费的贸易方式。

1. 来料加工（Processing with Given Materials）

来料加工是指由出口人提供原材料、辅料、包装物料，或部分有关的机器设备、仪器、工具、模具等，委托进口方有关工厂加工成所需要的成品出口。有的是全部由对方来料；有的是部分由对方来料，而另一部分原材料和辅料由进口方解决。这一类加工产品的质量、规格、式样、商标等往往是由商人按照国际市场需要提出的。加工生产出来的成品，一般都交给对方，由其负责包销。进口方向对方收取加工费用。出口方提供的原材料和机器设备等货款，一般由出口方预先垫付，然后在进口方所出口成品的货款中或加工费中逐步扣除。

2. 来件装配（Assembling with Provided Parts）

来件装配是指出口方提供零件、部件和元器件以及装配所需的设备和技术，交进口方有关工厂按对方提供的图纸或样品进行组装，成品全部交给出口方自行销售，进口方只收取组装费用。出口方提供的设备和技术等的价款，一般由出口方预先垫付，然后用进口方组装费逐步归还。

3. 对外加工装配的作用

对外加工装配业务对我方有积极的作用：可以发挥本国的生产潜力，补充国内原材料的不足，为国家增加外汇收入；引进国外的先进技术和管理经验，有利于提高生产、技术和管理水平；有利于发挥我国劳动力众多的优势，增加就业机会，繁荣地方经济。

对委托方来讲：来料加工业务也可降低其产品成本，增强竞争力，并有利于委托方所在国的产业结构调整。

（二）进料加工

进料加工是指企业用从国外购进的原料，加工生产出成品再销往国外。这种做法在我国称为"以进养出"，是我国商品扩大出口、提高市场竞争力的重要手段。目前，我国的加工贸易正在从来料加工、来件装配向进料加工方式转变。

进料加工的具体做法，归纳起来大致有以下三种：

（1）先签订进口原料的合同，加工出成品后再寻找市场和买主。这种做法的好处是进料时可选择适当时机，低价时购进，而且，一旦签订出口合同，就可尽快安排生产，保证及时交货，交货期一般较短。但采取这种做法时，要随时了解国外市场动向，以保证所生产的产品能适销对路，否则产品无销路，就会造成库存积压。

（2）先签订出口合同，再根据国外买方的订货要求从国外购进原料，加工生产，然后交货。这种做法包括来样进料加工，即由买方先提供样品，我方根据其样品的要求再从国外进口原料，加工生产。这种做法的优点是产品销路有保障，但要注意所需的原料来源必须落实，否则会影响成品质量或导致无法按时交货。

（3）对口合同方式。即与对方签订进口原料合同的同时签订出口成品的合同，原料的提供者也就是成品的购买者。但两个合同相互独立，分别结算。这样做，原料来源和成品销路均有保证，但适用面较窄，不易成交。实际做法中，有时原料提供者与成品购买者也可以是不同的人。

（三）境外加工贸易

境外加工贸易是指我国的企业以现有设备、技术在国外进行直接投资的同时，利用当地的劳动力开展加工装配业务，以带动和扩大国内设备、技术、原材料、零配件出口的一种国际经济合作方式。

境外加工贸易是在海外进行投资办厂的基础上，结合开展来料加工或进料加工，其目的是为了促进我国设备、技术以及原材料的出口。我国开展这项业务的时间不长，目前仍处于探索阶段，需要不断总结经验，使其健康发展。

二、加工贸易存在的问题

经过 20 多年的发展，加工贸易在我国国民经济中发挥了举足轻重中的作用，作为参与国际分工的一种方式，促进了我国融入经济全球化与贸易自由化。但是，我国加工贸易也不断暴露出高能耗、高污染、附加值低、外贸依存度高等诸多问题，主要归纳如下。

（一）以劳动密集型为主的加工贸易模式正逐渐失去竞争优势

在改革开放初期，由于我国存在大量廉价劳动力而企业数量相对较少，故而加工贸易在当时得到了迅速发展，同时也吸纳了大量剩余劳动力，缓解了我国的就业压力。但是，随着我国经济的发展，劳动力成本与资本成本都发生了较大变化。

由供求关系可知，我国劳动力数量基本稳定，而劳动力的需求伴随着以劳动密集型为主的加工贸易的发展而不断上升，因此劳动力的成本将随之上升，而相应地，对于我国最初相对较为稀缺的资本的成本将随着外资的不断涌入而降低，可见我国劳动力的比较优势逐渐削弱。同时，东亚和东南亚一些发展中国家和地区如印度、印度尼西亚、越南等，相继出台了一系列税收优惠政策，不断改善投资环境，提供更加低廉的劳动力，在吸引外资和引进新项目上与我国展开了激烈的竞争。

同时，近年来，产业分工不断深化和细化，一些新兴国家和发展中国家抓住机遇，开始大力发展高新技术产业，目前，亚太地区已成为全球技术产品的生产中心和消费中心。然而，这不仅需要基础设施、信息技术、配套产业水平等的大力提高，还需要大量具有一定专业技术和操作技能的高素质人才，而我国目前在这方面人才的供给上却严重不足。由此可见，我国以劳动密集型为主的加工贸易模式的竞争优势正在逐渐削弱，在未来的经济发展趋势下应当进行比较优势的动态调整。

(二) 加工贸易层次低，呈现贫困化增长特征

我国加工贸易主要集中在纺织、服装、玩具、鞋类、机电零部件等技术含量较低的劳动密集型产业上。从整个产业链来看，我国加工贸易处于国际分工的低端，企业从事的往往是没有技术含量的零部件或原辅材料的初级加工、装配等劳动密集型环节，从而导致在整个价值链环节中所占比重小，产品附加值低。随着经济全球化和贸易自由化，我国加工贸易中的高技术产品比重不断增加，理论上讲我国加工贸易产品附加值应有所提高，但我国以传统劳动密集型为主的加工贸易结构并未改变，加工贸易的定位较低，许多企业还只是贴牌生产，以赚取加工费，没有动力进入研发、营销和品牌建设等战略性环节。

目前，加工贸易仍以数量为优势，缺乏具有竞争优势的核心技术、独立的品牌，缺乏原材料定价和产品销售价格的发言权，而且在东亚和东南亚还存在着许多同类型国家，使得竞争更加激烈，贸易条件不断恶化，故而，使得产品附加值没有得到提升甚至降低。综上所述，可看出我国以劳动力和资源为优势的粗放式生产是一种贫困化增长，不利于加工贸易的持续发展。

(三) 贸易条件不断恶化，贸易摩擦不断增多

贸易条件定义为一国出口商品价格指数与该国商品价格指数的比值。贸易条件的变化可以反映一国产品的出口竞争力，还可反映其获利程度。

改革开放以来，一方面，我国加工贸易处于产业链的低端，从事技术含量低的产品生产或产品装配等，虽然随着世界技术进步，我国加工贸易结构也开始向新兴高技术产业转变，但由于我国的产品自主创新的核心技术，很多都依赖于进口的高新设备，因而出口的大多是一些国外已经具有成熟生产技术的产品，在国际市场上不具备差异性，往往是以大批量的生产为竞争优势，在发展中国家大力发展加工贸易的环境下，竞争日益激烈，故而会降低产品的附加值，出口产品价格指数则会相对降低。

另一方面，随着现代信息技术的发展与贸易自由化，许多大型跨国公司在全球各地建立了分支机构，而在我国的跨国公司分支机构则主要利用我国廉价的劳动力和资源进行产品组装等生产环节的生产。跨国公司为了尽可能地获得最大利润，往往通过

转移定价等来转移利润，而通过此过程则提高了我国进口产品的相对价格。

因而，我国加工贸易的贸易条件在成品出口价格和原料进口价格双方面的作用下不断恶化，加工贸易呈现贫困化增长。与此同时，我国加工贸易顺差不断扩大，使得与欧美的贸易摩擦不断加重，人民币也承受着不断加大的升值压力，进而进一步恶化了贸易条件。

（四）我国加工贸易区域发展不平衡

由于东南沿海地区自身经济基础较好，因而具有了大规模开展加工贸易的优势。此外，东部地区具有地理优势，交通便利，基础设施较好，也为加工贸易在这个地区的发展提供了有利条件；经济特区、保税区的建立，也吸引了大量的外商投资，形成了较大的集群效应。最后，由于东南沿海地区改革开放较早，因而及时抓住了国际经济结构调整和产业转移的机遇，使得加工贸易迅速发展起来，并形成了珠三角、长三角、环渤海三大经济圈，到目前这些区域加工贸易更是达到了饱和状态。

西部地区虽然资源相对丰富，但地理位置不佳，基础设施、开放程度等均落后于东部地区，尤其对加工贸易来说，处于中西部地区将大大提高其运输成本，并且缺乏核心技术产业，不能带动当地企业形成产业集群，故而，西部地区的加工贸易较东南沿海地区存在很大的差距，我国加工贸易的区域发展严重失衡。近年来，随着经济规模的不断增长和加工贸易的持续快速增长，区域发展不平衡问题更是日益突出。

三、发展加工贸易应注意的问题

从我国一些大型企业开展这项业务的经验教训来看，应注意以下几个重要问题：

（1）要注意人才的准备工作，同时考虑解决本地本企业人员的就业问题；

（2）要求外商提供国内紧缺或不足的原材料，防止与国内同类原料争抢市场；

（3）必须考虑通过加工业务提高本企业产品的质量，增强企业的实力；

（4）不承接对国家和人民造成不良影响或危害的加工业务；

（5）从事加工贸易的企业应加强协作，切忌以压低加工费进行恶性竞争，造成对彼此都不利的局面。

第三节　电子商务

作为信息技术在贸易领域的积极应用，电子商务无论是作为一种交易方式还是传播媒介，都在广度与深度上取得了前所未有的进展，渗透到了社会的各个方面。在国际贸易领域，电子商务作为一种新兴的贸易操作方式，拓展了国际贸易的空间和场所，缩短了国际贸易的距离和时间，简化了国际贸易的程序和过程，使国际贸易活动全球化、智能化、无纸化和简易化，实现了划时代的深刻变革。

一、电子商务的概念

电子商务源于英文 Electronic Commerce，简写为 EC。顾名思义，其内容包含两个方面：一是电子方式，二是商贸活动。对电子商务的概念，目前无论 IT 行业还是商业界都没有一个完整统一的定义。综观各方面对电子商务的定义，本书采用世界电子商务会议（1997）的定义：在业务上电子商务是指实现整个贸易活动的电子化，交易各方以电子交易方式进行各种形式的商业交易；在技术上电子商务采取电子数据交换、电子邮件、共享数据库、电子公告牌及条形码等多种技术。

要实现完整的电子商务还会涉及很多方面，除了买卖双方外，还要有银行或金融机构、政府机构、认证机构、配送中心等机构的加入才行。由于参与电子商务中的各方在物理上是互不谋面的，因此整个电子商务过程并不是物理世界商务活动的翻版，网上银行、在线电子支付等条件和数据加密、电子签名等技术在电子商务中发挥着重要的不可或缺的作用。

二、电子商务在国际贸易中的应用

国际贸易电子商务是利用现代通信技术、计算机技术和网络技术，以电子数据传输方式完成从建立贸易关系、商业谈判、电子合同签订到租船、订舱、报关、报检、申请许可证、配额及货款结算全过程的交易方式。国际贸易电子商务由于其显著的功能优势、巨大的社会经济效益和对经济全球化的推动作用，显示出强大的生命力，并正在改变着传统的国际贸易经营思想、经营模式和管理工作方式。

(一) 电子商务在国际贸易中的应用渠道

目前开展国际贸易电子商务主要有两种渠道：一是大型企业特别是跨国公司因其有着良好的商誉，加之本身强大的经济和技术实力，使之能够较容易地把其原有的整个供应链移植到互联网上，并向其他公司包括中小企业开放它的这一渠道；二是新兴的国际贸易电子商务平台，为中小企业利用电子商务开拓国际市场提供了一个较为便捷的选择。

对中国来说，因为我们没有真正意义上的大型跨国公司，所以国际贸易方面的电子商务平台多是新创的电子商务网站。事实上，这些新兴网站在目前和今后对外贸易电子商务方面已经和将要扮演十分重要的角色。

(二) 电子商务在国际贸易中的优势

与传统的国际贸易业务运作方式相比，电子商务在国际贸易中的优势十分明显，具体表现在：

（1）显著降低国际贸易成本。与国内贸易相比，国际贸易的单证数量繁多，处理费用高昂。通过电子商务进行国际贸易，既可节省大约 90% 的文件处理费用，又可缩短交单、结算、汇款的时间，加快资金周转，还可节省利息开支，成本优势十分显著。

（2）交易效率显著提高。利用电子商务开展国际贸易，买卖双方可采用标准化、电子化的格式合同、提单、保险凭证、发票和汇票、信用证等，使各种相关单证在网上即可实现瞬间传递，大大节省了单证的传输时间，而且还能有效地减少因纸面单证中数据重复录入导致的各种错误，对提高交易效率的作用十分明显。

（3）全天候业务运作，提高客户满意度。由于世界各地存在时差，进行国际商务的谈判就相当不便。利用电子商务可以做到24小时的全天候服务，任何客户都可在全球任何地方、任何时间从网上得到相关企业的各种商务信息。如果得不到理想的答案，还可以通过电子邮件的形式进行询问，只要企业及时回复，即可使访问者得到满意的答复。电子商务全天候、不间断运作可使全球范围内的客户随时得到所需的信息，为出口企业带来了更多的订单，并且可大大提高交易的成功率。

（4）减轻对实物基础设施的依赖。传统的企业开展国际贸易业务都必须拥有相应的基础设施。与开展国内贸易相比，进行国际贸易对实物基础设施的依赖程度要高得多。因此，利用电子商务开展国际贸易可以显著减少在实物基础设施方面的投入。

三、电子商务在我国国际贸易中的发展对策

随着世界经济一体化、全球化进程的加快，信息技术越来越广泛地应用到国际贸易领域，电子商务已成为各国商务发展的趋势。我国只有快速发展电子商务，才可能在21世纪贸易竞争中占据主导地位，赢得与发达国家站在同一起跑线上的机会。由于电子商务发展时间还不长，我国企业利用电子商务开展国际贸易虽然发展前景诱人，但还很不成熟。目前，阻碍我国企业应用电子商务的问题主要有安全问题、法律制度问题、文化冲突问题等，下文对我国应如何应对提出建议。

（一）树立信心迎接挑战

随着科学技术的迅猛发展，特别是信息技术的日新月异，网络时代已快步向我们走来。网络将会对人类社会的政治、文化、经济等各方面造成巨大的冲击，只有及早融入全球数字化竞争，才能更好地参与全球经济的运行，分享国际分工的利益。目前，我国居民和企业对网络贸易的观念淡薄，传统的购物习惯和销售方式仍根深蒂固，认识上的滞后将会阻碍网络贸易在我国的发展。因此，应该充分利用各种手段，大力宣传网络和信息在未来竞争中的重要作用，促进居民和企业转变观念，重视网络贸易的发展，构筑推进网络贸易发展的舆论环境。

（二）加强对电子商务的研究，规范网络贸易发展

网络贸易是一种全新的商业领域，具有广阔的发展前景，但同时也带来不少新问题，如交易的安全性、网络贸易的征免税、知识产权的保护、电子合同的有效性及纠纷的处理等。这些问题的解决直接影响到网络贸易的发展，而且由于网络贸易的发展速度很快，业务方式没有最终定型。在其发展过程中既有本身的新进展，又有与现有体制的冲突，这给规范网络贸易的发展带来一定的困难。因此，必须对市场的发展保持高度的敏感，加强对电子商务的研究，制定和完善相应的政策、标准、法律和法规，保证和规范网络贸易在我国的健康发展。加快企业信息化进程，吸引、培养电子商务

专门人才。

（三）加强电子商务人才培养

电子商务是信息现代化与商务的有机结合，需要大量的掌握现代信息技术和现代商贸理论与实务的复合型人才。因此，企业应注重人才的吸引和培养，引进一批既懂电子商务技术又懂得运营管理的人才队伍，加强对员工的培训以提高员工的业务技能和计算机应用水平，并在如何留住人才问题上动一番脑筋，以便为企业发展电子商务奠定坚实基础。

（四）着力塑造有影响力的网络品牌

日益激烈的国际市场竞争中，品牌的作用已显得十分突出，品牌知名度的高低和影响力的大小，直接影响进出口商品的档次与售价。网络品牌的作用是直接指引客户进入企业的网站，是吸引访问者注意力的重要武器。因为互联网上的各种商务信息是"海量"的，无论是商家选择贸易伙伴还是消费者选择满意的商品，很大程度上是依靠网络品牌来进行选择的。网络品牌的塑造还应注意企业名称、产品品牌与网络品牌的一致性，尽量选择相同的英文名称，这样能起到事半功倍的效果。

（五）完善我国外贸领域电子商务的法律法规

我国外贸领域应用电子商务需要建立必要的法律法规，确定企业和企业间、政府和企业间、企业和消费者间、政府和政府间进行电子商务时所必须明确和遵守的法律义务和责任，并严格依法管理，以规范外贸电子商务的市场秩序。

本章小结

贸易方式是指国与国之间进行货物买卖所采取的交易做法。国际贸易的每种贸易方式均反映了其特有的销售渠道、货款支付或抵偿方式、成交方式和买卖双方的权利与义务，以及双方之间的业务关系问题。随着国际贸易的发展和世界经济关系的变化，尤其是资本主义的经济危机和各国支付能力的影响，商品贸易的方式也在不断地改变和增多。当前国际市场上采用的贸易方式除通常的逐笔售定的单边进出口方式外，尚有加工贸易、补偿贸易、转口贸易、电子商务的应用等多种方式。新型的国际贸易运行方式对于我国扩大国际贸易机会、提高贸易效率、降低贸易成本、增强企业竞争力和应变能力将发挥重要的作用。我国外贸企业应在对外贸易方针政策的指导下，参照国际上的习惯做法，努力把生意做好做活。

复习思考题

【核心概念】

1. 一般贸易
2. 转口贸易

3. 对外加工装配

4. 进料加工

5. 电子商务

【问答题】

1. 一般贸易与补偿贸易有何区别?

2. 从事加工贸易时应注意哪些问题?

3. 进料加工与对外加工装配有何不同之处?

4. 电子商务在国际贸易中的优势有哪些?

参 考 文 献

［1］Gary Collyer. UCP500 质疑与答复（1997）［Z］. 国际商会中国国家委员会译. 2001.

［2］陈岩. 国际贸易理论与实务［M］. 北京：机械工业出版社，2012.

［3］陈岩. 国际贸易术语、管理与案例分析［M］. 北京：对外经济贸易大学出版社，2007.

［4］陈岩. 海关理论与实务［M］. 北京：清华大学出版社，2010.

［5］国际商会中国国家委员会. ICC 跟单信用证统一惯例（UCP600）［M］. 北京：中国民主法治出版社，2006.

［6］海闻. 国际贸易：理论、政策、实践［M］. 北京：机械工业出版社，2003.

［7］冷柏军. 国际贸易实务［M］. 北京：对外经济贸易大学出版社，2005.

［8］黎孝先. 国际贸易实务［M］. 北京：对外经济贸易大学出版社，2011.

［9］李左东. 国际贸易理论、政策与实务［M］. 北京：高等教育出版社，2012.

［10］石玉川. 国际贸易方式［M］. 北京：对外经济贸易大学出版社，2002.

［11］苏科五，李庆利. 新编中国对外贸易概论［M］. 上海：上海财经大学出版社，2013.

［12］苏科五. 国际贸易［M］. 北京：人民教育出版社，2015.

［13］佟家栋，周申. 国际贸易学——理论与政策［M］. 北京：高等教育出版社，2003.

［14］王菲，李庆利. 国际贸易结算［M］. 北京：经济管理出版社，2014.

［15］王菲，李庆利. 西方经济学基础教程［M］. 浙江：浙江大学出版社，2013.

［16］薛荣久. 国际贸易［M］. 北京：对外经济贸易大学出版社，2015.

［17］薛荣久. 世界贸易组织［M］. 北京：高等教育出版社，2003.

［18］姚新超. 国际贸易运输［M］. 北京：对外经济贸易大学出版社，2003.

［19］赵春明. 国际贸易学［M］. 北京：石油工业出版社，2003.

［20］朱光. 国际电子商务操作实务［M］. 北京：中国商务出版社，2004.

［21］卓骏. 国际贸易理论与实务［M］. 北京：机械工业出版社，2012.